臺灣歷史與文化 研究輯刊

十 六 編

第 6 冊

假面與鏡子——
黃立綱金光布袋戲角色研究

盧 翰 莛 著

花木蘭文化事業有限公司

國家圖書館出版品預行編目資料

假面與鏡子——黃立綱金光布袋戲角色研究／盧翰莛 著 — 初版
— 新北市：花木蘭文化事業有限公司，2019〔民 108〕
序 2+ 目 4+262 面；19×26 公分
（臺灣歷史與文化研究輯刊十六編：第 6 冊）
ISBN 978-986-485-850-7（精裝）
1. 布袋戲 2. 臺灣
733.08   108011621

ISBN-978-986-485-850-7

9 789864 858507

臺灣歷史與文化研究輯刊
十六編　第 六 冊   ISBN：978-986-485-850-7

假面與鏡子——黃立綱金光布袋戲角色研究

作　　者　盧翰莛
總 編 輯　杜潔祥
副總編輯　楊嘉樂
編　　輯　許郁翎、王筑、張雅淋　美術編輯　陳逸婷
出　　版　花木蘭文化事業有限公司
發 行 人　高小娟
聯絡地址　235 新北市中和區中安街七二號十三樓
　　　　　電話：02-2923-1455 ／傳眞：02-2923-1452
網　　址　http://www.huamulan.tw 信箱 hml 810518@gmail.com
印　　刷　普羅文化出版廣告事業
初　　版　2019 年 9 月
全書字數　234936 字
定　　價　十六編 10 冊（精裝）台幣 20,000 元

假面與鏡子——
黃立綱金光布袋戲角色研究

盧翰莚　著

作者簡介

盧翰莛，國立中興大學中國文學系研究所碩士。

提　　要

　　金光布袋戲的「假面與鏡子」，巧妙與主體的心理活動過程做結合，布袋戲角色的成長，嵌合於龐大複雜的議題裡，奇幻的元素雖然發展於敘事文本，卻無劍俠戲延續的宗教思維滲入。完整世界觀的脈絡下，族群生存於共時性時空裡，延續各自文化傳承，所發展至歷史意識強烈的情感連繫。族群於議題的衝突、調適，以此摶土塑形主體的心理活動過程變化，符合拉岡、榮格心理分析學意義的主體性建構。本論文著重之處爲金光布袋戲「假面與鏡子」的敘事手法，結合布袋戲角色心理特質的論述。尤其金光布袋戲面對黃海岱傳承的布袋戲角色史豔文，琢磨、建構史豔文周圍的血脈至親──藏鏡人、俏如來，以及象徵生活於現代社會，盲目追求能指的玄之玄，以此回應傳統忠孝節義等父輩精神。

　　史豔文「忍」之精神爲巨大象徵，立於藏鏡人、俏如來、玄之玄三者之前，心理結構漸次受到剝落，各自追逐、逃避、玩弄於象徵界的能指。力竭追逐史豔文的藏鏡人，被迫揭開面具，原始狀態的陰影開始流動，然而位處大他者的親情缺位，引發深入的異化，藏鏡人回歸精神在他方；混亂武林秩序和平的俏如來，想像關係避重就輕，卻重蹈不可承受之輕，史豔文的犧牲精神悄悄遣返回饋己身，墨家鉅子擬推俏如來爲僞大他者，別於顯影象徵界的眾人；幻化面容爲樂的玄之玄，與史家爭奪武林權力，建構專屬的自我主體，被征服者姿態的心理能量自由，自是無法避免大他者作祟的結局，成就魔之人格面具。金光布袋戲著心於角色的心理變化，結合「假面與鏡子」的敘事手法，本論文定調爲「歷史奇幻武俠戲齣」。

誌謝辭

回顧四年的研究所生涯，擁有成果的同時，難以自信，喜悅之情溢於言表。

安於研究道路上的孤寂，看待事物所就之深層，並能堅持尋找到趣味性的解釋，可能是研究所裡學習到的重要啓示：指導教授解昆樺老師引領我至臺灣布袋戲的學術領域，教導使用不同的觀點切入現象考察，不設限於既定結果，堅信詮釋自我的述語；蕭涵珍老師給予比較文學的跨國視野，針對論文許多地方提出能引申、擴述的發展；王萬睿老師修整初學者易脫韁離題的缺點。每位老師皆給予莫大的幫助，萬分感謝。

學術之路深遠，碩士畢業代表學術路途起於始端。讓自己對於撰寫論文感到徬徨、動搖的波折中，堅定心態而穩妥起身的人，感恩家人、同學的支持，以及自己願意相信無所就的自己，希望未來能於學術的道路上持續前行。

論文馳騁少俠氣：盧翰莛《假面與鏡子——黃立綱金光布袋戲角色研究》書序

解昆樺

　　翰莛為我所指導的碩士研究生，在文學研究學習上，雖有學者以為碩士論文只是一個初步嘗試，但我總以為，碩士論文實為研究之基礎。碩士論文當確建自身學術陣地，以後方能穩固成長學術志業。儘管有些碩士研究生，因為生涯規劃，未必會投入博士學位的攻取。但選題、論述紮實的碩論，依舊可以成為自身人生的一段穩固的記憶，印證自己不曾虛度委蛇的時光。

　　我不會忘記翰莛當初找我指導時，抱著某位武俠小說家的小說，與我討論的情景。即使武俠小說在我少年成長時期，如何是重要的文學文本，並且成為我的文學想像據點。但 21 世紀中期，當我在文學課上舉金庸武俠小說為例時，同學一知半解的神情，我知道武俠小說還是如同一般文字含量高的文學作品一樣，從公眾文學場域中逐步退卻其身影。

　　我問翰莛，為何文學作品眾多，獨先選武俠小說研究，他說，喜歡武俠的俠義。

　　我允然指導他，就為這俠義。

　　蓋人生一如要闖蕩的江湖，有俠義熱腸之人卻不多有，我想，翰莛或可就此武俠研究錘鍊秉性，共成學問與心性。

　　只是武俠小說現今實況如此，我建議可以改做「武俠小說文本化」概念下的布袋戲研究。「武俠江湖」作為一個精神想像場域，現今仍為人們所接受，這個概念的習得、使用之管道，既然已不由武俠小說擔負，那是依賴什麼呢？就我的觀察，以臺灣來說，是以戲劇，特別是布袋戲來擔負。由於霹靂布袋

戲已有些處理成學位論文的例子，我請翰莛就研究「金光布袋戲」。

　　「金光布袋戲」有兩個層次涵意。第一、是黃俊雄在戰後臺灣有別傳統館閣布袋戲，發展出強調使用聲光輔助的布袋戲。「金光」之稱，指的正是對聲光效果的高度應用。此確實有利於之後臺灣的傳媒情境，而成就出後來的「霹靂布袋戲」。第二、「金光布袋戲」也是黃立綱在父親黃俊雄支持下，另於「霹靂布袋戲」之外，發展的市場品牌。為了凸顯「金光布袋戲」的品牌特性，在武戲方面強調更細膩的戲偶肢接武打，而不使用過量的後製動畫；在文戲方面則聘請三弦編寫有推理性的劇情。

　　在細部研究上，我則指導翰莛，不要只是資料羅列，以及變成「講古」式的報流水帳研究，可以就「金光布袋戲」的角色經營上進行細部研究。由於黃立綱「金光布袋戲」初期，正式承接了父親黃俊雄的經典角色——「藏鏡人」，並再自行發展出「默蒼離」。在戲劇上，這兩個角色明顯以「鏡子」，完成其角色意象，以及主體深度層次。因此我希望翰莛能以心理學的鏡像理論，好好進行深入分析。

　　如今翰莛不畏理論閱讀困難，恰正如武俠故事中少年俠士，終於於日日辛勤苦練，積累了功力，成就了其第一本研究專著《假面與鏡子——黃立綱金光布袋戲角色研究》。學術研究漫漫無涯，這本書終然也只是一個驛站，還望翰莛再策馬揚塵前行。是為序。

2019.5寫於興大湖畔文院研究室

目

次

第一章　緒　論

第一節　研究動機與目的

　　黃俊雄（公元 1933 年～）引領布袋戲從金光戲往電視布袋戲戲齣邁進，以至於現今霹靂布袋戲面對全球化的商業競爭之下，不得不以文化工業的經營模式生存。〔註1〕金光戲時期的「神魔奇幻武俠」〔註2〕風格延續至霹靂布袋戲，專業分工的各部門促使：劇本文學非常重視敘事環境的設定，並大量運用中國神話傳說的元素，作爲推動敘事情節的關鍵，神魔奇幻武俠的風格趨於典雅精緻，使得布袋戲深化、雅化；〔註3〕戲偶造型設計，完全呈現後現代徵候，中性諧擬（pastiche）其他敘事體的符號；〔註4〕霹靂布袋戲將文化意象融入 13 項產業模式的典型，順利搭乘晚期資本主義優越的廣告技術侵略閱聽人的私領域，企圖且成功建立閱聽人的日常生活圈，塑造專屬的霹靂品牌。〔註5〕

　　筆者將黃俊雄成名於臺灣布袋戲歷史的招牌角色「史豔文」，作爲本論文

〔註 1〕劉時泳；劉懿瑾；劉蕙華；莊修田：〈霹靂布袋戲之文化產業研究〉（《聯大學報》六卷第二期，2009 年 12 月），頁 165～188。

〔註 2〕吳明德：《臺灣布袋戲表演藝術之美》（臺北：臺灣學生書局，2005 年 7 月），頁 123～124。

〔註 3〕吳明德：《臺灣布袋戲表演藝術之美》，頁 271。

〔註 4〕洪盟凱：《從史豔文到素還真：霹靂布袋戲之文化變貌》（輔仁大學大眾傳播學研究所碩士論文，2002 年），頁 142。

〔註 5〕劉時泳；劉懿瑾；劉蕙華；莊修田：〈霹靂布袋戲之文化產業研究〉，頁 183～185。

的論述脈絡。誠如第二章第一節陳述金光戲〔註6〕的純商業行為關係，排戲先生〔註7〕排戲的關鍵是觀眾反應，如何得到觀眾的青睞是首要條件，因此可以說觀眾視角接受敘事模式的程度，以及角色在敘事文本內的心理活動變化，皆牽引出大眾熱愛於此的原因，不若說戲劇角色之喜愛，象徵當下時空的臺灣社會風氣。「史豔文」堪稱臺灣布袋戲歷史上最活躍、長久的角色，其經歷劍俠戲〔註8〕、金光戲及電視布袋戲三個時期，更是讓黃俊雄等同於電視布袋戲最強而有力之證據。

　　經歷三個時期的史豔文，其角色人物的內在精神，讓他面對時代風氣的考驗而波折。首先，黃俊雄曾經表示史豔文在公元1970年代走紅之後，欲將死敵藏鏡人的身分——史豔文的兄弟——演出，可是礙於當時風氣不容許，故作罷此念頭：

> 每一場演出，父親都會寫新的劇本，史豔文跟藏鏡人是雙胞胎兄弟，是最早年的設定，但當時的風俗民情，讓父親不敢演出來，他覺得會引起觀眾暴動。〔註9〕

黃俊雄在電視布袋戲立下「黃俊雄障礙」〔註10〕被其子黃強華（公元1955年～）、黃文擇（公元1956年～）建立的「霹靂布袋戲」克服，並且將金光戲時期的神魔奇幻武俠風格發展至巔峰。史豔文、藏鏡人等角色陸續出現在早期的霹靂布袋戲系列，公元1990年可以視為分水嶺：此前霹靂布袋戲延續黃俊雄的人物，史豔文、藏鏡人的戲份隨後愈淡；此後的敘事內容不再是個人英雄主義的時代，改以組織形式縱橫鬥智來參與武林。〔註11〕有趣的地方是，

〔註6〕「金光戲」不能與本論文所提的「金光布袋戲」相通。前者指臺灣布袋戲戲齣的名稱，亦有演出金光戲戲齣的布袋戲團稱金光布袋戲，為了本論文論述統一便利，稱戲齣類型為金光戲，將後者金光布袋戲撰為黃立綱所屬「天地多媒體國際有限公司」延續黃俊雄布袋戲製作的布袋戲劇集。

〔註7〕吳明德所言「完型金光戲」的條件，排戲先生推動布袋戲戲齣往金光戲發展，特色在於即興式參與創作敘事文本。第二章第一節針對排戲先生做介紹，並述及布袋戲敘事模式以此有何變化。

〔註8〕黃海岱時候的「史炎雲」。張溪南：《黃海岱及其布袋戲劇本研究》（臺北：臺灣學生書局，2004年2月），頁97。

〔註9〕黃立綱言。〈【一鏡到底】宿命是一雙看不見的手——布袋戲大師黃俊雄專訪之四〉，搜尋日期：2018年08月02日，https://goo.gl/uoQo5L。

〔註10〕吳明德：《臺灣布袋戲表演藝術之美》，頁214。

〔註11〕陳龍廷：〈布袋戲人物的政治詮釋——從史豔文到素還真〉《臺灣風物》四十九卷第四期，1999年12月），頁179。

《霹靂至尊》〔註 12〕第二集的敘事內容演出了象徵黃俊雄時代終結於霹靂布袋戲的劇情：霹靂布袋戲自創的當家熱門角色素還真，被迫殺害史豔文。敘事文本借助亦是黃俊雄的角色藏鏡人推動劇情，彷彿史豔文之死與素還真無直接關係，又或者是素還真「人在江湖，身不由己」的無奈般，史豔文之死無法責備於誰，僅能說時代不允。霹靂布袋戲的劇集雖幾次透過丑角秦假仙表示，史豔文實際上仍然繼續活動，只是退隱紅塵罷了。然而，這僅是隱晦表達史豔文不會參與霹靂布袋戲的武林世界的手法，這亦為霹靂布袋戲推出符合當下時代價值觀的角色素還真之操作。

　　黃俊雄的么子黃立綱（公元 1978 年～）於公元 2002 年成立「天地多媒體國際有限公司」，負責黃俊雄布袋戲的全部業務，並於公元 2009 年推出首部執導的獨立作品《黑白龍狼傳》〔註 13〕，可是成效不彰。〔註 14〕潛沉 3 年後受到李崗（公元 1957 年～）導演青睞，推出《天地風雲錄之決戰時刻》〔註 15〕，使金光布袋戲〔註 16〕成名、漸為人知的劇集確定於此，亦開啟繼霹靂布袋戲「神魔奇幻武俠」〔註 17〕風格之後，另一提供臺灣民眾閱聽的電視布袋戲風格。《天地風雲錄之決戰時刻》之所以成功，關鍵在於「劍俠為主、金光為輔」〔註 18〕的敘事設定、策略，一反霹靂布袋戲著重炫麗、奇幻的視覺效果，以及神魔奇幻武俠的風格，選擇改以深層的人性刻畫、衝突〔註 19〕，著重完整世界觀架構、深層挖掘人物心理層次的文戲〔註 20〕。

〔註 12〕公元 1987 年 08 月發行。吳明德：《臺灣布袋戲表演藝術之美》，頁 703。

〔註 13〕詳細資料參考本章第二節。

〔註 14〕王珮蓉：《傳承與創新：黃立綱「天地風雲錄」系列之研究》（國立中正大學台灣文學與創意應用研究所碩士論文，2017 年），頁 40～41。

〔註 15〕詳細資料參考本章第二節。

〔註 16〕「金光布袋戲」為黃俊雄於公元 1994 年推出《新雲州大儒俠》之後，每部發行的劇集幾灌以「金光」二字，遂稱為「金光布袋戲」，爾後黃立綱延續之。

〔註 17〕吳明德定義金光戲的敘事風格，筆者藉此名稱，做深入研究，並系統化論述霹靂布袋戲等於神魔奇幻武俠風格的原因，亦定名金光布袋戲的敘事風格、戲齣，本書第二章第四節至第二章第六節進行此論述。

〔註 18〕王珮蓉：《傳承與創新：黃立綱「天地風雲錄」系列之研究》，頁 41。

〔註 19〕王珮蓉：《傳承與創新：黃立綱「天地風雲錄」系列之研究》，頁 48。

〔註 20〕陳龍廷認為文戲指「沒有打鬥的場景，純粹以劇中人物之間的對話展開的文學遊戲」，筆者認為陳龍廷將文戲指涉於對話間的展開，是依照電視布袋戲以前（包括黃俊雄時期）的布袋戲表演形式做判斷，與觀眾雙向互動的表演形式促發遊戲性，有 ioh 猜謎、猜藥味、作對仔、科場問試等文戲的表演形式。霹靂布袋戲以後的敘事文本，其文戲漸漸脫離這些表演形式，偏向劇本文學

武戲〔註21〕則是鮮少以電腦特效動畫為主要表現手法來呈現決定性情節，回歸布袋戲偶身為木偶戲的特色——操偶。布袋戲進入電視布袋戲時期，即無法完全離開「電影語言」〔註22〕，導致操偶師為了呈現鏡頭剪輯的連續性，而犧牲本身操偶的連貫動作，亦常常需要依靠拆解戲偶的部分組件進行拍攝。例如戲偶的步伐行走、奔跑之姿，很多時候是鏡頭針對操偶師僅拿取戲偶下半身配合拍攝，非整尊布袋戲偶的操作。因此，電視布袋戲的操偶師實際亦包括攝影、剪接、後製……等其他媒介的表演模式。〔註23〕

筆者認為這是值得肯定，且必須將操偶師片段式操偶的表演模式視為電視布袋戲專屬的特色。然而，布袋戲偶的操偶由於電視媒體的參與，導致片段表演的結果，不代表操偶的部分可以被忽視，因為鏡頭剪輯武戲的效果，即是需要讓布袋戲偶的姿體語言更逼近真人，甚且電視布袋戲為了因應拍攝所需要的鏡頭，操偶師會做更多布袋戲偶的操作。過多的電腦動畫特效有可能將布袋戲偶似是真人，觀眾卻無法完全領情，關鍵在於偶之所以作為戲齣特色，實為關係到「操偶」這門技巧。逼近真人的效果是可以的，但不是運用操偶專屬的技藝呈現，觀眾的審美重點無法凝聚此點，而會偏向純粹視覺效果，那何不直接去觀賞真人表演的戲齣。臺灣布袋戲的戲齣發展偏向敘事模式，就是因為觀眾要看「操偶」的娛樂需求，越仿真的操偶，操作技巧越值得觀眾作為審美的重點，此亦是布袋戲的專屬特色。

可惜的是，電視布袋戲因為擁有電影語言的優勢，追求仿真而非操偶的

創作的敘事情節，計謀鬥智、感嘆體悟、情感發展……等非以戲偶動作推動敘事線的情節，皆屬於文戲。陳龍廷：《聽布袋戲：一個臺灣口頭文學研究》（高雄：春暉出版社，2008年1月），頁193。

〔註21〕 陳龍廷言武戲「除了強調『大花腳』的『尫仔架』及各式武器的對打招式之外，必須要塑造風雨欲來的氣氛」，電視布袋戲以後，霹靂布袋戲的發展漸次模糊傳統布袋戲大花、小花、小生、小旦、公末的分類，且布袋戲表演形式的敘事風格（第二章介紹）定調所致，武俠敘事體的滲入，皆導致敘事文本內的許多角色皆可以有武戲，而武戲進入霹靂布袋戲時期亦開始成為審美的重點，甚至成為敘事情節推動的關鍵。陳龍廷的研究以電視布袋戲前的布袋戲做分析所得，不變的是，角色位於敘事文本的安排需要有衝突，方能合理化武戲。陳龍廷：《聽布袋戲：一個臺灣口頭文學研究》，頁247。

〔註22〕 吳明德：〈開創布袋戲新紀元——論「霹靂布袋戲」的藝術成就〉（《中國工商學報》第二十一期，1999年10月），頁49。

〔註23〕 財團法人中華民俗藝術基金會主編、施忠賢：〈從史的角度描繪電視布袋戲的關鍵轉變——由十大事件談起〉，《台灣布袋戲與傳統文化創意產業研討會論文集》（宜蘭：國立傳統藝術中心，2005年10月），頁77。

手段，即是大量電腦特效動畫作為後製。筆者非否定此趨勢，長短鏡頭的連環交錯所形成的緊張刺激感、俯角仰角鏡頭能助於凸顯敘事文本需要的情境、鏡頭挪移剪輯連貫布袋戲偶仿真的肢體語言，以及電腦特效後製烘托襯映戲份情境、角色武俠本色的能力……等電影、動畫專業技術皆是電視布袋戲成功之處，不能也不應該違背此趨勢，否則很難跟其他影視作品競爭，甚且布袋戲戲劇的特殊因素（偶無法單純詮釋抒情的特點）所致，純娛樂的演化路徑將被觀眾拿來比較其他娛樂性質的影視作品〔註 24〕。電影、動畫等技術不能遺棄，擁抱此趨勢的電視布袋戲值得被讚許，可是「操偶」作為布袋戲劇種的審美重點之一〔註 25〕，不能被忽視的原因是，觀眾接受偶成為審美對象的潛在觀念在於偶屬於被製作出來無生命的狀態，人們將偶擁有生命的轉化形式，成為觀眾樂於觀看的重點。

　　偶不可能完全仿真，也因為這樣的先天視域，定調布袋戲偶必須是以操偶的形式作為發展趨勢。真人演員本來就擁有觀眾認知的具有生命思維之個體，所以觀賞真人演員的審美重點不會被放置「仿真」，觀眾另有一套審美標準自覺、不自覺做檢視。黃俊雄的「世界大木偶歌舞特藝團」於公元 1963 年公演無法引起熱潮的其中原因是，以觀眾的感官刺激而言，木偶仿真的大腿舞遠比不上十位身材曼妙、婀娜多姿的盈盈少女搶眼。〔註 26〕此即筆者所言布袋戲偶被倒果為因、執行仿真的例子。當然，布袋戲偶具

〔註24〕 觀眾非僅僅與純娛樂作品比較，探討大眾心理、社會議題的影視作品，例如美國影集《Westworld》（西部世界）、《The Walking Dead》（陰屍路）、《Game of Thrones》（權力的遊戲）、英國影集《Black Mirror》（黑鏡）……等，也是有程度的機會被觀眾選擇。消費維持觀眾身心各方面所需的資本主義事實，相對有限度的消費能力作為唯一比較的門檻，純娛樂、嚴肅類型的影視作品雖不同類型，不應該是比較的對象，對消費者來說都相同。霹靂布袋戲、金光布袋戲為臺灣布袋戲做出重大的貢獻，但兩者皆必須以商業利益作為生存、發展的影視公司，同樣會因為競爭成敗而消逝，更何況筆者所言其他影視作品的競爭狀態，電視布袋戲的確需要專屬於自己、難以取代的特色。金光布袋戲在大眾心理層次的著墨、精彩「操偶」的特效武戲，成功打造專屬調性的優勢，對成立只十幾年，相對霹靂布袋戲年輕的布袋戲影視公司，實清楚明瞭此間的原理。純娛樂作品例如美國 Marvel Studios 的英雄電影、日本的動畫、中國的歷史劇、韓國的偶像劇……等，當然不等於這些例子沒有嚴肅作品，大眾文化沒有絕對性，僅相對性的存在。

〔註25〕 筆者認為布袋戲的操偶技術是唯一讓觀眾感覺特殊，而能夠與其他影視娛樂作品競爭的優勢。

〔註26〕 吳明德：《臺灣布袋戲表演藝術之美》，頁 160。

有生命的轉化形式，不僅僅只有操偶一項，仿真的情感是可以被觀眾接受，甚且會遺忘先天視域，這也扣合金光布袋戲成功之處，細膩處理角色心理層次的文戲。

　　戲偶沒有真實演員的演技，臉部、肢體語言無法細膩，借助其他形式來烘托是必要的。早期布袋戲的準戲曲風格（quasi-opera style）的建立即是如此，發展至今的敘事風格（narrative style）則是重視敘事結構、人類心理變化的敘事文本：〔註 27〕電視布袋戲得益於電影語言的地方，即是擁有許多媒介表演模式幫助呈現，影像的保留卻如班雅明（Walter Benjamin，公元 1892～1940年）所言失去「靈光」（aura），沒有遙遠的地方來視為珍貴物，複製的影像作品會接近我們的生活。電視布袋戲的劇集作品使得布袋戲無法遙不可得，既然被視為日常生活之部分，每個敘事情節皆會受到嚴格檢視，非因為對象消逝而轉嫁、忽略敘事結構。建立於此點的電視布袋戲，每部作品的敘事結構設定如果無法說服消費者，消費者也無法真心進入敘事文本，即無法達到成功的仿真情感。假設敘事情節更是突兀、不符合普視情感、心理的邏輯，觀眾將退位後設立場角度來欣賞前述操偶的形式。

　　筆者認為金光戲發展出的「神魔奇幻武俠」風格，有部分原因是影像無法留置的劇場形式，戲班無法停頓敘事文本，觀眾無暇停頓審美動作。這樣可以使得布袋戲的敘事結構適當被忽略，因為內台戲的即興演出、與觀眾真實互動才是金光戲以前（包括金光戲）的布袋戲之精髓，當下過於重視敘事結構，會導致觀眾無法參與敘事內容而失去樂趣。因此，敘事、視覺兩部分皆邁向刺激、簡單、趣味，觀眾參與劇場亦屬於布袋戲班表演一環的關係所致，二元對立的戲劇形式、排戲先生與主演的即興敘事、五光十色噴火的視覺效果……等發展將金光戲推往布袋戲的巔峰。同時，可以理解為何早期的電視布袋戲中僅黃俊雄會成功，純粹以電視做紀錄，實為照著劇場模式搬演的布袋戲會失敗。電視布袋戲的影像被保留、使用，以及觀眾無法親臨的因素，被排除於布袋戲劇集的敘事內容〔註28〕，電視布袋戲發行的錄影帶、DVD劇集是屬於完整的敘事文本，觀眾有權進行審視敘事文本的結構，對敘事文本的深層結構很樂於探討，這其中必然促使電視布袋戲的敘事文本邁向複

〔註 27〕準戲曲風格（quasi-opera style）、敘事風格（narrative style）為陳龍廷之創見。請參詳本論文第二章第一節。

〔註 28〕雖然可以安排角色對著鏡頭說話，或者在劇中影射現實世界的話題來將觀眾視為表演形式的一環，可是仍然是單向性質。

雜、完整、結構的方向〔註 29〕。第二章論述金光布袋戲的世界觀架設是嚴謹完整，且有喜愛此劇的戲友為此研究金光布袋戲「擬史」之列表。

當「神魔奇幻武俠」風格的奇幻視覺效果沒有重大變革形式的產生，觀眾皆知曉、疲倦電視布袋戲重複使用電腦動畫特效，敘事設定無法完整、人物於敘事內容沒有心理層次建構，共鳴難以成立的破壞敘事，以及誤信仿真而忽略「操偶」的武戲呈現〔註 30〕，皆是電視布袋戲為人詬病的地方，亦如金光戲的衰敗即二元對立戲劇模式被觀眾厭倦同理。黃立綱的金光布袋戲推出《天地風雲錄之決戰時刻》突破電視布袋戲延續神魔奇幻武俠風格的瓶頸，擔任突破瓶頸的敘事文本內容，正是重構在霹靂布袋戲消逝以久的史豔文，並且賦予史豔文、藏鏡人的關係，實現黃俊雄欲使史、藏為雙胞胎兄弟的設定。

本論文的研究動機以黃俊雄的布袋戲角色史豔文為論述基礎、脈絡，金光戲時期到電視布袋戲時期，乃至黃家第三代所經營的霹靂布袋戲、金光布袋戲，史豔文於敘事文本內的遭遇各反應著不同的心理層次變化。並以復活於金光布袋戲的史豔文，其周遭親人藏鏡人（胞弟）、俏如來（長子）做本論文的研究重點。目的為透過金光布袋戲在敘事文本裡，面對史豔文的人格特質，藏鏡人、俏如來受到個人英雄巨大存在的心理影響，以及血脈至親不容許己身非議，並衍生出拉岡（法語：Jacques-Marie-Émile Lacan，公元 1901～1981 年）、榮格（Carl Gustav Jung，公元 1875～1961 年）心理分析學的主體衝突、調適等心理變化等等，以此提出金光布袋戲在臺灣布袋戲歷史上，發展出新戲齣「歷史奇幻武俠戲」的證據。時代不只淘汰布袋戲的戲齣，布袋戲亦對時代變化做時空的註解。另外，除了藏鏡人、俏如來為本論文的研究重點，現代人對於成功榜樣之欣羨，以此為行為動機，甚而不疲於更改主體在社會的連接方式，隨利而轉的變化是唯一不變的現象，樂於淹沒自我主體

〔註 29〕另一原因是電視布袋戲以電視劇的形式定位。

〔註 30〕此句所言的假設狀態是達到仿真，如果武戲僅戲偶揮手、一大片光暈特效後製成為敵對兩人距離間互動的主要形式，仿真、操偶兩點皆不具備，實為布袋戲特色盡失、電腦動畫特效優勢轉為廉價過場手段的非理想情形。筆者再次強調特效後製是電視布袋戲不可忽略的項目，但如何與操偶作為適當比例的調配，甚至是彼此輪番使用的節省成本的方式（因為純粹的操偶形式如前言所述，操偶師在進入電視布袋戲時期，操偶的形式、內容必須與拍攝配合，因應鏡頭所需要的畫面，導致多人操一偶、操偶師重複片段的操偶動作，皆帶給操偶師身心方面的負擔；同理，完全依靠動畫師亦是不妥的做法，兩者皆影視公司考量作品成本、觀眾接受度的布袋戲影視作品構成項目），才是最重要的解決方法。

而指責他者。金光布袋戲的角色玄之玄之於史家血脈即為如此，因此筆者亦將玄之玄做為研究重點，史豔文的個人英雄存在可以視為單一標準、讓人遵守的定義規矩，不只有血緣至親對此衝突、調適，局外人亦受此感召，各自以行為提出主體性為何。研究玄之玄的心理變化更豐富心理主體性的層次，可謂提供金光布袋戲的敘事文本具有深層挖掘人物心理層次變化之有利引援。

第二節　題目釋義及研究範圍的界定

　　電視布袋戲時期開始進入以全國觀眾為表演對象的傳播模式，大眾媒體傳播對象「永遠是群體而不是個人」〔註31〕，表演形式的革命使得布袋戲不再是巡迴演出的外、內台戲。如果說金光戲時期的敘事文本有高折舊率，因而促發布袋戲戲齣的敘事題材走向主演、排戲先生的自編自導，電視布袋戲的敘事文本的折舊率必然無法允許敘事內容、形式做重複搬演。

　　內台戲的搬演可以允許重複情節分次於不同時間搬演，達到商業利益的最大值，並且準確捉摸聽眾喜新厭舊之際，進入新的內容情節，因為戲院內的觀眾本身涵蓋於創作文本的過程，不易於跳脫文本做審美，現場有多層次的審美對象，例如口白、戲偶、電光、音響等，令觀眾不以專一的標準衡量優劣。電視布袋戲的審美雖然與內台戲相通，即口白、戲偶等審美對象，甚至多了後製特效，可是相較內台戲分次時間，以收費方式操作消費者的審美時間，電視布袋戲的審美時間自是觀眾易於掌握（尤其為 DVD 劇集），這代表觀眾透過觀影而產生種種的反思容易連貫，便有前述觀眾易審視批評之理，導致電視布袋戲的重複劇情難以說服觀眾。既然敘事文本受到大眾傳媒的影響，電視布袋戲對此有幾點延續、更改金光戲吸引觀眾的操作手法，這有待於其他布袋戲界的學者做深度的研究處理。

一、假面與鏡子──「同角換偶、穿戴面具」之表現手法的心理分析詮釋

　　筆者提出一個電視布袋戲的敘事現象：即是相同角色的換偶、遮蔽臉孔（面具）的表演形式之現象。此現象有幾項層面可以討論：公司商業模式的行銷策略層面而論，同角色換偶可以使得編劇減少成本於重新塑造人物設

〔註31〕孫英春：《大眾文化：全球傳播的範式》（北京：中國傳媒大學出版社，2005年9月），頁163。

定，且人物設定付諸於執行層面有風險存在，所以對既有的人物做新偶的造型出現於劇集，成爲固定商業操作手法，尤其是人氣角色。霹靂布袋戲建立霹靂品牌，將品牌文化融入視覺藝術、音樂與表演藝術、文化展演設施產業、工藝產業、電影產業、廣播電視、出版產業、廣告產業、設計產業、數位休閒娛樂、設計品牌時尚產業、創意生活、建築設計等 13 項文化創意產業類別。金光布袋戲亦文化產業的方式經營。以電影產業爲例，霹靂布袋戲與金光布袋戲同時將於公元 2020 年推出布袋戲電影。〔註32〕因此，人氣角色的換偶型態所帶來的利益是值得公司重視的，換偶即代表其他的文化創意產業類別有機會提供新的品項，供觀眾以消費的方式體驗、擁有、欣賞角色。

戲劇模式方面，換偶的時機可能是戲劇張力的主要時機，例如角色遇到危機、角色從儀式中展現重生〔註33〕、集數間首尾預告的連接〔註34〕、純粹製造懸疑的效果……等〔註35〕，這方面可能會延續金光戲爲了吸引觀眾消費，因而製造戲劇張力的手法。以純粹製造懸疑的效果爲例，其具有解謎之意味，讓觀眾以爲新出現的角色擔任敘事文本的推動，過程中可能會透露此角色是舊有角色的線索，例如舊有角色的個性、思維、口頭禪。待適當的時機，新角色爲觀眾解謎是否爲舊有角色。這樣的戲劇模式主要是讓觀眾更參與敘事文本，實際上也許會跟敘事文本結合，也有可能是純粹的吸引觀眾好奇心的模式，扣除這樣的手法，或許也不會破壞敘事文本的內容。需要注意的是，懸疑的效果不只有換偶此法，遮蔽臉孔亦可以通行。

敘事文本而言，人物行動元、情節、敘事語法的深層結構等皆是構成敘事文本的條件，三者皆攸關電視布袋戲的劇集品質。前文提及電視布袋戲更接近觀眾的日常生活，影像易於取得、使用的關係，觀眾嚴格審視的趣味性促使劇本的結構完整，而結構完整攸關人物性格的塑造、深層結構的探索。即便結構性非創作首位的劇本，其開放式情節必須符合敘事文本前後邏輯相通的特點，將開放式情節具有提供給觀眾追尋敘事文本的動機。試想如果觀

〔註32〕霹靂布袋戲推出《素還眞》，金光布袋戲則是《儒俠》。

〔註33〕角色閉關修練武功，出關之時具有重生的意味。此在戲劇模式的策略爲角色輪替演出，閉關之角色的消失時間，讓其他角色擔當敘事內容，故戲劇模式而言，有如儀式般例行公事。

〔註34〕常見的手法。此集末端釋出的下集預告最有可能出現，目的是吸引觀眾一睹風采而購買下集。

〔註35〕陳龍廷提出布袋戲術語「角色概念」，依此討論戲劇的「神祕」效果，本書第二章會介紹。

眾欲尋找符合自己認同的情節，並作為敘事文本的缺口鏈接，結果發現敘事文本內的邏輯不符、敘事設定矛盾，原本的趣味性轉變為批評性（當然可以是另種樂趣），對於大眾娛樂作品而言是不利的狀態。除了退出敘事文本的參與外，角色的塑造無法讓觀眾真心接受。

　　敘事情節巧妙結合換偶、遮蔽面孔的手法是最理想的狀態，不但兼顧前兩點，敘事文本的內容所造成的熱議程度，觀眾觀戲所投射之情感必然刺激、擴大前兩項的效益，且相當持久。對於金光布袋戲資本非完全充裕的狀態，是有效的經營策略〔註36〕，所以金光布袋戲在劇本的敘事文本內容幾乎巧妙結合換偶、遮蔽面孔的表演手法〔註37〕。

　　金光布袋戲重視人物的長期經營，與「同角換偶、穿戴面具」的表現手法結合的敘事文本，其中敘事內容為探討角色與社會群體之關係，此關係引發三點心理層次的可議性。其一，主體出生於世，即透過小他者（other）的眼光來認識自己，主體需要一面鏡子來建立主體，無論生命任何時期皆是。每位他者都是一面鏡子，多面鏡子折射而出的特質，主體因此得以拼湊、統整自己。金光布袋戲裡的藏鏡人、俏如來，透過史豔文這面鏡子，折射出發的影像是自己想要認為的？還是真有其事？或者有第三項選項提供主體執行？其二，主體對於小他者的存在，映照出自己的無能，甚而衝擊主體性，引發後續的調整相應措施。藏鏡人、俏如來之於史豔文屬於如此。其三，想要生活於大眾組織的社會裡，配戴非等同於主體的人格面具（persona）來適應外在環境，有的主體意識到人格面具的存在，急切擺脫，藏鏡人屬此；有的主體樂於擁抱人格面具，順利且投入人格面具，玄之玄屬此。然而，榮格認為此兩者非理想狀態，人格面具無法擺脫徹底，亦無需完整投入，應當視為與主體陰影（shadow）做能量系統調整的適當手段，主體的心理結構才穩固。

　　「同角換偶、穿戴面具」的表現手法於布袋戲學界，亦有借鑒心理學家榮格的原型、人格面具理論，做角色於敘事情節之論述。陳龍廷的《黃俊雄

〔註36〕金光布袋戲編劇總監三弦（公元1976年～）訪談。王珮蓉：《傳承與創新：黃立綱「天地風雲錄」系列之研究》，頁107。

〔註37〕黃俊雄時候的史豔文有乞丐皇帝呂望生、醜君拾宇郎、逃名客三種化身；霹靂布袋戲亦有素還真一人三化的典型例子。林安寧主編：《「雲州大儒俠──史豔文」圖鑑典藏特集》（台北：遠流出版，1999年8月），頁54～84。吳明德：《臺灣布袋戲表演藝術之美》，頁454。

電視布袋戲研究（民國五十九～六十三年）》〔註38〕、吳明德的《臺灣布袋戲表演藝術之美》〔註39〕、李健宏的《霹靂布袋戲人物的原型與心理異常分析》〔註40〕皆屬如此。陳龍廷、李健宏為學位論文：《黃俊雄電視布袋戲研究（民國五十九～六十三年）》提到黃俊雄的布袋戲角色「史艷文 vs.藏鏡人」、「六合 vs.秘中秘」兩個組合裡，前後分別是代表「人格面具 vs.陰影」，前者之待罪受死的荒誕情節，實際是戲劇替觀眾需要洗滌罪惡的代罪之舉，後者的邪惡狂暴亦觀眾欲突破人格面具之狀態；《霹靂布袋戲人物的原型與心理異常分析》則是詳盡以霹靂布袋戲的敘事文本做出論點，符合人格面具、陰影論述的地方有〈假面原型〉、〈陰影原型〉兩個小節，針對霹靂布袋戲龐大的文本做分類是此論文的貢獻所在。

　　然而，陳龍廷之作提供的創見，又或者李健宏將龐大敘事文本進行分類，兩者無法連貫人格面具、陰影間的論述，即為何導致人格面具、陰影的關鍵點：主體的能量系統之論述，所以兩者之論述呈現出戲劇效果的二元對立「人格面具 vs.陰影」，又或者將陰影視為邪惡的狀態。當然，黃俊雄時期的布袋戲是呈現典型的二元對立發展，以個人英雄為主要戲分，這是陳龍廷無法繼續論述的限制可能，且以人類學的「土著觀點」（emic）〔註41〕而論，兩者皆實際著重田野調查等「特殊化」研究觀點，所以對跨文化之理論，提供論述之抽象概念研究非其論文的著重處。

　　吳明德的《臺灣布袋戲表演藝術之美》為布袋戲學術專著，其中使用許多神話相關理論，研究霹靂布袋戲深化金光戲的神魔奇幻武俠風格。在禁忌、巫術、神話思維等方面的論述相當精采，霹靂布袋戲的魔幻劇本文學的學術論述建立即此。然而，與陳龍廷的著作一樣，論述偏向戲劇方面的神話思維。因此，筆者以榮格、拉岡的心理分析學，提供金光布袋戲角色特質的研究方向，即題目「假面與鏡子」所示。

　　筆者運用榮格的人格面具、陰影理論，不強調戲劇層面的效果，轉為重

〔註38〕陳龍廷：《黃俊雄電視布袋戲研究（民國五十九～六十三年）》（中國文化大學藝術研究所碩士論文，1991 年）。

〔註39〕吳明德：《臺灣布袋戲表演藝術之美》（臺北：臺灣學生書局，2005 年 7 月）。

〔註40〕李健宏：《霹靂布袋戲人物的原型與心理異常分析》（逢甲大學中國文學所學位論文碩士論文，2012 年）。

〔註41〕陳龍廷，〈臺灣布袋戲研究的方法論〉，《民俗曲藝》第 142 期，2003 年 12 月），頁 160。

視心理分析取向，人格面具與陰影間的能量流動爲觀察視角。臺灣布袋戲於黃海岱黃俊雄父子所處的劍俠戲、金光戲時，布袋戲角色爲純然正、邪兩派，強烈的黑白兩道衝突，創造個人風格強烈的金光戲。儘管史豔文（六合）曾疲倦而墮落，藏鏡人（秘中秘）曾曉悟而歸途，然而無法脫離「邪不勝正」的單一框架，此框架下的史豔文、藏鏡人服膺於道德精神。

直至黃立綱的金光布袋戲，由劍俠戲傳至電視布袋戲，反派角色藏鏡人實爲史豔文的胞弟，一路坎坷遭遇，促發躲進面具、鏡子之人物心理，可謂戲劇角色的複雜度倍增。當劍俠戲搬演內容，由忠孝節義精神的楷模，轉爲經歷過戒嚴、解嚴後的言論自由，精神價值不再是單方傳授，而是個人主體自覺參與生活層面，所深刻體悟的情感。二元對立突顯單一價值的傳統戲劇效果，已經無法得到當代人的認同，霹靂布袋戲角色素還真的成功即是此例。方法論的更動，實因應時空遞變的特殊文化〔註 42〕，這也是筆者運用榮格的心理分析理論之因，能將角色的複雜度，理解完整的人類心理變化。

此外，拉岡的鏡像理論爲方法論之一，原因是傳統二元對立的史豔文、藏鏡人，於金光布袋戲的敘事文本裡，角色的人格面具、陰影間凝固，進而破碎象徵的心理流動考察。拉岡藉由代數（algebra）、拓樸學（topology），建立詳實複雜的科學系統，於潛意識、意識間的主體性建構有別於榮格，提供符合心理流動——霹靂布袋戲以降，至金光布袋戲的敘事文本冗長連貫，角色間關係複雜，行事如榮格強調完整心理結構的各層發展方向：前行（progression）、退行（regression）具備完整的理解。

「假面與鏡子」共三層意涵：首先，布袋戲偶的「同角換偶、穿戴面具」的表現手法；其次，敘事文本內，角色主體對小他者之調整的主體性追求，並以史豔文爲論述脈絡，分析藏鏡人、俏如來、玄之玄角色應對史豔文的各自主體性爲何；最後，金光布袋戲重視人物角色的心理活動，本論文將深入研究受到史豔文關係連結的藏鏡人、俏如來、玄之玄心理活動的流動性方式，以此論證筆者於前節提出有別於「神魔奇幻武俠」風格，金光布袋戲著重的完整敘事設定所架構的「歷史奇幻武俠」風格。

二、研究範圍的界定

本論文選擇研究的影音文本之始爲公元 2009 年黃立綱獨立執導的作品

〔註42〕本章第四節詳述本論文的方法論。

《黑白龍狼傳》，依時間排序爲《天地風雲錄之決戰時刻》、《天地風雲錄之九龍變》、《天地風雲錄之劍影魔蹤》、《天地風雲錄之魔殺血戰》，此前爲「天地風雲錄」系列。敘事文本主要延續史豔文、藏鏡人這對雙胞胎兄弟的情感糾葛，以及漸漸開啓敘事文本的「九界」世界觀，並一反電視布袋戲由黃俊雄至霹靂布袋戲首領爲三教（儒、釋、道）的設定。史豔文之子俏如來身在佛門，遲遲無法以父親「忍」的犧牲精神來面對武林事務，不得不暫時以父親作法行事的俏如來，痛苦難耐，瀕臨崩潰，遂拜墨家鉅子默蒼離爲師，期盼有別於父親的行事思維。

　　《天地風雲錄之劍影魔蹤》著重在描摹隱於歷史的墨家原始精神之代表默蒼離，默蒼離對徒弟俏如來之鑄心、鑄智、鑄計，使俏如來的主體性修復、心理活動轉道。此劇集可視爲金光布袋戲立俏如來爲主角的用心之作，如何區別史豔文、俏如來的角色特質，又不用讓史豔文非難消逝於敘事文本，《天地風雲錄之劍影魔蹤》擔任承先啓後的功能，順遂開啓後續俏如來爲主角的劇集。《天地風雲錄之魔殺血戰》的敘事文本中兩個角色小空、玄之玄爲重點：前者爲史豔文之二子，體質之特殊成爲史豔文一直以來作爲犧牲品的個體，爲武林犧牲的小空終於有不再選擇被動消極的機會，化身爲修羅國度的首領，名爲殺世摩羅。殺世摩羅取自佛教傳說央掘摩羅（梵文名 Angulimala）之典故〔註43〕，隱有痛苦其父所作所爲，無法再忍耐之意；後者爲墨家鉅子俏如來的師叔，亦默蒼離同門師兄弟：「墨家九算」。如果說默蒼離之行事原則完全符合墨家原始精神，玄之玄等墨者便是爲了建立被小他者認同，而不惜破壞、扭曲墨家精神的代表。不只有史豔文儒家精神的否定而已，位處金光布袋戲的主要角色俏如來，所代表的墨家立場是可以互議。互議衍伸的劇集爲承接此後的「墨亂篇」〔註44〕：《金光御九界之墨武俠鋒》、《金光御九界之墨世佛劫》、《金光御九界之墨邪錄》。

　　《天地風雲錄之魔殺血戰》之後的劇集皆以「金光御九界」放置劇集名稱前面，《金光御九界之墨武俠鋒》正式開啓各個九界的世界觀設定。包括俏

〔註43〕 央掘摩羅因其師的要求，必須殺死一千人，並取得手指骨作爲項鍊，方能得道。天性善良的央掘摩羅矛盾痛苦，卻仍然依師之命，漸漸影響心智而成爲殺人魔。終至殺死九百九十九人，欲殺其母爲第一千人之時，佛陀感化，使得央掘摩羅證了阿羅漢果。

〔註44〕 《金光御九界之墨武俠鋒》先行版預告稱之爲「墨亂」。《金光布袋戲 YouTube 官方頻道》，搜尋日期：2018 年 08 月 07 日，https://goo.gl/4heLjx。

如來希望修羅國度能全數回到魔世，因為此國實力被殲滅，將影響魔世其他勢力的侵略，此論述隱含魔世僅其他族群之設定，非邪惡、魔力等先天強大神話思維之「神性」概念。此劇集亦綻開道域、佛國地門，其中地門與修羅國度一樣，僅屬於佛國其中的族群，由多重族群的敘事線織起《金光御九界之墨武俠鋒》。《金光御九界之墨世佛劫》的敘事文本將重心放置佛國地門引發的劫難。墨亂於《金光御九界之墨武俠鋒》之中，斡旋於中原、苗疆、道域、海境間，而《金光御九界之墨世佛劫》之墨亂來自於默蒼離的另位徒弟，俏如來的師兄雁王，與墨家九算的鳳后。雁王、鳳后的組合，因著雁王被鑄心失敗而怨師的價值觀，本著鳳后目睹墨家師兄弟被支持的勢力所累而敗亡，這對組合弔詭回歸墨家隱於歷史、不著痕跡的平衡勢力的行為準則，於敘事文本內活動的心理動機難以循跡。佛國地門執念引發劫難，墨家雁王、鳳后由亂轉助，皆《金光御九界之墨世佛劫》敘事文本的精彩處。

《金光御九界之墨邪錄》敘事文本開頭以地門之亂結束，不慎引起魔道開通，復活的魔世霸主元邪皇統一魔世，進入人界。魔世的其他勢力兇岳疆朝、闇盟臣服元邪皇之下，魔世的勢力出現在金光布袋戲的敘事文本。其中修羅國度的軍師公子開明實為玄奘一脈釋墨傳人，與墨者雁王對局。元邪皇復活急於統一九界之理由，在於讓九界合一，始界回歸，破壞九界中的六絕禁地，毀地重現符合自己燭龍血脈生存的環境。強如王者般元邪皇困難於血脈族群渺茫的事實，奇幻美學存在，但其設定回歸至「歷史奇幻武俠」美學，非劍俠、神魔奇幻武俠之風格。

研究的影音文本結束於《金光御九界之墨邪錄》除了電視布袋戲屬於無結局的長期劇集關係，筆者無法跟隨最新進度做研究之外，另一層用意為敘事文本必須聚焦於藏鏡人、俏如來、玄之玄三個角色上，以各自的敘事線而論：藏鏡人與史豔文的身世之謎於《天地風雲錄之決戰時刻》，兩者做立場互換奔波於武林在《天地風雲錄之九龍變》，且史豔文犧牲精神最具代表之事即拋棄二子小空於魔世，亦在此敘事文本。藏鏡人與女兒憶無心的互動從《天地風雲錄之九龍變》之後開始。藏鏡人被佛國地門消除象徵「語言之牆」（the wall of language）的記憶從《天地風雲錄之劍影魔蹤》開始，《金光御九界之墨武俠鋒》再次出現於敘事文本，並於《金光御九界之墨邪錄》宣告化身為不容天地的「天地不容客」，換偶且再度穿戴面具。

俏如來從《天地風雲錄之決戰時刻》到《天地風雲錄之劍影魔蹤》，皆處

在懷疑主體性的狀態，尤其面對父親史豔文之能，相對於己身身為武林盟主，周遭犧牲之人不斷出現。《天地風雲錄之劍影魔蹤》為俏如來的轉捩點，其師之前以旁觀立場輔助俏如來，僅提點不參與，俏如來的表現因為慈悲為懷之故，時優時劣，居於劣勢的情況居多。直至《天地風雲錄之劍影魔蹤》默蒼離以直接對立的突兀態度，逼迫、轉換俏如來的主體性顯現，心理結構至此後堅固穩定；玄之玄初登場於《天地風雲錄之魔戮血戰》，身為情報組織黑瞳之首，擁有幻化易容之能力的墨家九算之一，為俏如來於《天地風雲錄之劍影魔蹤》後，首度對決扭曲墨家精神的師叔。雙方對決的敘事文本為《金光御九界之墨武俠鋒》，玄之玄轉變之巧快，亦轉變自己的主體性而不自知。《金光御九界之墨世佛劫》裡，玄之玄臨死前與俏如來的對話，以及玄之玄被如何方式認定處決，皆辯證玄之玄隨轉而轉、為己而亡的一生，主體性是否存在，心理活動如何才是自由。

　　筆者將藏鏡人、俏如來、玄之玄三者的敘事線繪製為表格，以金光布袋戲各劇集時序為三者的敘事時間，作為深入研究布袋戲角色的第四章〈金光布袋戲角色特質〉前，統整龐大的敘事文本，期研究方便之論述、對照。粗體字為筆者清楚標示本論文研究脈絡的關鍵角色史豔文，其周遭的血緣至親。金光布袋戲細心營造史豔文周遭的血緣至親之心理，故角色跨越許多劇集，敘事情節複雜多變，透過粗體標註的關鍵字，迅速明瞭敘事發展。分茲如下：

表 1　藏鏡人、俏如來、玄之玄的敘事線

角色 劇集時序	藏鏡人 （史豔文的胞弟）	俏如來 （史豔文的長子）	玄之玄 （俏如來的師叔）
黑白龍狼傳			
天地風雲錄之決戰時刻	◇揭露自己的血緣身分。	◇猶疑心態面對武林事物。 ◇受到墨家鉅子默蒼離的啟示，堪以大任。	
天地風雲錄之九龍變	◇與史豔文互換身分，奔波於史豔文的生活環境。 ◇與女兒憶無心開始有深刻的互動。 ◇不認同史豔文將次	◇俏如來拜默蒼離為師。 ◇默蒼離教導俏如來，包括回憶宮本總司之死，其真正意義，以及史豔文	

	子小空當作引導器，棄於魔世。認同**史豔文么子雪山銀燕**保護二哥的舉動。	對待次子的行為，衍伸出「一視同仁的不忍，一視同仁的捨得」。	
天地風雲錄之劍影魔蹤	◇被佛國地門消除記憶，從敘事文本裡消失。	◇默蒼離以身為行動，逼迫俏如來的主體性。 ◇俏如來由此開啟金光布袋戲的第一男主角。 ◇弒師默蒼離，繼承墨家鉅子。	
天地風雲錄之魔戮血戰		◇與其他墨家九算成員有理念之爭。	◇以黑瞳之首的身分，接近戮世摩羅，成功取得資源。
金光御九界之墨武俠鋒	◇以佛國地門的四大天護身分出現，依然失去記憶。	◇與墨家師叔玄之玄對決。	◇中、苗、鱗三界簽署和平條約。 ◇成為武林盟主，建立尚同會。 ◇為了取得更大的資源，隨著武林人士的洩恨對象——魔世成員，進行圍剿。 ◇取得佛國天門權利。 ◇與現任墨家鉅子俏如來對決。
金光御九界之墨世佛劫		◇玄之玄擁有魔族的特質，墨家劍陣止戈流成功阻殺。	◇以英雄之姿，死於俏如來之手。
金光御九界之墨邪錄	◇再次戴上面具，化身天地不容客。	◇元邪皇復活，欲毀滅六絕禁地，讓燭龍血脈得以在適合生存的環境繁衍。 ◇俏如來阻止元邪皇；**史豔文么子雪山銀燕**與元邪皇產生奇妙的友誼。	

影音文本的版本按照劇集時序〔註45〕陳列如下，並附有影音文本每部的發行公司、劇集集數、儲存資料形式以及片長：

《黑白龍狼傳》（公元 2009 年 08 月 08 日～2010 年 03 月），研究的影音版本爲新動國際多媒體有限公司發行，共 26 集，13 片數位多功能影音光碟（DVD，之後以此簡稱），片長約 1248 分。

《天地風雲錄之決戰時刻》（公元 2012 年 06 月 27 日～2012 年 10 月 31 日），研究的影音版本爲崗華影視傳播股份有限公司發行，共 20 集，20 片 DVD，片長約 1200 分。

《天地風雲錄之九龍變》（公元 2012 年 12 月 05 日～2013 年 07 月 31 日），研究的影音版本爲崗華影視傳播股份有限公司發行，共 36 集，18 片 DVD，片長約 2160 分。

《天地風雲錄之劍影魔蹤》（公元 2013 年 08 月 28 日～2014 年 01 月 01 日），研究的影音版本爲崗華影視傳播股份有限公司發行，共 20 集，10 片 DVD，片長約 1200 分。

《天地風雲錄之魔戮血戰》（公元 2014 年 01 月 15 日～2014 年 08 月 20 日），研究的影音版本爲金光多媒體國際有限公司發行，共 34 集，24 片 DVD，片長 2460 分。

《金光御九界之墨武俠鋒》（公元 2014 年 09 月 03 日～2015 年 04 月 08 日），研究的影音版本爲金光多媒體國際有限公司發行，共 32 集，32 片 DVD，片長約 2880 分。

《金光御九界之墨世佛劫》（公元 2015 年 04 月 22 日～2015 年 11 月 25 日），研究的影音版本爲金光多媒體國際有限公司發行，共 32 集，32 片 DVD，片長約 2880 分。

《金光御九界之墨邪錄》（公元 2015 年 12 月 16 日～2016 年 05 月 11 日），研究的影音版本爲金光多媒體國際有限公司發行，共 22 集，22 片 DVD，片長約 1760 分。

〔註45〕劇集時序皆以金光布袋戲官方 facebook 公告每集的發行時間爲依據。《金光布袋戲官方 facebook》，搜尋日期：2018 年 10 月 26 日，https://goo.gl/1NHdd8。

第三節　前人研究的文獻述評

一、臺灣布袋戲發展史相關的研究

（一）期刊論文

江武昌〈台灣布袋戲簡史〉（1990 年）。〔註46〕早期對臺灣布袋戲歷史的發展，做時序連貫統整、分類的觀察。具有布袋戲源流的考證資料，以及籠底戲時期的臺灣縣市流派詳實紀錄，對本論文第二章論述臺灣布袋戲的歷史概說，啟到建立知識系統根基之作用。〈台灣布袋戲簡史〉依照時間將布袋戲分類為籠底戲時期、北管戲時期、小說戲時期之一、小說戲時期之二、皇民運動時期、反共抗俄劇時期、金光布袋戲時期、廣播電台與電視布袋戲。布袋戲戲齣分類提供筆者核對其他學者之佐證，能完整呈現臺灣布袋戲發展的歷史。另外，對金光戲時期的布袋戲師徒考察、團數氾濫等現象定論布袋戲漸趨沒落的原因，別具有針砭之意。此篇論文所著時間之關係，對於後續電視布袋戲的考察受到時間限制，而無法詳實；金光戲時期吳天來、陳明華的定位以西方戲劇理論的編劇論之，容易引起兩者等同之暇想，幸此後另有學者以「排戲先生」修正。

陳龍廷〈電視布袋戲的發展與變遷〉（1990 年）。〔註47〕將電視布袋戲分為三個類型，分別是紀錄式的布袋戲（民國 51～57 年）、電影化的布袋戲（民國 59～63 年）、表現式的布袋戲（民國 71～78 年），並分項論述電視布袋戲的演變。由早期的紀錄式布袋戲可以看出演師地位不被尊重，劇目仍是忠孝節義教化性質的故事，岳飛、二十四孝、文天祥、河伯娶婦、屈原、徐福等故事。配音方面亦以國語配音代替台語；電影化的布袋戲則是詳述黃俊雄如何成功於電視布袋戲，不受限題材、配樂不分古今中外、人物造型隨意設計……等，皆是黃俊雄帶給布袋戲各方面的變革，此論提供筆者於電視布袋戲的表演形式變革方面，做很多部分的認識、論述；表現式的布袋戲裡創新的劇目，乃是「霹靂」系列，雖被新聞局評為「內容無稽」，每天收視率卻能突破百分之三十，可謂證實延續金光戲的自編自導的敘事題材做法，觀眾方願意觀戲。此論文建構電視布袋戲時期的歷史，尤以前二種紀錄式、電影化

〔註46〕江武昌：〈台灣布袋戲簡史〉（《民俗曲藝》第 67‧68 期，1990 年 10 月），頁 88～126。

〔註47〕陳龍廷：〈電視布袋戲的發展與變遷〉（《民俗曲藝》第 67‧68 期，1990 年 10 月），頁 68～87。

布袋戲提出創見，唯創新的劇目方面，因為著作時間限制而無法全面。

施忠賢〈從史的角度描繪電視布袋戲的關鍵轉變——由十大事件談起〉（2005 年）。〔註48〕電視布袋戲發展至當時公元 2005 年為止，施忠賢利用關鍵字「平台」、「表演模式」、「時代象徵」與「商業化」做主要脈絡，提出電視布袋戲重要的十大關鍵事件。內容論述史豔文出身、純道德、所向披靡等形象，充分反映彼時臺灣農業社會的基調，傳統、純樸的文化中，展現最完美的人格。接續出場於霹靂布袋戲的素還真則事逢經濟蓬勃、傳統價值轉型的階段，人心多變複雜，潮流趨勢如浪濤陣陣接續，唯有智性為主的謀略家素還真才是理想的救贖，不若史豔文沉痛擔當的調性，素還真輕鬆自在引導趨勢。

另有提到霹靂布袋戲成立霹靂電視台、霹靂多媒體企業，以商業性質為重的經營策略，「霹靂會」的產生更激發、整合商品與消費者的關係，並固定出版錄影帶、戲偶、影像商品、文字商品等日常使用的周邊，文化擴散的效益堪比布袋戲演出的精采度來得有價值。此論調與後續將提到學位論文《從史豔文到素還真：霹靂布袋戲之文化變貌》，理解布希亞（法語：Jean Baudrillard，公元 1929～2007 年）強調媒體科技高度發展的現象，媒體使用符號植入日常生活，此果便是理性、非理性之外的狀態，「擬仿的秩序」（order of simulation）。即符號獨立構成存在的意義，且比具體真實的事物更真實的「超真實」（hyper-real）。素還真的符號意義可以透過代言各廣告存在，並且戲迷的同人誌裡延續此符號，又或者角色扮演（cosplay）再現素還真的符號等。素還真非具體之人，卻擁有比具體之人更具體的存在，且他不存在於戲友、非戲友的認知裡，各個活動的呈現使得符號的意義不僅僅在敘事文本裡，可以說整個符號為尊的現代社會都會是素還真出現的敘事文本。此現象的徵候便是後現代（postmodern）情感平面化、去歷史化，僅以狂放之情感作為刺激化，例如霹靂布袋戲的亂倫情節。

實際上，由創意轉變成刺激為敘事文本調性的霹靂布袋戲，其發展不若施忠賢認為的樂觀〔註49〕，筆者持吳明德於〈開創布袋戲新紀元——論「霹

〔註48〕財團法人中華民俗藝術基金會主編、施忠賢：〈從史的角度描繪電視布袋戲的關鍵轉變——由十大事件談起〉，《台灣布袋戲與傳統文化創意產業研討會論文集》（宜蘭：國立傳統藝術中心，2005 年 10 月），頁 68～78。

〔註49〕以霹靂布袋戲最新戲《霹靂驚濤》（公元 2018 年 06 月～）為例，劇情仍然是著重處，霹靂布袋戲官方 YouTube 頻道每釋出《霹靂驚濤》搶先看，留言區

靂布袋戲」的藝術成就〉所認為劇本仍然是根本的論調，非倒果為因的重視
布袋戲元素納入各個生活層面，因為僅磨耗相同符號，實際是否如布希亞所
言符號成為超真實，消費者是否願意消費〔註50〕亦有相當討論的空間商榷。

（二）專書及專書論文

陳龍廷《臺灣布袋戲發展史》（2007 年）。〔註51〕本書為陳龍廷從舊報廢
紙、田野調查，研究臺灣布袋戲二百多年的真實歷史。以詳實、客觀考證的
學術態度，系統化建立起臺灣布袋戲歷史的發展，實為了解臺灣布袋戲歷史，
必須以閱讀本書首選。另外，臺灣布袋戲的發展由準戲曲風格（quasi-opera
style）至敘事風格（narrative style）的轉變，陳龍廷建立學術名詞定調，筆者
亦作為引述。本論文論述劍俠戲、金光戲等敘事模式的特殊性，以及強調排
戲先生之於布袋戲班的職位角色定位，來自本書研究所得的學術結果。

（三）學位論文

陳龍廷《黃俊雄電視布袋戲研究（民國五十九～六十三年）》（1991 年）。
〔註52〕此論文花費兩年所著，並以田野調查的方式，系統化建構黃俊雄的電
視布袋戲時期。對電視布袋戲分三個時期的方式，延續〈電視布袋戲的發展
與變遷〉的分類，各時期的論述更為詳實完整。此論文的第四章〈黃俊雄電
視布袋戲內容分析〉、第五章〈黃俊雄電視布袋戲形式分析〉就內容、形式皆
有創見。內容方面論述背後時代與社會的意義，主演黃俊雄不滿「史艷文」
被冒用，而於劇中創造「百變書生」洩恨；或者將小販、乞丐、醫生等職務
化身於布袋戲中演出，並且時不時呈現社會關心的話題；又或者政治因素關

即有網友反應劇集敘事情節的問題。回應施忠賢的觀點所致，筆者亦以霹靂
布袋戲劇集表達劇情的重要性，實際上，金光布袋戲亦同樣受到劇情要求之
重視。搜尋日期：2018 年 08 月 08 日，https://goo.gl/BBsZgg。

〔註50〕筆者認為「消費者是否消費」與「素還真的符號獨立於外」是兩件事情，符
號雖然如布希亞認為的可以超真實，即便消費者有沒有認識素還真無妨，可
是不認識素還真的人有很大機會不會購買素還真的符號，也有可能是少次參
與符號擁有，商業行為仍然在賣家、買家雙方，非機械式定位素還真符號獨
立，就能等於商業利益。當然，初次購買素還真獨立符號的消費者，有機會
進入霹靂布袋戲的劇集（廣告便是此理），這樣問題就回歸原點，劇集無法讓
消費者喜歡，那是否造成劇集否定消費者擁有的符號呢？因此，這是筆者認
為劇情為根本、表演必須精彩之故。

〔註51〕陳龍廷：《臺灣布袋戲發展史》（台北：前衛出版社，2007 年 2 月初版）。

〔註52〕陳龍廷：《黃俊雄電視布袋戲研究（民國五十九～六十三年）》（中國文化大學
藝術研究所碩士論文，1991 年）。

係，布袋戲必須創立「中國強」的角色，彌補撫慰觀眾挫敗的心理。對本論文論述布袋戲反映時代、社會風氣具有引證之學術價值。

形式方面，本論文在論述黃俊雄時期的史艷文，即透過陳龍廷以神話、原型分析史艷文英雄受難、復活的情節。黃俊雄的角色秘中秘／藏鏡人，陳龍廷以語言學的形式科學，研究戲劇效果，得知罪魁呈現真面目後，將失去原有的吸引力。擁有戲劇效果之外，本論文將透過金光布袋戲的藏鏡人之論述，豐富藏鏡人失卻面具後的心理活動過程。

二、臺灣布袋戲角色、劇本、文化相關的研究

（一）期刊論文

吳明德〈開創布袋戲新紀元──論「霹靂布袋戲」的藝術成就〉（1999 年）。〔註 53〕黃俊雄延續電視布袋戲的金光系列，因爲環境所迫，面臨艱難的困境。其子黃強華、黃文擇以改革的心態打造霹靂王朝。此論文針對霹靂布袋戲的劇本、戲偶角色、詩詞設計、口白配音、背景音樂做藝術分析。甚少全面研究霹靂布袋戲的早期布袋戲學界，吳明德建立霹靂布袋戲經營執行的各個層面之統述，以此研究霹靂布袋戲爲何能再次被當時大眾否定電視布袋戲浪潮裡，浴火重生奠定並超越黃俊雄時期的成就。

吳明德對霹靂布袋戲的藝術分析爲：劇本龐雜細膩突破此前的窠臼，編劇團隊採立體交叉、繁複糾纏的網狀情節取代二元對立的戲劇模式；人物的偶頭更有模仿真實人類的輪廓雕刻，並以鮮明個性搭配特殊行事作爲網友議論之處，成功使戲迷熱烈參與討論；語言具有文采之美，有賴於編劇群的學識涵養，人物稱號、出場詩、武功招式、兵器、地理名稱趨於雅化；口白被黃文擇採用預錄的方式進行，其精通五音，可控制八聲，號稱「八音才子」，爲布袋戲的口頭藝術增色光彩；配樂來自專業的「灰姑娘音樂工作室」，改編許多音樂來呈現專屬角色的配曲，其發行的卡帶亦造成搶購。

陳龍廷〈布袋戲人物的政治詮釋──從史艷文到素還真〉（1999 年）。〔註 54〕透過史艷文、素還真的角色性格，反映戒嚴、解嚴後的社會風氣的精神動態。對本論文論述黃俊雄時期的史艷文之個性、思維，可以說具有參考引述

〔註 53〕吳明德：〈開創布袋戲新紀元──論「霹靂布袋戲」的藝術成就〉（《中國工商學報》第二十一期，1999 年 10 月），頁 39～71。

〔註 54〕陳龍廷：〈布袋戲人物的政治詮釋──從史艷文到素還真〉，（《臺灣風物》四十九卷第四期，1999 年 12 月），頁 171～188。

之價值。史豔文的忍辱形象考察，提出三階段的轉變，以及史豔文與黃俊雄的角色「六合」近似，皆有「八忍」精神。由史豔文木偶造型的「散鬃」，即傳統戲曲中囚犯的髮型，搭配《出埃及記》〔註55〕的音樂更顯悲哀，反映出戒嚴時期民眾不敢言的忍辱精神。延續霹靂布袋戲的史豔文被編入歐陽世家十六義子的勢力，最終下場被素還真「殺死」；素還真足智多謀，權謀能力甚強，善用他人之力，隱藏自己的能力，與當時解嚴後政黨鬥爭權力頗似。且素還真對身邊具有功勞之人頗忌憚，曾利用敵手剷除「崎路人」這類危及地位之人。陳龍廷將史豔文、素還真視為1970年代、1990年代的時代象徵。

　　陳龍廷〈文化產業與創意結合的一種典範——解讀早期的霹靂布袋戲〉（2005年）。〔註56〕以社會時代的風氣解讀早期霹靂布袋戲的內容，包括平凡人有成功的可能、家庭價值的瓦解、日常生活中的政評，以及沒有明確價值觀念，導致對宗教救贖的追求。其中對史豔文、藏鏡人的定論延續前論〈布袋戲人物的政治詮釋——從史豔文到素還真〉，兩者於霹靂布袋戲的世界裡，不再是個人英雄：「在新時代中不斷地被挑戰，甚至失去昔日英雄的光環，最後在江山代有人才出的情境之下，逐漸消失在舞臺上」此論對本論文第二章建構黃俊雄時期的史豔文個性精神，具有對照的學術價值；藏鏡人扁平的狂暴之力，亦可對照本論文第四章第一節金光布袋戲的藏鏡人，主體性建構與心理活動的過程；素還真「藏巧於拙」，實為梟雄，在此論文亦有論述。

　　吳明德〈霹靂布袋戲劇本營構初探——以《霹靂異數之龍圖霸業》為例〉（2005年）。〔註57〕此篇論文述布袋戲由傳統的口頭文學邁進為劇本文學。劇本從一人漸轉為集體參與編劇，此間的分工、專角專寫、編劇間磨合、劇本敘事安排、拍攝排場及導播溝通皆是創造霹靂布袋戲巔峰，不可忽略的許多細節。筆者透過此篇論文了解電視布袋戲的運作方式：「霹靂布袋戲的拍攝方式是先寫成劇本，再錄口白，接著在攝影棚播放口白錄音，操偶師配合口白

〔註55〕原為公元1960年的電影《出埃及記》的主題歌曲、片尾曲《Theme Of Exodus》。此曲為美國作曲家歐內斯特・戈爾德（Ernest Gold，公元1921～1999年）的著名作品。

〔註56〕財團法人中華民俗藝術基金會主編、陳龍廷：〈文化產業與創意結合的一種典範——解讀早期的霹靂布袋戲〉，《台灣布袋戲與傳統文化創意產業研討會論文集》（宜蘭：國立傳統藝術中心，2005年10月），頁79～95。

〔註57〕財團法人中華民俗藝術基金會主編、吳明德：〈霹靂布袋戲劇本營構初探——以《霹靂異數之龍圖霸業》為例〉，《台灣布袋戲與傳統文化創意產業研討會論文集》（宜蘭：國立傳統藝術中心，2005年10月），頁112～132。

再撐偶錄影。」分工精細，運用時間的效率極高；另霹靂布袋戲不若之前內台、外台布袋戲的一次性即興演出，而是採「矢線」、「疊幕」的敘事技法，因為電視布袋戲人物眾多、情節複雜之故；排場使用新角色位於結尾收幕呈現，並延伸下集開幕的方式，旨在編劇理解觀眾欲觀偶的心態。上述為本論文建構金光布袋戲延續霹靂布袋戲，對電視布袋戲運作模式的理解，提供參考論證之學術價值。

洪盟凱〈大步邁向後現代文化——霹靂劫之闇城血印〉（2005 年）。〔註58〕此篇研究《霹靂劫之闇城血印》，洪盟凱認為此劇表現後現代的徵候——歷史感消失，取而代之為互文性（intertextuality）的成立。例如拼貼各個元素：吸血鬼形象、陰陽師、超越時空、機器戰警……等想像力無限的同時，呈現符號的幻覺式真實。對霹靂布袋戲延續順應媚俗品味的大趨勢，運用詹明信（Fredric Jameson，公元 1934 年～）、布希亞的後現代理論觀點剖析何謂片斷化的戲劇結構特性：「文本相互指涉、文字遊戲式的表演模式，或有邏輯不通、敘事疲乏之處，但仍展現出霹靂布袋戲片斷化趨向的戲劇結構，走向了後現代主義戲劇的對立——冗長，刻意追求華麗、熱鬧和眼花撩亂的視覺效果。」提供本論文對照金光布袋戲於霹靂布袋戲的後現代大敘事的衰退後，以眾多小敘事組成的「歷史奇幻武俠」風格，意在區別霹靂布袋戲的片斷化戲劇結構。

（二）專書及專書論文

林安寧主編《「雲州大儒俠——史艷文」圖鑑典藏特集》（1999 年）。〔註59〕本書為黃俊雄獨家授權史艷文的紀錄，黃俊雄時期的史艷文敘事文本龐大，就敘事文本上就有四種版本、四大部，其中劇本和帶子大半流失，以零散資料與黃俊雄的口述整理出故事大綱為本書的重點。本論文論述黃俊雄時期的史艷文，本書提供統整性的敘事文本作為研究。

張溪南《黃海岱及其布袋戲劇本研究》（2004 年）。〔註60〕本書以黃海岱（公元 1901～2007 年）的劇本為研究重心，透過訪談的方式了解黃海岱的布

〔註58〕 財團法人中華民俗藝術基金會主編、洪盟凱：〈大步邁向後現代文化——霹靂劫之闇城血印〉，《台灣布袋戲與傳統文化創意產業研討會論文集》（宜蘭：國立傳統藝術中心，2005 年 10 月），頁 96～111。

〔註59〕 林安寧主編：《「雲州大儒俠——史艷文」圖鑑典藏特集》（台北：遠流出版，1999 年 8 月）。

〔註60〕 張溪南：《黃海岱及其布袋戲劇本研究》（臺北：臺灣學生書局，2004 年 2 月）。

袋戲生涯如何影響劇本創作，以及考察布袋戲劇本與改編的古典小說之間的關聯、流變。黃海岱與黃俊雄的親身訪談紀錄，提供本論文論述布袋戲與臺灣社會變動的論證，且關於史豔文角色的始末流傳、精神內涵，亦爲詳實可靠的學術資料。本書第四章〈黃海岱布袋戲「史艷文」相關劇本〉以史豔文爲脈絡，論述黃海岱與黃俊雄間的布袋戲演變，對本論文立論史豔文早期的精神內涵，以至於黃俊雄時期的變化差異，皆獲益良多。

吳明德《臺灣布袋戲表演藝術之美》（2005 年）。〔註61〕本書以「小西園」、「霹靂」做考察對象，分別代表古典、金光戲兩種布袋戲戲齣。書中論點臺灣布袋戲百年發展的方向爲泛「金光化」。可謂以宏觀的視角，對臺灣布袋戲發展作完整脈絡之考察，方具有此番見地，本論文第二章對臺灣布袋戲歷史概述多次引用資料，學術眼光值得筆者見賢思齊。對霹靂布袋戲的劇本分析亦本書精彩之處，使用許多神話相關理論爲方法論，並以霹靂布袋戲的敘事文本爲主要脈絡，溯源神話元素的敘事設定，在禁忌、巫術、死亡等集體潛意識之需要方面，認爲戲劇怪誕卻不失人性邏輯，且觀眾樂意投入神話般敘事文本，因此提出霹靂布袋戲的敘事文本爲雅化、深化金光戲的神魔奇幻武俠風格。本論文第二章引述霹靂布袋戲的風格引證資料，即是來自本書詳實的分析。

陳龍廷《發現布袋戲：文化生態・表演文本・方法論》。〔註62〕本書以文化生態考察、表演文本解讀的兩種觀點，進行布袋戲的研究。構成布袋戲表演藝術的許多層面，其背後受到臺灣文化的影響，陳龍廷以田野調查的方式，對黃海岱、李天祿、胡金柱、廖來興等臺灣著名布袋戲主演，做完整深入的介紹。除了訪談布袋戲主演之外，陳龍廷針對臺灣社會的宗教文化「祭祀圈」、曲館文化，以及武館文化如何影響、建構布袋戲的表演形式，統述布袋戲表演藝術的構成因素。本論文參考許多臺灣布袋戲被影響的文化面，本書實爲深入解析臺灣布袋戲這項民間藝術的產生，是臺灣社會的文化層面寫照。

（三）學位論文

洪盟凱《從史豔文到素還眞：霹靂布袋戲之文化變貌》（2002 年）。〔註63〕

〔註61〕吳明德：《臺灣布袋戲表演藝術之美》（臺北：臺灣學生書局，2005 年 7 月）。
〔註62〕陳龍廷：《發現布袋戲：文化生態・表演文本・方法論》（高雄：春暉出版社，2010 年 2 月）。
〔註63〕洪盟凱：《從史豔文到素還眞：霹靂布袋戲之文化變貌》（輔仁大學大眾傳播學研究所碩士論文，2002 年）。

此論文以後現代的視角，觀察霹靂布袋戲的敘事文本，在《霹靂金光》〔註64〕、《霹靂異數》〔註65〕、《霹靂狂刀》〔註66〕、《霹靂烽火錄》〔註67〕、《霹靂圖騰》〔註68〕等五部敘事文本的脈絡裡，提出各自於電視布袋戲裡的特殊性，無論劇情內容、表演形式皆有。詳述五部後，在總結論述霹靂布袋戲的敘事文本符合後現代敘事：「文本間的互相指涉」、「反主流」、「敘事視角與規則的破壞」、「跳脫敘事，強調觀看過程」、「社會現況或社會諷刺」、「文字遊戲式的表演語彙」。

此論文的第五章第二節〈霹靂布袋戲之文化邏輯〉，總述霹靂布袋戲的敘事體由傳統布袋戲走出，營造新的文化邏輯，導致的特色先以史豔文的角色懷舊，繼而編造新的敘事取代之。公元1993年後則完全跳脫過去人物、情節，轉為主角已死，多重身分主體的衍生（復活），無主要的敘事主體的敘事文本走向諧擬、高雅通俗界線模糊、平面感之途。上述為此論文協助筆者認識霹靂布袋戲的敘事文本趨向，提出吳明德之外，另種參考的向度，豐富霹靂布袋戲的敘事文本內涵，可客觀對照金光布袋戲的敘事文本的風格。

三、金光布袋戲相關的研究

（一）期刊論文

胡又天〈墨家在現代創作中的復活〉（2016年）。〔註69〕此篇論文以中國先秦「墨家」為主題，在課本、漫畫、遊戲、小說、史學論著、布袋戲裡的墨家方面，皆有陳述墨家之思想如何被涵蓋，以及批評之。其中在史學論著、布袋戲的部分提供本論文研究金光布袋戲的角色人物俏如來、玄之玄的引述。胡又天編著的《金光布袋戲研究》則是國內第一本專門論述金光布袋戲的學術期刊，蔚為筆者注意。

（二）學位論文

王珮蓉《傳承與創新：黃立綱「天地風雲錄」系列之研究》（2017年）。

〔註64〕公元1986年10月發行。吳明德：《臺灣布袋戲表演藝術之美》，頁254。
〔註65〕公元1988年09月發行。吳明德：《臺灣布袋戲表演藝術之美》，頁254。
〔註66〕公元1992年12月發行。吳明德：《臺灣布袋戲表演藝術之美》，頁255。
〔註67〕公元1997年04月發行。吳明德：《臺灣布袋戲表演藝術之美》，頁255。
〔註68〕公元2001年05月發行。吳明德：《臺灣布袋戲表演藝術之美》，頁256。
〔註69〕胡又天：〈墨家在現代創作中的復活〉（《金光布袋戲研究》第一期，2016年8月），頁73～180。

〔註 70〕此論文為國內第一本專門論述金光布袋戲的學位論文，對金光布袋戲的戲齣風格、敘事世界觀、口白、操偶技術、拍攝手法皆概述成系統介紹。與金光布袋戲編劇總監的訪談，以及認為金光布袋戲戲齣為「劍俠為主、金光為輔」的世界觀設定，皆提供本論文定位金光布袋戲敘事風格的引證。可惜的是王珮蓉僅點出「劍俠為主、金光為輔」的世界觀，未建立以金光布袋戲敘事文本風格之學術觀點。如吳明德定位金光戲「神魔奇幻武俠」風格，以及確認霹靂布袋戲深化、雅化之……等確切的學術定位，有助於日後學者在布袋戲戲齣之論述引證，本論文第二章即藉此往前，論述金光布袋戲的「歷史奇幻武俠」風格，並以敘事文本內涵、武戲表演手法等論述，確認金光布袋戲的戲齣。

第四節　方法論與論文架構

　　本論文研究金光布袋戲的敘事文本，由《黑白龍狼傳》至《金光御九界之墨邪錄》，其中橫跨「天地風雲錄」系列。影音皆以 DVD 形式保存，相對取得容易，且本論文的研究思考的邏輯、批判活動，以敘事文本內做抽象概念之引述，實談不上田野調查的研究方法，而是屬於方法論。

　　研究方法為：「指基礎資料蒐集的方式，純粹是屬於技術性的問題」〔註71〕陳龍廷回顧布袋戲的研究，提出對當前布袋戲研究的弊病，反省方法論的意義，期許民間藝術的研究必須走出「傳統／現代」二元論的批判模式。陳龍廷考察布袋戲學術知識的產生，布袋戲研究可謂蓬勃發展，但是其中的危機值得注意：臺灣布袋戲歷史的認知詳實，引證資料必須客觀正確；西方理論的運用以「土著觀點」為重，切莫流為學術包裝。「土著觀點」為特殊文化中的許多元素，學者須發現特殊的文化類型，故本章第一節以方法論的使用邏輯，與文本材料間的適切性做論述，解釋臺灣布袋戲的特殊文化中，方法論是如何成為本論文的觀察視角。

一、方法論

　　臺灣的布袋戲發展至霹靂布袋戲、金光布袋戲，脫離傳統戲曲的折子戲、

〔註 70〕王珮蓉：《傳承與創新：黃立綱「天地風雲錄」系列之研究》（國立中正大學台灣文學與創意應用研究所碩士論文，2017 年）。
〔註 71〕陳龍廷：〈臺灣布袋戲研究的方法論〉，頁 147。

京劇臉譜、南北管戲曲，日常接觸的各個敘事體皆能是創作的元素，霹靂品
牌的文化建立便是如此。接近觀眾的生活圈、社會的話題等皆是霹靂布袋戲
成功原因，這樣的文化產業發展至今，布袋戲的元素更加龐雜：

> 在布袋戲中有「說書」（口白、旁白）、「武俠小說」（俠義人物、武
> 打衝突）、「推理小說」（懸疑陰謀情節）、「漫畫」（淚痕／哭泣殺神、
> 雙龍背／櫻木花道）、「好萊塢電影」（特效、造型、配樂）、「皮影」
> （交趾戰神、風跡影中林）、「傀儡」（關節手腳）、「章回小說」（分
> 回目的結構）、「參軍戲」（秦假仙和陰屍人的插科打諢）等等特質，
> 可以說布袋戲就像是一個巨大的胃，將新產生的或外來的表演形式
> 和內容，不斷地反芻和消化，以進入其表演體系中。〔註72〕

筆者認為「武俠小說」、「推理小說」是論及電視布袋戲發展的敘事模式部分。
武俠小說的武打元素，從古冊戲時期就可以看出端倪，木偶不擅長抒情的演
出，改以「操偶」作為審美對象是必然趨勢。因此，「敘事風格」內容的成立
與「操偶」的形式表演是相輔相成，古冊戲的《三國演義》、《封神榜》、《西
遊記》等敘事文本選擇的原因亦為武戲展現，乃至於敘事題材選擇劍俠類，「劍
俠戲是依中國武俠類章回小說改編而成的劇本」〔註73〕。此後金光戲受到排
戲先生自編自導、即興式參與敘事文本創作的影響，亦不改操偶為主要特色，
延續劍俠戲的武俠美學，其中金光戲有一劇目〈無情劍〉〔註74〕，此劇目是
布袋戲主演黃順仁（公元1939～2000年）與臺灣武俠小說家司馬翎合編。司
馬翎，本名吳思明（公元 1933～1989 年），對臺灣武俠小說貢獻非常，視為
「新派武俠」的開路先鋒，後起之秀古龍、蕭逸、上官鼎等新派武俠小說家
莫不以司馬翎為借鏡取法。〔註75〕

　　電視布袋戲發展的風格是否讓觀眾接受，很多部分觀眾是對武俠美學的
認識，陳龍廷於《臺灣布袋戲發展史》亦寫到布袋戲舞臺有一陣子流行「少
林戲」，此非孤立現象，與當時政府籠絡香港的自由藝人相關，戲院演出不少

〔註72〕吳明德：《臺灣布袋戲表演藝術之美》，頁 624。

〔註73〕林茂賢：〈台灣布袋戲劇目〉（《民俗曲藝》第 67•68 期，1990 年 10 月），頁
　　　　56。

〔註74〕林茂賢：〈台灣布袋戲劇目〉，頁 64。吳明德：《臺灣布袋戲表演藝術之美》，
　　　　頁 679。

〔註75〕葉洪生、林保淳：《臺灣武俠小說發展史》（台北：遠流出版，2005 年 8 月），
　　　　頁 83～84。

國產的少林片。〔註 76〕布袋戲流行的少林寺主題，觀眾到底是看布袋戲的民間藝術，或者是以武俠主題的敘事體爲要？姑且等待後論，筆者由此現象可以看出民間藝術、通俗小說的變動性、互文性，因爲以雙方的視角做觀察：第二章論述布袋戲藝人將布袋戲視爲生存工作之故，布袋戲表演的任何元素都具有變動性，故在此提點；武俠小說被視爲通俗小說，林保淳不諱言：

> 通俗作家因經濟因素考量而「媚俗」，乃是最嚴重的問題；尤其是通俗作品的流通，往往與商品同一管道，更易使作品流於下乘。通俗作品最爲人詬病的庸俗化、模式化弊端，以及產製過程中出現的大量問題（如抄襲、仿冒、槍手、草率等），未嘗不肇因於此。〔註 77〕

經濟因素的考量爲布袋戲、武俠小說家的首要，這是實用層面的問題，以商業利益爲主的策略，促使雙方進一步合作未嘗不可。就吸引閱聽觀眾最大化層面而論，實際上布袋戲很有可能拓展市場的知名度，而運用其他的敘事體、熱門話題，所以觀眾以誰爲閱聽對象的先後順序已經不重要，重要的是各取所需。因此，《台灣布袋戲之武俠敘事風格研究——以洲派媒體布袋戲爲例》〔註 78〕將布袋戲視爲武俠戲的可能，筆者甚爲認同，可是此論文以歷時性敘事體做研究，與本論文以武俠敘事做方法論的思考邏輯，來建立金光布袋戲風格的方向幫助有限，故提點至此。

方法論爲「『使用的邏輯』（logic-in-use），包括反省如何選擇特殊的觀察技術、評估所收集的材料（data），以及與這些材料相關的基本理論假設」〔註 79〕筆者使用中國武俠章回小說的學術邏輯，作爲民間藝術布袋戲的敘事文本考察，因爲前述布袋戲、武俠敘事體的互文以大眾需求爲主。武俠敘事體、布袋戲的彼此影響，筆者以本論文第二章回應，並建構金光布袋戲爲何不以去時間化（超時間化）的「神魔奇幻武俠」風格爲主要戲路定位，而是以「歷史奇幻武俠」的風格爲調性。按照吳明德論述臺灣布袋戲的發展大方向爲視聽首要的泛金光化，霹靂布袋戲爲了超越金光戲的嘗試、實踐，成功創造電視布袋戲的奇蹟，金光布袋戲有何理由不選此戲路，改以似古冊戲的「歷史」風格（古冊戲不等於歷史奇幻武俠戲）。這與中國史官傳統文化，發展出的文

〔註 76〕陳龍廷：《臺灣布袋戲發展史》，頁 145～146。
〔註 77〕葉洪生、林保淳：〈通俗‧武俠‧文化〉，《臺灣武俠小說發展史》，頁 06。
〔註 78〕謝佩螢：《台灣布袋戲之武俠敘事風格研究——以洲派媒體布袋戲爲例》（暨南大學中國語文學系碩士論文，2005 年）。
〔註 79〕陳龍廷：〈臺灣布袋戲研究的方法論〉，頁 147。

學創作技巧關係頗深。

　　尤雅姿《中國敘事理論與實際批評》（2017 年）〔註 80〕論述中國史官具有
文人、官人的兩種身分，文學、歷史的素養兼具，進而影響後續的文學創作
技巧，以史爲尊的文化傳統，體現子史同源的學術現象。其中「擬史」〔註 81〕
的習慣影響後續虛實雜揉的創作美學，羅貫中的《三國演義》即是如此。中
國晚清的小說家創作章回小說的「擬史」設定，有可能不以最初史官「別賢
愚，辨忠奸」的用意相同，不過「擬史」延續的美學是被發展而出的。金光
布袋戲的編劇總監表示化用中國歷史朝代的世界觀，是爲了讓觀眾自動影射
當時環境，這樣比重新編造的敘事設定容易且完全。〔註 82〕中國的敘事體「擬
史」用意某種程度即是爲了影射，仕途無法順遂的文人創作作品，爲了怕不
必要的麻煩，遂「以古喻今」，運用過去已經熟知的敘事體作爲影射對象，敘
事接受者在熟悉的敘事環境，理解作者之意成爲樂趣所在。金光布袋戲的「擬
史」非政治因素，而是節省成本所致，如劇中墨家、縱橫家的敘事設定，可
是具有前述的樂趣，轉爲戲友討論的話題。

　　此外，筆者以《中國敘事理論與實際批評》爲方法論，來理解、建構金
光布袋戲敘事文本擬史之「歷史奇幻武俠」風格，亦必須把「擬史」回歸民
間藝術實用層面，即表演形式「操偶」的影響：霹靂布袋戲電腦動畫特效發
展極致的視聽方面，所襯托的敘事偏向「神魔奇幻武俠」風格；金光布袋戲
體現本章第一節所論的「操偶」爲要，敘事文本轉而「歷史奇幻武俠」風格。

　　「神魔奇幻武俠」與「歷史奇幻武俠」的差異性質，攸關霹靂布袋戲延
續金光戲的宗教思維，尤其是道教文化。筆者透過布袋戲主演講述劍俠戲的
敘事內容，做回溯性解析，金光戲之前的劍俠戲，以至參考中國清代劍俠小
說，而清代劍俠小說延續唐代的劍俠。脈絡相承的道教文化是一致的共性，
無論俠文學認定的唐代劍俠實爲道教文化影響；〔註 83〕或者擁有道士身分的
文人所著作品，背後的文化闡釋；又或者臺灣布袋戲因爲演出性質、生活環
境，而與道教文化浸淫許久。宗教思維具體呈現於霹靂布袋戲的戲齣，此脈
絡的「使用邏輯」，筆者參照黃東陽《世俗的神聖：古典小說中的宗教及文化

〔註 80〕　尤雅姿：《中國敘事理論與實際批評》（臺北：臺灣學生書局，2017 年 11 月）。
〔註 81〕　尤雅姿：《中國敘事理論與實際批評》，頁 72。
〔註 82〕　王珮蓉：《傳承與創新：黃立綱「天地風雲錄」系列之研究》，頁 112。
〔註 83〕　林保淳：〈唐代的劍俠與道教〉，《俠客行——傳統文化中的任俠思維》（新北：
　　　　　暖暖書屋，2013 年 9 月）。

論述》〔註 84〕爲方法論，旨在明晰中國晉朝至五代的道教文化演變，透過葛洪（公元 283～343 年）《神仙傳》、杜光庭（公元 850～933 年）《錄異記》的深入解析，對道教文化的詮釋，來理解唐代劍俠與道教文化的關聯。筆者甚而嘗試論述臺灣布袋戲的宗教思維深化、雅化之代表──霹靂布袋戲的神魔奇幻武俠戲，並使用前述「擬史」概念論述歷史奇幻武俠戲，透過實際分析霹靂布袋戲、金光布袋戲的敘事文本，爲臺灣布袋戲學界提出新的戲齣類型。

布袋戲「推理小說」的懸疑元素是爲了吸引觀眾，敘事文本的戲劇張力與表演形式「同角換偶、穿戴面具」的結合，實爲布袋戲表演的常見現象，於本章第二節題目釋義有論述，筆者認爲此純粹爲了懸疑吸引觀眾的表演形式，與敘事文本做巧面結合，能使觀眾的觀影經驗之情緒投入其中。金光布袋戲運用史豔文復活的敘事設定做爲成功之鑰，並在史豔文的親人藏鏡人、俏來如，以及玄之玄的主體性、心理活動過程深耕，以此回應黃俊雄時期的史豔文的人格精神，巧妙結合「假面與鏡子」表演形式的懸疑元素。

本論文運用拉岡、榮格的心理分析學做爲方法論：前者有「法國的佛洛伊德」之稱，其鏡像理論、「潛意識是他者的話語」等主體性理論，已經在哲學、文學、符號學、心理學、電影等學科，都能看到理論假設之遠見；後者爲佛洛伊德（德語：Sigmund Freud，公元 1856～1939 年）的弟子，爾後另闢蹊徑，其「集體潛意識」之論述不被佛洛伊德接受，透過研究神話而提出人格面具、陰影等理論，亦受到許多學科作爲方法論。拉岡、榮格在主體性、心理活動過程，以及潛意識方面皆是本論文的方法論，於本論文第三章專闢介紹。智力、武力無法再如神魔奇幻的神性般強大，將敘事文本轉趨於人性掙扎、互爲牽制的心理活動過程，主體性難於定調成功如眞實人生，將在第四章使用拉岡、榮格的心理分析學做詳細的論述。

二、論文架構

本論文第一章〈緒論〉，闡明研究動機與目的，在題目釋義上論及布袋戲表演形式常見現象：「同角換偶、穿戴面具」，並以此引申、結合金光布袋戲的戲路風格，以及對於史豔文的至親、玄之玄的心理活動過程等本論文著重處；研究範圍則是確定研究的敘事文本始末、版本，陳述藏鏡人、俏如來、

〔註 84〕黃東陽：《世俗的神聖：古典小說中的宗教及文化論述》（臺北：臺灣學生書局，2011 年）。

玄之玄各自在敘事文本出沒的劇集；前人研究的評述方面，對提供本論文建構基礎知識、關鍵引料之佐證的期刊論文、專書及專書論文、學位論文，做段落式評論，故非本論文研究方向所使用的論文沒有提及，僅在參考文戲處陳列；筆者在本章第四節的方法論，則是論述布袋戲敘事文本與方法論間是否適用的問題，並以布袋戲的敘事內容、表演形式互為影響之事實，使用尤雅姿的中國敘事理論、黃東陽對古典小說的宗教與文化論述，以及拉岡、榮格的心理分析理論作為使用邏輯，希冀在論述現象背後的原因與實際效果，沒有背離民間藝術的實用問題，繼而定論第二章、第四章的論點。

第二章〈臺灣布袋戲戲齣的發展論述〉以史豔文作為臺灣布袋戲戲齣論述的脈絡，介紹臺灣布袋戲戲齣的同時，筆者於此章考察臺灣布袋戲戲齣的宗教思維，進而嘗試建立繼電視布袋戲之後，霹靂布袋戲、金光布袋戲戲齣類型。第一節〈臺灣布袋戲歷史概論〉旨在統述布袋戲學界對臺灣布袋戲戲齣發展的趨勢，趨勢下造成的布袋戲戲齣有古冊戲、劍俠戲、金光戲、電視布袋戲，而演變趨勢有二，一為敘事風格，一為泛金光化。

兩個重大演變方向影響的臺灣布袋戲，誕生非常特殊的職位「排戲先生」，排戲先生參與敘事文本的創作，促使金光戲以降的臺灣布袋戲戲齣，其敘事文本走向自編自導，不再是劍俠戲以前改編中國明清章回小說的型態；第二節〈史豔文的生命旅程〉先講述黃海岱參考中國清代章回小說《野叟曝言》，而編造的布袋戲角色文素臣（文素臣→史炎雲→史豔文），爾後黃俊雄延續此角色，並加入許多自編之敘事題材（六合）。探討黃俊雄布袋戲角色史豔文的內涵精神中，了解史豔文的產生是相當複雜，除了黃俊雄本身極具有觀察社會脈絡的能力，對於戲齣本身脫離古冊戲的破機關樓敘事，轉向強烈的二元對立戲劇模式。黃俊雄敢於實驗的精神皆促使史豔文角色的成功，而政治力量的介入亦影響布袋戲角色的發展，反派角色秘中秘、藏鏡人即是如此。

第三節〈素還真的永恆駐影〉相較史豔文悲苦形象，霹靂布袋戲以能力卓越、智慧不群的素還真角色代替之，素還真的成功與史豔文相同，皆有臺灣時代變遷的痕跡。素還真的爭議形象來自於解嚴後的風氣，霹靂布袋戲敢於創作具有爭議性質的熱議對象，論述此布袋戲角色的爭議性，循跡觀眾追捧的背後原因，解嚴為原因之一。宗教興盛帶動臺灣布袋戲的敘事文本往「超越人物生理與時空局限」發展，霹靂布袋戲深化、雅化宗教思維的戲齣，其

延續金光戲神魔奇幻武俠的風格，素還真受歡迎的程度，以及敘事文本處理
敘事情節的方式與此攸關；第四節〈臺灣布袋戲與宗教的關係〉探討素還真
於劇中的特殊行為，以及被合理化的敘事接受者態度，與臺灣宗教環境相關。
解嚴後的霹靂布袋戲融入大量宗教元素於敘事文本為考察開端，講述臺灣的
宗教發展，以及臺灣布袋戲早期以酬神戲為主要作用，兩者密切關係，於此
節假設素還真為道教文化裡的神仙形象，作為後續印證論述的指標；第五節
〈宗教思維的臺灣布袋戲〉延續前一節的宗教論述，不同者為第四節論說臺
灣宗教的大環境下，對臺灣布袋戲的敘事文本之影響，第五節就布袋戲的戲
齣、敘事文本，做深入考察。從劍俠戲本身的敘事文本，以及改編的中國清
代劍俠小說，找尋其背後宗教思維的神魔色彩，布袋戲主演胡金柱（公元 1915
年～）設定的劍俠吐劍氣的邏輯「肝青、心赤、脾黃、肺白、腎黑」，為重要
的田野調查資料，筆者以此回溯中國晉代葛洪《抱朴子》、《神仙傳》。藉此一
脈論述而至影響中國清代劍俠小說的唐代劍俠。俠文學的唐代劍俠被定調與
道教文化攸關，劍俠戲參照的中國清代劍俠小說之原因，與臺灣盛行的道教
文化攸關。

第六節〈霹靂布袋戲、金光布袋戲戲齣定名──「神魔奇幻武俠戲」與
「歷史奇幻武俠戲」的定義〉旨在提供臺灣布袋戲新的戲齣類型，並針對霹
靂布袋戲與金光布袋戲的敘事文本作對照分析，確認彼此非相同戲齣之事
實。素還真角色的神仙形象，以及霹靂布袋戲常使用具體手法，推動敘事情
節的狀態，皆是延續金光戲的宗教思維。絕對存在的人格天棄天帝與金光布
袋戲的復活強者元邪皇，兩者具體顯現神魔奇幻武俠風格、歷史奇幻武俠風
格的精神，藉此對照、比較，進而引申論述各自戲齣著重之處，由此發展不
同的戲齣。金光布袋戲的歷史奇幻武俠戲不但展現於武戲的實踐、完整的時
間脈絡及世界觀，不同於具體手法的絕對神性，其選擇主體心理活動過程的
建構，營造角色的心理變化，以致成長的連鎖心理反應等，皆明示歷史奇幻
武俠布袋戲的內涵，這部分的深入探討延續至第三章心理分析學的方法論建
構、第四章金光布袋戲角色的心理特質論述。

第三章〈鏡子與假面〉分別以拉岡、榮格的理論為名：「鏡像理論」、「人
格面具」。主要專門介紹拉岡、榮格的心理分析理論，分節論述：第一節〈「鏡」
中智者──物為我，我為物〉旨在論述拉岡的鏡像理論。鏡像理論借鑑許多
學者的理論建構而出，索緒爾（法語：Ferdinand de Saussure，公元 1857～1913

年）、雅克布慎（Roman Jakobson，公元 1896～1982 年）的語言學影響至深。發展而出能指（signifier）獨立於所指（signified）的論調，並言能指主宰主體，主體的形象是小他者（other）給予的事實，從嬰兒時候存在，意識之外的潛意識（unconscious）亦受到小他者的話語宰制。L 圖式（schema L）爲拉岡被稱爲「結構主義精神分析學」的代表，本論文多次使用 L 圖式引證藏鏡人、俏如來、玄之玄的主體性，其他拉岡的想像界（The Imaginary order）、象徵界（The Symbolic order），以及實在界（The Real）重要的論說皆在此節介紹；第二節〈欲離「假」面之臉──光影投合之「眞」〉先建立意識、潛意識之間的關係，以及互爲影響之事實，藉由事實引導出榮格強調的能量系統，受到當時物理學的科學精神影響，榮格對能量系統的論述是科學化，並提出能量前行（progression）、退行（regression）的複雜性。複雜的能量引動才是主體爲何選擇人格面具（persona）、陰影（shadow）之關鍵，許多論調重視人格面具、陰影的分類定位，本論文則是相反以兩者間的心理流動過程做深入分析。符合光影投合之「眞」，眞實的人類主體是隨時要面對人格面具、陰影的調適，且不會陷溺其中。

第四章〈金光布袋戲角色特質〉專門論述回應黃俊雄時期的史豔文，所創造的藏鏡人、俏如來、玄之玄三個角色，以拉岡、榮格的理論爲方法論，分節爲：第一節〈痛快言說之罪魁──藏鏡人〉道出藏鏡人經歷先天暴力介入後，無法認同於任何象徵界的能指，唯有以痛快（法語：jouissance）突破象徵界的能指網絡，來定位自己，激烈行爲成爲最後手段。史豔文作爲史家血脈必然是藏鏡人針對的對象，怨親生父親之無能……藏鏡人因爲與史豔文互換能指，深受感動，女兒憶無心的回應更軟化藏鏡人狂暴的心，卻引發另一波心理必須重新調整的危機。最終，再次穿戴面具的「天地不容客」之主體性是否回歸，留待本節專門論述。

第二節〈佛誓不斷斷──俏如來〉活在史豔文陰影下的俏如來，不像其他兄弟如小空、雪山銀燕的反擊，俏如來選擇留待史豔文身旁協助，然而他無法認同父親一再犧牲史家血脈的作法，自己亦無能於另闢他法，痛苦矛盾的俏如來沒有主體性可言。遇上墨家鉅子默蒼離以三次進程步驟逼迫俏如來，成爲僞大他者系統，主體性因爲俏如來的小對形（objet-a）「無能」存在，方不至於覆轍其師失去痛快內容的危機，卻永遠承受痛苦來理解人間。本節名「佛誓不斷斷」中的「不斷斷」，乃是佛教天台宗智顗（公元 538～597 年）

獨有思想，統述於本論文的脈絡則是：佛之惡性存在是爲了理解人的痛快內容，本身不爲惡；人之善性有可能展現，卻甘願於投入惡。以此隱喻俏如來離不開象徵界的現實原則（reality principle）而獨活，爲大眾的自私承擔所指填補，俏如來實際是否由史豔文的犧牲史家血脈之作爲，開展屬於自己的處理方式爲本節論述重點。

第三節〈蔑視能指之矛盾——玄之玄〉金光布袋戲創造的族群——影形，幻化各種能指的能力是族群的特殊處，亦族群得以生存於象徵界現實原則的能力。此敘事的設定隱喻主體即便得到精神在他方的能指，本身的能量系統是否處在自由狀態，或者停滯於人格面具。玄之玄看似自由卻急躁、似有能力擺脫過去卻以生命演繹原點，種種矛盾的跡象完全指明榮格對人格面具、陰影定位的能量流動性。終極能量觀爲主體於外在世界互動，需要謹記於心的主體性構成方式。

第五章〈結論〉爲總結本論文之論述，歸結出金光布袋戲於戲齣「歷史奇幻武俠戲」的完整建立，細膩的心理層次爲金光布袋戲有別於霹靂布袋戲的地方。處理心理層次之處即第四章回應史豔文的人格精神之註解，藏鏡人、俏如來，以及玄之玄揭示現代人對主體性關係間流動的形式。

第二章　臺灣布袋戲戲齣的發展論述

第一節　臺灣布袋戲歷史概論

　　布袋戲稱爲「掌中戲」，掌中戲即「閩南地區發展形接『以下弄上』的掌中木偶戲而言」〔註1〕，亦有「木偶戲」之稱。這門以手掌搬演幻化故事、令臺灣大眾著迷的技藝總有「布袋戲」、「掌中戲」、「木偶戲」三個稱呼。名稱的成立原因，亦如吳明德的精闢見解：

> 民間的事物，經常一物多名，此乃肇因庶民大眾常從不同角度、特質或立場去爲同一個事物取了多種名稱所致，每個名稱雖都一隅之見，仍足以代表事物的全貌，因此取名爲「掌中戲」，指布袋戲乃是一種藉由雙掌操弄的表演藝術，這是強調它的「手的操弄」；取名是「木偶戲」，指布袋戲是一種以偶代人演出的藝術，強調它的「偶的製作」；取名爲「布袋戲」，指布袋戲最早的舞台雛型是類似一個大布袋的帳巾遮掩表演者的雙腿與身軀，強調它的「表演舞台」。〔註2〕

作爲臺灣三種偶戲之一的布袋戲（另兩種爲傀儡戲、皮影戲），從公元 1850年前後，由中國大陸泉、漳、潮三州的掌中戲班藝人陸續來臺進行演出，甚或定居、傳徒。〔註3〕十九世紀初期，臺灣的「臺北盆地、臺南府城、以及鹿港三個地區爲主要的傳播地」〔註4〕，彼時戲劇的傳播地點皆屬於貿易興盛的

〔註1〕江武昌：〈台灣布袋戲簡史〉，頁88。
〔註2〕吳明德：《臺灣布袋戲表演藝術之美》，頁21。
〔註3〕江武昌：〈台灣布袋戲簡史〉，頁90。
〔註4〕陳龍廷：《臺灣布袋戲發展史》，頁30。

港都，文化交流薈萃、商業行為繁榮、民眾的高消費能力等臺灣社會現象，更是吸引泉、漳、潮州的戲班藝人來臺的重要原因。〔註5〕

一、臺灣布袋戲戲齣發展沿革——敘事風格的轉變

布袋戲由早期十九世紀初來臺，沿襲中國大陸的傳統戲曲模式，以致迄今的電視布袋戲。期間因為政治、經濟、文化的因素，布袋戲文化構築形式漸次由祖籍分類意識，轉為地緣意識的發展，最後成為臺灣獨有的特殊戲種，陳龍廷稱之為「臺灣化」〔註6〕。臺灣的布袋戲獨有特色有二。首先，**表演形式由準戲曲風格**（quasi-opera style）**轉為敘事風格**（narrative style）。〔註7〕早期布袋戲的演出重視戲偶與戲曲的配合，有「三分前場，七分後場」〔註8〕之說，後場師傅演奏的戲曲成為觀眾審美的重點。戲曲的發展有南管、潮調及北管，前二者的戲曲風格不若北管鑼鼓的活潑風格，因此被當時的觀眾喜好所淘汰，遂成為「廢式」布袋戲。〔註9〕然而，以北管戲曲為審美對象的布袋戲，最終還是無法完全滿足觀眾喜好，漸趨邁向重視劇情發展的敘事風格。原因為江武昌所言：

> 每當有大段唱腔時，戲台上的木偶就顯得不知所措，木偶的表演動作雖精巧但也有限，通常是停在戲台上不動或稍微搖動一下，這情況使得布袋戲的表演藝術打了很大折扣……這個時期布袋戲的欣賞重點是除了音樂、唱唸和藝師個人的演技之外，觀眾還要求欣賞劇情的曲折、高潮和起伏發展。〔註10〕

吳明德亦言：

> 唱曲抒情是人戲的表演強項，但是木偶沒有表情，因此無法藉著揚眉、瞪眼、或抽搐臉部肌肉來表達角色的內心情緒，因此唱曲的抒情反而是布袋戲的表演弱項，所以布袋戲就自然往「緊、捷、快」的敘事性劇情邁進……開始以情節曲折、敘事性強烈、又有大量打

〔註5〕陳龍廷：《臺灣布袋戲發展史》，頁30。
〔註6〕陳龍廷統合臺灣布袋戲學界內地化、土著化的觀點。請參詳《臺灣布袋戲發展史》第一章。
〔註7〕陳龍廷：《臺灣布袋戲發展史》，頁78。
〔註8〕陳龍廷：《臺灣布袋戲發展史》，頁68。
〔註9〕吳明德：《臺灣布袋戲表演藝術之美》，頁65。
〔註10〕江武昌：〈台灣布袋戲簡史〉，頁100。

　　鬥情節的歷史演義章回小說如《三國演義》、《封神榜》、《七俠五義》
　　等為裁戲藍本，製作快節奏的「生」戲。〔註11〕

布袋戲偶無法仿真演出的先天弱勢因素，即便現今電視布袋戲的戲偶機關精
巧，眼睛、嘴唇，甚至手指皆能操控，而偶頭亦無早期布袋戲京劇臉譜般刻
畫，改以現代人擬真臉孔為主，仍然無法與真實演員的抒情表演媲美。布袋
戲偶的臉孔是固定的，欲表達戲偶喜怒哀樂等情緒，僅透過後場戲曲、口白
的其他表演方式來做襯托。與其聽抒情的戲曲，觀眾更樂意觀看戲偶的操演，
尤其是打鬥的技巧呈現。許多的布袋戲藝人以武戲著稱：「新興閣」鍾任祥（公
元 1911～1980 年）的刀槍對招、打藤牌；「玉泉閣」黃添泉（公元 1911～1978
年）將台南關廟宋江陣的武器對打招式應用於武戲；「瑞興閣」陳深池（公元
1899～1973 年）的「脫甲」、「踢偶」；「小西園」許天扶（公元 1893～1955 年）
獨門招式「跳窗仔」，上述皆屬如此。〔註12〕

　　雖然布袋戲偶顯著的肢體語言能帶給觀眾視覺上的愉悅，但是有其限度
所在。布袋戲藝人的經典武戲精彩萬分，終究有發展的暫緩期；即使布袋戲
藝人精益求精，觀眾在審美上亦感到疲倦。敘事劇情之曲折成了各戲班發展
的重要趨勢，從早先竹塹城（新竹）的南管掌中班龍鳳閣，改編《臺灣日日
新報》連載的章回小說《金魁星》獲得觀眾喝采後，成功的經驗提供布袋戲
往「敘事風格」發展。〔註13〕依據時間而論，敘事題材分別為：改編歷史演
義章回小說的「古冊戲」，《隋唐演義》、《三國演義》、《封神榜》等為熱門改
編的章回小說，此時期的布袋戲表演形式突破傳統重視抒情的「籠底戲」；爾
後搬演以武俠為主的敘事體，稱為「小說戲」（大約 1920 年代以後），布袋戲
因應敘事風格發展的關係，敘事文本折舊率頗高，無法重複演出，所以布袋
戲藝人將清末民初的武俠小說作改編演出。「南少林」（福建莆田少林寺）為
題材的「廣派」武俠小說非常受到布袋戲藝人的歡迎。李天祿（公元 1910 年
～1998 年）將我是山人（陳勁，公元？～1974 年）的《洪熙官三建少林寺》
與《清宮秘史》融合為《清宮三百年》來搬演，深受好評；除了改編少林武
俠小說（另有還珠樓主的《蜀山劍俠傳》具有代表性）外，布袋戲藝人融合
章回演義小說的神怪元素（《封神榜》最為普遍），創造出「劍俠戲」。〔註14〕

〔註11〕吳明德：《臺灣布袋戲表演藝術之美》，頁 70。
〔註12〕吳明德：《臺灣布袋戲表演藝術之美》，頁 116。
〔註13〕陳龍廷：《臺灣布袋戲發展史》，頁 40。
〔註14〕臺灣布袋戲戲齣劍俠戲、少林戲、金光戲皆發生至戰後 1950 年代，劍俠戲流

此戲齣的特色在於江湖奇俠伸張正義，並透過厲害的法寶自動斬妖，「吐劍光」、「放飛劍」實為司空見慣。〔註15〕

二、臺灣布袋戲泛金光化的完型——金光戲

接續談論「金光戲」之前，必須先提到臺灣布袋戲獨有特色的第二點，即**臺灣布袋戲百年來的發展大方向為泛「金光化」**〔註16〕。所謂「金光化」：

> 因應時代的轉變、庶民的娛樂需求，因此不得不往「天道邇、人道遠」的劇情和「視聽極大化」的特效方向持續不斷的邁進。〔註17〕

劇情緊張刺激、高潮迭起，搭配音效、配樂、口白、武打，甚至電視布袋戲特殊的鏡頭剪輯、電腦特效等視聽層面，讓布袋戲在每一時期面臨的危機、瓶頸，**轉變為發揚光大的契機**。之所以如此，呂理政認為：

> 將布袋戲視為一種民間藝術，是相當時髦的說法。……基本上，對演戲的人來說是一種謀生的職業，對看戲的人來說是一種娛樂；對廟會戲的請戲人來說，布袋戲是宗教活動或儀式的部分，對戲院或電視臺的老闆來說，布袋戲是生財工具。〔註18〕

布袋戲各時期的變革因素，很大部分受觀眾喜好所影響。對於布袋戲藝人而言，布袋戲是關乎生存的民生問題，無論是早期的酬神戲，抑或二二八事件影響布袋戲班轉為純商業性質的內台戲皆屬如此。「變異」是臺灣布袋戲的常態〔註19〕，以構成布袋戲表演形式的直接層面為例：口白方面，在日治時期出版《台灣における支那演劇と台灣演劇調查》顯示，以「白字仔」為口白的布袋戲戲團數量，比起正音戲、四平、亂彈、九甲、白字戲、歌仔戲、傀儡戲種來得許多。白字仔布袋戲不強調戲曲，而重視語言表達，且使用多數「俗語」。口白的其中元素語言腔調則是從早期泉州腔、漳州腔，被布袋戲藝人為使各縣市的觀眾利於閱聽，漸漸自覺、不自覺發展出「無腔」，「不漳不

行時間約至 1950 年代中，少林戲是劍俠戲過渡為金光戲的戲齣。金光戲則是1950 年代初開始，流行時間為 1950 年代末至 1960 年代初，以至延續 1960年代。參考陳龍廷：《臺灣布袋戲發展史》，頁 134～179。

〔註15〕布袋戲戲齣依據敘事題材的分類方式為布袋戲學界公認，筆者僅整理江武昌、陳龍廷、吳明德的論著而陳列。

〔註16〕吳明德：《臺灣布袋戲表演藝術之美》，頁 81。

〔註17〕吳明德：《臺灣布袋戲表演藝術之美》，頁 81。

〔註18〕轉引自陳龍廷：〈臺灣布袋戲研究的方法論〉，頁 167。

〔註19〕吳明德：《臺灣布袋戲表演藝術之美》，頁 59。

泉」的臺灣話產生；〔註 20〕敘事劇情方面亦是如此，中國國民黨不再定調反共抗俄的國家政策，黃俊雄仍然推出具有反共抗俄政治元素的電視布袋戲《神劍魔刀六合魂》，這是因爲長期失去表演舞臺之後，布袋戲藝人有自覺毫不保留將國家政策的意識放進戲劇裡，以此獲得更多自由的創作空間。〔註 21〕

　　口白方面受到觀眾喜好所致，敘事劇情的例子顯然是政治因素的關係，皆實實在在應證臺灣布袋戲的各組成元素容易變異，難以定調的現象。這條變異的大方向則是吳明德所言泛「金光化」，其提出臺灣布袋戲長期發展的重要論點：

> 說明白點，即北管布袋戲是南管布袋戲的「金光化」表現，内台（戲
> 院）劍俠布袋戲又是北管布袋戲的「金光化」表現，以至黃俊雄的
> 電視布袋戲、黃文擇的霹靂布袋戲，基本上也是往更「金光化」的
> 風格去表現。〔註 22〕

接續劍俠戲之後的「金光戲」，吳明德將其定名爲「完型金光戲」〔註 23〕，如前所述「金光化」〔註 24〕的特點是劇情曲折、視聽極大化。金光戲是奠基於劍俠戲之上而發展出的戲齣，戰後劍俠戲時期的華麗視覺效果如「機關樓」、「十彩立體布景」〔註 25〕，被金光戲吸收，甚且做更進一步的嘗試。黃俊雄於 1963 年受到「日本東寶歌舞團」公演的啓迪，將布袋戲偶大膽改革「三尺

〔註 20〕陳龍廷：〈台灣布袋戲的白話意識及語言融合〉《臺灣風物》五十六卷第二期，2006 年 06 月），頁 43～72。

〔註 21〕陳龍廷：〈電視布袋戲與政治：1980 年代一齣另類的反共抗俄劇〉《民俗曲藝》第 164 期，2009 年 06 月），頁 163～189。

〔註 22〕吳明德：《臺灣布袋戲表演藝術之美》，頁 59。

〔註 23〕吳明德：《臺灣布袋戲表演藝術之美》，頁 93。

〔註 24〕「金光」一詞來源有兩種說法：第一，江武昌認爲布袋戲藝人使用彩色布條、七彩霞光等製造視覺特效，來顯示戲中角色武功高強，有如「金鋼不壞之身」。針對視覺特效而有「金光戲」的名稱，針對角色「金鋼不壞之身」而有「金鋼戲」稱呼；第二，陳龍廷尋我是山人的武俠小説原著考證，並使用黃俊雄、鄭一雄等布袋戲藝人的説法，認爲「金光」是當時報社媒體無法理解閩南語、臺語，訛誤產生，應該更名爲具有「達摩金剛體」意味的「金剛戲」。僅一點需要說明，陳龍廷嚴密謹慎考察「金光戲」一詞的流變，並更名爲「金剛戲」。可參詳《臺灣布袋戲發展史》。陳龍廷：《臺灣布袋戲發展史》，頁 160～164。筆者持認同的態度，然而民間藝術很大的特色即是約定俗成，具有強烈的活潑特性，如掌中戲、布袋戲、木偶戲之稱呼同理。所以仍然採具有相同論述的吳明德之觀點，沿用「金光」一詞，即大眾耳熟能詳的稱呼爲其理，其次爲了本論文的脈絡做統一論述行方便之事。

〔註 25〕陳龍廷：《臺灣布袋戲發展史》，頁 111～113。

三寸大木偶」，投入四十萬元鉅資新置燈光、音響和電動變景機關即是此例。金光戲的劇情方面亦與劍俠戲有某種程度的重疊，吳明德所言的「完型金光戲」與「劍俠戲」的特殊處，關鍵在於「排戲」先生與主演的參與。

公元 1948 年，李天祿攜帶上海出版的小說《清宮秘史》回臺改編搬演〔註26〕，頗受觀眾熱議叫好，可是因爲政治因素而斷版，亦宛然戲班的陳田請吳天來（公元 1922～2010 年）每天參與劇情的構想，本來是李天祿請來教導其子陳錫煌（公元 1931 年～）的漢文老師，在李天祿搬演吳天來敘述的情節大綱而受到熱烈歡迎後，遂打響名號，正式出道於臺灣布袋戲的歷史，推動布袋戲往金光戲的方向邁進。〔註27〕只要是吳天來參與的戲，都會得到觀眾的青睞。原因有二：其一，吳天來根據每位主演的個性、擅長的角色來進行創作，形塑出觀眾易於記住、主演易於上手的角色，每個角色形象鮮明。例如「新興閣二團」鍾任壁（公元 1932～）的招牌戲《大俠百草翁》裡的主角百草翁，個性忠厚老實，武功卻莫測高深，兩名愛捉弄他的徒弟，常常爲了要測試師父的能耐而想出不少的狀況，偏偏百草翁大俠非常謙虛和藹，雙方個性產生鮮明的對比，笑料百出，極具有戲劇張力；〔註28〕其二，吳天來每天下午講述戲齣給主演聽，晚上主演便能演出，而吳天來會坐在台下看戲，觀察觀眾的反應，以此修正明天演出的戲路，這種非常重視觀眾閱聽心理的雙向溝通工作，即是「排戲」。

三、臺灣布袋戲的敘事題材轉向──排戲先生

排戲先生的誕生與布袋戲轉往戲院內臺戲表演有密切關係，觀眾買票觀戲的商業行爲，影響各布袋戲班彼此的競爭，視聽效果爲競爭項目之一，敘事文本的戲劇張力爲另一布袋戲班發展的重點。〔註29〕排戲先生參與敘事文本的創作，以此讓主演能專心於搬演布袋戲，可是無法用西方戲劇的編劇、導演等職位來定調排戲先生。〔註30〕主要原因是排戲先生的「即興」式編排模式參與敘事文本的創作：

這是一種且戰且走「即興」式的編排模式，排戲先生不做預先構思

〔註26〕江武昌：〈台灣布袋戲簡史〉，頁 108。
〔註27〕吳明德：《臺灣布袋戲表演藝術之美》，頁 126。
〔註28〕陳龍廷：《臺灣布袋戲發展史》，頁 104。
〔註29〕吳明德：《臺灣布袋戲表演藝術之美》，頁 115。
〔註30〕陳龍廷：《臺灣布袋戲發展史》，頁 101。

與彩排，而是觀察今晚的演出與觀眾的反應再來思考明天的劇情走向。排戲先生若是提早幾天即排好戲齣，一來主演聽完之後不能立即演出，「興奮點」會消失；二來無法當下判斷觀眾對劇情的喜惡而立即作出修正，將會造成票房損失。〔註31〕

布袋戲班直接面對台下觀眾的反應：熱烈喝采的時候，謹記劇情模式；沉悶安靜的時候，可能最快在下一齣就更動戲路。排戲先生是「臺灣商業劇場中的產物，有極適合這塊土地的生命力在」〔註32〕。

金光戲因為排戲先生的參與，使得布袋戲的敘事發展有了重要的改變，即興的創作模式來迎合觀眾的審美，並且追求戲院場域氣氛熱烈，因而走向純粹娛樂化的金光戲，在敘事文本上有幾點產生變化：首先，摒棄中國敘事文本中的時空：也就是地理名稱從「少林派／峨嵋派」轉為「東南派／西北派」；〔註33〕時間僅知是古代。這樣的敘事文本背景的設定，易於讓觀眾清楚掌握敘事內容，因為布袋戲班在戲院演出的時間是有限制的，複雜的設定會導致觀眾為了記憶而打亂閱聽的敘事節奏，敘事的認知上呈現不連續性，這樣拼圖式觀戲過程，不利於帶動敘事文本的高潮橋段；其次，戲中角色必須有鮮明的形象，這樣的考量也是為了讓觀眾迅速帶入敘事文本，便於琅琅上口。例如大俠百草翁、斯文怪客、五爪金鷹、玉筆鈴聲世外衣、大俠一江山、南俠翻山虎、風速四十迷、夜半詩聲孤獨兒；〔註34〕最後，敘事文本的劇情方面採二元對立的模式，觀眾能清楚感受戲劇張力。除此之外，懸疑的元素必不可少，「沒有結局的結局」、「神秘手法」等手法製造荒誕、離奇的效果。〔註35〕最明顯的例子：

「愈請愈強」是這個時代布袋戲的戲劇模式，越晚出現在舞臺上的劇中人物武功、聰明、才智越是高強。〔註36〕

「運用後續出場的人物帶動永遠沒有結束的結局」的敘事模式影響後續電視布袋戲的敘事發展，在霹靂布袋戲、金光布袋戲（非金光戲，指天地多媒體、

〔註31〕吳明德：《臺灣布袋戲表演藝術之美》，頁138～139。
〔註32〕陳龍廷：《臺灣布袋戲發展史》，頁101。
〔註33〕陳龍廷：《臺灣布袋戲發展史》，頁173。
〔註34〕吳明德：《臺灣布袋戲表演藝術之美》，頁148。
〔註35〕陳龍廷：《臺灣布袋戲發展史》，頁180。詳細的敘事模式研究，請參考陳龍廷〈布袋戲的敘事模式及其可能性〉。陳龍廷：〈布袋戲的敘事模式及其可能性〉（《台灣文學研究學報》第十二期，2011年04月），頁13～49。
〔註36〕陳龍廷：《臺灣布袋戲發展史》，頁102～103。

金光多媒體負責人黃立綱延續拍攝黃俊雄的金光系列劇集）的作品皆有出現此種敘事模式。

金光戲的敘事模式成為布袋戲發展的主要趨勢，使得布袋戲主演敢於自創劇情，不似歷史演義小說的包袱〔註37〕，亦不覺得有改編武俠小說的必要〔註38〕，觀眾樂於看金光戲趨於超越現實的想像情節：

> 可以完全「解放」想像，而且隨便一個人物都會有好幾百年的道行，甚至有的從盤古開天即已存在，已經超越古冊戲、武俠戲中人物的生物年齡局限；金光人物的武功，更是誇張到令人咋舌，常常是「揮掌人成灰，吐氣乾坤轉」，隨便一投手一頓足就「天地昏蕩蕩、日月暗無光」。〔註39〕

吳明德稱此為非籠底、非古冊、非小說的「超武俠」戲齣，並且進入到神魔奇幻武俠的境界。筆者認同自編的「神魔奇幻武俠」劇碼完全可以與劍俠戲作區別，觀眾甚且把神魔奇幻的風格作為審美對象。不只有劇情方面，戲偶為了因應金光戲沒有極限的神魔奇幻設定，布袋戲偶的尺寸、外觀皆有明顯變化。戲偶尺寸被放大，造型風格奇特，古今中外的視覺元素出現在戲偶的服裝造型，偶頭設計富有趣味：

圖 1　金光戲戲偶

左右圖為「沖天蝴蝶天邊海角追」〔註40〕

〔註37〕黃俊雄曾經改編歷史人物關羽的事蹟，搬演《武聖關公》。劇中貂蟬愛慕關羽的情節無法讓觀眾接受，原因在於牴觸神格化關羽的民間信仰。陳龍廷：《黃俊雄電視布袋戲研究（民國五十九～六十三年）》，頁100。

〔註38〕陳龍廷：《臺灣布袋戲發展史》，頁165。

〔註39〕吳明德：《臺灣布袋戲表演藝術之美》，頁149。

〔註40〕筆者攝於雲林布袋戲館「隆興閣創團六十周年紀念特展」。

「沖天蝴蝶天邊海角追」的偶頭對應角色名字，直接將蝴蝶形狀的裝飾雕刻在臉部。「完型金光戲」自編自導的神魔奇幻武俠風格一直延續、出現至霹靂布袋戲、金光布袋戲，亦因為自編自導的關係，從金光戲以後的戲齣皆有針對觀眾心理，作為布袋戲戲路發展的方向。換句話說，排戲先生排得戲路儘管在現代的戲劇理論而言，是二元對立發展的操作模式；金光戲以後的戲路趨向神魔奇幻武俠風格，持續深受觀眾喜愛；電視布袋戲的代表者黃俊雄接續父親黃海岱的布袋戲角色，改編為「雲州大儒俠史艷文」造成全國民眾追捧的旋風熱潮。這些布袋戲的現象皆值得學界做社會時代風氣的反應、心理學的深入研究，其實實在在反映臺灣社會的大時代風氣。

第二節　史豔文的生命旅程

　　「史豔文」為黃俊雄時期非常有名的布袋戲角色，與布袋戲角色「六合」共為黃俊雄的招牌戲。民國五十九年（公元 1970 年）於台視製播《雲州大儒俠》蔚為轟動，台視從原本一週兩個時段改為一週播五天，每次一小時。至此全國民眾為之癡迷，士農工商停擺運作，因而引起政府單位注意，更有報導指出學童入迷，以至於無法專心上學。〔註 41〕黃俊雄為了掩蓋鋒頭，偶爾與古冊戲交互製播，仍舊無法抵擋全國民眾的熱烈現象，造成其他金光戲團模仿「史豔文」的演出形態，連真人版的史豔文相關影視都出現〔註 42〕，由此可知史豔文於電視布袋戲初期受歡迎之程度。

一、史豔文的傳承——從黃海岱時期至黃俊雄時期

　　史豔文原為黃俊雄的父親黃海岱所創，而史豔文的原來名字為「文素臣」，並非常提及的「史炎雲」：

> 以早阮爸爸曾做過「文素臣」，但是「文素臣」給日本政府禁演，後來伊改「史炎雲」時，劇名叫做「忠勇孝義傳」；做「文素臣」時，劇名也是只有叫「文素臣」，伊曾返來虎尾做，我曾見過。〔註 43〕

「文素臣」即清代章回小說《野叟曝言》〔註 44〕之主角。黃海岱改編《野叟

〔註41〕 吳明德：《臺灣布袋戲表演藝術之美》，頁 172～174。
〔註42〕 吳明德：《臺灣布袋戲表演藝術之美》，頁 184。
〔註43〕 訪問黃俊雄錄音帶。轉引自張溪南：《黃海岱及其布袋戲劇本研究》，頁 97。
〔註44〕 《野叟曝言》為清代夏敬渠（公元 1705～1787 年）所著，《野叟曝言》的作者、版本、內容，以及主題思想請參詳〈史艷文故事的源頭——《野叟曝言》〉。

曝言》的契機為獄中時候。當時為日治時期，弟弟程晟（冠母姓）與黃海岱時常同台演出，程晟性情火爆，與人滋事打架司空見慣，一次於西螺演出時，被仇家尋釁鬧事，結果仇家的人員有被致死者，黃海岱因此連坐受到波及，無故進入牢獄長達九個多月。〔註45〕期間黃海岱細讀《野叟曝言》，此書內容有仇日情節，黃海岱直言：

> 我做的時陣叫史炎雲，出自《野叟曝言》，這本冊的主角叫玉佳，真
> 厲害，打死日本城主，我故意挑這齣來做。〔註46〕

民國二十六年（公元 1937 年）七七事變之後，日本嚴格限制國內戲劇的演出，舉凡有篡位奪國、國家敗亡、姦夫淫婦等戲碼皆禁演，黃海岱的文素臣有殺死日本太子的敘事情節，當然也列在禁演之名單。於是，黃海岱將文素臣改名為史炎雲續演，將敘事情節加重忠孝節義，劇名更改為《忠勇孝義傳》。〔註47〕《忠勇孝義傳》大抵皆符合原著〔註48〕，陳龍廷將黃海岱於民國七十九年（公元 1990 年），在國立臺灣大學校門口親演的《雲州大儒俠》為研究文本，對照《野叟曝言》，發現黃海岱刪減、增添、重組《野叟曝言》，以利布袋戲舞台作演出。《雲州大儒俠》的敘事情節為〈辭母進京〉、〈桃花莊遇盜〉、〈打擂臺〉、〈遊西湖〉。〔註49〕

史炎雲傳至黃俊雄後成為史豔文，實際上繼承黃海岱的敘事文本多寡有限，大部分皆是黃俊雄自編：

> 《野叟曝言》我不曾見過，但是我爸爸放在書櫥內，我是曾瞥一下，
> 只封面瞥一下，內容什麼我不曾看，主角叫文素臣……我的故事是
> 有承繼阮爸爸「忠勇孝義傳」的劇情，但是在破昭慶寺了後就脫
> 去……我爸爸這段戲，是較早在戲園做……但是那些戲不適合在電
> 視做，我不曾做，我有創造一些新的角色，怪老子、二齒仔……，
> 苗疆，沙玉琳——康城公主，都往那邊發展。〔註50〕

黃俊雄正值金光戲時期敘事文本自編的風氣，其布袋戲角色皆來自於周遭相處的人事物，所激發創作而成。不滿當時許多內台戲的戲團擅自模仿史豔文，

張溪南：《黃海岱及其布袋戲劇本研究》，頁 98～115。

〔註45〕張溪南：《黃海岱及其布袋戲劇本研究》，頁 116。

〔註46〕訪問黃海岱錄音帶，轉引自張溪南：《黃海岱及其布袋戲劇本研究》，頁 97～98。

〔註47〕張溪南：《黃海岱及其布袋戲劇本研究》，頁 117～118。

〔註48〕張溪南：《黃海岱及其布袋戲劇本研究》，頁 124。

〔註49〕陳龍廷：《黃俊雄電視布袋戲研究（民國五十九～六十三年）》，頁 61～62。

〔註50〕訪問黃俊雄錄音帶，轉引自張溪南：《黃海岱及其布袋戲劇本研究》，頁 159。

黃俊雄於戲中創造「百變書生」，且被史豔文打敗，死於群俠；〔註51〕朋友好學不慕名利，黑白兩道樂於與之結交，悠然度日，無官一身輕，僅靠講道理給他人聽，就能生活無慮，由此創作出「秦假仙」；〔註52〕招牌戲「六合大忍士」，即黃俊雄布袋戲戲團於外地做演出時，經常遭遇地痞流氓看白戲，氣憤難平，於是創造一位修養極佳，忍氣吞聲的俠士，等待極端事態無法忍耐，六合大忍士便大開殺戒；〔註53〕黃俊雄亦擅長將社會各行各業融入敘事文本裡，「勇伯米粉」、「十一乞魔」、「女華陀」……等皆如此。〔註54〕史豔文另一身分「拾字郎」，即是現實社會的清潔人員，身穿「你丟我撿」字樣的衣服，手持長夾，揹著垃圾桶，每當遇見對手，口頭禪：「垃圾，笶掉！」，話完立即用長夾夾住對手。〔註55〕

　　觀察社會脈動的變化，並改編成敘事文本作演出，黃俊雄成功的部份原因（另一原因為懂得使用鏡頭拍攝的技巧）即此，讓當時的觀眾引為共鳴：

> 做一個編劇的人，做布袋戲的人，日常生活要和社會結合，不管士
> 農工商也好，三教九流也好，要多去接觸，有空就去泡茶聊天，聽
> 一些心聲，有時候一些和尚也會講一些道理，在日常生活中看一些
> 奇怪、特殊的人物，很可能會觸動你的靈感。〔註56〕

黃俊雄演出的史豔文，從黃海岱時期編出十棚戲後的敘事文本〔註57〕（或者僅參考裡面幾棚戲），無法因應演出的高折舊率，最後乾脆將招牌戲「六合」的情節加入進去，一直演下去。〔註58〕由此「六合」、「史豔文」實為可以看待相同的角色〔註59〕，敘事劇情則是由古冊戲重視的破「機關樓」、大敗奸臣安其謀，轉為重視人物性格強烈的「藏鏡人」，「道高一尺，魔高一丈」的二元正邪對立的劇情，藏鏡人角色亦可以視為「六合」敘事文本裡的「秘中秘」。〔註60〕黃俊雄把文本間互滲，六合、史豔文的角色精神相同，史豔文的人格

〔註51〕陳龍廷：《黃俊雄電視布袋戲研究（民國五十九～六十三年）》，頁80。
〔註52〕張溪南：《黃海岱及其布袋戲劇本研究》，頁160。
〔註53〕陳龍廷：《黃俊雄電視布袋戲研究（民國五十九～六十三年）》，頁38。
〔註54〕陳龍廷：《黃俊雄電視布袋戲研究（民國五十九～六十三年）》，頁81。
〔註55〕林安寧主編：《「雲州大儒俠──史艷文」圖鑑典藏特集》，頁78。
〔註56〕張溪南：《黃海岱及其布袋戲劇本研究》，頁160。
〔註57〕黃海岱編出史炎雲的敘事文本共有十棚戲，請參詳《黃海岱及其布袋戲劇本研究》。張溪南：《黃海岱及其布袋戲劇本研究》，頁141～148。
〔註58〕陳龍廷：《黃俊雄電視布袋戲研究（民國五十九～六十三年）》，頁64。
〔註59〕吳明德：《臺灣布袋戲表演藝術之美》，頁172。
〔註60〕陳龍廷：《黃俊雄電視布袋戲研究（民國五十九～六十三年）》，頁64～65。

精神正是前文提及六合大忍士的「忍」。

　　史艷文被稱爲「雲州大儒俠」，可是儒俠之「儒」，絕對不能等同於中國思想史脈絡下的「儒」。金光戲的神魔奇幻武俠風格，指明布袋戲往視覺化方向發展，亦因爲劇場形式的關係，布袋戲主演不可能長篇大論論述「儒」之學理，黃海岱將原著《野叟曝言》裡排佛老的長篇橋段刪除。史艷文的「儒」之精神被黃俊雄在布袋戲中，以「忠君愛國」、「國家第一，愛情第一」、「爲公忘私，爲人之道」、「犧牲小我，完成大我」等簡單觀念代替。〔註61〕最具代表性的角色精神則具體化爲「忍」：

> 柔之本質就是忍，忍之本體是練心，練心之要領有五項，人大己小
> 圓心寬腹氣柔長。〔註62〕

「忍」之精神在史艷文的詩號呈現出來，另陳龍廷研究敘事文本後，提出史艷文之「忍」爲不可太驕傲，以及不屈不撓的精神。〔註63〕《雲州四傑傳》〔註64〕裡的史艷文亦以「忍他、由他、避他、耐他、敬他、不要理他」的「八忍」精神聞名。〔註65〕與史艷文角色相通的「六合」，將「忍」的精神發揮至極端，受打不還手，忍天下之人不能忍耐的事情，甚至到犧牲自我身體來成全他人的地步。〔註66〕史艷文的戲偶設計以傳統戲曲中，囚犯「散鬃」的造型呈現：

圖2　史艷文的散鬃造型〔註67〕

〔註61〕陳龍廷：《黃俊雄電視布袋戲研究（民國五十九～六十三年）》，頁86。
〔註62〕林安寧主編：《「雲州大儒俠──史艷文」圖鑑典藏特集》，頁63。
〔註63〕陳龍廷：《黃俊雄電視布袋戲研究（民國五十九～六十三年）》，頁87。
〔註64〕公元1974年2月於台視製播。陳龍廷：〈電視布袋戲演出年表〉（《民俗曲藝》第67‧68期，1990年10月），頁85。
〔註65〕陳龍廷：〈布袋戲人物的政治詮釋──從史艷文到素還眞〉，頁175。
〔註66〕陳龍廷：《黃俊雄電視布袋戲研究（民國五十九～六十三年）》，頁88～89。
〔註67〕筆者攝於雲林布袋戲館。

史豔文受到無妄之災，對於這些災難的態度，完全無責怪他人之錯，謙恭有禮，被發配邊疆之時，搭配《出埃及記》悲壯淒涼的樂曲，忍隱一切災難的滿腔苦澀，化為對天長嘆：「天啊！」史豔文的角色精神「忍」可謂發展極致，彷彿其存在於世，即原罪存在，而「待罪立功」為莫名情由的渺茫指責，與自身完全無關。〔註 68〕史豔文的角色精神在當時電視布袋戲初期，受到全國觀眾的熱情投入，前言黃俊雄擅長觀察時代的風氣，受到愛戴之原因在於此。

二、史豔文與藏鏡人的恩怨情仇——黃俊雄布袋戲的敘事效果

本章第一節提到金光戲受到排戲先生的影響，許多布袋戲戲團的敘事文本選擇自編自導，自編的唯一準則就是觀察民眾的反應，民眾能普遍接受，樂於討論的人物、劇情，必然可以反映當時的風氣，況且內台戲的興盛程度遍布全臺灣。使用自編自導的形式，所產生的敘事文本，實際可以視為布袋戲主演、觀眾的集體創作〔註 69〕，用此觀察當時臺灣社會的集體潛意識，是頗具說服力的客觀證據。史豔文的「忍」之所以蔚為風潮，與事逢戒嚴時期（公元 1949～1987 年）攸關，民眾無法堅持自身應該擁有的權利，言論被嚴格控管的下場，即敢怒不敢言的忍隱，與史豔文無端受難的悲情形象符合，而史豔文在艱困的環境裡，仍然屹立不搖於世，撫慰當時民眾的心〔註 70〕：

> 黃俊雄把他的道德哲學或人生觀簡化為「忍」，雖很通俗，可是還是可以藉著實際的情節或人物，來表這樣抽象的觀念，包括忍辱、犧牲小我，或者是安然通過美人關的考驗等，總之就是存著一顆如：不動的赤子之心或良知，而且在環境無論如何惡劣或艱難的情況下，都可以堅持下去或熬下去。〔註 71〕

史豔文的對敵者藏鏡人則是形象捉摸不定，永遠躲在鏡子裡，命令部屬陷害史豔文。黃俊雄早期布袋戲的反派角色都有如此的特質，退居幕後，運籌帷幄，可是一旦顯現真面目，即代表失去一切能力。〔註 72〕

觀眾無法捉摸的反派角色，此設定可以從幾個層面論及：首先，這與戲

〔註 68〕 陳龍廷：〈布袋戲人物的政治詮釋——從史豔文到素還真〉，頁 176。
〔註 69〕 陳龍廷：〈布袋戲人物的政治詮釋——從史豔文到素還真〉，頁 173。
〔註 70〕 陳龍廷：〈布袋戲人物的政治詮釋——從史豔文到素還真〉，頁 186。
〔註 71〕 陳龍廷：《黃俊雄電視布袋戲研究（民國五十九～六十三年）》，頁 93。
〔註 72〕 陳龍廷：〈電視布袋戲與政治：1980 年代一齣另類的反共抗俄劇〉，頁 170。

劇張力相關，金光戲擅長使用「神秘」的戲劇效果，其中「化裝」、「詐死埋名」與「蒙面」為常見的表現手法。陳龍廷參考語言學家索緒爾（法語：Ferdinand de Saussure，公元 1857～1913 年）的「音響形象」與「概念」，提出布袋戲專用術語「角色概念」，角色概念為布袋戲角色予觀眾的形象，建立形象的元素則有「木偶外貌」、「木偶動作」、「木偶口白」，元素中的任一項目與欲混淆的角色進行模仿，會達到所謂「神秘」的戲劇效果。〔註 73〕與藏鏡人相通的秘中秘，黃俊雄運用此原理來製造戲劇張力，進而在戲劇情節透露秘中秘、六合為兄弟關係，陳龍廷將此定論為榮格的人格面具、陰影之展現。六合可以視為受到集體大眾接受的意識層面，即人格面具；無法立於社會群體的價值觀念屬於潛意識裡的陰影，秘中秘為此。

　　六合處處謙恭有禮，遇到危機的狀況，多和平談判為主要，大眾生活於現實社會所期望的理想態度。然而，當忍讓至極端，主體會從人格面具端，選擇不容於世的陰影做處理，六合曾經假扮秘中秘的形式，處決一千名先覺，可以視為此理的例子。〔註 74〕觀眾將情感投射在藏鏡人、秘中秘狂暴的反派行為上，亦為觀眾將陰影做熱情的展現，紓壓平日所遭遇不如意之事。〔註 75〕很顯然，經過陳龍廷解釋角色概念、人格面具及陰影的戲劇操作，黃俊雄的布袋戲之所以受到歡迎是有原因的，可是戲劇二元對立的模式，依然有其發展的限度。前言所述，黃俊雄從古冊戲中的破機關樓模式，改為人物性格強烈的模式，為其奠定布袋戲事業。觀眾願意接受的原因在於審美接收到刺激，新穎感覺導致願意參與，而人物性格強烈的戲劇模式被觀眾熟悉後，黃俊雄自剖：

> 大概是演太久太多的關係，什麼事情，看得太多了，便失去新鮮感。
> 再說我們經年累月地趕排趕演，有時連睡覺的時間都沒有，人都累
> 壞了，那有什麼餘力再去想新的東西、新的點子，來變化觀眾的口
> 味，來長久維持觀眾的興趣。另外每天趕排趕演，自是難免粗製濫

〔註 73〕陳龍廷：《黃俊雄電視布袋戲研究（民國五十九～六十三年）》，頁 101。

〔註 74〕陳龍廷：《黃俊雄電視布袋戲研究（民國五十九～六十三年）》，頁 133。

〔註 75〕亦有可能為前言所述，史豔文的「忍」之特質與戒嚴相關般，民眾可以藉由藏鏡人、秘中秘等狂暴的角色展演出，舒緩無法自由於現實社會的鬱悶。戲劇解讀自在觀眾，政府的反共抗俄（後續介紹）之醜化對象，觀眾因此得以一展無法於意識層面作用的陰影，因此史豔文、藏鏡人的特質皆是提供民眾進行情感投射的對象。陳龍廷：《黃俊雄電視布袋戲研究（民國五十九～六十三年）》，頁 132～136。

造，演出的水準也就不如以前。觀眾的興趣自然也就沒有從前濃厚。〔註76〕

從陳龍廷的細膩分析，黃俊雄的二元對立戲劇模式僅重視史豔文、六合，藏鏡人、秘中秘如陳龍廷所言，是主體無法壓抑，且必須擁有、包容的情感。筆者觀察的結果是藏鏡人、秘中秘沒有主體建構的敘事文本，也就是藏鏡人、秘中秘無法對史豔文、六合做心理的回饋。六合的崩潰源於自己主體的極限，與秘中秘無直接關係；藏鏡人、秘中秘認同史豔文、六合，為他人的死諫而覺悟，非自我主體追尋後，明瞭內心的心理活動所致。結局為陰影必須回歸人格面具一途，戲劇沒有呈現如語言學家格雷馬斯（Algirdas Julien Greimas，公元 1917～1992 年）強調敘事邏輯的深層結構：

> 這是敘事語法的基礎部分，它是一種分類模式，由互相對立又互相
> 限定的各項構成，並由此形成一系列對應關係。〔註77〕

人物性格強烈隨著時間考驗，觀眾無深入探討深層結構的空間，漸次轉為扁平人物，藏鏡人、秘中秘僅能是用來配合史豔文、六合的配角。

　　另一反派人物無法捉摸的原因是，臺灣布袋戲歷史上以影射為手法，實際為國家機器利用布袋戲戲劇做思想改造的反共抗俄劇。原本臺灣布袋戲在光復過後，日治時期壓制民間習俗的禁令消失，布袋戲等臺灣民俗戲劇大放光彩，宗教力量蓬勃，甚至連不起眼的布袋戲藝人都可以此賺錢。〔註78〕公元 1947 年 02 月 28 日爆發二二八事件後，中國國民黨強力限制民間廟宇祭祀等宗教活動，布袋戲由外台戲轉為內台戲。公元 1950 年，「政府通知十一個單位開會討論要禁止歌仔戲」，呂訴上（公元 1915～1970 年）幫忙周旋、爭取，使得布袋戲開始以蔣介石（公元 1887～1975 年）的《反共抗俄基本論》為布袋戲的敘事文本走向。〔註79〕公元 1952 年開始舉辦第一屆地方戲劇比賽，雖沒有限定劇本，但是布袋戲團都有默契共同演出反共抗俄劇。〔註80〕

　　反共抗俄劇在地方戲劇的影響力有限〔註81〕，卻一直影響電視布袋戲的劇本審查，加上延續陳儀（公元 1883～1950 年）為了清除所謂臺灣人受過日

〔註76〕吳明德：《臺灣布袋戲表演藝術之美》，頁 207～208。
〔註77〕胡亞敏：《敘事學》（湖北省：華中師範大學出版社，2008 年），頁 184。
〔註78〕江武昌：〈台灣布袋戲簡史〉，頁 107。
〔註79〕陳龍廷：〈電視布袋戲與政治：1980 年代一齣另類的反共抗俄劇〉，頁 178。
〔註80〕陳龍廷：〈電視布袋戲與政治：1980 年代一齣另類的反共抗俄劇〉，頁 179。
〔註81〕江武昌：〈台灣布袋戲簡史〉，頁 107。

本的奴化思想教育，全面推行「國語（北京話）運動」〔註82〕，所造成「國語至上，其他次等」的思維綁縛。黃俊雄的布袋戲事業處境艱難，全國人民被國家機器強硬塑造於相同的感覺結構（structures of feeling），黃文擇曾言台語節目被壓縮至一小時內，布袋戲僅半小時。連戲偶造型「獨眼龍」的身體殘疾位在右半邊，被認定對右派不敬，黃文擇戲嘲：

> 啊？新聞局有在干涉人眼睛失明？包括手斷掉都要移到左邊，就覺得以前人超可憐，連斷手都不能斷右邊……可能他們都納悶，為什麼一覺醒來就移到另一邊去了？〔註83〕

直至黃俊雄於公元1982年製播的《神刀魔劍六合魂》依然是反共抗俄的敘事走向，這是布袋戲主演在長期失去舞台後，委屈求全的配合國家政策，為了有更自由的創作空間。〔註84〕此劇的六合打敗反派角色「赤蛾神君」後，命眾人燒掉魔書，鏡頭帶到陷入火焰的兩本書《統戰陰謀》、《赤蛾魔典》，且眾人呼「暴政必亡」，影射之意圖直截了當。〔註85〕「赤蛾神君」的行事作為亦退居幕後，象徵影射對象陰險狡詐，口頭禪為：「順我者生，逆我者亡」，六合等正道人士稱其為「萬惡罪魁」〔註86〕，完全是藏鏡人、秘中秘等黃俊雄布袋戲裡的反派角色。

　　被影射之反派角色絕對是萬惡淵藪，必然具有所有一切不可解釋的惡之習性，包括神經質的殺戮、陰險狡詐的利用部下（民眾）：

> 例如金剛戲裡的反派角色總有莫名其妙的殺戮狂熱，如許多號稱「殺無敵」或「殺萬教」的狠角色，是否與抱持寧可殺錯一百的匪幹濫殺態度不相上下？或更為人們所熟知的《雲州大儒俠》的「藏鏡人」，除了「萬惡罪魁」的頭銜，及慣用的名言「順我者生，逆我者亡」之外，是否更重要的就是這種神經質的殺戮，還有極其陰狠地處於幕後控制所有罪惡行為、號稱「萬惡共匪」的陰謀者？〔註87〕

無法直接等同於金光戲的反派角色性格暴戾，卻足夠證明藏鏡人為扁平化人

〔註82〕吳明德：《臺灣布袋戲表演藝術之美》，頁111。

〔註83〕黃文擇言：〈傳承百年文化、曾被禁台語「布袋戲大師」黃文擇嘆：台語說得好的，全台灣不超過200個！〉，搜尋日期：2018年08月21日，https://goo.gl/6MSBY3。

〔註84〕陳龍廷：〈電視布袋戲與政治：1980年代一齣另類的反共抗俄劇〉，頁184。

〔註85〕陳龍廷：〈電視布袋戲與政治：1980年代一齣另類的反共抗俄劇〉，頁187。

〔註86〕陳龍廷：〈電視布袋戲與政治：1980年代一齣另類的反共抗俄劇〉，頁170。

〔註87〕陳龍廷：〈電視布袋戲與政治：1980年代一齣另類的反共抗俄劇〉，頁181。

物,「反共抗俄」的國家政策干預布袋戲(至少有電視布袋戲)的敘事文本,且能了解史豔文、藏鏡人爲何僅停留至「人格面具 vs.陰影」第一點所言二元對立的戲劇模式。史豔文、六合與之敵對的對象,擁有無法解釋之惡,忍耐的界線終究被破壞,只要藏鏡人、秘中秘爲扁平化人物,史豔文、六合再怎樣建構的主體性,皆轉化爲與反派角色般平常,而觀眾除了熟悉之外,別無新意。

第三節　素還眞的永恆駐影

　　黃俊雄的長子黃強華、次子黃文擇於公元 1992 年成立「大霹靂節目錄製有限公司」,公元 2000 年更名爲「霹靂國際多媒體」股份有限公司。〔註 88〕黃強華、黃文擇發行的劇集皆貫有「霹靂」二字,臺灣社會大眾、學界稱呼「霹靂布袋戲」。成立公司之前即推出霹靂劇集,公元 1984 年在中視(中國電視公司,簡稱 CTV)開始製播《七彩霹靂門》,前後在中視總共製播二十齣戲共 568 集。〔註 89〕公元 1985 年重新剪接劇集成錄影帶以試探市場,分別是《霹靂城》、《霹靂神兵》、《霹靂金榜》、《霹靂震九霄》、《霹靂戰將》,頗受好評,之後不再受新聞局的官方限制,推出第六部《霹靂金光》,霹靂布袋戲的當家角色「清香白蓮素還眞」誕生。〔註 90〕

一、素還眞形象——奇謀導世的智者降臨

　　新聞局的官方限制爲擔心霹靂劇集系列偏離史豔文劇情,且趨於荒誕離奇,「光怪」風與「殺伐」氣帶給士農工商不良影響,黃俊雄、黃文擇、黃文耀(公元 1956 年～)的布袋戲時常被停播,且以《三國演義》、《隋唐演義》、《月唐演義》取代,收視率馬上掉三成左右。〔註 91〕這與當時黃氏父子協調演出於三台(台視,臺灣電視公司,簡稱 TVV;中視;華視,中華電視公司,CTS)的布袋戲戲齣交叉輪檔播出攸關。將「古冊歷史戲」、「金光戲」輪流提供給不同的觀眾群,且避免新聞局的蜚短流長:

　　　　倒是我們自己有協議,當時就大家說好,一台作金光戲,另外一台

〔註 88〕吳明德:《臺灣布袋戲表演藝術之美》,頁 261。
〔註 89〕吳明德:《臺灣布袋戲表演藝術之美》,頁 250。
〔註 90〕吳明德:《臺灣布袋戲表演藝術之美》,頁 253～254。
〔註 91〕吳明德:《臺灣布袋戲表演藝術之美》,頁 252。

就作歷史戲。當時中視和我父親對我哥哥他們大力培植，鼓勵他們
繼續製作創新的霹靂系列，那就要連下去演啦，不然誰接得下去？
那我在華視、我父親在台視，就根據協議繼續製作歷史劇，這樣比
較突出，有各自的特色，觀眾才不會看煩。〔註92〕

本來是避免新聞局的注意，而協調比例製播不同的戲齣，結果黃文擇的霹靂
布袋戲的戲齣定位明確，類型風格鮮明，漸漸跳脫史豔文 vs.藏鏡人的戲碼，
收視率更加居高不下。霹靂布袋戲遠離史豔文的敘事文本，觀眾的接受度頗
高，然霹靂布袋戲早期的劇集仍延續史豔文的敘事走向，帶著懷舊風格之餘，
霹靂布袋戲漸漸以新的敘事文本取代史豔文：個人英雄色彩濃厚的史豔文被
他人收為義子，共謀擊敗素還真等劇情。〔註93〕最終安排素還真於《霹靂至
尊》第二集，藉著藏鏡人的逼迫試驗，素還真為了能繼續在組織做臥底，不
得不殺害史豔文，至此史豔文銷聲匿跡。

　　史豔文的消逝，迎接素還真的時代來臨，誠如陳龍廷言「當作一個70年
代的象徵，而素還真是 90 年代的備受爭議的時代象徵」〔註94〕，將 1990 年
代形容「備受爭議」，實際上是非常客觀，因為素還真已經不是史豔文的「忍」
之精神傳承者，其手段備受爭議：

　　素還真這個人物的特質，就是他善用他身邊能用之人的專長，又善
　　於隱藏自己的能力。在臨陣對敵之時，他從不看輕對手的實力，也
　　從不暴露自己的實力。〔註95〕

　　素還真雖自號清香白蓮，滿口儒道仙賢，彷彿以淑世、救世為理想，
　　但他卻不折不扣是位智性為主的謀略家。〔註96〕

　　素還真為了得到解答，不但以近乎小人的招數意圖勝利，秦假仙更
　　合理化其卑鄙手段。由此可知，霹靂異數時代出現的英雄，已經逐
　　漸跳脫剛正不阿形象，改變為可以隨機、圓滑甚至極端手段去達成
　　目的，且兼具理性與智慧的俠士了。〔註97〕

〔註92〕吳明德：《臺灣布袋戲表演藝術之美》，頁 251〜252。
〔註93〕洪盟凱：《從史豔文到素還真：霹靂布袋戲之文化變貌》，頁 136。
〔註94〕陳龍廷：〈布袋戲人物的政治詮釋——從史豔文到素還真〉，頁 180 的註解。
〔註95〕陳龍廷：〈布袋戲人物的政治詮釋——從史豔文到素還真〉，頁 183。
〔註96〕財團法人中華民俗藝術基金會主編、施忠賢：〈從史的角度描繪電視布袋戲的
　　　關鍵轉變——由十大事件談起〉，《台灣布袋戲與傳統文化創意產業研討會論
　　　文集》，頁 72。
〔註97〕洪盟凱：《從史豔文到素還真：霹靂布袋戲之文化變貌》，頁 82。

上述為學界公認素還真的人物性格、行事作風，言人物性格實際上不符合邏輯，因為引文的分析皆針對素還真為了達到目的，用智慧較真於手段是否效率，而手段合乎普世價值的要求，素還真視為次之，所以素還真的人物性格無法揭露，無人知曉他的價值觀念。筆者認為素還真的人物性格即「神秘」，價值觀念為維持武林秩序的和平，些微人物性格強烈的元素甚難察覺。行事作為方面，素還真以謀略家出道於武林，其謀略可大可小，貨真價實的「陰謀」，對他而言，只要能達到武林秩序的和平即可：

> 素還真：將真的答案偷出，放一張假的答案給太黃君他們去拿。等
> 太黃君看完之後一定會再複製一張放回原位。這時我們再將太黃君
> 複製那一張偷出來，將真的放回原處。太黃君看過假的答案後便然
> 信心大增，舉手作答。如此一來我們便可以不費吹灰之力除掉強敵。
> 〔註98〕

試煉中，答對者得刀，錯者賠命。這種失去生命的試煉，堪稱人生關卡的難題，素還真應對的手段稱不上智謀，筆者認為實屬投機，甚且無顧慮同為試煉者的其他人。敵對間爾虞我詐，素還真無設想敗亡之人的下場，純粹算計武林眾人的功利做判斷，與之敵對者碰及素還真宏大的誓願，如摧枯拉朽般斷裂，其實是場你死我活、非黑即白，毫無喘緩餘地的對決。

素還真能在多方爭鬥的組織中脫穎而出，原因為透徹人性，又不拘泥於其中。故手段的商榷空間，讓他人評論，自身僅持守武林秩序的和平：

> 對比於史艷文以德行為主的角色設定，素還真一出場便與好友一線
> 生營造一幅笑談天下局勢的圖像。說他淑世似乎俗味太濃，他其實
> 興味盎然地品賞著如棋世事；說他救世是太沉重了，他其實是「導
> 世」──以一貫四兩撥千斤的輕鬆寫意，引導世局朝他的心意而發
> 展。〔註99〕

素還真願意參與武林秩序的和平，卻無史艷文淑世、救世的悲情形象，反而以更高視角來引導世局，朝著理想的世局發展。行事手段爭議性頗高，當事者卻並非與其攪和而設想如此手段，本來就是透徹人性的智者，俯視引導局

〔註98〕《霹靂異數》第十集。轉引自洪盟凱：《從史艷文到素還真：霹靂布袋戲之文化變貌》，頁81。

〔註99〕財團法人中華民俗藝術基金會主編、施忠賢：〈從史的角度描繪電視布袋戲的關鍵轉變──由十大事件談起〉，《台灣布袋戲與傳統文化創意產業研討會論文集》，頁72。

面的有效行為。為了世俗利益著想，卻被世俗批判，武林人士可謂情感負累，毋寧乎素還真能持續輕鬆導世：

> 素還真對你所說的話，為什麼你全部接受，我說素還真的不是，你卻聽不下去，我已不在乎被批評的如何，但我想幫助的，只有你。當初素還真率領眾人圍殺一名四肢皆殘，毫無權勢的人，你說是仁慈嗎？在我與他爭鬥當中，本來就是要死一個，才能罷休。這點我不怪他心狠手辣也不怪他在我崩潰之後，如何的到處抹黑我、汙蔑我，將我的兒子泠劍白狐逼的走投無路，連我的女兒仇魂怨女投奔他，也難逃被殺的命運。這就是不容批評的清香白蓮的素還真。我不恨他，但是我想不出，他當初為何要對付我，歐陽世家做了什麼罪大惡極的事嗎？是我歐陽上智整合萬教，平定動亂使他沒出頭的機會？還是我統一武林使他眼紅？我真是一個罪不可赦的人嗎？他以文武卷、風雲錄自編自導，煽動武林高手自相殘殺，我只好出面扼阻，這就是如今大家在津津樂道的素還真智逼歐陽上智。如果我真的有罪，我問你，葉小釵，我犯了什麼罪，當初我被所有的人痛恨，只有你在我的身邊，如今你也變得跟世人同樣，沒自己的思想，一昧追隨英明的素還真嗎？〔註100〕

歐陽上智直指追隨素還真者為世人，可是自身與世人相同般情感潰堤，史豔文、六合亦為世人，否則怎會不透徹人性，甘願背負情感重擔，導致投抱陰影呢？故歐陽上智的怨懟程度愈深不見底，更可以說明素還真的智慧、手段愈多元複雜：敵人之兒女、武林高手皆其設局考驗人性的對象，無法通過者，自然走投無路；自身受到試煉局面，卻不屑踏入，以機巧行事通過，因為素還真非凡人，不用與世人對局。

　　素還真備受爭議的形象，令許多社會大眾認同，進而視為理想的標竿。〔註101〕政治人物於選舉時，常常自比素還真，布袋戲人物也時常幫忙站台。〔註102〕筆者認為素還真的梟雄／偽君子的爭議形象，剛好給予政治人物詮釋的空間，前文所述素還真行事雖俐落卻稱不上乾淨，然這是他為了武林秩序的和

〔註100〕歐陽上智與葉小釵的對話。轉引自陳龍廷：〈布袋戲人物的政治詮釋——從史豔文到素還真〉，頁181～182。

〔註101〕吳明德：《臺灣布袋戲表演藝術之美》，頁266。

〔註102〕陳龍廷：〈布袋戲人物的政治詮釋——從史豔文到素還真〉，頁171～172。

平，導致犧牲自我情感、名聲的代價，何況霹靂布袋戲在劇中塑造出素還真非世人，而是駐於世外，看透局面來引導理想結果的俯視者，攪和沼澤的泥濘纏身感覺，完全不是素還真的風格。政治人物如何與敵對陣營交涉，又怎樣看待被普世價值否定，卻直接有效影響選情的手段，於霹靂布袋戲角色素還真身上，得到慰藉與支持。

當然，素還真的成功亦如黃俊雄時期的史艷文相同，主要原因是觀眾的審美疲勞，對史艷文的人物性格已經熟透。新的刺激、耳目一新的敘事設定，必然助於素還真被觀眾接受的程度，霹靂布袋戲少於琢磨素還真的人物性格，「神秘」的戲劇效果產生，且以史艷文行事完全相反的手段風格，反身回饋、詮釋素還真的人物性格，讓觀眾樂於藉由討論素還真於劇中的行為，定義素還真的人物性格，所以才有梟雄／偽君子的形象爭議。

即便素還真有退隱之心，秦假仙便以史艷文的例子進行勸誡，希望素還真不要為了手段無法磊落，萌生退意：

> 秦假仙：退隱是錯誤的想法。想當初史艷文心情都和你一樣，因不
> 忍心看到有人再為他犧牲，卸下肩頭重擔，退隱紅塵。結果他半輩
> 子的辛勞都白費了。為他死的人都白死了，如果你在步上他的後塵，
> 那天下哪有和平之日？〔註103〕

霹靂布袋戲利用秦假仙的角色，間接道出素還真仍然有普世價值的情感，這為素還真角色的人物性格層次豐富，非凡人的智慧卻能同理世俗的情感，不得已的手段只為了武林和平，切勿重蹈史艷文的不忍心。〔註104〕素還真於劇中的心理掙扎的敘事文本內容，加上秦假仙合理化的支持，令素還真偽君子的形象柔和不少，霹靂布袋戲角色的敘事設定對比黃俊雄時期，確實精緻且符合大眾的心理。

二、解嚴後的素還真──智者的時代造勢

陳龍廷認為素還真的成功，與當時政治環境有密切關係，解嚴（公元 1987年）後的臺灣政治環境自由，政黨林立，民眾初嘗權威時代後的言論自由，所有政治選舉的複雜操作，以及民眾長期經歷單向標準後，忙於尋找生活價

〔註103〕《霹靂異數》第二十九集。轉引自洪盟凱：《從史艷文到素還真：霹靂布袋戲
　　　　之文化變貌》，頁83。
〔註104〕黃俊雄對於史艷文角色，後期在霹靂布袋戲的敘事文本發展頗不認同。林安
　　　　寧主編：《「雲州大儒俠──史艷文」圖鑑典藏特集》，頁39。

值觀的依據，一切社會的變化皆成爲當下時空民眾檢視的重點。〔註105〕

筆者認同此論點，尤其公元 1990 年代後，布袋戲的反派角色從個人英雄轉由團體組織鬥爭，霹靂布袋戲更直截明白於敘事文本中捕捉社會脈動：

> 魔魁：那就打破傳統，革新求進。只要把魔界經營壯大，讓老祖宗明白本座青出於藍的魄力，相信他們無話可說。
>
> 非凡公子：目前的經營策略是「先安內在壞外」。〔註106〕
>
> 傲笑紅塵：以前在天子的管理下，從無死刑。
>
> 白雲驕霜：時代不同，怎樣以同樣方式治理。上古堯舜，以五教牧民。到了漢朝，刑法就有 359 章，比罪萬條。這不是人心不古，而是社會進步，變得複雜而產生的結果。〔註107〕

洪盟凱直言「這種幾乎跳脫古代，拼貼現代化企業經營策略的敘事手法，儼然讓霹靂布袋戲增添了許多時髦的觀念與色彩。」〔註108〕後現代的「拼貼」手法爲霹靂布袋戲慣用手段，無威權體制的掣肘，任何全球化的文化元素直接藉由布袋戲角色的口白、造型呈現，非單向標準限制下長期影射相同之人事物一樣〔註109〕，霹靂布袋戲的敘事文本會跟隨社會脈動下，劇烈變化的流行事物、熱門話題。此敘事文本的傾向，遂導致：

> 再說到霹靂布袋戲劇本中邏輯不通、青黃不接、敘事疲乏之處不勝枚舉，加上隨性介入的時事、流行用語、隨性創意等，使得劇本本身可如同黏土般隨意塑形。〔註110〕

解嚴後的社會大眾於任何事物追尋價值觀念，並以專屬的情感去檢視外在世界，非之前受到外在世界壓抑，素還眞角色可議性的操作，其成功的因素便在於此。每個人看待素還眞的行爲皆不同，而霹靂布袋戲可以藉此提升劇集帶來的商業利益。在公元 1990 年代的布袋戲角色之操作，轉向組織的形式運行，更於此攸關。組織下的不得已人物越多樣，觀眾喜歡模糊、討論空間高

〔註105〕陳龍廷：〈布袋戲人物的政治詮釋──從史豔文到素還眞〉，頁 171～188。

〔註106〕《霹靂烽火錄》第三集。轉引自洪盟凱：《從史豔文到素還眞：霹靂布袋戲之文化變貌》，頁 87。

〔註107〕《霹靂烽火錄》第五集。轉引自洪盟凱：《從史豔文到素還眞：霹靂布袋戲之文化變貌》，頁 87～88。

〔註108〕洪盟凱：《從史豔文到素還眞：霹靂布袋戲之文化變貌》，頁 89。

〔註109〕反共抗俄劇爲「單向標準限制下長期影射相同之人事物」。

〔註110〕洪盟凱：《從史豔文到素還眞：霹靂布袋戲之文化變貌》，頁 118。

的角色：組織間衝突，以及個人之於組織的衝突，又或者個人因應彼此組織的選擇衝突，由此操作發展的友情、愛情、親情……等，完完全全可以被合理化，如同秦假仙合理化素還真相同，歐陽上智的言論甚且刺激追尋目標失敗者的情感投射。

　　由此，敘事文本的結構是否周備非重要的項目，與內台戲流行的二元對立戲劇模式一樣，有各自重要的項目先於敘事文本，霹靂布袋戲的敘事文本比黃俊雄的敘事文本精緻，而黃俊雄的敘事文本又比內台戲完善。筆者確定的是，霹靂布袋戲的素還真之成功因素，為解嚴環境下，針對自由言論導致民眾初嘗探索的欣喜感，施行有效的敘事策略操作，製造議題提供談資。洪盟凱亦言霹靂布袋戲的敘事文本不重視時空限制，讓觀眾活在當下做情感的流動，而霹靂布袋戲的視覺特效、敘事文本皆演變成以刺激化〔註111〕為賣點，無歷史意識下的影響，更促使每個作品皆重頭開始體驗，無法提供深層意義解讀〔註112〕，因為多元價值觀互相拮抗，劇情止於拮抗的衝突，即足夠激起民眾的議論，如歐陽上智的言論相同。

　　霹靂布袋戲面對上一代角色史豔文的去留，可看待為霹靂布袋戲將敘事文本的人物角色，做主體轉換的移植，黃強華曾表示續演史豔文，無人可超越父親，僅模仿而已〔註113〕。霹靂布袋戲成功使素還真取代史豔文，部分原因是解嚴後的社會環境，前文已經釐清梳理。仍有筆者欲處理的地方是，霹靂布袋戲擅長以簡潔明瞭、具體形象的手法，處理角色主體的轉換：全體至霹靂布袋戲新立素還真為主角，而安排史豔文被擊殺做結尾；敘事文本內的情節，霹靂布袋戲的角色業途靈原為滅境三途判之一，其魔功無上魔法高強，作惡多端，先後經歷武功被廢，乃至一頁書以聖血洗去魔性，並收為徒弟。〔註114〕

　　業途靈由武林罪魁轉為搞笑丑角，極端的主體變化，在霹靂布袋戲的敘事文本裡，用具體形象聖血清洗、廢去武功做處理手法。素還真的換位、業途靈主體的極端轉換……等簡潔明瞭、具體形象的表現手法，牽涉到霹靂布袋戲延續金光戲的「神魔奇幻武俠」風格之敘事走向，且發展至深化、雅化的地步。「神魔奇幻武俠」風格可視為解釋素還真非凡人的行事作為，以及整

〔註111〕霹靂布袋戲的敘事文本呈現不少血緣亂倫的內容。李健宏：《霹靂布袋戲人物的原型與心理異常分析》，頁89～90。
〔註112〕洪盟凱：《從史豔文到素還真：霹靂布袋戲之文化變貌》，頁137～138。
〔註113〕吳明德：《臺灣布袋戲表演藝術之美》，頁266。
〔註114〕洪盟凱：《從史豔文到素還真：霹靂布袋戲之文化變貌》，頁141。

個霹靂布袋戲的敘事設定，論及此設定背後被觀眾接受的集體潛意識，另證明業途靈更改主體手段之輕易被接受，皆與此相關。筆者認爲這與臺灣社會解嚴環境的因素一樣重要，然屬於敘事文本內在精神的討論。

第四節　臺灣布袋戲與宗教的關係

　　以霹靂布袋戲的敘事文本而論。素還眞於《霹靂眼》〔註115〕時期，一百八十年前一掌將奇石峰化成灰粉，令萬教驚嚇，奉爲武林皇帝；於《霹靂王朝》〔註116〕時期，數百年前於荒龍道打敗怒天山濤君。素還眞爲擁有無限過去時空的人物〔註117〕，截至公元2018年當下，僅知道素還眞幾百歲，無法估出眞實年齡。這樣的敘事設定延續金光戲的傳統，即人物超越「生理限制」〔註118〕，學界亦以此作爲區別金光戲、劍俠戲的戲齣。本節從素還眞的敘事設定開始論說，以至延伸臺灣布袋戲與宗教的關係。

一、一位神仙的故事——接受崇拜的俯視者

　　素還眞的年齡已經不可考，而他的才能如詩號般，擁有超越現實社會中每個人的完美能力：

> 半神半聖亦半仙，全儒全道是全賢；腦中眞書藏萬卷，掌握文武半
>
> 邊天。〔註119〕

神、聖、仙、儒、道任何身分稱謂，素還眞有能力擔任之，而素還眞的稱號「清香白蓮」，隱含君子之意。以陳龍廷的角色概念中木偶外貌，檢視素還眞的敘事設定：素還眞手持拂塵，頭戴蓮花造型頭冠，往常以玄色等深色道袍爲主，至《霹靂皇朝之龍城聖影》〔註120〕改爲白色搭配淺淡的藍紫色，帶有清新氣質，使用大量雪紡紗襯托飄逸出塵的不俗形象。〔註121〕行事準則能同

〔註115〕公元 1987 年 04 月發行。吳明德：《臺灣布袋戲表演藝術之美》，頁 254。
〔註116〕公元 1995 年 02 月發行。吳明德：《臺灣布袋戲表演藝術之美》，頁 255。
〔註117〕吳明德：《臺灣布袋戲表演藝術之美》，頁 463。
〔註118〕吳明德：《臺灣布袋戲表演藝術之美》，頁 120。
〔註119〕《霹靂網》，搜尋日期：2018 年 08 月 22 日，http://drama.pili.com.tw/role/su/。
〔註120〕公元 2004 年 10 月發行。《霹靂網》，搜尋日期：2018 年 09 月 02 日，http://drama.pili.com.tw/pili/longcheng/。
〔註121〕木偶圖請參詳《霹靂造型達人書》。黃強華：《霹靂造型達人書》（台北：霹靂新潮社，2007 年 3 月），頁 154～157。

理世人的情感，卻不會拘泥其中，人物性格不容許、而他人亦無法探詢，莫測高深，神秘異常：

> 夢中人：莫兄，既然你是素還真的兄弟，應該很了解他，我與素還真不熟，對他的認識也不深，但這段時間的接觸，我感覺他是文武雙全，無論跟他談論什麼，他皆能應答，而且造詣程度都很高深，我感覺很奇怪，為什麼他能有這麼多時間去學習這麼多東西呢？我是一名文人，在習文之餘，根本騰不出時間去學習武功，就算在文學的境域，也無法面面俱到，可是素還真卻做得到，究竟他是無師自通，還是有名師調教呢？如果是有名師調教，我也希望能有這種機會受到指點，讓我能像素還真這樣博學多才。
>
> 莫召奴：老實說，自我認識素還真到與他結拜，素還真一直就是這樣了。對他的過去，我不能了解多少。其實素還真不只是在你我面前如此，在大眾的心目中，他始終都是一個謎，我也想不出世上有誰能了解他真正的出生來歷。不過對我而言，這並不是我所在乎的，我所結交的是他本人，我所看重的是他的人格修養，**而不是他的過去**（粗體為筆者自註）。〔註122〕

談論素還真的話題時，夢中人好奇擁有超越世間任何人的素還真，究竟訣竅如何？對談經過深入剖析，討教之言語意在弦外，探詢素還真的人物性格，即過去的經歷鍛鍊素還真的心性，因而才有現在超卓頂峰的能力。不可思議於非常人的任何事物，包括能力、情感、學識、社交等方面出類拔萃者，定有歷史意識的蓄積、培養主體所認同的地方，絕無法一蹴可及。這樣的探索過程之成立，乃是建立在對方與己相通，皆屬於對等關係的世人，差異在於對方擁有自己無從知道的運用形式。夢中人之探問，實際視為欲以循跡素還真的過去，來解構俯視者的地位，隱有平等關係之建立的權力話語。

　　莫召奴僅以觸碰的當下，視為結交的重點，原本這是再平常不過的話語，人之間的關係不必然知曉對方來歷。然而弔詭的是，真的是一無所知，如嬰兒的存在般沒有過去的經歷？何況素還真的年齡超越平常人，與之為好友的莫召奴起碼能見微知著。主體間的交往互動每每以當下為主要，情感成長的基石，因為無歷史意識而不穩，遑論更進一步的親密關係，「君子之交淡如水」

〔註122〕《霹靂狂刀之創世狂人》第四十四集，公元 1998 年 04 月發行。轉引自吳明德：《臺灣布袋戲表演藝術之美》，頁 464～465。

的前提如筆者所言，對方之行事思維、人物性格，皆從多方面透知，而不需要語言緊密聯繫，信任必須建立於時間之上，否則主體會流於平面感，要求當事人完全不知道自己的來歷而結交，不符合心理過程的運作。在現實社會中感到弔詭的關係，莫召奴可以完全信任素還真，夢中人完全停止知曉素還真，於霹靂布袋戲的敘事文本是可以成立的。主要原因是霹靂布袋戲的敘事文本以「神魔奇幻武俠」風格定位，素還真亦非人類，他為中華文化中，流傳於道教文化裡的「神仙」形象。進一步說，霹靂布袋戲的「神魔奇幻武俠」風格有神話思維的運作，亦有早期布袋戲與廟宇文化互為依存，結合而出的宗教思維，而宗教思維被霹靂布袋戲發展至巔峰。

二、神魔奇幻武俠的內在精神——布袋戲相遇臺灣宗教的興盛

「神魔奇幻武俠」風格為吳明德觀察金光戲的特質，在敘事文本的風格上，給予專業的定位：

> 它是在劍俠戲的基礎上，以超越劍俠戲的人物生理與時空局限，營
> 構更加荒誕、離奇的劇情，進入神魔奇幻武俠的境界。〔註123〕

金光戲的角色超越人物生理、時空限制，超越現實的色彩是此戲齣的重點，故「神魔」應該是形容戲齣的敘事文本之特色，霹靂布袋戲將金光戲的此特色深化、雅化，素還真的年齡、能力、社交（指無須依靠知曉個性，即能得到群俠的認同）等皆是這方面的表率。

吳明德運用神話思維，解釋霹靂布袋戲被受歡迎的原因：現實社會的人隨工商業發達，以理性至上的意識層面為主要的結交方式，過多的限制，促使人病態的收斂、壓抑情感，甚至否定本來於意識層面的情感，例如農業時代因為耕種的工作型態，大量人力的需求，使得彼此連結關係深厚，且非常在意氣候等影響農事的自然環境因素，重視慶典祭拜等宗教活動，被視為神靈護佑的連結關係；工商時代之生活型態非農業如此，時間效率等同於獲利關鍵，準時上下班打卡，資方、勞方僅雇主關係，非血緣關係，人之間的聯繫非農業社會時代相比擬，所以熱情稍減，冷漠疏離感倍增。這些被壓抑的情感流至潛意識方面，霹靂布袋戲提供這方面的幻想成為真實，讓觀眾樂於此道。此論正中下懷於布袋戲的敘事文本之現象，提供觀眾者無法實現在社會生活中的情感依託，由此論述往前回溯，陳龍廷認為史豔文／六合、藏鏡

〔註123〕吳明德：《臺灣布袋戲表演藝術之美》，頁 123～124。

人／秘中秘的成功，亦提供人格面具、陰影的戲劇效果。

然而，霹靂布袋戲的敘事文本之現象是吳明德認為的潛意識寄託，為何潛意識的依託必須著墨超越人物生理、時空限制，這可能與金光戲時期的主演、排戲先生有關係。內台戲的文化生態特殊，主演、排戲先生為了編造之容易，將人物生理、時空局限作更動，且敘事文本高折舊率也不容許過多時間磨合，再搭配視聽極大化的表演形式，兩者因素造就的神魔奇幻武俠風格。顯然視聽極大化的因素，使霹靂布袋戲延續神魔奇幻武俠風格的可能，但黃立綱的金光布袋戲亦視聽極大化的趨勢，卻沒有走向神魔奇幻武俠風格。

如果說金光戲的內台劇場形式不容許更改戲齣風格，霹靂布袋戲絕對具有資本做更動、選擇，因為霹靂布袋戲的劇本採團隊方式進行，編劇集體參與劇本寫作，非金光戲時期的排戲型態：專角專寫、編劇間磨合、劇本敘事安排、拍攝排場及導播溝通皆是創造霹靂布袋戲巔峰。〔註124〕故，神魔奇幻武俠風格不僅止於潛意識方面的寄託，筆者認為是道教文化的精神內涵，促發金光戲時期的主演、排戲先生選擇此風格，並延續至霹靂布袋戲發展極致的神魔奇幻武俠風格，是位處解嚴後、1990 年代開始，臺灣民眾熱衷宗教的社會現象，投射至霹靂布袋戲的敘事文本，並造就素還真的成功因素之一。

筆者非常認同「神魔奇幻武俠」風格，而「神魔」一詞可以豐富增添宗教思維的意涵。陳龍廷解析早期霹靂布袋戲的敘事文本，提過 1990 年代的臺灣社會掀起宗教熱潮，某種層度反映到霹靂布袋戲的敘事文本裡。《霹靂至尊》第九集，葉小釵被考驗的公案「隻手之聲」，即日本臨濟宗白隱慧鶴禪師（公元 1685～1768 年）創造的著名公案。〔註125〕王嵩山對臺灣傳統戲曲與宗教的看法：

> 傳統的戲曲活動，在行事曆法的安排層次上，與俗民信仰、民間節慶不可分離，這種情況在扮仙的儀式中更加突顯其特色。或者，我們可以說台灣的戲曲活動的基礎乃在於宗教信仰系統，以及以農業

〔註124〕詳述霹靂布袋戲的編劇團隊分工運作之介紹，可參詳介紹吳明德：〈霹靂布袋戲劇本營構初探——以《霹靂異數之龍圖霸業》為例〉。財團法人中華民俗藝術基金會主編、吳明德：〈霹靂布袋戲劇本營構初探——以《霹靂異數之龍圖霸業》為例〉，《台灣布袋戲與傳統文化創意產業研討會論文集》。

〔註125〕財團法人中華民俗藝術基金會主編、陳龍廷：〈文化產業與創意結合的一種典範——解讀早期的霹靂布袋戲〉，《台灣布袋戲與傳統文化創意產業研討會論文集》（宜蘭：國立傳統藝術中心，2005 年 10 月），頁 90～92。

行事結構爲安排準則的民間慶典二者之上。這裏面包括農業曆法中
的生活節令（上、中、下元節……等）與各種神誕節慶。因此，戲
曲與社會生活中宗教體系的連結，產生展現出中國社會中價值體系
與社會組織的特色。〔註126〕

臺灣布袋戲早期即以酬神戲的模式展開，而公元1996年9月在「彰化縣的曲
館與武館」的田野調查中：

臺灣民間社會似乎存在共同的底層文化基調，而這個文化的基礎是
由曲館先生、拳頭師傅、法師等人物組成的，甚至也包括歌仔戲班、
掌中戲班跨越各個庄頭之間的謝神表演活動。〔註127〕

時間推溯至日治時期之前的臺灣社會，公元1973年許嘉明、施振民由「臺灣
省濁水溪與大肚溪流域自然史與文化史科技研究計畫」，簡稱「濁大計畫」的
調查，發展出「祭祀圈」的概念理論：日治時期前，人們爲了生計與財產的
保障，在特定的區域內，形成所有村落團結爲更大的社會群體。此社會群體
的居民有共同祭祀的鄉土主祭神，鄉土主祭神的廟宇成爲該地的社會、經濟、
自治、防衛等樞紐，共同崇奉的鄉土神爲中心，可視爲「祭祀圈」。〔註128〕
陳龍廷認爲臺灣布袋戲的發展與廟宇文化、曲館文化、武館文化密不可分，
因此臺灣布袋戲的發展牽涉到宗教的發展程度。〔註129〕公元1965年左右的臺
灣走上工業化後，經濟開始蓬勃發展。〔註130〕公元1984年的國民所得爲2890
美元（114511元），1985年爲2992美元（119727元），1986年爲3646美元（137992
元），1987年爲4839美元（154229元），1988年爲5829美元（166758元），
1989年爲6977美元（184267元），逐年皆大幅遞增的事態。〔註131〕

　　工業化的臺灣社會，宗教的社群意義逐漸轉爲個人意義替代，個人的需

〔註126〕轉引自王珮蓉：《傳承與創新：黃立綱「天地風雲錄」系列之研究》，頁32。
〔註127〕陳龍廷：〈臺灣民間文化的共生網絡曲館、武館與布袋戲〉，《發現布袋戲：文
　　　　化生態‧表演文本‧方法論》，頁144。
〔註128〕轉引自〈臺灣民間文化的共生網絡曲館、武館與布袋戲〉。陳龍廷：〈臺灣民
　　　　間文化的共生網絡曲館、武館與布袋戲〉，《發現布袋戲：文化生態‧表演文
　　　　本‧方法論》，頁146。
〔註129〕陳龍廷：〈臺灣民間文化的共生網絡曲館、武館與布袋戲〉，《發現布袋戲：文
　　　　化生態‧表演文本‧方法論》，頁142～165。
〔註130〕李亦園：〈台灣民間宗教的現代趨勢〉，《宗教與神話論集》（台北：立緒文化，
　　　　1998年1月），頁243。
〔註131〕財政部「國民所得統計常用資料」，轉引自吳明德：《臺灣布袋戲表演藝術之
　　　　美》，頁257～258。

求僅就現實生活中種種問題的解答與滿足，不似早期移民社會的祭祀圈概念，個人的需求即功利主義趨勢的濫觴。〔註132〕功利主義、實用主義的宗教發展，具體呈現在私人崇拜的廟宇增多、神靈數目無限擴大（非早期移民社會的鄉土主祭神），甚至臺灣曾經流行一時的「大家樂」（公元1985～1986年非常流行），也被賭徒拿去求神問卜，平常避之唯恐不及的鬼廟（陰廟）及「萬靈祠」等小廟日夜如市集熱鬧。〔註133〕1990年代逢解嚴後的臺灣宗教團體數：

除了在一九九六年和一九九八年以外，年成長率都在24%至103%

之間。十年間（1989～1998年，筆者自註）的總成長率高達952%，

一九九八年的宗教團體數是一九八九年的10.52倍。〔註134〕

宗教團體數的調查包括戒嚴時，被禁止的一貫道、長老教會、新約教會、統一教乃至創價學會，解嚴後的臺灣社會新興宗教增加，而臺灣的傳統宗教如道教、佛教、儒教等宗教亦有成長的趨勢。上述從日治時期之前，到1990年代為止，臺灣社會的宗教現象是非常興盛，不管是早期移民社會的鄉土主祭神、工業化後的多神林立之功利主義，又或者解嚴後的宗教自由，臺灣民眾的生活都受到宗教層面影響，而早期布袋戲的表演性質即酬神戲，布袋戲主演受到宗教層面影響，以至神魔色彩呈現在布袋戲的敘事文本裡，觀眾像所處的宗教環境般輕鬆接受，且順利進入敘事文本而不感到突兀。

第五節　宗教思維的臺灣布袋戲

宗教的神魔色彩具體呈現於布袋戲敘事文本的地方，早在古冊戲、劍俠戲時期依稀能看出觀眾願意接受的程度。古冊戲時期的劇目從《西遊記》、《封神榜》等中國神怪章回小說改編產生；劍俠戲擅長將武俠小說與神怪小說作結合改編，例如還珠樓主（李善基，公元1902～1961年）的《蜀山劍俠傳》〔註135〕、《封神榜》的神怪元素〔註136〕。

〔註132〕李亦園：〈台灣民間宗教的現代趨勢〉，《宗教與神話論集》，頁244～245。

〔註133〕李亦園：〈台灣民間宗教的現代趨勢〉，《宗教與神話論集》，頁244～250。

〔註134〕中央研究院臺灣史研究推動委員會主編、瞿海源著：〈解嚴、宗教自由、與宗教發展〉，《威權體制的變遷：解嚴後的臺灣》（臺北：中央研究院臺灣史研究所籌備處，2001年01月），頁255。

〔註135〕梁守中《武俠小說話古今》論及《蜀山劍俠傳》受到《封神榜》的啟發而著的神魔武俠小說。轉引自吳明德：《臺灣布袋戲表演藝術之美》，頁119。

〔註136〕吳明德：《臺灣布袋戲表演藝術之美》，頁119。

一、臺灣劍俠遇到唐朝劍俠──從劍俠戲說源頭

劍俠戲的主角通常是「入世的佛、道人物，尤其是道教的武術家及其弟子」〔註137〕，道教武術家的主角設定，從布袋戲劇目回溯至原著仍然存在，屏東明興閣掌中劇團〔註138〕的劇目《七子十三生‧徐鳴皋打擂》〔註139〕，改編自唐藝洲（生卒不詳，約清德宗光緒時期）原著《七劍十三俠》第十回〈賽孟嘗拳打嚴虎　羅季芳扯倒擂台〉。《七劍十三俠》的內容是十二位英雄受到七子（七位以「子」命名的劍仙，玄貞子、一塵子、飛雲子、霓裳子、默存子、山中子、海鷗子）十三生（十三位以「生」命名的劍仙，凌雲生、御風生、雲陽生、傀儡生、獨孤生、臥雲生、羅浮生、一瓢生、夢覺生、漱石生、鶡寄生、河海生、自全生）的協助，平定江西寧王朱宸濠叛亂。

劍俠戲參考的原著皆為中國明清章回小說、民國初年武俠小說，而主角通常是以「劍仙」為主，實際演出的敘事內容也可以看出神魔色彩：

> 《五美六俠》劇情：慈悲仙姑交付徒弟殷飛虹「子午悶心釘」，要飛虹下山助巡按大人李文英建功立業。李文英率領三俠等大隊人馬前往江西平定匪亂，孰料哈虎、哈彪中途攔路，以「子午神光罩」捉走三俠……殷飛虹銜李文英命令前來解圍，不僅以「子午悶心釘」救三俠脫險，並剿滅一班匪徒。〔註140〕

> 五洲派的有「西方錦飛箭」，閣派〔註141〕的也有「西方白蓮劍」。趙飛翎受佛祖法，必須受滿百劫才能功德圓滿；西方大俠蕭寶童奉師令下山，必須斬一百零八魔。〔註142〕

> 玉泉閣《華山女俠大破日月陰陽樓》，英雄的任務源於白雲洞紅雲老

〔註137〕江武昌：〈台灣布袋戲簡史〉，頁101。
〔註138〕明興閣掌中劇團第一代團長蘇明順從師屏東全樂閣二團鄭來法，明興閣掌中劇團現傳至第二代蘇俊榮，其兄蘇峻毅則創立「蘇家班掌中劇坊」。鄭來法為全樂閣鄭全明（公元1901～1967年）的兒子，鄭全明拜師瑞興閣陳深池，鄭全明擅長武戲，與東港復興社盧崑義的愛情戲齊名。盧崑（崇）義為南臺灣布袋戲五大柱之一，五大柱分別是一岱、二祥、三仙、四田、五崇（後文陳列）。陳龍廷：《臺灣布袋戲發展史》，頁200～201。
〔註139〕石光生、王淳美：《屏東布袋戲的流派與藝術》（宜蘭：國立傳統藝術中心，2007年5月），頁216～249。
〔註140〕陳龍廷：《臺灣布袋戲發展史》，頁140。
〔註141〕臺灣雲林西螺的新興閣派，有新興閣二團、進興閣、光興閣、隆興閣四個系統。陳龍廷：《臺灣布袋戲發展史》，頁194～197。
〔註142〕陳龍廷：《臺灣布袋戲發展史》，頁141。

祖令門徒「小羅成」黃劍秋下山，尋找五劍俠，聯絡華山女俠破日月

樓。梨山老母令門徒「華山女俠」左紫琴下山，交代三事，一爲婚配

文福生，二爲援助黃劍秋，三爲尋找五俠女破日月陰陽樓。〔註143〕

陳龍廷言「劍俠戲的主軸，大抵是以奸臣造反、陷害忠良爲戲劇開始的引子，

忠良後代流落江湖，往往結識英雄俠客而結盟⋯⋯最後協助皇室平定叛亂。」

〔註144〕筆者認爲可以用來區別古冊戲、金光戲的獨特敘事特色：於劍俠戲之

前的古冊戲爲歷史演義類型，布袋戲的表演重點會偏向破機關樓；劍俠戲後

的金光戲，除了前述超越「人物生理、時空局限」外，陳龍廷研究黃俊雄的

史豔文，得出人物性格強烈可以視爲專有特色，包括排戲先生排出的大俠百

草翁、斯文怪客、五爪金鷹、玉筆鈴聲世外衣、大俠一江山、南俠翻山虎、

風速四十迷、夜半詩聲孤獨兒等皆是性格強烈的角色。筆者於本章末繪製表

格，羅列各個布袋戲戲齣的敘事文本特質。

　　劍俠戲之所以無金光戲的人物性格強烈，肇因於布袋戲主演參考改編的

原著，尤其是中國明清章回小說。前述唐藝洲《七劍十三俠》的敘事內容看

出端倪。眾俠搭配一個官員，共同平定叛亂是主要的敘事主線，這與俠文學

的發展攸關，中國唐朝李德裕（公元 787～850 年）的〈豪俠論〉以傳統儒家

君臣父子的倫理觀念，將俠客框籠於儒家「義」的價值觀上，用此檢視俠客

的舉止行爲，其「義非俠不立，俠非義不成」的論調，認爲唯有氣義相兼，

方能稱「俠」。〔註145〕「義俠」以法律的代言人自居，出師有名，所以產生「欽

命」的俠客，《龍圖公案》、《施公案》、《彭公案》、《七俠五義》、《小五義》等

公案俠義小說皆屬此類。〔註146〕位處公案俠義小說的俠客們，人物性格強烈

的發展有其限制，框架於法律下的俠客，如果性格強烈將很難接受法律的規

訓，且清官難以繼續行動；另原因是公案俠義小說的俠客眾多，描摹人物偏

向簡潔俐落的表現手法，而中國章回小說中常見的「白描手法」〔註147〕以人

〔註143〕陳龍廷：〈布袋戲的敘事模式及其可能性〉，頁 19。

〔註144〕陳龍廷：〈布袋戲的敘事模式及其可能性〉，頁 26。

〔註145〕淡江大學中文系主編、林保淳著：〈從遊俠、少俠、劍俠到義俠〉，《俠與中國
　　　　文化》（臺北：臺灣學生書局，1993 年 4 月），頁 115。

〔註146〕淡江大學中文系主編、林保淳著：〈從遊俠、少俠、劍俠到義俠〉，《俠與中國
　　　　文化》，頁 119。

〔註147〕白描法原爲中國國畫的技法之一，在中國古典文學的創作技巧指稱，簡潔形
　　　　容人物外貌，並塑造特殊情節，令閱聽者由這些敘事中的元素，遐想人物的
　　　　內心世界，因此白描的審美重點爲韻味，重在傳神寫意，不在細膩梳理，中

物的「外形」、敘事中「行動」爲主，鮮少著墨心理變化，因此公案俠義小說的群俠人物中，僅少數爲人知曉。義俠既然與法律合作，他們針對的目標即起兵造反的叛亂勢力，這類小說皆以成功阻止叛亂勢力作結束。前述的布袋戲劇目參考的原著《七劍十三俠》，同樣具有公案俠義小說的義俠觀〔註148〕，僅以唐代文學特殊的俠客類型「劍俠」作爲敘事文本。

　　劍俠戲的敘事文本如引文所示，眾俠共同參與相同的任務，每位俠客的寶物有專屬的名稱「子午悶心釘」、「子午神光罩」、「西方錦飛箭」、「西方白蓮劍」，各自的師父爲「慈悲仙姑」、「佛祖」、「紅雲老祖」、「梨山老母」，寶物、師父的名稱有濃厚的宗教色彩。除此之外，劍俠戲的武戲亦具有標誌性，即俠客的鬥爭不用透過木偶肢體爲主要，武器具有靈性、俠客「以氣御物」爲武戲內容〔註149〕。這些劍俠戲的寶物、角色師父名稱及武戲表演形式，皆屬於神魔奇幻武俠的風格，後續的金光戲至霹靂布袋戲受到重大的影響，甚至黃立綱的金光布袋戲隱有這類風格的可能，只是程度上的多寡。

　　劍俠戲「以氣御物」的敘事文本依舊是參照中國明清章回小說而來，《七劍十三俠》：「一塵子、海鷗子、霓裳子……鶴寄生一齊吐出劍來，在半空中來擊。只見那二十口飛劍盤旋上下，或高或低，或前或後，眞如萬道長虹，橫互不斷。」〔註150〕這類「以氣御物」的敘事內容，以及人物設定爲「劍仙」、「老祖」等宗教色彩強烈的中國明清章回小說，實際是俠文學中唐朝的「劍俠」發展而出。

　　俠文學中的唐朝「劍俠」，無法等同於臺灣布袋戲的「劍俠戲」，原因爲：唐代的劍俠，乃是以紀錄當時的文本爲主，俠文學論及唐代之「劍俠」多出自《太平廣記》。中國唐朝劉知幾（公元 661～721 年）《史通》將「正史」以外的敘事作品概括爲「雜史」，十家雜史類作品中的「雜記」，專門以靈怪鬼物的奇聞軼事爲主，影響後續中國宋朝李昉（公元 925～996 年）等人編著的《太平廣記》。唐代的雜史增生演化至宋代，雜史、傳奇、俗講的敘事實踐，

　　　國明清章回小說《水滸傳》、《三國演義》多運用白描手法。欲深入了解白描
　　　法請參詳以下資料。高巍：〈例談白描手法〉，搜尋日期：2018 年 08 月 23 日，
　　　https://goo.gl/afx759。
〔註148〕淡江大學中文系主編、林保淳著：〈從遊俠、少俠、劍俠到義俠〉，《俠與中國
　　　文化》，頁 119。
〔註149〕陳龍廷：《臺灣布袋戲發展史》，頁 141。
〔註150〕桃花館主：《繡像六十回三續七劍十三俠》（《古本小說集成》，上海：古籍社，
　　　1990 年），頁 243。

至專業說書者街頭賣藝，說書文化刺激宋元以後的話本小說大量出現，明代小說則趨於小說文學敘事走向成熟的標誌。〔註151〕中國唐代的「劍俠」不等於臺灣布袋戲的「劍俠戲」，然而卻有時間延續影響的關係，除了劍俠戲的敘事文本參照中國明清章回小說，搬演劍俠敘事體的表演形式之外，更重要的是，在眾多中國明清章回小說類型中，**臺灣布袋戲主演偏好於選擇延續唐代劍俠的中國明清敘事體**（且臺灣民眾樂意接受），主要原因為其中的宗教色彩，即道教文化。

二、劍俠戲的武學考據──道教文化的思想

臺灣布袋戲的劍俠戲齣受到道教文化影響的最明顯例子，為錦華閣胡金柱的劍俠戲。胡金柱人稱「田師」，戰後初期的胡金柱所屬錦華閣於南臺灣非常著名，經歷過外台戲走入內台戲的商業劇場，其被稱為臺灣南部布袋戲五大柱之一。〔註152〕五大柱為一岱（黃海岱，擅長公案戲）、二祥（鍾任祥，擅長笑俠戲）、三仙（仙仔師黃添泉，擅長武打戲）、四田（田仔師胡金柱，擅長笑科戲）、五崇（盧崇義，擅長愛情戲）。〔註153〕胡金柱認為劍俠戲的俠客「放劍光」，必須具有邏輯性的依據，才能說服觀眾：

> 放劍光，他解釋說，並非劇中主角會吐劍，而是形容他所練的氣，一旦吐出去時，其利如劍，甚至能傷人性命。氣，是人肉眼看不見的，所以用劍光來表達。劍光分為五色。顏色類別，要看他所練的氣功是屬於五臟的那一臟而有不同。例如：肺氣屬於白，若由肺發動氣功的人，吐出去的劍光就是白色。簡單說，布袋戲以不同顏色的劍光，表達劇中主角所練不同的臟器的氣力。〔註154〕

胡金柱解釋俠客吐劍的原理是「氣」所導致，根本不是吐「劍」，武器乃是俠客修練氣的境界，凝聚轉化成鋒利之物體。氣無法用肉眼觀察，於劇中便使用光表示，而每個俠客運用不同臟器（五臟），練成的氣功具有不同的顏色：「肝青、心赤、脾黃、肺白、腎黑」。臟器練成「氣」，以至發展為俠客間彼

〔註151〕尤雅姿：《中國敘事理論與實際批評》，頁102～109。

〔註152〕陳龍廷：〈南臺灣的布袋戲老先覺田師胡金柱〉，《發現布袋戲：文化生態・表演文本・方法論》，頁114～116。

〔註153〕江武昌：〈台灣布袋戲簡史〉，頁102～103。

〔註154〕陳龍廷：〈南臺灣的布袋戲老先覺田師胡金柱〉，《發現布袋戲：文化生態・表演文本・方法論》，頁118。

此決鬥的武器，不只有劍俠戲設定如此，延續此後的金光戲亦不例外，隆興閣掌中劇團〔註155〕第二代團長廖昭堂（公元 1957 年～）的《新五爪金鷹一生傳》，主角五爪金鷹的武功即臟器修練而成的「喘氣」功：

> 莫怪你五爪金鷹咧出名，這步喘氣，其實這就是 1 種的內臟氣功的
> 殺人術，予你喘 1 氣，我這旯的人若無大 khoo-be，當場攏予你做掉。
> 〔註156〕

臟器非僅止於修練武器，《新五爪金鷹一生傳》的反派角色五旗亂天下，因此返老還少：

> 五旗亂天下這个人真神秘，這个人已經練甲內臟去老返少，超過九
> 百年的程度，佇外觀外表攏看袂出。〔註157〕

進行過許多臺灣的田野調查的英國漢學家龍彼得（Piet van der Loon，公元 1920～2002 年）言：「道士、戲子有時候比大學教授懂得還多」〔註158〕，布袋戲主演於外台戲時期，廟宇的酬神戲肯定會接觸，且屬於長時間浸淫於道教文化，筆者已經論述臺灣的宗教現象非常普及，長期生活於道教文化的臺灣民眾，在聽到胡金柱對劍俠戲的氣功設定，不但不會覺得奇怪，還會倍感親切，具有說服觀眾看戲的依據即道教文化，漢學家龍彼得做田野調查所言的話語，戲子、道士懂得比生活於道教文化之外的學者還要多，可以確實反映布袋戲與道教文化的密切關係。

〔註155〕隆興閣創立於公元 1959 年，第一代團長廖來興（公元 1929～2003 年）師承西螺新興閣鍾任祥，向鍾任壁、廖英啓學習技藝。隆興閣成團初期繼續將師門的招牌戲「大俠百草翁」推廣，可是此戲已經持續演出近一年，觀眾反應不如預期，爲求隆興閣成長，廖來興、廖武雄重金禮聘與吳天來齊名的排戲先生陳明華（公元 1943 年～）。陳明華順著當時隆興閣已有的角色「五爪金鷹」編排，成功打響名號，遂成爲隆興閣的招牌戲迄今，而陳明華排戲的角色「五爪金鷹」、「玉筆鈴聲世外稀」、「聖俠小顏回」都是知名的戲齣。江怡亭：《隆興閣掌中劇團《新五爪金鷹一生傳》研究》（國立成功大學台灣文學系碩博士班碩士論文，2013 年），頁 27～29。

〔註156〕廖昭堂口白，江怡亭文字整理：〈《新五爪金鷹一生傳》第一集〉，轉引自〈《新五爪金鷹一生傳》表演文本例舉〉。江怡亭：《隆興閣掌中劇團《新五爪金鷹一生傳》研究》，頁 208。

〔註157〕廖昭堂口白，江怡亭文字整理：〈《新五爪金鷹一生傳》第二集〉，轉引自《隆興閣掌中劇團《新五爪金鷹一生傳》研究》。江怡亭：《隆興閣掌中劇團《新五爪金鷹一生傳》研究》，頁 118。

〔註158〕轉引自〈南臺灣的布袋戲老先覺田師胡金柱〉。陳龍廷：〈南臺灣的布袋戲老先覺田師胡金柱〉，《發現布袋戲：文化生態‧表演文本‧方法論》，頁 118～119。

「肝青、心赤、脾黃、肺白、腎黑」五臟配五色的說法，在中國典籍《黃帝內經・靈樞・五色》：「以五色命藏，青爲肝，赤爲心，白爲肺，黃爲脾，黑爲腎」〔註159〕出現。《黃帝內經》的內涵思維：「《黃帝內經》成書於兩漢，因應大一統的學術運動對各地域的醫學理論進行統整，並以其時主流的氣化宇宙論形構其身體哲學。除了以陰陽五行系統詮釋天地大宇宙與身體小宇宙間互動的規則，也以『精氣』概念詮釋各種身心變化的機轉。」〔註160〕中國哲學以「根本存在元素」解釋經驗世界的物質元素，而「氣」的存在說明於此。〔註161〕中國人認爲世界和人類非被創造出來，是一個本然自生（spontaneously self-generating life）的宇宙的特徵，宇宙沒有造物主、上帝等絕對存在。〔註162〕道家典籍《莊子・外篇・知北游》：「人之生，氣之聚也，聚則爲生，散則爲死。」即「氣化宇宙論」鮮明的呈現。〔註163〕

氣之聚散，攸關於人之生死，中華文化近似唯物觀的宇宙論，使得道教修練之士偏向具體事物的選擇：

> 道教鑑於個人身體受到外力及疾病侵害時生命便受到威脅、以及肉體必趨於老化而趨於消亡的事實，進而肯定形體對生命的重要性，在中華文化近似唯物觀的導引下，不採取精靈不滅的思考進路，而是用更穩妥、實際的方式直接保養及鍛鍊有形的身體，意欲藉由肉身不滅以確保自我意識的存續。〔註164〕

陰陽五行系統則是木、火、土、金、水的宇宙萬物的元素，並以陰陽五行解釋吉凶，此出於中國戰國時期陰陽家騶衍（約公元前305～前240年）。〔註165〕

〔註159〕郭靄春編著：《黃帝內經靈樞校注語譯》（天津：天津科學技術出版社，1989年4月），頁360。

〔註160〕陳德興：〈「精氣」概念在《黃帝內經》形神結構中的理論意義〉（《哲學與文化》45卷7期，2018年07月），頁81。

〔註161〕國立臺北大學中國語文學系主編、杜保瑞著：〈中國哲學的宇宙論思維〉，《第三屆中國文哲之當代詮釋國際學術研討會論文集》（臺北：臺北大學中國語文學系，2007年），頁147。

〔註162〕牟復禮（Frederick W. Mote，公元1922～2005年）言，轉引自《世俗的神聖：古典小說中的宗教及文化論述》。黃東陽：《世俗的神聖：古典小說中的宗教及文化論述》，頁3。

〔註163〕國立臺北大學中國語文學系主編、杜保瑞著：〈中國哲學的宇宙論思維〉，《第三屆中國文哲之當代詮釋國際學術研討會論文集》，頁155。

〔註164〕黃東陽：《世俗的神聖：古典小說中的宗教及文化論述》，頁3～4。

〔註165〕勞思光：《新編中國哲學史（二）》（臺北：三民書局，1980年），頁13。

道教趨向用具體手段，進行有形的身體鍛鍊，以此對抗消亡的事實。「肝青、心赤、脾黃、肺白、腎黑」五臟配五色的說法亦出現在中國晉朝道士葛洪（公元 283～343 年）的《抱朴子・內篇・雜應》：

> 或曰：「老子篇中記及龜文經，皆言藥兵之後，金木之年，必有大疫，萬人餘一，敢問辟之道。」

> 抱朴子曰：「仙人入瘟疫秘禁法，思其身為五玉。五玉者，隨四時之色，春色青，夏赤，四季月黃，秋白，冬黑。又思冠金巾，思心如炎火，大如斗，則無所畏也。又一法，思其發散以被身，一發端，輒有一大星綴之。又思作七星北斗，以魁覆其頭，以罡指前。又思五臟之氣，從兩目出，週身如云霧，**肝青氣，肺白氣，脾黃氣，腎黑氣，心赤氣**（粗體為筆者自註），五色紛錯，則可與疫病者同床也。或禹步呼直日玉女，或閉氣思力士，操千斤金鎚，百二十人以自衛。或用射鬼丸、赤車使者丸、冠軍丸、徐長卿散、玉函精粉、青年道士熏身丸、崔文黃散、草玉酒、黃庭丸、皇符、老子領中符、赤鬚子桃花符，皆有良效者也。」〔註166〕

詢問如何避免瘟疫的方法，抱朴子（葛洪本人，號抱朴子）回應「仙人入瘟疫秘禁法」，眾多方法中，其中一法是仙人運用五臟之氣，從眼睛散發而出，這五臟之氣有青、白、黃、黑、赤色，五色混雜之氣環繞仙人周圍，如霧氣般攏聚團狀，仙人御氣成霧，與得病者同床，即可醫治病情。這說法與布袋戲主演胡金柱的「放劍光」的原理是否相似？

實際上葛洪說的「仙人入瘟疫秘禁法」非真的醫學之理，其寫作的背後動機應該是：

> 著重形體成為道教的核心思考，各類道書無不環繞著此概念而造作與開發。然就人類經驗而言，「不死」在歷史上未能得到相對應的記錄，如何在修煉方式的計較及研究外補足這論述上的嚴重缺憾，仙傳便成為建立道教信仰的重要基石：在宣告神仙歷代有人外，意欲詮解一般人在實際及經驗生活中未能親遇神仙的原由。〔註167〕

現實中無法可能發生的超越之事，為了使信眾相信，亦為了給予想要長生不

〔註166〕〔晉〕葛洪：《抱朴子內篇校釋》（台北：里仁出局，1981 年 12 月），頁 251～252。

〔註167〕黃東陽：《世俗的神聖：古典小說中的宗教及文化論述》，頁 4。

死的好奇心投入其中，卻發現艱辛困難至幾乎不可思議的自己，一個持續堅守相信的理由。著書立傳述說神仙的眞實性，以及爲何一般人無法遇見神仙的原因，是《抱朴子》、《神仙傳》的寫作動機。故《抱朴子》道教色彩非常濃厚，而唐代劍俠的文學想像，很多奇人異術之事，脫胎於《抱朴子》。

三、俠之理論簡述——唐代劍俠的操作

中國的俠文學發展至唐朝時，有非常顯著的標誌：「劍俠」。林保淳觀察劍俠：「俠客與技藝的關係，在唐代以前沒有被強調。」〔註168〕唐朝以前的俠多數強調氣義的結合，這受到尊儒攸關的學術背景所著史書的影響。直至唐朝的俠客完全不強調義爲何物，且重視的技藝爲飛天夜叉術、幻術、神行術、藥術、飛劍術、變化術等匪夷所思的神技。〔註169〕俠文學的「俠」之重視項目爲何更迭迅速，因爲「通俗」：

> 通俗小說面對的是流變性極強的讀者，自須「隨時以宛轉」；切合於不同時空中的讀者，是通俗的命脈。然而讀者卻又是多變的，故隨時性不免即具有變易性、流行性——題材的流行、技巧的流行——而流行亦意味著短暫，流行得快，揚棄得更快！瞬間爆發力極強，而衰歇亦如此。〔註170〕

商業利益爲首位考量，俠文學的作者自然觀察當下時空流行的事物，以作爲書寫的方向，並結合「俠」的文化成爲敘事體，提供給民眾消費。這與唐朝的劍俠文學不符，因爲這些劍俠的出處是正史以外的雜史，仍然以「史」看待，但是由上述通俗的操作形式，可以了解「俠」易於跟當下時空流行的事物做結合，此特質非常重要。俠的眞實性已經無法考證，早期解釋「俠」的著作僅是著者對於「俠」的想像概念，將預定的「俠」的內涵義寄託於文字。換言之，與其尋找「俠」的普遍概念，不如將談論「俠」的人的動機作心理因素的解讀，才是俠的理論建構之基石。「俠」的虛構性是必要存在於現實社會，因爲眾人附於俠的幻象。〔註171〕通俗性必須依據在現實社會之上，正因爲有根據的基礎，雖俠文學屬於虛構性，符合民眾當下時空對俠的幻

〔註168〕林保淳：〈唐代的劍俠與道教〉，《俠客行——傳統文化中的任俠思維》，頁167。
〔註169〕林保淳：〈唐代的劍俠與道教〉，《俠客行——傳統文化中的任俠思維》，頁167。
〔註170〕葉洪生、林保淳：〈通俗・武俠・文化〉，《臺灣武俠小說發展史》，頁5。
〔註171〕淡江大學中文系主編、周慶華著：〈俠的神話性與社會功能〉，《俠與中國文化》，頁1～19。

想，透過觀察通俗性質的普及性，解釋當代重視的思想內涵，即研究「俠」的理論。

俠文學的通俗性容易操作，其操作模式的準則，如林保淳精闢言武俠小說的本體論：

> 武俠小說的「本體」，一言以蔽之，就是成人童話，而其特徵有三，一是「武」，一是「古代性」，一是「虛構的江湖世界」。〔註172〕

此標準不只可以看待武俠小說，甚至唐代的劍俠也不爲過，劍俠建立之初爲「史」的視角認定，然對俠的想像概念付諸於筆下，不管當初作者設定的敘事接受者爲誰，皆有虛構、童話性。此童話性乃是成人於現實社會挫敗後，閱讀俠文學來調節、說服自己，調節、說服自我的精神內涵非不切實際，才稱爲童話。反之，精神內涵可能才是作者、讀者產生共鳴的重點，將人生遭遇挫敗的感悟提煉至敘事體，如童話般藉由趣味的性質，激發當事者尋找各自的思想，甚且有可能達到思想教育的附屬功能〔註173〕。

「俠」的操作之容易，中國各朝代的著者由此展開建構，各自屬於當下時空的文化內涵：

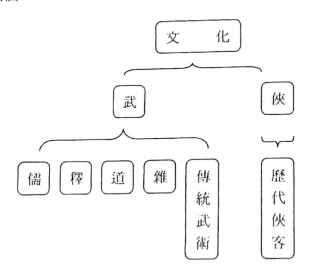

圖3　武俠的文化層面體系〔註174〕

〔註172〕林保淳：〈成人的童話世界──武俠小說的「本體論」〉《政大中文學報》第九期，2008 年 06 月），頁 208。

〔註173〕林保淳：〈成人的童話世界──武俠小說的「本體論」〉，頁 193。

〔註174〕葉洪生、林保淳：〈通俗‧武俠‧文化〉，《臺灣武俠小說發展史》，頁 30。

武俠小說的本體論之一，就是透過「武」的手段，處理現實社會中的許多問題。「武」最常指涉俠客本身練就的武功，武功之成立肇因於獨特的個人風格，故著者常常透過武功運作的原理、使用武功的基本態度（止戈爲武），闡發欲言的人生哲理：

> 單一論題的如江湖門派的區劃、儒釋道（甚至墨、法、陰陽、術數、醫卜）思想的介入等，皆極具探討價值。〔註175〕

中國唐朝的劍俠，實際上就是將道教的神仙形象視爲理想狀態，配合「俠」的易操作性，具體化呈現於文字之中〔註176〕。中國宋朝吳淑（公元947～1002年）《江淮異人錄》記載二十五位異人，其中的俠客多使用道術，而俠客即是道士，以茲證明的例子。〔註177〕

四、修煉道術的劍俠——道教文化與劍俠之關係

道教文化與劍俠的關聯性，分茲論述：首先，唐代的劍俠與僧道等宗教人士有關係。聶隱娘的師父、僧俠爲尼姑、和尚，而蘭陵老人「語及養生，言約理辨」屬於道士一流；〔註178〕第二，劍俠使用的「劍」作爲武器。劍即道教中非常重視的法器之一，「凡學道術者，皆須有鏡劍隨身」，劍具有除兇、避邪、防身等功用。中國梁朝道士陶弘景（公元456～536年）著有《古今刀劍錄》，將「桃氏爲劍」的原始辟邪觀念，融合道教北辰信仰。中國唐代司馬承禎（公元647～735年）的〈景震劍序〉以陰陽之「氣」論道術，可視爲劍俠「以氣煉劍」的武學思想。〔註179〕

第三點，劍俠之神技，脫胎於唐朝以前的道教典籍。「用藥」、「變化」等劍俠基本技術，與道教煉丹術密不可分，葛洪《抱朴子·對俗》言之鑿鑿。劍俠中的空空兒、聶隱娘的隱形變化於《抱朴子·雜應》記載。飛天夜叉之術出自《抱朴子·遐覽》……。〔註180〕上述二、三點證明道教採取具體形式，作爲抗拒人體老化消逝的事實，而劍俠之「武」，與實際的中國傳統武術有落

〔註175〕葉洪生、林保淳：〈通俗·武俠·文化〉，《臺灣武俠小說發展史》，頁31。
〔註176〕林保淳：〈唐代的劍俠與道教〉，《俠客行——傳統文化中的任俠思維》，頁186。
〔註177〕林保淳：〈唐代的劍俠與道教〉，《俠客行——傳統文化中的任俠思維》，頁186。
〔註178〕林保淳：〈唐代的劍俠與道教〉，《俠客行——傳統文化中的任俠思維》，頁180。
〔註179〕林保淳：〈唐代的劍俠與道教〉，《俠客行——傳統文化中的任俠思維》，頁180～182。
〔註180〕林保淳：〈唐代的劍俠與道教〉，《俠客行——傳統文化中的任俠思維》，頁182～184。

差，反而與道士修煉的道術相近，修持道術需要專心致志，紅塵世俗的情感皆必須斬斷，這與之後論述的幾點劍俠特質攸關。

第四點，劍俠的行事風格偏向「神秘性」。《抱朴子・論仙》曾強調真仙「假令遊戲，或經人間，匿真隱異，外同凡庸，比肩接武，孰有能覺乎？」〔註181〕筆者認為這即是中國唐代劍俠的理想型態，與此相反的下場，「李龜壽、聶隱娘在形跡洩露後，或叩頭求饒，或心悅誠服，行事毫無義俠氣概，也正因為保持此一神秘性」〔註182〕無義的氣概，原因是神仙不會以世俗的情感為重視項目。前述葛洪著書立傳的用意乃是令信眾相信道教中神仙的存在，以及為何自己無法遇到神仙的緣故，葛洪的另外一本著作《神仙傳》，其書寫體制、意涵接近史傳，楊建波言「歷史附合型故事系列」〔註183〕。以史書的體制著《神仙傳》，葛洪將此前的仙族做師承脈絡，另立的神仙則合乎文體觀，給予文人讀者神仙實有的觀感。〔註184〕《神仙傳》表達神聖的空間有特殊的建制，與此有別於世俗的空間，轉為書中見聞俗人修道成仙的事跡，啟示固定的神聖空間更迭為移動式神聖空間。移動式神聖空間乃出於神仙意志，將敬畏崇拜之意轉接為現實世界的道士修煉處所（道觀），每個道觀都有可能是神仙意志顯現之地〔註185〕，這樣的論述成功給予讀者相信神仙存在的理由。如何在移動式神聖空間遇到神仙，並於此修煉成仙，必須有個進程──知道、尋道、得道。〔註186〕

「知道」指信眾由對比神聖空間的被祭祀者，來毀壞自身所處世俗，卻不明崇拜對象如何得道的信仰，僅以敬畏的心態旁觀、祭祀即可，祭祀者無法於神聖空間感知神仙，必然是誠意俱足、仙骨存在等因素所導致。故此可以解釋唐代劍俠的聶隱娘之師，為何強擄聶隱娘學道術；蘭陵老人說黎幹「骨相無道氣」。因為是否具有先天成仙的「仙骨」〔註187〕，對劍俠來說，實在非常重要。不具有仙骨之俗人無法成仙，故閱讀《神仙傳》之人，即可能相信

〔註181〕轉引自林保淳：〈唐代的劍俠與道教〉，《俠客行──傳統文化中的任俠思維》，頁184～185。

〔註182〕林保淳：〈唐代的劍俠與道教〉，《俠客行──傳統文化中的任俠思維》，頁185。

〔註183〕楊建波言，轉引自黃東陽：《世俗的神聖：古典小說中的宗教及文化論述》，頁4註解。

〔註184〕黃東陽：《世俗的神聖：古典小說中的宗教及文化論述》，頁4～5。

〔註185〕黃東陽：《世俗的神聖：古典小說中的宗教及文化論述》，頁13～15。

〔註186〕黃東陽：《世俗的神聖：古典小說中的宗教及文化論述》，頁24～26。

〔註187〕林保淳：〈唐代的劍俠與道教〉，《俠客行──傳統文化中的任俠思維》，頁185。

自己具有資質，窮極一生投入仙骨之發掘。「得道」指：

> 掌握絕對的能力，以自己的意志為中心，扭轉時空與人原有的主從
> 位置，否定現實中時間催化萬物絕對有有效的概念，亦無視道教所
> 定義各類型界域的限制及人我間在空間上的隔離，甚至能創造空
> 間，成為傳道亦即祭祀的核心。〔註188〕

得道者成仙，神仙能超越時間造成老化身體、生命消逝的絕對存在，隨心所
欲運用移動自如的能力於空間，並出現於世俗對比的空間中，成為被祭祀的
對象。

神仙可以視為移動式神聖空間，且與世俗做對比，一切在俗世所知道的
情感、事物皆不能詮釋神仙的存在，透過空間建立起聖／俗的絕對差異，從
「知道」的論述中，無仙骨的俗人，僅崇拜被祭祀者即可，不用妄想神仙的
神祕性，此建立起一道界線分明的界域。仙／人的對比，使得身為人的大眾
對神仙好奇，偏偏無成仙之基礎，絕對界線導致神祕性。劍俠中的李龜壽、
聶隱娘為修道之人，其理想狀態為神仙，行跡洩露模糊了聖／俗、仙／人的
界線，有違修道者的格調，他們強調的非俗世之情感、價值觀，與世俗有無
絕對的界線才是唐代劍俠在乎的地方，他們的道術也是具備仙骨資質的神仙
象徵。

神仙如葛洪說「假令遊戲，或經人間，匿真隱異，外同凡庸，比肩接武，
孰有能覺乎？」不讓世俗之人發現，雖有著書立傳說明無仙骨之人僅崇拜祭
祀即可，又有劍俠這類擁有異能，卻構不成神仙的修道者，令信眾願意相信
道教裡的神仙。然而，這僅能消極說服信眾。中國五代道士杜光庭（公元850
～933年）化消極為積極，將道教向世俗民眾靠攏，在《錄異記》中加入佛教
應驗錄的手法，告訴民眾道教具有靈驗，發生災難時候，現實的災難留給神
仙處置、解決。藉由對抗當時新興外來宗教——佛教的應驗錄的手法，積極
說服民眾神仙雖不可見，但是有難會顯現處理。〔註189〕由此，道教不但具有
神仙存在的史書，證明神仙的真實性，亦有應驗錄加深穩固民眾不做他想，
崇拜神仙即可的世俗化傾向。

唐代的劍俠記載多出於中、晚唐，後期憲宗（公元 778～820 年）、穆宗
（公元 795～824 年）、武宗（公元 814～846 年）、敬宗（公元 809～827 年）、

〔註188〕黃東陽：《世俗的神聖：古典小說中的宗教及文化論述》，頁 26。
〔註189〕黃東陽：《世俗的神聖：古典小說中的宗教及文化論述》，頁 195～196。

宣宗（公元 810〜859 年）皆深信煉丹焙藥的道教文化。〔註 190〕道教被佛教出家制度刺激、影響，也出現與政府配合的出家制度「道僧格」，道士的道觀成為世俗常見的處所，為了開銷支出的因素，道觀不再像葛洪時期強調深山幽靜之處，而位居民眾生活圈裡，所以唐人的文學作品有宮觀作為寫作題材。〔註 191〕杜光庭位處中國晚唐時期著名的文人、道士，《錄異記》「道出杜光庭欲在宣教上得到突破，就必須向世俗觀念與價值靠攏的現實」〔註 192〕。杜光庭有意識將佛教的應驗錄，作為道教宣傳的手段，即代表中、晚唐時期的多數民眾受到佛教應驗錄的影響，杜光庭為了道教宣傳向世俗靠攏的舉措，背後動機的意義即可解釋，而唐代劍俠亦必然包括被應驗錄影響的雜史。**中國唐代劍俠不是真正的神仙，而是處在世俗、將神仙視為理想的修道者，並承接應驗錄救助民眾的道教宣傳手法，與俠文學中救濟難民的俠客行為巧妙結合，只是劍俠非路見不平，而是以神奇技藝、神龍見首不見尾的行為模式，讓世俗看清一道聖俗的界線。**

第五點，唐代劍俠有濃厚的「命定」觀念。此為第四點提到的「仙骨」，想要成為劍俠的首要條件，必須具備仙骨，蘭陵老人、聶隱娘為其例。另個命定觀念具體呈現在虯髯客知道真命天子出現，黯然遠離中原的行為。〔註 193〕無論是仙骨之存在、真命天子出世等劍俠在乎的地方，皆為中國傳統思想中「定命」的觀念：

> 「定命」為中國傳統思維裏對人生境遇的設想，視生命裏的個別事件為前後連屬的整體，並認定在這過程裏的所有境遇皆受到不可抗拒的外力控制或導引，用以完成外力來源（即天道或人格天）預先設想的運作軌則或計劃，由於將力量歸源於絕對與超然的天道，自然不容懷疑其意志的正當性及執行的必然性，故所謂定命，即指人生命運已被上天所安排與決定。〔註 194〕

〔註 190〕林保淳：〈唐代的劍俠與道教〉，《俠客行──傳統文化中的任俠思維》，頁 169、186。

〔註 191〕李豐楙：《憂與遊：六朝隋唐遊仙詩論集》（臺北：臺灣學生書局，1996 年），頁 18。轉引黃東陽：《世俗的神聖：古典小說中的宗教及文化論述》，頁 192 註解。

〔註 192〕黃東陽：《世俗的神聖：古典小說中的宗教及文化論述》，頁 198。

〔註 193〕林保淳：〈唐代的劍俠與道教〉，《俠客行──傳統文化中的任俠思維》，頁 185。

〔註 194〕黃東陽：《唐五代記異小說的文化闡釋》（臺北：秀威資訊，2007 年 3 月），頁 248。

「定命」的觀念合理仙骨的說法，並使位處世俗的信眾甘願屈居，因為被底定的宿命無法改變，劍俠中的虯髯客儘管豪氣精彩，可非上天安排的眞命天子，故隱居退位。這裡需要注意的地方是「人格天」，前述本然自生（spontaneously self-generating life）的概念，無上帝之存在，人與世界是自然產生，這樣具有萬物有靈的循環定理，至漢代成為「人格天」：

> 自先秦儒家將天道秩序逐漸落實到禮法制度的安排上，並由此拓展出力行道德的概念，讓富含宗教觀感的意涵，也容納了社會秩序及道德實踐的內容。因著天道已與人道建立起聯繫，輔以天道本具備宗教的意識，促使漢儒進一步吸納陰陽五行的變化理論，作為說解宇宙運行、政治及人事運作的理據，建構起細密且完整的天人感應理論，以強調道德意志會經由天道而徹底執行，就此來說，天道已不再是天地運作的原理而已，而是居於具人格特質的「天」之下，由具有個人意志的天帝發布命令，實現其意旨。〔註195〕

擁有人格特質的「天」，即「天帝」。漢儒建立完整的「天人感應理論」：在世間的君王，其行為舉止妥當與否，將關乎天地氣化的影響，天神對於世間氣流具有感應的能力，氣流變異將透過災異為譴告，如果君王繼續其行，會改變賦命而失去政權。〔註196〕「天人感應理論」實為定命論的展現，於人世間之外，具有個人意志的天帝，天帝則視天地氣化的變更作譴告，獨有改變天地氣流的能力僅君王一人，階級穩固森嚴，無法置喙。道教亦受到定命之影響，被上天安排的命運無法改變，只有上天才能更動，這樣的論述看似消極，實際上「卻提供在人世多舛裏壯志難酬者一種非人為因素的解釋，讓失意者不因失敗而否定自我，間接地產生撫慰人心的正面力量。這亦是唐人潛意識裏對社會以及人生的觀感」〔註197〕。

　　中國唐代的劍俠為道教文化中的修道者（道士），由上述五點關聯以茲證明，總論唐代劍俠的道教意涵：其一，「以氣御劍」為氣化宇宙論延續的觀點，萬物皆由氣所構成，包括人亦如此，這隱含本然自生的宇宙特徵；其二，劍俠使用的劍為武器，劍正是道教的法器之一；其三，劍俠的神奇技藝脫胎

〔註195〕黃東陽：《唐五代記異小說的文化闡釋》，頁203～204。
〔註196〕國立臺北大學中國語文學系主編、杜保瑞著：〈中國哲學的宇宙論思維〉，《第三屆中國文哲之當代詮釋國際學術研討會論文集》，頁152。
〔註197〕黃東陽：《唐五代記異小說的文化闡釋》，頁266。

於中國晉朝道士葛洪所著道教典籍《抱朴子》。布袋戲主演胡金柱設定的劍俠戲中，俠客吐劍氣「肝青、心赤、脾黃、肺白、腎黑」的說法，亦出現在《黃帝內經》、《抱朴子》。

其四，劍俠神龍見首不見尾的行事作風，以及被發現蹤跡而失去神秘性，皆攸關他們練道術的理想狀態「神仙」是否達成。失去神秘性的劍俠會落實世俗之人的普遍態度，聖／俗之分的界線爲劍俠重視的地方，而正因爲劍俠是道教文化中移動式神聖空間，本身需要依靠不定時出現的神秘性，讓民眾了解彼此間的差異（聖／俗）；其五，劍俠有濃厚的定命論，中國本然自生的宇宙特徵，因爲漢儒巧妙結合陰陽五行系統、氣化宇宙論，將儒之中的宗教觀感，容納社會秩序及道德實踐，強調天人交感理論，道德實踐透過天道強力運行，此時的天道擁有個人意志，遂形成天帝之類人格化的人格天，一位擁有人格化情緒管控世間的絕對之神。絕對之神、君王等具有俯視者的位置，皆上天安排，劍俠甘心屈居之下，而定命論更是加深道教文化的聖／俗之界線，且道教加入佛教應驗錄的宣傳手法，穩固這道界線，世俗之人無仙骨之資，進行祭祀也可以受到神仙的幫助解惑。

第六節　霹靂布袋戲、金光布袋戲戲齣定名──「神魔奇幻武俠戲」與「歷史奇幻武俠戲」的定義

臺灣布袋戲的劍俠戲多數參考中國明清章回小說的劍俠類，清代的章回小說中，俠義小說分有兒女英雄、水滸餘波、俠義公案、演史異聞、劍俠〔註198〕，而兒女英雄、俠義公案爲大宗。清代的劍俠小說：

> 唐人傳奇雖嘗略開其端，但宋元明各朝均無太多發展。清代則有飛仙入幻、鍊劍成丸的小說。民國初年武俠小說，如孫玉聲《飛山劍俠大觀》、平江不肖生《江湖奇俠傳》、以至還珠樓主《蜀山劍俠傳》等，皆承此洪流而爲巨瀾者。〔註199〕

中國唐代的劍俠敘事體傳至清代的劍俠小說，俠文學中的劍俠不若興盛，臺灣的布袋戲主演卻選擇此項，進行參考搬演，從公元 1951～1954 年的內台戲

〔註198〕淡江大學中文系主編、龔鵬程著：〈論清代的俠義小說〉，《俠與中國文化》，頁 208～210。

〔註199〕淡江大學中文系主編、龔鵬程著：〈論清代的俠義小說〉，《俠與中國文化》，頁 211。

搬演劇目觀察〔註200〕，臺灣民眾的接受程度頗高，蔚為流行。期間有以少林寺為主題的少林戲，不過只有「新興閣」門下派系稱呼「拳頭戲」，稱拳頭乃是主演鍾任祥、廖來興、廖武雄等以西螺武館的拳腳功夫放入少林寺戲劇。〔註201〕除此之外的布袋戲團，所搬演的少林戲僅扣合敘事中的少林人物，編演的敘事內容仍然是具有神魔奇幻武俠色彩的劍俠戲，可以將少林戲視作劍俠戲到金光戲的過渡期〔註202〕。

　　臺灣布袋戲的主演亦有選擇清代俠義小說中的俠義公案改編搬演，可相比清代劍俠小說的參考是稀少許多，普遍還是以劍俠戲包括公案戲〔註203〕。清代劍俠小說之小眾，透過臺灣布袋戲主演改編為劍俠戲，卻成為臺灣布袋戲發展史上的特殊戲齣，原因無他，即筆者一再論述的道教文化之意涵。無論是劍俠戲的俠客多為道教武術家，或者劍俠戲的俠客以氣御劍、敘事文本內多出現宗教色彩的名詞，又或者透過布袋戲主演胡金柱的吐劍氣設定，回溯至道教典籍《抱朴子》，並藉由《抱朴子》的論述看待唐代劍俠的神奇技藝、道教文化，乃至於大時代下臺灣社會與宗教互為緊密關係，而早期布袋戲的發展正是從酬神戲這類宗教慶典出發，流傳延續下的臺灣布袋戲，絕對受到道教文化的洗禮。

一、素還真神仙的確立——霹靂布袋戲的宗教色彩

　　臺灣布袋戲雖然邁進內台戲的商業劇場模式操作，可是延續劍俠戲之後的金光戲，不但沒有阻斷宗教思維的運作，甚且以自編自導的超越「人物生理、時空局限」的敘事文本，來吸引觀眾消費，以至電視布袋戲的霹靂布袋戲，將神魔奇幻武俠風格發展至巔峰。布袋戲的敘事文本由主演、觀眾集體創作，自編自導自演的依據來自於集體潛意識下的宗教思維，彼此透過布袋戲戲齣的編演，共同審閱其間的美感，爾後電視布袋戲的集體編劇創作亦是如此。吳明德所言霹靂布袋戲中，許多的神話思維運作：

> 神話的內容常常真假難分、神話的敘述常常缺乏邏輯性，那是因為原始初民的科學知識尚未發達的緣故，但是神話思維卻有直觀的具體性特徵，「想到的」用「看到的」來呈現，亦即原始初民內心之「意」，

〔註200〕陳龍廷：《臺灣布袋戲發展史》，頁138～140。
〔註201〕陳龍廷：《臺灣布袋戲發展史》，頁152～153。
〔註202〕陳龍廷：《臺灣布袋戲發展史》，頁152～153。
〔註203〕江武昌：〈台灣布袋戲簡史〉，頁102。

　　　　會以目睹之「象」來表達。〔註204〕

具體之象展現內心的直接情感，這顯著於霹靂布袋戲的敘事設定上，物品經過長期時間，精粹天地之氣而「人格化」；〔註205〕人格化後的物品具有「人形化」的外貌，以此與人類互動；〔註206〕兵器有靈性的設定〔註207〕，亦將具體事物賦予人格化情感，藉此表達原始初民看待外在世界的神話思維。在敘事情節方面，霹靂布袋戲有死亡再生、變形、分身等超越「人物生理、時空局限」的金光戲特質，且為常用的表現手法於敘事情節內，甚且可以是劇集的敘事重點。

　　霹靂布袋戲角色魔魁、一頁書的復活過程，都是戲劇情節容易製造衝突，進而吸引觀眾的重要地方：

　　　　「復活」不只是一個「點」，而是一個可長可短的過程，在這個過程
　　　　中就會引來懸念──「復活成功」或「復活失敗」，另外在復活的過
　　　　程中，常需要靈物、靈時、靈地的搭配，因此就會引來正反兩派人
　　　　物為了「復活」與「反復活」而動智動武搶人奪寶，劇情就會衝突
　　　　不斷、高潮迭起。〔註208〕

實際上，黃立綱的金光布袋戲亦有上述的特質，然不能等同於霹靂布袋戲延續金光戲的神魔奇幻武俠風格，而是另一個戲齣的開拓發展。主要原因在於，神魔奇幻武俠風格非敘事設定等表層展現即算於此，其必須具有宗教思維的意義，尤其是臺灣布袋戲浸淫許久的道教文化。

　　霹靂布袋戲的萬物有靈為本然自生的宇宙特徵，其死亡再生的復活視作超越現實的神仙形象，素還真為顯著例子。素還真的設定除了年齡不可考符合神仙形象之外，夢中人與莫召奴的問答可以知悉，素還真為神仙同類的移動式神聖空間，他的一切皆是神秘性，無人知曉能力、過去，如果被勘破便回歸如唐代劍俠李龜壽、聶隱娘的下場，回歸世俗之人的視角。夢中人欲「知道」探清素還真的過去、能力，莫召奴以結交當下為重，自身亦無法知曉素還真也無妨，回應夢中人接續的探知行動。莫召奴的回答隱隱將自己視為素還真之下（至少非同類），如道教應驗錄同理，世俗之人不用以世間情感知曉

〔註204〕吳明德：《臺灣布袋戲表演藝術之美》，頁432。

〔註205〕吳明德：《臺灣布袋戲表演藝術之美》，頁437。

〔註206〕吳明德：《臺灣布袋戲表演藝術之美》，頁441。

〔註207〕吳明德：《臺灣布袋戲表演藝術之美》，頁442。

〔註208〕吳明德：《臺灣布袋戲表演藝術之美》，頁459。

神仙，反而要破壞自己位處世俗的環境，只要謹記素還真爲了武林大眾的好處，神仙自然展現能力解決災難。素還真此類神仙形象，亦透過莫召奴、秦假仙的定命論話語來穩固自身的神秘性，劃立一道聖／俗的絕對界線。

　　梟雄／僞君子的形象提供民眾熱議，素還真絕對不在乎爲何項目，亦如世間看似卑鄙小人的取巧手段般，神仙只會遊戲人間，至於卑鄙與否爲世俗情感。素還真的輕鬆導世，不似史豔文的德性救世，爲聖／俗的象徵代表：神仙具有深不可測的能力、智慧，素還真的好友皆無法知曉，於霹靂布袋戲中的養劍樹劇情，素還真用「智慧」換取兵器〔註209〕，由此知曉素還真的大智若愚，其愚除了策略性操作（敘事內外皆是），更有神秘性不容探問的絕對立場。素還真的創立剛好處在 1990 年代後解嚴，政治、宗教環境自由，原本日常生活依據的標準被破壞，在新興文化中尋找價值觀念，宗教是合理的救贖，而素還真的熱議效應，其操作亦在於解嚴後的言論自由，將其扣合臺灣布袋戲以來延續清代劍俠小說、解嚴後興盛的宗教思維，政治、宗教、言論等因素導致素還真的成功，進而取代黃俊雄的史豔文角色。

　　另呈現於霹靂布袋戲的宗教思維處，爲業途靈的主體性更動。由罪魁轉換爲搞笑丑角的過程，將武功廢去，一頁書以聖血清洗魔性的手法，更動業途靈的主體，而一頁書本身即移動式神聖空間，被稱爲「最接近神的神人」，具有神仙般相同的超越時空能力。聖血清洗魔性與吳明德所言具體之象代表內心之意同理，此理即延續劍俠的道教文化，採取具體修煉的表現手法層面，簡潔俐落藉物移性，不若金光布袋戲透過整部劇集爲單位的長度，運用主體間的心理活動變化，牽引改變主體的手法。於第四章深入探討藏鏡人、俏如來、玄之玄的心理活動過程，亦看出主體間的心理活動變化，爲金光布袋戲的處理重點，非霹靂布袋戲重視神魔奇幻的敘事文本。最後論述霹靂布袋戲的神魔奇幻武俠最顯著之處爲擁有道教文化中，絕對神性的人格天存在，並將魔性視若神性般定命強大於人類之上，這部分的探討會與金光布袋戲的敘事文本做對照，以茲證明霹靂布袋戲作爲神魔奇幻武俠的戲齣定名。

二、絕對的神性與相對的人性——神魔與歷史的意義

　　霹靂布袋戲於《霹靂神州 III 之天罪》〔註210〕劇集，發展出類似天帝般

〔註209〕吳明德：《臺灣布袋戲表演藝術之美》，頁 420～421。
〔註210〕公元 2008 年 9 月發行。《霹靂網》，搜尋日期：2018 年 09 月 02 日，http://drama.
　　　　pili.com.tw/pili/shenzhou3/。

絕對存在的強大神祇棄天帝，原爲天界第一武神的他，每次駐足於殿堂上俯視人類，心理疑惑天神爲何要守護人類？棄天帝無法再忍受人世的汙穢，化神爲魔，建立異度魔界，從包容的態度轉爲賞罰分明的魔道，下凡世間的唯一目的就是毀滅神州：

> 他總是質疑著爲什麼天神要維護人類？
>
> 瞧那人間，盡是人性的黑暗與污濁，美麗的環境被人類破壞殆盡，沒有力量的人類妄想使用功夫來讓自己超越平凡，創造三教想一步登天，最後教不成教，派不成派，抵抗不了私慾，全推之於心魔，豈非癡人妄想？
>
> 這樣自以爲是、自私自利、自相殘殺的人類卻享受著天界給予的優待條件？
>
> 人類啊！受到過度的保護，太過安逸不知危險了。
>
> 任何事情都該有是非對錯，賞罰分明，有罪，就該懲處。
>
> 人類啊！不試試末世的絕望，不知自己的渺小與無知。
>
> 天罪，於是前來了。〔註211〕

棄天帝即具有個人意志的人格天，將本身的人之情緒（蔑視、厭惡）施於世間，而非本然自生的循環機制，否定人對於彼此間、環境的破壞，那怕些微掙扎、成長、團結的可能機會皆予以抹滅，毀滅神州於空無。棄天帝的創作動機，來自於編劇觀察人類生存的環境惡劣，彼此間剩下爾虞我詐，以傷害方式換取各自的利益，無和平可言。〔註212〕對此，棄天帝被設定成人類的極端相反之存在，七情六慾僅自身所主導，他位於的世界是「清聖的虛幻」，所以世間人類位處的環境，需要透過身爲神的他，義務性清理潔淨。〔註213〕

　　此設定爲俯視角度看待世間，人格天透過類似天人交感的方式〔註214〕，作世間的監督者，而人類被設定爲擁有罪惡產生的可能源頭，需要被神制裁，方能感受到人類團結的用意〔註215〕。換句言之，在霹靂布袋戲的敘事文本裡，

〔註211〕羅陵：〈編劇漫談——所謂魔道〉（《異度邪錄特刊》，2014 年 02 月），頁 45。

〔註212〕羅陵：〈編劇漫談——所謂魔道〉，頁 45。

〔註213〕〈神州 3 片頭「天罪」・片尾「英雄路」〉，《貓筆生蓮——Luoling.cat》，搜尋日期：2018 年 11 月 02 日，http://seifar.pixnet.net/blog。

〔註214〕就人格天予以世間行動的層面類似，在君王、譴告、更改政權方面霹靂布袋戲此劇無出現。

〔註215〕羅陵：〈編劇漫談——所謂魔道〉，頁 46。

人的心理活動過程所建立的主體性，非彼此間交流的理想狀態，主體性被視為具體層面更改的物件，即隱含人性渺小之意，這與吳明德所言神話思維同理，原始初民無法以科學理解自然環境的劇烈變化，將情緒之表達，寄託於具體之象進行崇拜。人性渺小之意也有很多層面與布袋戲浸淫道教文化攸關，如業途靈主體性之改變，又或者莫召奴甘願視己身非神仙（素還真）同類，等待拯救同理，人類的主體性變化以具體形式為表現手法，皆能觀察出霹靂布袋戲延續劍俠戲、金光戲的宗教思維。棄天帝之出現，象徵道教文化裡人格天之存在（非本然自生的天道，故吳明德言原始初民崇拜萬物的神話思維，無法完全同理），在這齣神魔奇幻武俠戲裡，神性轉為個人意志的存在（人格天）是被重視，並著力描摹經營之敘事重點。

　　黃立綱的金光布袋戲如筆者所言，劇集有奇幻之元素，如萬物有靈即是如此。然而，金光布袋戲不以宗教思維的神魔奇幻為主要敘事發展，其著墨於平衡的人性互動模式之建立，主體性透過心理活動過程，成長而後影響敘事文本的走向。事實上，金光布袋戲處理父輩的史豔文的方式，不若霹靂布袋戲運用具體的手法，乾淨俐落切換於想要經營的角色（素還真擊殺，史豔文退隱）。金光布袋戲使用整部劇集為單位的敘事文本，細膩營構與史豔文相關的人，將每位人物對史豔文之強烈存在個體的心理活動，透過敘事文本表現出來。金光布袋戲對史家的親情刻劃，引申至武林社會的群體價值觀之定理，做強烈的衝突、掙扎，藉此解構絕對神性強大的權威。

　　史家血緣成員的心理描摹，將富含情感的心理活動過程之建立，吸引觀眾進行消費。其中尤以史豔文的么子雪山銀燕為顯著例子，身為么子的雪山銀燕，武功正經歷成長期，面對武林的危機，必須依靠史豔文以「忍」之精神犧牲次子，也就是雪山銀燕的二哥。其以武力爭執奪取昏迷的二哥失敗，從中體悟強者為尊的道理。少年的雪山銀燕將自身之失敗，定位普遍標竿的頂端，不但沒有幫助武功的進展，不斷看到己身被敗的數次事實，猶疑徬徨的心無法認同史豔文的做法，自身卻泥濘不堪，堅定穩固之心已經是遙遠的狀態，而武功亦停滯許久。直至遇到死亡再生的強大存在元邪皇，人魔藉著彼此的經歷而結交友誼。

　　元邪皇為《金光御九界之墨邪錄》的敘事文本重點，跨越一千多年的強者，敘事文本由第二集刻意塑造元邪皇如神祇般氣勢：「來吧，集合眾人之力，

來測度我、來阻止我，讓我證明我能一魔對抗天下！」〔註216〕隨著敘事內容的展開，元邪皇儘管使用絕對武力統一魔世，征伐、掃蕩中原，可是所作所為皆不符合邏輯，以兵法角度檢視行為，實為單靠武力的莽夫。敘事文本中末，才知曉元邪皇的莽撞意在欺敵，更深的用意是群俠內鬥時，藉機毀滅支撐世間的六絕禁地，重現世界尚未分界的始界，因為只有始界再現，元邪皇的族群燭龍方適合生存。

　　燭龍由於天道之運行不果，始界消失導致生存環境困難，分化為四種龍族血脈，而本來天地為尊的燭龍血脈，轉化為現在成員稀少的畸眼族。金光布袋戲將神祇回歸落實於人類的心理活動，元邪皇看似神魔，可是心繫遙遠的故鄉，其本身是本然自生的天道下，被犧牲的世間成員：

> 史艷文：元邪皇，回頭吧。你若執意回歸始界，這滔天之災，將是無數生靈塗炭。
>
> 元邪皇：生靈塗炭嗎？天災過後，怎樣的生靈塗炭？人族、鱗族、魔族、羽族、妖族，所有的種族仍然能有倖存者，但是燭龍一脈，已經無存了。
>
> 史艷文：燭龍之滅是天意，天有道，萬物因道而生，燭龍一脈轉為畸眼族，不也是順應天意，自然之變？邪皇身俱燭龍之能，更該當用於正途，而非逆天而行！
>
> 元邪皇：哈哈哈……天意？撲滅燭龍之時，天，有問過我的意見嗎？
>
> 〔註217〕

> 俏如來：邪皇，始界回歸，意義何在？
>
> 元邪皇：那才是屬於燭龍的故鄉。
>
> 俏如來：即便生靈塗炭？
>
> 元邪皇：生死不過眨眼之事，你們當真在意過嗎？
>
> 玄狐：在意，非常在意，因為那是人的一生，雖然短暫，卻是複雜而無可取代。
>
> 俏如來：那都是生命，每一條生命都必須珍惜。
>
> 元邪皇：在你們眼前，是最後一條燭龍，是最原始、最強大、最尊

〔註216〕《金光御九界之墨邪錄》，第二集。
〔註217〕《金光御九界之墨邪錄》，第十八集。

貴的血脈。而你們為了自己族人的生命，試圖消滅這世上最後一條
燭龍。這……就是你們口中的珍惜生命？〔註218〕

生存於天道運行之下的元邪皇，其魔世的敘事設定無神性存在，與身為人族
的中原、苗疆、道域等同類，僅族群差異之特質。金光布袋戲的編劇總監曾
表示：「每一個角色的舉動都透露自己最細微的想法，透過自己的公正客觀立
場評斷對錯，但對當事人而言，他有他自己的對錯」〔註219〕這點與霹靂布袋
戲不同，金光布袋戲的敘事內容不以宗教思維的神魔奇幻做處理。相對地，
元邪皇的對應中，可以了解即便如燭龍血脈之特殊，亦無法抵擋天道運行，
而金光布袋戲將敘事文本的走向，往邏輯理性的人性思維，做無法有結果的
探討，議題性敘事文本方能成立，讓觀眾不能純粹以武力強大來輕易選擇認
同的角色。在此層面而論，金光布袋戲裡的角色之主體性複雜難解，敘事文
本亦不吝琢磨於其中，《金光御九界之墨邪錄》的議題即親情倫理，元邪皇渴
望親情與雪山銀燕矛盾於親情，金光布袋戲做巧妙的結合。

　　人魔相遇的契機於，雪山銀燕的無心之舉，埋葬因為元邪皇入侵人世，
造成全民圍剿、避之不及的畸眼族孩童，元邪皇以父親視角看待戰爭下犧牲
的畸眼族孩童，慨嘆己身選擇的矛盾。血脈渺小之族的遠古祖先，原本為傲
視天地的燭龍，這份強者為尊的自信，到底為什麼必須是元邪皇重視之處？
其實能力是否強大非重點，對故鄉的歸屬感，才是導致元邪皇為了重現燭龍
適合的生存環境，行違逆天道的極端之舉。如此的敘事設定提供給充滿矛盾
思緒的雪山銀燕，解構武力為尊的迷思：

元邪皇：強悍，是你追求的目標，但在到達絕對強悍之前，就如你
所說人終有盡時你與俏如來其實並無差別，運用目前的力量做你能
做之事，有何不對？

元邪皇：還記得，你不願魔族幼兒暴屍荒野，舉行埋葬一事嗎？

雪山銀燕：你的兒子……

元邪皇：是。

雪山銀燕：我的兒子，無法保護他的我，弱嗎？

元邪皇：縱使力強如我也會悔恨，但我必須繼續前行，為了守護重

〔註218〕《金光御九界之墨邪錄》，第十八集。

〔註219〕〈大俠直播之紹男總監來投客〉，《金光布袋戲官方 facebook》，搜尋日期：2018
　　　　年 09 月 02 日，https://goo.gl/7JLqP3。

視之人而變強，就必須正視所有你救不了的，錯失的甚至因你而亡
的，別給自己任何逃避的理由。〔註220〕

現實世界並不是非黑即白，價值觀之成立一直以主流標準看待，如武俠敘事
體以武爲準則般，主體永遠無法建構屬於己身的主體性，心理活動轉爲機械
性質的單一標準。雪山銀燕將武林成敗的原因，視作自己武力低微之故，然
強如元邪皇仍然無法救助畸眼族孩童，反而受惠於雪山銀燕的無心之舉。武
俠敘事體以「武」爲構成元素是必須的，「武」的探討如筆者所述，亦包括對
武功的態度，且因爲議題成立之辨證性，體現此特質會趨於明顯，非解構之
舉。元邪皇探論強的定義，本身則具有解構意味，解構的主要用意爲，價值
非來自於閉鎖性穩固的結構，其需要從總體的許多層面爲觀察視角，行嚴謹
討論，闡發於議題，終結於各自所得。

三、臺灣布袋戲新戲齣的成立——論霹靂布袋戲與金光布袋戲的敘事特色

《金光御九界之墨邪錄》的議題爲親情，並解構強者爲能力至上的價值，
金光布袋戲的敘事文本非宗教思維的神魔奇幻武俠風格之原因，乃是金光布
袋戲對敘事文本的表現、處理手法，往議題式主題闡發，於其中展演各自主
體的心理活動過程，提供觀眾解讀心理性質的層面；霹靂布袋戲的神魔奇幻
武俠風格，主要目的如吳明德所言的潛意識需求，透過宗教思維的具體呈現，
滿足觀眾幻想的欲望，其意不強調心理活動過程的成長，簡潔明瞭的朝向泛
「金光化」的特色——視聽極大化。布袋戲學界對於霹靂布袋戲的定位僅止
於電視布袋戲，以戲齣發展之特色，敘事文本之量、質，筆者認爲可以使用
吳明德定義金光戲的「神魔奇幻武俠」戲，來定名霹靂布袋戲的戲齣。

從古冊戲以後的臺灣布袋戲，皆是敘事風格（narrative style）的發展，使
用敘事題材爲戲齣之定名是合理的。再者，古冊戲、劍俠戲、少林戲，乃至
金光戲都牽涉敘事題材爲分類方式，金光戲雖有表演形式的意味（金光閃
閃），然多數的分類標準是超越劍俠戲「人物生理與時空局限」的敘事層面，
做意義上的區別，甚至「金光戲」名稱的來源更有可能是直指民初武俠小說
裡，「達摩金剛體」的參照影響。故，霹靂布袋戲是泛「金光化」的最佳代表，
「神魔」的界定有神話思維的敘事設定、情節，其敘事文本內容的精神，即

〔註220〕《金光御九界之東皇戰影》，第四集。

早期布袋戲以來，與之密切相關的道教文化。

　　布袋戲主演選擇清代劍俠小說為改編依據，以及布袋戲主演胡金柱的吐劍氣設定考據，乃至於論述中國唐代的劍俠與道教發展之密切，而臺灣社會對宗教的需要是不容忽視，這也造成布袋戲主演在眾多的清代俠義小說中，選擇劍俠小說搬演改編，並受到觀眾熱烈之反應。

　　宗教思維的因素被霹靂布袋戲深化、雅化，幻化出瑰麗斑斕的神話敘事，筆者考察當家主角素還真為道教文化裡的神仙形象，而霹靂布袋戲的敘事情節、處理手法都屬於宗教思維的考量。原因在於行簡單明瞭的具體手法，處理敘事內容的重要橋段，包括史豔文之死、業途靈主體更改、莫召奴談論素還真；另呈現宗教思維的具體處，象徵道教文化重視的天帝——棄天帝為敘事情節的主題，人格天否決世間情感，且價值為二元對立的戲劇張力。亦有死亡再生等宗教思維的例子不再此舉列，霹靂布袋戲的敘事文本之為宗教思維運作，如吳明德所言，觀眾需要將潛意識的幻想情境，具體投射於戲劇，此戲劇之效用導致整體簡潔明瞭的敘事節奏，神性處理普遍敘事情節，故**霹靂布袋戲以「神魔奇幻武俠戲」定名戲齣**，實際上更為精準霹靂布袋戲的敘事內涵。

　　黃立綱的金光布袋戲之戲齣，筆者以「歷史奇幻武俠戲」定名。言歷史的契機為，霹靂布袋戲的敘事內容偏向平面感〔註221〕、無歷史意識〔註222〕，無歷史意識出現在霹靂布袋戲的敘事時間：

> 在「霹靂」系列中，「現在武林」之前的人物是「不死」的，偏偏這些人物的數量又是無限的，隨時等著被召喚登場，因此總讓觀眾覺得「霹靂」的劇情是「向上發展」而非向下開展……當劇情總是圍繞在「數百年前」或「上古時代」的人物身上打轉，這時戲劇時間好像是往前運轉或停頓沒往下走，呈現一種無時間性的永恆狀態。〔註223〕

不僅只敘事時間延續金光戲的特質，敘事空間亦是：

> 因此除中武林（中原）之外的東武林、西武林、南武林、北武林、東瀛（日本）、北域、西域、三分縫（地底）、大宇神功（海底）等

〔註221〕洪盟凱：《從史豔文到素還真：霹靂布袋戲之文化變貌》，頁148～149。
〔註222〕洪盟凱：《從史豔文到素還真：霹靂布袋戲之文化變貌》，頁137～138。
〔註223〕吳明德：《臺灣布袋戲表演藝術之美》，頁469。

「地球表面」上下的空間均被充分運用；而當「實存」的地理空間
不敷使用時，「境」外的空間（中原屬於苦境）就一個又一個被創造
出來，比如苦境、集境、滅境、道境、欲界、人界、冥界、天外方
界、天外南海等。從「實空」到「虛空」，讓空間無限地擴大，才可
以承載人物角色的「金光」表現，也才能滿足觀眾突破「空間障礙」
的想像……就如同邪能境的九曲邪君和犴妖族的犴妖神要在「穿天
泓」舉行冥界一統會議時，黃文擇的旁白說道：「不屬天，不屬地，
穿越時空，跳脫陰陽，位在天地邊陲的詭異空間——穿天泓，今天
兩道的光影乍然來到。」〔註224〕

時空對於霹靂布袋戲來說是被超越的，此敘事的設定具有洪盟凱所言，任何
時間都屬於流動性質的當下，過去、未來無法建立起統一的範疇。亦因為敘
事的設定無限制擴大，加上宗教思維的處理、作為敘事情節，議題很難成立。
每當敘事情節出現價值觀模糊欲辯之時，很迅速被神性所掌握、訂立價值標
準，神性之成立難於理解角色的心理活動過程，因為霹靂布袋戲的敘事文本
屬於神魔奇幻武俠戲，提供觀眾無法於意識層面流動的情感，投射於劇中。

金光布袋戲的「歷史」有兩個層面意義：其一，金光布袋戲的敘事設定
擁有完整的世界觀架構，其「擬史」的時間歷程，使得每個世界觀裡的族群
別具有傳承，尤其是論述族群的祖先事故，金光布袋戲皆巧妙結合中國歷史
上的典故（且具有時間性），以奇幻的風格發展、翻案典故，形成有別於霹靂
布袋戲的欣賞趣味；其二，金光布袋戲有奇幻風格，諸如霹靂布袋戲的許多
敘事設定一樣，不同處為金光布袋戲重視角色的心理活動過程的變化，甚至
以整部劇集為單位進行營構，如史豔文的處理方式即此（第四章論述）。角色
的心理活動的發展條件為「時間」延續，隨著敘事時間的鋪陳，角色間的複
雜關係，以及彼此心理調適、衝突的情感模式，回憶將構成歷史意識的產生。

另金光布袋戲的族群無神性的宗教思維運作，表現在每個議題的複雜延
伸，皆是許多族群爭執聚攏此劇集的背後深層涵義。**族群之爭、角色擁有心
理成長皆使得金光布袋戲的敘事文本，擁有歷史意識的情感**，故敘事文本偏
向心理層次的論述，非霹靂布袋戲的宗教思維、神話思維論述。「奇幻」則是
延續霹靂布袋戲的敘事設定，例如具有死亡再生的情節。然而，金光布袋戲
無宗教思維，元邪皇與霹靂布袋戲的棄天帝之對照，其結果顯現而出。筆者

〔註224〕吳明德：《臺灣布袋戲表演藝術之美》，頁466。

發現金光布袋戲的奇幻風格雖有，但有刻意作出解構的議題之意圖，例如近期剛結束的《金光御九界之鬼途奇行錄》〔註225〕，敘事內容有長生不死的存在，卻行探討死亡、永生的價值意義，金光布袋戲藉此爲敘事文本的議題，行整個劇集的鋪承。

　　王珮蓉訪談金光布袋戲的編劇總監三弦，以此提出「劍俠爲主、金光爲輔」的世界觀，論述觀眾審美疲勞所致，金光戲戲齣偶爾會轉向劍俠戲戲齣，以此收攏無限制擴張敘事設定、發展。〔註226〕筆者認同此說，而編劇總監在訪談言：

> 「金光布袋戲」是高於武俠接近劍俠的程度，甚至高於劍俠，比劍
>
> 俠戲再誇張一點。〔註227〕

此就敘事文本的設定而言，亦筆者言奇幻之處，可是臺灣布袋戲的每個時代皆有專屬的戲齣，而每個戲齣都朝著泛金光化發展。其中視聽極大化是必然現象，此現象會導致敘事文本的奇幻風格產生。劍俠高於武俠是時間前後的奇幻發展，金光布袋戲的奇幻亦受到霹靂布袋戲之影響，程度高於劍俠戲是肯定的，且表現手法的革命，帶來視聽效果不可同日而語。金光布袋戲無法定位成劍俠戲的原因，如筆者所言宗教思維，劍俠戲是屬於臺灣布袋戲內台戲的黃金歲月，也應該保存於此，筆者亦肯定宗教思維帶來表演、敘事往奇幻的風格發展。定位金光布袋戲的戲齣風格即「歷史奇幻武俠戲」，臺灣布袋戲各戲齣的敘事特色：

表2　臺灣布袋戲各戲齣的敘事特色

布袋戲戲齣	敘事特色	出處
古冊戲	1. 描述歷史上英雄豪傑保家衛國或忠臣烈士、除奸鋤惡、愛民護國或兩國相爭，改朝換代、平寇、驅虜、殺賊⋯⋯的故事 2. 破機關樓爲敘事特色	江武昌：〈台灣布袋戲簡史〉陳龍廷：《黃俊雄電視布袋戲研究（民國五十九～六十三年）》

〔註225〕公元 2017 年 11 月發行。金光布袋戲官方 YouTube 頻道：〈金光布袋戲鬼途奇行錄第一集將於 11/22 全家便利商店上市（搶先看）〉，搜尋日期：2018 年 09 月 02 日，https://goo.gl/7e7Ro2。

〔註226〕王珮蓉：《傳承與創新：黃立綱「天地風雲錄」系列之研究》，頁46～48。

〔註227〕王珮蓉：《傳承與創新：黃立綱「天地風雲錄」系列之研究》，頁107。

劍俠戲	1. 人物多佛道入世者，尤以道教的武術家爲主，每個俠客「以氣御物」形式，祭出法寶決鬥 2. 以奸臣造反、陷害忠良爲戲劇開始的引子，忠良後代流落江湖，往往結識英雄俠客而結盟……最後協助皇室平定叛亂	江武昌：〈台灣布袋戲簡史〉 陳龍廷：〈布袋戲的敘事模式及其可能性〉 陳龍廷：《臺灣布袋戲發展史》
金光戲	1. 超越人物生理與時空局限 2. 人物性格強烈（排戲先生的自編自導）	吳明德：《臺灣布袋戲表演藝術之美》
電視布袋戲 （黃俊雄）	1. 人物取材於生活日常周遭 2. 「史豔文 vs. 藏鏡人」、「六合 vs. 秘中秘」爲戲劇中人格面具、陰影之有效運用	陳龍廷：《黃俊雄電視布袋戲研究（民國五十九～六十三年）》 張溪南：《黃海岱及其布袋戲劇本研究》
神魔奇幻武俠戲 （霹靂布袋戲）	1. 神話思維的運作，將金光戲的神魔奇幻武俠風格深化、雅化 2. 延續道教文化的宗教思維，以具體形式推動敘事情節（史豔文之死、業途靈改變主體性） 3. 無歷史意識，神性取代人性的平面感	吳明德：《臺灣布袋戲表演藝術之美》 洪盟凱：《從史豔文到素還眞：霹靂布袋戲之文化變貌》 本論文
歷史奇幻武俠戲 （金光布袋戲）	1. 延續霹靂布袋戲的奇幻風格（死亡再生），卻無宗教思維 2. 重視主體的心理活動過程之變化，以整部劇集爲單位營構（藏鏡人、俏如來、雪山銀燕、小空等史家血脈成員） 3. 歷史意識強烈（擬史）的完整世界觀，劇集以議題形式，藉劇中人物的行動，展演心理層面所述的價值	王珮蓉：《傳承與創新：黃立綱「天地風雲錄」系列之研究》 本論文

　　此表整理臺灣布袋戲發展的各戲齣，以及戲齣的敘事特色。需要說明的地方是電視布袋戲，筆者雖言臺灣布袋戲的戲齣，以敘事題材分類較爲精確，然而電視布袋戲明確帶給臺灣布袋戲表演形式的重大革命，學界亦已定名承認，所以將其納入表格。電視布袋戲時期擁有許多布袋戲藝人嘗試，陳龍廷〈電視布袋戲的發展與變遷〉將電視布袋戲分三個時期，作爲臺灣布袋戲歷史的考察，筆者甚爲認同支持。此表僅註黃俊雄的原因是，其具有冒險探索

的精神，對布袋戲表演的形式做多次實驗。公元 1970 年上台視製播《雲州大儒俠》前，拍攝三部布袋戲電影《西遊記》、《大飛龍》、《大傷殺》，以及組織「世界大木偶歌舞特藝團」。〔註228〕這些實驗性質頗高的布袋戲作品，帶給黃俊雄許多的挫敗，可是亦蓄積黃俊雄關於電視拍攝技巧與布袋戲表演作有機結合的大量知識基礎，至《雲州大儒俠》後獲得成功，不至於成為紀錄式布袋戲。此成就非一蹴可及，黃俊雄別具有遠見的觀察視角，以及勇於實踐的精神，造就電視布袋戲戲齣的確立，其引領後輩霹靂布袋戲、金光布袋戲，故標註黃俊雄之於電視布袋戲的原因，即對臺灣布袋戲戲齣擁有承先啓後的功勞，此為電視布袋戲戲齣標註黃俊雄之故。

四、淺談神魔、歷史的奇幻武戲之表演形式——歷史奇幻之「擬史」依據

霹靂布袋戲與金光布袋戲分別是神魔奇幻武俠戲、歷史奇幻武俠戲，兩者皆在拍攝手法、電腦特效展現視覺極大化的特色，但是各自的「奇幻」元素呈現於表演形式皆不相同。明顯處為布袋戲的武戲畫面呈現，再以棄天帝、元邪皇作為對照組。由於兩個角色出現於布袋戲作品的時間有先後落差，許多拍攝技巧層面無法做客觀的比較，筆者僅以兩個戲齣的頂尖強者，做各自代表敘事文本走向神魔奇幻武俠戲、歷史奇幻武俠戲後，武戲的表演形式受此影響的程度。霹靂布袋戲屬於宗教思維的神魔奇幻武俠戲，在武戲層面亦延續劍俠戲「以氣御物」為主的表演形式，且電腦動畫特效佔有多數比例。

《霹靂神州 III 之天罪》第十七集、第二十一集裡，「棄天帝 vs.一頁書、風之痕」與「棄天帝 vs.劍聖」為討論武戲的表演形式。「棄天帝 vs.一頁書、風之痕」的對決，棄天帝因為是人格天，與一頁書、風之痕之戰，皆定點接受，沒有絲毫移動的跡象，呈現的武學更是使用大量電腦動畫特效，以此作為蒐集氣流之類，抽象性質如內力的聚攏。一頁書與風之痕方面，面對人格天，除了代表平凡者的努力抵抗，表現於不斷將戲偶做衝撞、被擊退等移動外，其各自的武學亦表現在以氣、意念投注器物，或者凝聚掌中成球狀：一頁書的絕招「八部龍神火」頭頂眞氣巨彈，雙掌往外噴出柱狀炎焰；風之痕最常表現於武學的表演形式，多以衣服的大量飄帶，灌注氣／意於其中，使得數條飄帶成為身體一部份做控制，如腳踏飄帶彈射而出，或者以飄帶抽劍、

〔註228〕吳明德：《臺灣布袋戲表演藝術之美》，頁 158～163。

擊劍。為了表現兩者超越現實概念的移動速度，有可能以光點畫出線代替戲偶移動。**神魔奇幻武俠戲的神魔色彩表現武學，會多以氣／意控制器物，以此作為戲偶武戲的表演形式，這與現實的武術有落差，更多的是賦予劍俠般想像力的具體呈現，表達氣功為主的武學概念。**另外，棄天帝的定點不動、使用電腦動畫特效展現人格天的神性存在，亦神魔奇幻武俠戲的敘事文本，影響武戲的表演形式呈現。

劍俠戲延續的神魔奇幻色彩，表現於武戲的代表作為「棄天帝 vs.劍聖」。棄天帝於此戰役，依舊是以定點、大量使用電腦動畫特效為表演形式，而劍聖身為平凡者的極致修為，以指凝聚意念為劍，並且武學多以意念展開。意念聚指成劍為基本能力，劍聖幻化劍翅噴發劍雨亦使用電腦動畫特效呈現。挫敗的劍聖運用意念，甚至將自身血液噴化為劍意，操控千里外眾俠客的劍，形成劍渦保護城池。由劍聖的武學設定，乃至於武戲呈現，皆受到神魔奇幻的敘事文本影響，將現實生活難以理解、碰觸的意念，以電腦動畫特效呈現武戲的表演形式，霹靂布袋戲將神魔奇幻武俠風格發展至巔峰。

金光布袋戲的武戲呈現方式依然具有超越現實的意味，包括氣、意念為武學設定，使用電腦動畫特效具體呈現皆存在，然而比例不若霹靂布袋戲多，且主要的武戲表演多以戲偶肢體，進行套招的武打動作，主要是依照歷史奇幻武俠戲的方向發展。神魔奇幻武俠將現實無法施行的奇想，利用電腦動畫特效施展於畫面，**歷史奇幻武俠戲則是將武戲定位於人類肢體為基礎，做幻想式武學操作。**

《金光御九界之東皇戰影》〔註229〕第九集，「元邪皇 vs.俏如來」之戰，雙方皆不採取定點決鬥，衝撞、退後的戲偶移動作為武力優勢比拚，此戰中有使用電腦動畫特效作為武學纏鬥過程，持劍的雙方卻不以氣、意念做控制，而是持劍進行套招的武打動作做演繹，鏡頭對局部的拳、掌、腳進行拍攝，因為是歷史奇幻武俠戲的關係，金光布袋戲將奇幻特色展現於現實之處。金光布袋戲操作元邪皇戲偶的腳將岩地掀起，並灌注全身力氣踩踏壓往俏如來，**運用現實人類肢體行物理性質的幻想，而幻想的連接處也是就實際環境進行武戲特色，金光布袋戲的歷史奇幻武俠戲著重於此。**踩踏樹木、岩石，甚至近期結束的劇集《金光御九界之鬼途奇行錄》其中武戲，戲偶站至水面

〔註229〕公元 2016 年 05 月 25 日～2017 年 02 月 22 日，共 40 集。《金光布袋戲官方 facebook》，搜尋日期：2018 年 10 月 26 日，https://goo.gl/1NHdd8。

武打，並運用拳腳濺起水滴，以及爭鬥激烈掀起湖面浪濤，表達真實拳腳激烈程度的特色。

《金光御九界之墨邪錄》第二十二集，「元邪皇 vs.西經無缺、長琴無儔」之戰，顯現出金光布袋戲作為歷史奇幻武俠戲的設定，將戲偶回歸「操偶」的表演本質，並成功為金光布袋戲建立明確之戲齣。此戰的長琴無儔使用琴弦為武器，琴聲是武學的表現方式，金光布袋戲不局限於運用電腦動畫特效發展聲音等抽象性攻擊，使用電腦動畫特效做輔助、暫時性的表演形式。長琴無儔的琴聲僅作為幾次電腦動畫特效後，便與西經無缺聯手纏鬥元邪皇。纏鬥方式使用琴本體攻擊，或者肢體靠近元邪皇做發聲攻擊……等戲偶肢體的多樣化發展，甚至關鍵處將琴直接橫擊半駐在元邪皇戲偶上，近距離使用長琴無儔的手部肢體（鏡頭特寫），盡可能拉開琴弦以彈出聲波做決定性攻擊。

此戰擁有神魔奇幻的武戲發展契機，聲波等抽象性質的攻擊有可能具體化，金光布袋戲依然選擇「操偶」的戲偶肢體語言，顯現布袋戲戲種的特殊處。於此戰的戲偶移位更是大幅度的操作，非電腦動畫特效表現，而許多為了表現角色武學由上至下攻擊，所呈現的力量感，金光布袋戲皆以拋偶形式完成。金光布袋戲著重戲偶本身的特質，如筆者於第一章第一節提到「操偶為重，仿真次之」的表演形式。觀眾作為審美戲偶的動機，即看待布袋戲主演如何透過戲偶做仿真動作，也就是操偶的技巧。此絕非是仿真的表層目的之達成，仿真極限的布袋戲表演與真人無異，且無法看出操作戲偶本身肢體的技巧，觀眾更願意看待真人演員的作品，先天視域不便於發展抒情為表演形式的木偶，戲偶肢體語言的技巧才是觀眾願意審美的對象。

金光布袋戲為歷史奇幻武俠戲戲齣，前述提到角色重視心理活動過程的變化，議題式敘事文本得利於心理複雜的互動模式，其中以完整世界觀的九界做生存爭執來呈現。霹靂布袋戲的宗教思維顯現處為人格天的絕對神性，金光布袋戲的敘事設定絕無神性的存在，於本書第四章會深入探討角色複雜的心理活動過程。展現神魔奇幻、歷史奇幻的具體方面以武戲為分析對象，亦鮮明標誌霹靂布袋戲、金光布袋戲的戲齣定位。最後，將論述歷史奇幻武俠戲的歷史意識，其具體呈現在金光布袋戲的時間脈絡。

劍俠戲的敘事題材多取自中國清代劍俠小說，包括劍俠小說在內的中國章回小說，其著者創作的敘事時間普遍以中國歷史朝代為敘事設定，此為中

國敘事的傳統「擬史」〔註230〕。擬史的思維來自於中國以史爲重的史官文化，史的功用爲別賢愚、辨忠奸的人物品鑑，論興衰浮沉的世道評議。〔註231〕這樣敘事發展，使得文人將虛實雜揉於敘事作品的創作手法，視爲理想狀態。〔註232〕史學、文學的創作導向皆受到中國歷代學者的重視，然不管是以何種層面爲敘事作品的著作，皆無法離開「虛實雜揉」之技巧。重視史學者，爲了強調串聯片段眞實材料的邏輯性，著者設身處地思考當事者的心思、行爲，故虛實雜揉；重視文學者，因爲中國宋代說書者的演說需求，將史書細微處做敘事情節潤飾、鋪演的虛實雜揉：

> 史家追敘眞人實事，每須遙體人情，懸想事勢，設身局中，潛心腔
> 內，忖之度之，以揣以摩，庶幾入情合理。蓋與小說、院本之臆造
> 人物、虛構境地，不盡同而可相通；記言特其一端。〔註233〕

史學、文學的「擬史」中的「虛」實際可以看成往「史」的眞實性發展，史家將眞實材料做邏輯性的串聯，「入情合理」乃是以史實爲設定基礎，強調眞實材料之建立過程；文學家將「臆造人物、虛構境地」嵌合於史實，其重視創作的趣味性被重視，以至於被當作歷史看待也無妨。金光布袋戲的時間脈絡設定自是後者，與後者的趣味性相通，然而將敘事作品雜揉爲史的中國文學家，以史爲重的標準，將敘事作品視爲「歷史範式向來高於文學範式」〔註234〕。這層觀念的影響下，創作的趣味性是否僅被視作歷史爲尊的閱讀習慣，所導致高曝光率而參史造作（或者延續傳統的創作習慣），這部分筆者暫且無法定論。

金光布袋戲的擬史是爲了節省成本之用、敘事設定之完整〔註235〕，文學偏向的敘事創作，所引發的趣味性非必要完美嵌合中國歷史，甚且有機避開敘事設定的缺陷：

> 當中也是有些問題比較麻煩，當時想到盛朝時嚴格說起來統一當時
> 中國的到底要算隋文帝還是李世民，嚴格說來算是隋文帝，他應該
> 比李世民更像當時符合王骨這個規則的人，所以後來我們在做盛朝

〔註230〕尤雅姿：《中國敘事理論與實際批評》，頁72。
〔註231〕尤雅姿：《中國敘事理論與實際批評》，頁72。
〔註232〕尤雅姿：《中國敘事理論與實際批評》，頁99。
〔註233〕錢鍾書言，轉引自尤雅姿：《中國敘事理論與實際批評》，頁94。
〔註234〕尤雅姿：《中國敘事理論與實際批評》，頁77。
〔註235〕本論文第一章第四節論述。

　　時就想說隋唐既然不好分，就把它合併成一個盛朝的概念。〔註236〕
金光布袋戲以文學性的敘事走向為基調，不以完美嵌合歷史為主要重點，反
而給予奇幻的元素在歷史之上，例如中國的萬里長城是鎮魔龍脈；中國的墨
家在漢代後絕跡，金光布袋戲藉此演繹為了抗魔，而持續暗中活動；中國唐
朝的玄奘（公元602～664年）西方取經，留有後人釋墨傳承於魔世。

　　文學的虛實雜揉的創作手法，其趣味性是給予歷史事件一個詮釋空間，
作為讀者的審美重點。金光布袋戲的擬史有嚴格完整的時間脈絡、敘事設定，
然而無「歷史範式為尊」的影響，歷史事件的詮釋空間不以混淆閱聽者為史
實，並大膽加入奇幻的元素提供閱聽者為審美對象。閱聽者知曉完美嵌合歷
史非其重點，如何將歷史事件做敘事文本的精采詮釋，並且有理可循中國歷
史發展的完整時間脈絡，因而知曉金光布袋戲於敘事文本的著重之處，方為
歷史奇幻武俠戲的敘事設定「擬史」，有別於中國敘事的「擬史」。筆者以中
國敘事理論的「擬史」傳統，虛實雜揉的創作手法引申至金光布袋戲的「擬
史」，有可能來自劍俠戲取材中國清代劍俠小說的敘事影響，然可以肯定的
是，金光布袋戲的敘事時間脈絡「擬史」，所造成的效果必有其編劇團考量，
給予觀眾審美的奇幻元素。

　　筆者將臺灣電子布告欄（BBS）批踢踢實業坊（PTT）裡作者 enamelcord，
對金光布袋戲的歷史脈絡檢核中國歷史朝代後，所作〈金光歷史脈絡〉製成
表格，筆者僅盡製作之意，以茲證明金光布袋戲的「歷史奇幻武俠戲」戲齣：

表3　金光歷史脈絡〔註237〕

中國歷史朝代	金光布袋戲歷史	敘事文本呈現	備註
夏商周	太古三朝	1. 鱗族創世已久，太古三朝之前，一向與人族交通往來。 2. 後來鱗族發生內亂，遂封閉海境通道，自與人絕。	
春秋（公元前770～前403年）	公元前521年	1. 一步禪空：「世尊早於始帝三百年渡世，釋教於始帝兩百年入中原，中間未歷魔世之亂。」	

〔註236〕三弦訪談。轉引自王珮蓉：《傳承與創新：黃立綱「天地風雲錄」系列之研究》，頁112。
〔註237〕本表整理〈金光歷史脈絡〉，詳細資料請參考此。enamelcord：〈金光歷史脈絡〉，搜尋日期：2018年09月02日，https://goo.gl/XubYpn。

戰國（公元前 403～前 221 年）	戰朝	1. 人族戰朝起，七雄爭。 2. 當年得氣者乃鱗族，因此鱗族人才輩出，盛世輝煌，而中原失氣，戰亂頻繁，而魔世卻也得氣，魔流橫溢，衝擊人魔分界，隨時可能突破而來。先代的鱗王驚覺魔世之現可能動搖天下。（鱗王敘述）	抵擋魔世的措施： 1. 建立鎮魔龍脈（萬里長城），鎮住魔世地氣，封住兩界通道。 2. 時任鱗王派公主趙姬入中原，始帝為人鱗混血。始帝繼承雄盛之國，得到鱗族暗助，重用墨家傳人。
秦始皇（公元前 221 年）	始帝	1. 始帝 200 年（前 21 年）：釋教於始帝兩百年入中原。 2. 墨家提議收羅天下兵器以為止攻，那些兵器後來被墨家與魯家拿來鑄造成了一項東西──機關城黑水城。黑水城的居民為殉葬者──墨家、魯家後人，此地是始帝陵寢、始帝埋骨之處。 3. 墨家對抗魔世的劍陣──止戈流。始帝為了預防未來魔世入侵的一項準備，融合陰陽術與咒術、立大誓願、血咒傳承，是對抗魔世最強的兵器。	統一度量衡、十二金人、兵馬俑、秦──水德──黑（名黑水城）
魏晉南北朝（公元 220～589 年）	玄朝	1. 第一次靈魔大戰。元邪皇曾侵略中原，最後被初祖達摩格殺，據聞之後初祖東行，建立佛之一國。第一次的大戰結束之後，靈界便負責封印魔世出口。元邪皇遭到初祖擊殺，魔軀解裂四散，血髓卻隨著怨念凝結，初祖擔憂留下復生契機，以畢生佛力將之包覆，送入佛國，並由聖物紫金鉢鎮壓。 2. 魔世金剛經。此金剛經，論其成書時間，與初祖甚近。或者在元邪皇之亂時，流入魔世。 3. 地門的起始時間（往前推千年，公元 368～644 年之間）千年前，三十六名高僧，然後，七十二名，再然後，一百零八名。 4. 二祖慧可（公元 487～593 年） 5. 北周武帝滅佛（公元 574～578 年）、達摩金光塔建成。	1. 《金剛經》是禪門南宗惠能一系重視的經典，北宗神秀一系重視《楞嚴經》，俗說「南剛北嚴」。 2. 900 年前有高僧入魔世。

隋唐(公元589〜618〜907年)	盛朝	1. 盛朝太祖（隋文帝）：文帝劍。 2. 九百年前，曾有高僧進入魔世，未帶走紫金缽（公元468〜744年）。 3. 紫金缽失落。五祖接下衣缽之後的二十年之內，是紫金缽真正離開佛國的時間；受到禪宗協助前往魔世的高僧，也是在這段時間內圓寂（公元664年）；顛倒夢想寶劍雖非魯家，但也相關，他們成為地門的一員，相同的理念而奉獻所學。 4. 唐武宗滅佛（公元842〜846年）。六祖圓寂之後兩甲子（833），元邪皇邪氣開始鎮壓不穩，再加上外力假道煽動，致使武宗入魔，釀成毀佛之禍，人世生靈塗炭，佛國眾修者決定犧牲自我，豁命加深封印。	1. 玄奘（公元602〜664年），漢傳佛教史上最偉大的譯經師之一，中國佛教法相唯識宗創始人。
五代十國（公元907〜960年） 宋（公元960〜1127年） 元（公元1279〜1368年）		魔門總部則在四百年前遭遇橫禍，只餘燕駝龍一人。（公元900〜1200年）	
明（公元1368〜1644年）	明	1. （約100年前）金雷村、鎮壓兇神、法海。 2. （30多年前，北競王九歲）苗疆內戰：撼天關之父設局殺害撼天關之祖父；夙來到北競王身邊；推測千雪孤鳴小於三歲。 3. 史豐洲（嘉靖，公元1522〜1566年間人物，史豔文、藏鏡人之父）、羅天從。 4. 顯穹孤鳴登基：史豔文、羅碧（藏鏡人）戰場相遇。 5. （三十個三月之前）第二次靈魔大戰、沉淪海之約：靈界封印的力量始終穩定，問題出在連結兩界的通道，受到空間扭曲的影響，封印也會呈時強時弱的狀況，影響通道的力量，並非來自魔世。 6. （時間不明）獨眼龍進入天門，理應永久留在此地，但當時聖者發現他的身上藏有讓枯髓咒怨騷動的要件，所以才讓他離開金光塔。	

7. 甲辰年，神蠱溫皇六歲。巫教遺冊：「甲辰年卯月十二，**邯盧一族的族長與其長子來訪，我觀其子雖是年幼，卻極為穎悟，言……智……絕非池中之物，假以時日，對於宰製毒系多年的忌族，必成威脅**。」

8. 乙巳年，神蠱溫皇七歲。巫教遺冊：「乙巳年申月，如我所想，一年間，邯盧一族的勢力迅速壯大，忌族族長已心生疑慮，近日必有動作，**邯盧族只恐不能再延續多久，我也該盡早與之劃清界……孤立……困難……三途蠱……終止……**」

9. 丙午年，神蠱溫皇八歲弒父。巫教遺冊：「……月十七日，**邯盧族長子竟然殺其親父**，匣其首級向忌族投誠，年僅八歲之幼子，何其心狠手辣，為求自保，居然以此手段，逆殺親倫。我從未看過如此冷血之人，**忌族族長欣而受之，納為義子，我感忌族……**不知……忌族……慘虧……族長身亡……式微……」

10. 庚戌年，神蠱溫皇十二歲被逐出巫教，三途蠱重新實驗。巫教遺冊：「庚戌年丑月初七，那個孩子終於被逐出巫教，他的聰穎與能力，更重要的，他難以預料的行事，對每個家族都是過於龐大的威脅，縱然他是百年難得一見的奇才，我等也無法再容忍他這樣的人物存在，唯有他消失，我等才能安穩度日。他雖然離開，巫教中的恐懼還是不能根除，那個孩子的巨大陰影，還籠罩在族中，人心不安。邯盧族提議，重新實驗三途蠱，他們沒說，但我知道他們害怕的是什麼……」

11. （時間不明）北競王金碑開局（默蒼離找傳人）。

12. （10多年前，可能是甲子年左右）任飄渺的劍八獲得天下風雲碑第一劍；神蠱溫皇26歲；任飄渺的劍九滅巫教全族，收養鳳蝶；任飄渺創立還珠樓；任飄渺與百里瀟湘十年之約。

13. （約13年前）道域：修真院慘案；神嘯刀宗、陰陽學宗、紫薇星宗、仙舞劍宗四宗內戰；風花雪月出走苗

		疆；水月同天事件；風逍遙加入鐵軍衛。
		14. 羽國（九算中老五是最後和默蒼離交手之人）
		15.（8 年前）西劍流之亂開始；默蒼離入中原；神蟲溫皇循跡羽國。
		16.（2 年前）薩摩耶入地門；九龍天書破局地氣混亂、第三次靈魔大戰。
		17.（1 年前）魔治時期：俏如來自魔世歸；萬雪夜失蹤一年；梁皇無忌得鬼璽，成為新任修羅國度帝尊。
		18. 苗疆內戰：撼天闕亡；七日後競日孤鳴亡；蒼越孤鳴登基苗王。

　　此表整理的敘事時間上溯至太古三朝，擬中國歷史脈絡中的夏商周時期，以至挪用中國歷史的明朝。金光布袋戲的敘事時間明朝以前，許多的中國歷史典故被賦於奇幻元素，此為前述不完全以嵌合歷史為目的，而是大膽加入奇幻元素，提供文學的趣味性。然而，明朝之後的中國歷史典故甚少出現，這與金光布袋戲的敘事時間發展相關，也是與霹靂布袋戲屬於神魔奇幻武俠戲齣，有明顯戲齣特色的證據：

> 「霹靂」之所以樂以採用「返祖」模式來向上發展人物的關係與劇情，或許是受到儒家「等降史觀」思想的影響，儒家思想總認為最美好的時代在遙遠的過去，比如唐堯、虞舜、夏禹的世代是人類最理想的黃金盛世，以後則每況愈下，因此人類歷史的發展是一代不如一代的。〔註238〕

劍俠戲的敘事文本就常出現徒弟決鬥失敗，回頭尋找法力道行更深的師父幫忙的情節，到金光戲的超越人物生理、時空限制的特色，更可以穿越時空拜訪道行無法計數的人物。霹靂布袋戲承此特色，敘事時間發展往往是現實時間的回溯，而人物發展重點甚至是先祖輩為主：

> 在「霹靂」的劇情中，往下發展（師→徒或父→子）的路線經常無以為繼……因此在「霹靂」系列中，年輕人（後生晚輩）很難出頭天，道行越深的「老人」越有吃重的表現。〔註239〕

金光布袋戲則完全相反，現實時間、人物發展皆是順敘前進，明朝前的中國

〔註238〕吳明德：《臺灣布袋戲表演藝術之美》，頁473。
〔註239〕吳明德：《臺灣布袋戲表演藝術之美》，頁473～474。

歷史典故通常是順敘發展時，藉著人物對話、敘事情節發散線索給觀眾，提供觀眾有別於中國歷史解釋的奇幻元素。由此，明朝的中國歷史典故改編少，歷史事件多出於此前，筆者認為原因有二：其一，未有一定距離時間、或者正在發生的事情，很難形成足以談論的事件，與金光布袋戲翻案歷史典故的趣味性策略不符。金光布袋戲亦將歷史典故的奇幻詮釋以不在場的論述，讓觀眾不但覺得奇幻有趣，更期待是否能觀看延續此典故發展的相關情節，始帝時期的墨家延續至明朝即此例。

其二，帶狀性戲劇容易使觀眾疲勞，金光戲偶爾轉向劍俠戲，即是收攏無限制擴張的敘事設定、發展，而霹靂布袋戲確實也出現難以駕馭敘事設定、發展的跡象。這方面，金光布袋戲利用順敘講述不在場典故的優勢即是埋下伏筆，當觀眾審美疲勞時，識趣地復活一直透過現實時間講述的典故人物。例如玄朝（魏晉南北朝）的元邪皇引發第一次靈魔大戰，復活於明朝的元邪皇是否會引發九界的鉅變？觀眾定因為歷史重現而好奇，不完全拘泥於歷史、奇幻兩個方面，這與戲齣交替並吸引觀眾的方式有異曲同工之妙。事實上，金光布袋戲擅長在完整的時間、空間設定裡，尋求製造刺激觀眾的點，例如時間方面除了元邪皇復活外，同樣與墨家延續至明朝的縱橫家，暗地裡對抗墨家；布袋戲角色朧三郎為妖界的酒吞童子，曾經轉世為日本的戰國大名織田信長（公元 1534～1582 年）；始帝時期，傳說徐福帶三千童男童女東渡日本求藥，徐福肉體逝去後，意識不斷操控三千童男童女後裔的陰陽師，與妖界鬥爭。

第三章　鏡子與假面

　　本章節的內容針對拉岡的鏡像階段理論、主體三層結構說和榮格的人格面具理論作重點式論述，旨在明晰兩個理論的脈絡與特色，以此為本論文的方法論。

第一節　「鏡」中智者——物為我，我為物

　　雅各-馬利-艾彌爾・拉岡（法語：Jacques-Marie-Émile Lacan，公元 1901～1981 年）的精神分析思想受到黑格爾辯證法、存在主義，以至之後索緒爾（法語：Ferdinand de Saussure，公元 1857～1913 年）、雅克布慎（Roman Jakobson，公元 1896～1982 年）的語言學影響，其理論以結構語言學的方法展現著稱：

> 〈言語與言語活動在精神分析學中的作用和範圍〉一文，是二次大
> 戰後拉康的一篇極為重要的文章，它不僅標誌著拉康已從精神病學
> 徹底地轉到了精神分析學，更標誌著拉康的方法向索緒爾的結構語
> 言學和列維・斯特勞斯的結構人類學的靠近。〔註1〕

「潛意識是他者的話語」、「潛意識具有類似語言的結構」為拉岡延續西格蒙德・佛洛伊德（德語：Sigmund Freud，公元 1856～1939 年）在潛意識研究上的重大貢獻，其將「語言」視為重要的精神分析指標，筆者必須說明「語言」一詞，此處「語言」確實具有語言學上基礎意義的語言，然而意義並非僅此，

〔註 1〕杜聲鋒：《拉康結構主義精神分析學》（台北：遠流出版事業股份有限公司，1988 年），頁 26。

更包括心理層次：

> 「拉岡所說的『語言』，只是指語言的話語的某種分詞、某種結構機
> 制，這種機制遍布於心理結構的一切層次，使得一切層次的比較、
> 以及從一個層次向另一個層次的過渡成為可能。」（波波娃，1988，
> p.137）〔註2〕

拉岡運用索緒爾在語言學上提出的重大發現：「能指」（signifier）、「所指」
（signified）。「能指」即語音要素「音響形象」，可以泛指聲音，更指涉聲音
的心理印跡，為感覺性質；所指為「概念」，即意義的指涉，人使用的一切語
言，對外在的溝通指示。可以認為是人的想法、情感等內在思維。兩者之間
的關係為下圖：

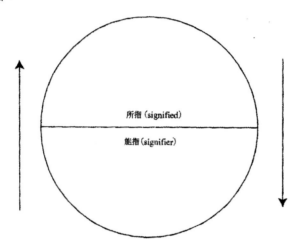

圖4　索緒爾記號〔註3〕

兩者的關係是相互依賴，具有固定性質，所以同於圖 4 的圓形之中，任何一
方無法分割獨立於外，圓形外的上下方向箭頭，則是所指、能指間穩定往復
的影響彼此。舉例而言，筆者內心想要指涉關於「狗」的概念，即是所指，
於是筆者將已經建構有關「狗」這種動物的形象特徵的先備知識做出釐清，

〔註2〕王國芳、郭本禹：《拉岡》（台北：生智文化事業有限公司，1997 年），頁 99
　　　～100。

〔註3〕原圖中 signified、signifier，譯「所表項」、「表記」，本論文為行文統一，修改
　　　中譯為「所指」、「能指」。〔英〕狄倫‧伊凡斯（Dylan Evans），劉紀蕙、廖朝
　　　陽、黃宗慧、龔卓軍譯：《拉岡精神分析辭彙》（台北：巨流圖書公司，2009
　　　年 10 月），頁 306。

並且找到合乎這標準的動物。概念建立完成，依託於語言、聲音產生具有感覺的心理印跡，便是華語的「狗」，英文的「dog」，「能指」即此。在語言學的觀念上，所指先於能指，且互相依賴，原因在於內心所要的概念牽動主體，主體方透過能指表達內心的概念。然而，拉岡對此做出修正，以潛意識作為切入，結合佛洛伊德的精神分析學。在圖4中所指、能指中間加上隔離線（bar）〔註4〕，並剔除圓形、箭頭等穩固之意，稱為「索緒爾數學式」（Saussurean algorithm）：

$$\frac{\mathbf{S}}{\mathbf{s}}$$

圖5　索緒爾數學式〔註5〕

圖示中 S 代表能指，s 代表所指，與索緒爾記號的所指、能指位子調換，兩者間有條隔離線，拉岡想要表現出語言中，能指是根本，在能指之下的所指是會滑動（slip），語言間有內在阻力，導致造成斷裂。拉岡將語言學的能指指涉構成外在環境的語言系統，此系統為文化、律法、秩序等依靠語言建構的一切事物，包括周遭的他者（other）也屬於此。非語言學領域的語言經驗，其是牽涉龐大的社會系統；所指在拉岡的詮釋下，代表自我本身，相較於客體位置的能指，主體無法獨立於外，只能依靠先於主體的社會系統，所指的不穩定性可想而知。拉岡企圖使兩者的關係具有辯證性，鬆動索緒爾在語言學認為的觀念。

拉岡認為嬰兒剛出生的時候，意識到與母體離開，沒有如胚胎學意義上完整的一體，「存在的匱乏（lack）」成為人的本能。嬰兒知道自身的侷限，無法對外在進行任何的互動，因此以哭聲吸引母親的注意，希望得到母親的愛撫和關心，嬰兒知道哭聲的作用之後，漸漸豐富其內涵，最終哭聲被語言所取代；人使用語言對外在有所需求（demand），外在的事物環境卻不必要對等給予回應。因此嬰兒本能原始的需要（need）與語言對外的需求之間，產生斷

〔註4〕隔離線為索緒爾數學式中分隔能指、所指的橫線，旨指表義過程內具有抗拒，此抗拒只有在隱喻發生時才被跨越，請參詳《拉岡精神分析辭彙》。〔英〕狄倫‧伊凡斯（Dylan Evans），劉紀蕙、廖朝陽、黃宗慧、龔卓軍譯：《拉岡精神分析辭彙》，頁25。
〔註5〕〔英〕狄倫‧伊凡斯（Dylan Evans），劉紀蕙、廖朝陽、黃宗慧、龔卓軍譯：《拉岡精神分析辭彙》《拉岡精神分析辭彙》，頁308。

裂，欲望爲斷裂導出，欲望產生於潛意識之中，需求則又被拉岡看成「能指的狹谷」（defile of the signifier），所以原始的欲望被外在的需求異化〔註6〕。

拉岡理論表現的另一特色是數學的應用，更準確的說法是數學分支的代數（algebra）與拓樸學（topology），其使用代數的意圖：

1. 形式化是使精神分析取得科學地位的必要途徑。

2. 形式化可以提供精神分析理論的核心。

3. 精神分析理論的代數符號形式化是避免直覺理解的方法，拉岡視此直覺理解爲想像迷障，會阻礙朝向符號層的通道。代數符號不以直覺方式被理解，而以不同的方式被使用、操弄與閱讀。〔註7〕

拉岡使用代數的原因在於剔除過分的自由發揮，避免佛洛伊德的理論被過度詮釋和誤解。通過科學符號思考，非直觀就表面字義做化約行爲，且純粹的符號（能指）「它的存在越牢不可破」〔註8〕。科學非普遍認知的精確性科學，而是「主體性的科學」〔註9〕，在於每個人欲望的脈絡下，科學明確尋找無法全知的眞理；拓樸學爲「處理的是空間中經過各種持續的形變後……免於任何有關距離、大小、區位、角度的參照，唯一的基礎在於接近性或鄰近性」〔註10〕，使用拓樸學亦以非直觀、知性的方式傳達結構（structures）〔註11〕的重要性質，杜絕任何想像的成分。拉岡提出的 L 圖式（schema L）可以說明在拓

〔註6〕 「異化」一詞非黑格爾、馬克思哲學意義上的解釋。就拉岡而言，異化是主體本身必須經驗，主體無法逃避分裂（split），完全沒有統合的可能。這與「存在的匱乏」有關係，嬰兒與母體的決裂是不可逆，因此對外的需求永遠不可能與本能的需要相符合，請參詳《拉岡精神分析辭彙》。〔英〕狄倫·伊凡斯（Dylan Evans），劉紀蕙、廖朝陽、黃宗慧、龔卓軍譯：《拉岡精神分析辭彙》，頁 14。

〔註7〕 〔英〕狄倫·伊凡斯（Dylan Evans），劉紀蕙、廖朝陽、黃宗慧、龔卓軍譯：《拉岡精神分析辭彙》，頁 11。

〔註8〕 〔英〕狄倫·伊凡斯（Dylan Evans），劉紀蕙、廖朝陽、黃宗慧、龔卓軍譯：《拉岡精神分析辭彙》，頁 313。

〔註9〕 〔英〕狄倫·伊凡斯（Dylan Evans），劉紀蕙、廖朝陽、黃宗慧、龔卓軍譯：《拉岡精神分析辭彙》，頁 363。

〔註10〕 〔英〕狄倫·伊凡斯（Dylan Evans），劉紀蕙、廖朝陽、黃宗慧、龔卓軍譯：《拉岡精神分析辭彙》，頁 350。

〔註11〕 拉岡的「結構」系統下，語言只存在它與其他單位的差異特性建立而成。「潛意識如同語言一般被結構起來」是同義反覆，「被結構起來」和「如同語言一般」指向爲同一件事。請參詳《拉岡精神分析辭彙》。〔英〕狄倫·伊凡斯（Dylan Evans），劉紀蕙、廖朝陽、黃宗慧、龔卓軍譯：《拉岡精神分析辭彙》，頁 325。

樸學上的應用：

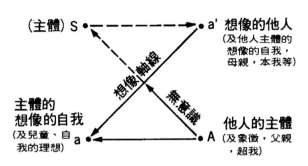

圖 6　L 圖式〔註12〕

L 圖式可以說是拉岡在代數、拓樸學上的經典結合，此圖說明「潛意識是他者的話語」，在本節後文做詳細說明。上述淺談拉岡的精神分析理論的特色以及基本觀念，接續則開始對鏡像階段理論進行論述介紹。

一、鏡影匱乏之欲——鏡像階段理論

　　鏡像階段理論初次在公元 1936 年提出，公元 1949 年的第 16 屆國際精神分析學會上以〈助成「我」的功能形成的鏡子階段——精神分析經驗所揭示的一個階段〉再次說明，拉岡的鏡像觀來自法國兒童心理學家亨利‧瓦隆（Henri Wallon，公元 1879～1962 年）的實驗〔註13〕。該實驗針對黑猩猩與兒童照鏡子的差別，黑猩猩明白鏡子中的影像屬於自己，便感到無趣，後續行為由此終止；反之，兒童看到鏡子中的自己，會做出許多反應：

> 孩子身上則大不同，立即會由此生發出一連串的動作，他要在玩耍
> 中證明鏡中形象的種種動作與反映的環境的關係以及這複雜潛象與
> 它重現的現實的關係，也就是說與他的身體，與其他人，甚至與周
> 圍物件的關係。〔註14〕

〔註12〕杜聲鋒：《拉康結構主義精神分析學》，頁 115。

〔註13〕〔法〕亨利‧瓦隆（Henri Wallon）：〈自己身體的觀念是如何於兒童身上發展出來的〉，載於《心理學期刊》1931 年 11 月～12 月號；以及《幼兒性格的起源》（巴黎：博文出版社，1934 年）。轉引自張一兵：《不可能的存在之眞——拉岡哲學映射》（台北：秀威資訊，2015 年 11 月），頁 141。

〔註14〕〔法〕拉康（Jacques-Marie-Émile Lacan），褚孝泉譯：《拉康選集》（中國上海：上海三聯書店，2001 年 1 月），頁 89～90。

拉岡由此得到啓發，兒童對鏡像做出的反應，因爲感受鏡中世界，對於鏡射影像有所好奇，藉由肢體語言的憑依，直截看待影像的同步肢體展現，其甚而探索認知身處空間的參與，繼而有意識想像其間性的互動情形。拉岡非採用兒童、生物差異的觀察視角滲析，而是以人類主體的結構爲關鍵點，演繹出他的鏡像階段理論。

> 一個尚處於嬰兒階段的孩子，舉步趔趄，仰倚母懷，卻興奮地將鏡中影像歸屬於己，這在我們看來是在一種典型的情境中表現了象徵模式。〔註15〕

嬰兒與母體分離之初，無法完全自足自身的需要，對他而言，視覺呈現的外在世界是一無所知，相對地，也正是嬰兒好奇心滿溢的時刻。然而，經歷胚胎學意義上完整的分裂，面對鏡中影像時，透過鏡中世界來初步認識自身的完整性，有意無意間改變此前無法識別手、腳爲其本體的觀念。沿順而談，嬰兒因爲初次建構關於身體的完整性，還無法辨認鏡中自己、本身、他人的鏡像和他人的差異，並視之爲可以進行遊戲的夥伴。基本上，此時期自我與他人的觀念混沌非明。

嬰兒往後漸趨發現鏡中呈現的物像非現實一事，只不過是他人的影像。嬰兒好奇看著鏡中抱住自己的母親，一會轉頭對母親興沖沖微笑，並且發出「咿呀」的聲響，來回重複確認母親的行爲，讓嬰兒可以區分母親與母親的影像。可是，嬰兒仍然無法知悉區分自身與自身影像的事情，唯有知道自己不再是與母親的完整體。最終嬰兒向鏡中自己張口逗弄，持續面對面的身體與影像共舞，嬰兒了解到自己即是鏡中影像，藉此掌握統整的身體感，亦視爲嬰兒對鏡中影像產生肯定的自戀：

> 鏡子階段是場悲劇，它的內在衝勁從不足匱缺奔向預見先定——對於受空間確認誘惑的主體來說，它策動了從身體的殘缺形象到我們稱之爲整體的矯形形式的種種狂想——一直達到建立起異化著的個體的強固框架，這個框架以其僵硬的結構將影響整個精神發展。由此，從內在世界（Innenwelt）到外在世界（Umwelt）的循環的打破，導致了對自我的驗證的無窮化解。〔註16〕

與母體決裂的根本匱缺，懵懂無法理解的心智狀態轉恆爲自戀般定位的闡

〔註15〕〔法〕拉康（Jacques-Marie-Émile Lacan），褚孝泉譯：《拉康選集》，頁90。
〔註16〕〔法〕拉康（Jacques-Marie-Émile Lacan），褚孝泉譯：《拉康選集》，頁93。

釋，期間受到空間誘惑的影響，其不自禁賦予自身想像的形象，亦因為固化所帶來的僵硬，必預示自我的「誤認」（misrecognition）發生：

> 重要的是這個形式將自我的動因於社會規定之前就置在一條虛構的途徑上，而這條途徑再也不會為單個的個人而退縮，或者至多是漸近而不能達到結合到主體的行成中，而不管在解決我和其現實的不諧和時的辯證合題的成功程度如何。〔註17〕

嬰兒為了構成自我的主體，因而被拉岡視為在一條已經被虛構的路徑上逐流，可是這條路徑永遠無法與所謂的主體做結合，而是相對性接近，或者再次與自己主體不間斷辯證。拉岡更認為所謂的「誤認」之途是群體人類的普遍性，個體的差異不是考量的因素，透過持續的「誤認」構築自認為的主體（自我）：

> 誤認暗含著認識（reconnaissance），就如同有系統的誤認也明顯是如此，必須承認的是，在其中被否認的其實也已經以某種方式被認識（法語：reconnu）。〔註18〕

嬰兒與自己的鏡像認同被視為「第一次同化」（first assimilation），其理想化自身的脆弱，這些認同、誤認都位於拉岡的「想像界」（The Imaginary order），嬰兒對於自身在鏡像階段的認同具有回溯的作用，因為身體的支離破碎感在鏡像階段之後才有意識地發現：

> 鏡像階段是一個決定性的時刻。不但自身從這裡誕生，『支離破碎的軀體』也是從這裡誕生的。這個時刻，既是往後所發生的起源點，也是在此之前所發生的起源點。透過前瞻，它為我們產生了未來；透過回溯，它為我們產生了過去。可是，鏡像階段本身卻是一個自我誤認的時刻，是一個被虛幻的影像所迷困的時刻。因此，我們可以說，未來和過去都是根植於一種虛幻錯覺之中。〔註19〕

經過鏡像階段之後，由內在世界（innenwelt）轉而到外在世界（umwelt）的關係，自我誤認屬於正常現象。在拉岡的精神分析世界裡，每個人都是他人眼

〔註17〕〔法〕拉康（Jacques-Marie-Émile Lacan），諸孝泉譯：《拉康選集》，頁91。
〔註18〕「誤認」被翻譯成「誤解」，此處筆者為了統一行文，將其更改為「誤認」。請參詳〔英〕狄倫・伊凡斯（Dylan Evans）：《拉岡精神分析辭彙》。〔英〕狄倫・伊凡斯（Dylan Evans），劉紀蕙、廖朝陽、黃宗慧、龔卓軍譯：《拉岡精神分析辭彙》，頁185。
〔註19〕王國芳、郭本禹：《拉岡》，頁145。

中的「我」，或者給予他人形象的「我」，主體性被消融殆盡，只能是能指鏈底下隨意滑動的所指。前文提到鏡像階段屬於想像界，因爲嬰兒透過想像建立基礎的自我來確立自身，一切構造成立的存在是虛幻，當中的秩序爲自己的想像。然想像界不僅止在鏡像階段結束而結束，它伴隨拉岡主體三層結構其他兩個結構：象徵界（The Symbolic order）、實在界（The Real）終其一生。鏡像階段位在的想像界。事實上，想像界會擴大至成年人類：

> 想像界是人的個體生活或人的主觀性的領域，它在主體的個體歷史
> 的基礎上形成，是我們的文化環境使個體形成其特徵的所有一切。
> 想像界不受現實原則支配，但卻遵循著視覺的或虛幻的邏輯，因而
> 想像界的層面上形成的自我是虛幻的，想像界是「妄想功能」、不現
> 實的幻想綜合。〔註20〕

想像界沒有受到「現實原則」支配，原因在於它是來源於人自身的想像。所謂「現實原則」（reality principle）是爲了修飾佛洛伊德提出的「快感原則」（pleasure principle）〔註21〕，完全以幻想的方式灌注於回憶之上，藉此想要得到滿足的體驗，主體很快察覺無法紓解其需求，緣此另而被強迫「形成對於外在世界眞實環境的概念」〔註22〕，之所以造成現實原則修飾快感原則，在於人依然必須在「除了能指優先，還是能指優先」〔註23〕的外在世界生存，追求的需要，欲望的對象轉變不一：

> 就是這個時期將人的所有知識決定性地轉向到通過對他者的欲望的
> 中介中去；還將它的對象物建成在通過他者競爭造成的抽象同值
> 中；並使我成爲這樣一個機構，對它來說所有的本能衝動都是危險，
> 即時這衝動滿足了自然的成熟。對於人，這種成熟的正常化從此決

〔註20〕 王國芳、郭本禹：《拉岡》，頁 165。

〔註21〕 「快感原則就是以取得快感，避免不快爲唯一目標的原則」快感原則爲神經
刺激量的恆定裝置，意在維持運作的最低標準，與其相反爲「死亡驅力」，前
者是「還原傾向」，後者是「重複傾向」。請參詳〔英〕狄倫・伊凡斯（Dylan
Evans）：《拉岡精神分析辭彙》。〔英〕狄倫・伊凡斯（Dylan Evans），劉紀蕙、
廖朝陽、黃宗慧、龔卓軍譯：《拉岡精神分析辭彙》，頁 248。

〔註22〕 〔英〕狄倫・伊凡斯（Dylan Evans），劉紀蕙、廖朝陽、黃宗慧、龔卓軍譯：
《拉岡精神分析辭彙》，頁 271。

〔註23〕 原句翻譯「除了表記優先，還是表記優先」，此處筆者爲了統一專有名詞，而
續採用「能指」。〔英〕狄倫・伊凡斯（Dylan Evans），劉紀蕙、廖朝陽、黃宗
慧、龔卓軍譯：《拉岡精神分析辭彙》，頁 249。

定於文化的幫助。就像俄狄浦斯情結對於性慾對象那樣。〔註24〕

欲望移轉外在世界的任何「能指」，人類的幻想便依此存在，所以已經不是純然的本能需要，必須配合「形成對於外在世界真實環境的概念」作想像的秩序，人類的神經刺激量才能降低至平衡狀態。至此，另有重點說明，前述「想像界」不受現實原則支配，可是在「現實原則」處卻表明人類仍然要依照現實原則做想像的秩序。並非互相矛盾，重點在於追求的對象變化，原始的需要促發嬰兒追求母親，進而產生分裂，藉由想像建立自己，沒有憑依象徵界範圍內的「語言」（父親之名），所以「妄想功能、不現實的幻想綜合」；成年人類依靠外在追求需要，其對象已經非嬰兒原始與母體決裂的欲望，轉向為拉岡在「索緒爾數學式」的意義，也就是外在能指底下的對象移轉，所以欲望所指只會不停滑動（slip）。滑動是為了尋找與能指鏈的黏扣點（法語：point de capiton）〔註25〕，間性的方式仍然要依靠「想像」完成。由於鏡像階段完全依靠想像而存在，非想像界依靠其中，成年人類仍然是透過想像干涉於先的能指鏈，這便是想像界（The Imaginary order）、象徵界（The Symbolic order）與實在界（The Real）共存的原因。

二、縱橫之象徵——隱喻、換喻詮釋的人間迷宮

嬰兒在鏡像之前，無能認知與母親是相異的個體，對於自身的欠缺，嬰兒耗盡氣力哭泣，以此吸引母親的注意。母親得知訊息後，給予嬰兒所需的一切條件，包括食物、溫暖、氣味、安全等；嬰兒得到母親的回應，更加確認了自身的重要性。嬰兒肯定之餘，母親給予的一切所需之重要性，相對亦認為自己是可以給予母親一切所需的重要性，兩者互為一體：

> 拉岡指出：在最初的階段，嬰兒的欲望不僅在於希望得到母親的接觸、得到母親的照顧，他也同時希望自己是母親的一切，希望母親的生活以他為中心。他甚至在潛意識中希望自己能夠成為母親的補充成分，他是母親的欲望的欲望，而為了滿足這一欲望，他要認同這個欲望對象，即要認同這個陽具。〔註26〕

〔註24〕〔法〕拉康（Jacques-Marie-Émile Lacan），褚孝泉譯：《拉康選集》，頁95。
〔註25〕原文為 point de capiton，此處為拉岡精神分析學的專有名詞，在英美語言世界翻譯不一：「quilting point」、「anchoring point」。筆者採用《拉岡精神分析辭彙》「黏扣點」的中文譯詞，括弧內則是原文。
〔註26〕王國芳、郭本禹：《拉岡》，頁153。

此處「陽具」非佛洛伊德精神分析學派所說的男性器官，也就是非單純指涉
生物性質的陽具。拉岡更常使用「陽形」（phallus），字面意義爲「陽具形象」，
偏向於語言符號方面的指涉，展現了結構主義精神分析理論的語言特徵。

嬰兒將自身視爲母親欲望的對象，母親對於陽形的欲求，嬰兒藉由想像
來認同陽形，進而佔有母親。之所以有此情形，與前文鏡像理論密切相關，
嬰兒因爲存在的匱乏，無法區分鏡子裡的自己、他人（母親），皆視爲一體的
緣故：自己的需要，母親給予回饋，所以理應母親的需要，自己能回饋。母
親需要陽形，自己就必須是陽形，成爲母親欲望的欲望。

經過互相的想像關係，嬰兒統整自身的形象，產生第一次同化（first
assimilation），自戀的形式肯定自己在母親心中的地位。當父親介入這段關係
後，嬰兒發現一件事情：母親的欲望對象不是自己，而是父親的陽形。發現
的另一能指，嬰兒僵化的自戀形象，也就是第一次同化破滅，「誤認」因而產
生，誤認導致嬰兒將認同轉向母親的欲望對象——父親的陽形，稱爲「閹割
情結」。男孩、女孩都必須經驗於此，才能順利進入到以「父親之名」爲能指
的象徵界。孩童將對象轉移到父親的認同，主要透過語言的作用實踐，學習
象徵秩序、法律的「父親之名」。而孩童與父親的認同爲其主體性發展的「二
次同化」（second assimilation）：

> 「父親的名字」作爲父親的法規的體現和精神，制約著兒童的言行，
> 由於父親的出現和介入，打破了兒童與母親之間的親密關係，使兒
> 童在語言的層面上或象徵秩序中經歷了一次閹割。〔註27〕

「父親的名字」（Name-of-the-Father）以隱喻（metaphor）的方式介入嬰兒與
母親的想像辯證關係。此「隱喻」非修辭學上的意義，而是索緒爾、雅克布
慎的語言學爲背景的拉岡式闡述之意。索緒爾提出所指（概念）、能指（音響
形象）的發現，改變長久以歷時性爲研究方向的語言學爲共時性研究；雅克
布慎的〈語言活動的兩個方面和兩種失語症〉提到隱喻（metaphor）和換喻
（metonymy）的兩個語言活動，此觀念讓同時代的法國知識分子李維史陀
（Claude Levi-Strauss，公元 1908 年～2009 年）、羅蘭·巴特（Roland Barthes，
公元 1915 年～1980 年）和拉岡當作方法論來重新詮釋各自的專業領域。〔註28〕

〔註27〕 王國芳、郭本禹：《拉岡》，頁 159～160。
〔註28〕 〔英〕狄倫·伊凡斯（Dylan Evans），劉紀蕙、廖朝陽、黃宗慧、龔卓軍譯：
《拉岡精神分析辭彙》，頁 187～188。

雅克布慎的隱喻語言活動指涉社會系統的語言（法語：langue），屬於範圍較大的共時性，在使用語言上具有選擇作用，系統內的組分的選擇；換喻語言活動指涉言語（法語：parole），其屬於個人的系統，是鄰近的歷時性，屬於系統本身的排列：

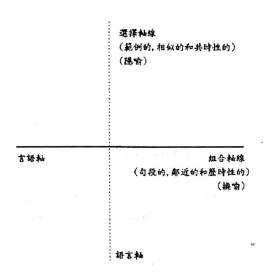

圖 7　隱喻（metaphor）、換喻（metonymy）的關係圖〔註29〕

舉例說明，中國唐朝詩人賈島（字浪仙，公元 779～843 年）、韓愈（字退之，公元 768～824 年）共同煉字「僧敲月下門」，其中「敲」、「推」兩字的選擇，關係到這句詩句的系統本身，為了適當於這個句子系統，最終選擇「敲」。「僧」、「敲」、「月下」、「門」這幾個言語是鄰近關係，它們是詩人組合產生的，「敲」放置其中，為此詩句添色，所以這即是換喻；以隱喻的方式帶入此例，我們可以把主語「僧」更改至任何主語，之所以使用「僧」，乃是賈島所遇見的對象。所遇之人充滿很多的可能性，假如遇到的不是僧人，而是他人，「僧」便可能更改。其背後的範圍內的共時性，令作者擁有選擇作用。〔註30〕

　　拉岡運用雅克布慎的隱喻理論詮釋倒置過後的能指、所指關係。下面以「竹子代表君子」為例子，作為竹子隱喻君子的堅忍、謙虛的精神的例子。竹子的生物特徵，莖的部分為空心，竹節直挺，這些都是竹子的概念中重要

〔註29〕王國芳、郭本禹：《拉岡》，頁 72。
〔註30〕趙毅衡編：《符號學文學論文集》（天津：百花文藝出版社，2004 年），頁 19。

指涉的部分；君子爲中國古代讀書人的美稱，意旨具有美德精神的知識分子，謙虛、堅貞爲這些美德中具有指標性的意義。假設：

$$\frac{S1}{s1} = \frac{音響形象：君子}{君子概念（謙虛、堅貞）}$$

$$\frac{S2}{s2} = \frac{音響形象：竹子}{竹子概念（中通外直）}$$

進行隱喻過程如下：

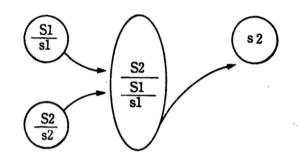

（提示：在語言學和拉康的思想中，"S"大寫總是表示能指，小寫"s"表示所指）

圖 8　隱喻過程圖〔註31〕

使用竹子隱喻君子，因此 S1/s1（音響形象：君子／君子概念）被放置在 S2（音響形象：竹子）之下，意思是 S2 的所指爲 S1/s1（音響形象：君子／君子概念）。當使用竹子此能指的時候，其所指才可以是隱喻君子。另一方面，竹子本來的所指，即眞正植物學意義上的竹子的概念被剔出，「竹子的概念」被 S1/s1（音響形象：君子／君子概念）替代：

$$\frac{\dfrac{音響形象：竹子S2}{音響形象：君子S1}}{君子概念（謙虛、堅貞）s1}$$

由此可以得知能指與所指的連結是偶然性質，在「竹子代表君子」的例子中，「竹子的概念」被逐出。兩個各自的音響形象與概念的結合，透過隱喻過程而替換不同的概念。

〔註31〕杜聲鋒：《拉康結構主義精神分析學》，頁 77。

「能指的獨立性」、「所指的偶然性」在隱喻過程顯著表現，拉岡運用雅克布慎的隱喻概念歸納提出一個公式：

$$f\left(\frac{S'}{S}\right)S \cong S(+)s$$

圖 9　代稱第一公式〔註 32〕

$f\,S$ 為表義運算，也稱為表義過程（signfication）〔註 33〕所生的效應。S'/S 的意思是「用一個能指取代另一個能指」；公式右邊的 S 為能指，s 為所指；（+）為前文提到拉岡對於索緒爾所指、能指間的隔離線（bar）被縱向穿透；符號 $\cong$ 指「可以視為」。拉岡運用代數（algebra）來闡發自身立論的特色強烈透出：

> 這是隱喻的結構，它表明一個能指替換另一個能指而產生了意義的作用，這是詩的作用，或者說創造的作用，也就是說，有關的意義的出現。置於（）之間的符號 + 在這兒表明超越橫線 -，以及這個超越對於意義出現的構成值。〔註 34〕

總述這個公式所想要表達的意思是當一個能指代替另一個能指的時候，其在過程的運動結果，鬆動了能指、所指固定的束縛，造成所指的衍生、替換，出現新的意義。如前述例子「竹子代表君子」，竹子的音響形象被另一個君子的音響形象（包括君子概念）帶入，其運動結果導致原本所指（竹子概念）被鬆動、取代。在這意義上，隱喻就是能指轉向所指的演變，亦創造新的所指的過程。〔註 35〕

以代稱第一公式為基礎，拉岡提出第二個公式：

$$\frac{S}{S'}\cdot\frac{S'}{x}\longrightarrow s\left(\frac{1}{s}\right)$$

圖 10　代稱第二公式〔註 36〕

〔註 32〕〔法〕拉康（Jacques-Marie-Émile Lacan），諸孝泉譯：《拉康選集》，頁 447。

〔註 33〕表義過程為能指與所指間的關係：每一個音響形象都「能指」著某個概念。〔英〕狄倫・伊凡斯（Dylan Evans），劉紀蕙、廖朝陽、黃宗慧、龔卓軍譯：《拉岡精神分析辭彙》，頁 310。

〔註 34〕〔法〕拉康（Jacques-Marie-Émile Lacan），諸孝泉譯，頁 447。

〔註 35〕〔英〕狄倫・伊凡斯（Dylan Evans），劉紀蕙、廖朝陽、黃宗慧、龔卓軍譯：《拉岡精神分析辭彙》，頁 188。

〔註 36〕〔法〕拉康（Jacques-Marie-Émile Lacan），諸孝泉譯：《拉康選集》，頁 490。

由於知道代稱第一公式傳達所指的變更性，而在這個公式中，S 代表能指；x
為表義過程的未知部分；s 為最後引出的所指。在表義串中，S'被 S 取代，因此
S'消失。此公式被用來分析前文提到父親之名取代母親的欲望，產生閹割情結，
孩童終究必須學習語言作用的法規、制度，破滅第一次同化的僵化自戀形象：

$$\frac{父之名}{母親的欲望} \cdot \frac{母親的欲望}{主體所表項} \longrightarrow 父之名 \left(\frac{A}{陽形} \right)$$

圖 11　父格代稱〔註 37〕

S 為父之名，S 底下的 S'為母親的欲望，在這一關係中，可以看待母親的欲望
為所指，其指涉出追求的對象「父之名」為能指。公式中間的 S'成為了能指，
也就是母親的欲望是嬰兒（x）的能指對象，所以 x 在 S'之下。箭頭左邊的公
式總述為嬰兒依靠想像佔有母親的欲望（S'），母親的欲望（S'）卻是父之名
（S）。最後 S'互為消除，S'轉變 **8'**。孩童知道母親的欲望是父之名，因而轉
移對象，認同父親的法律、規則，成為箭頭右邊的模樣，其引申為父之名的
所指為陽形。孩童知悉母親需要的是父親的陽形，於是孩童接受閹割，哭聲
被語言取代，孩童將想像陽形轉為學習父親象徵的一切秩序，也就是父之名
（S）。在此，證明「父親的名字」是以隱喻的方式促使孩童從想像界進入具
有秩序的象徵界（The Symbolic order）：

> 是在一個人的專有名字的能指和隱喻地取消了它的那個能指之間產
> 生了詩意的火花。這個火花對於實現父親關係的意義非常有效，因
> 為它重建了神話的事件，在這個事件中佛洛伊德重新發現了在人的
> 無意識中的父親之謎的過程。〔註 38〕

「父親的名字」（Name-of-the-Father）拉岡明白指出其與象徵界的關係：「就
在父之名當中，我們可以找到符號定式的支撐。自古以來，這個符號定式就
顯示父親的身分可以代表律法」〔註 39〕。孩童認同的陽形，將能指轉向為外
在秩序的語言、社會與文化象徵現象，而象徵界此一概念的兩個前提：

〔註 37〕　〔英〕狄倫‧伊凡斯（Dylan Evans），劉紀蕙、廖朝陽、黃宗慧、龔卓軍譯：
　　　　　《拉岡精神分析辭彙》，頁 231。
〔註 38〕　〔法〕拉康（Jacques-Marie-Émile Lacan），褚孝泉譯：《拉康選集》，頁 439。
〔註 39〕　〔英〕狄倫‧伊凡斯（Dylan Evans），劉紀蕙、廖朝陽、黃宗慧、龔卓軍譯：
　　　　　《拉岡精神分析辭彙》，頁 201。

1.語言是先於主體而存在的客觀條件……2.語言經驗是實際生活經驗的替代。〔註40〕

語言構成人類文明的一切條件，其具體呈現在歷史和文化的傳統，文學、音樂、傳說、神話、思想等等多種人類社會的產物，其集結成巨大的文化網絡。新生命的誕生，會受到先天存在的象徵文明的語言系統影響，人類也必須伏首學習語言符號，方能進入龐大的秩序之中；再者，人類學習語言為溝通工具之後，其替代鏡像時期使用哭泣吸引母親的溝通方式，語言確實在人與人之間產生聯繫，擴散至約定俗成般社會文化。然而，過度依賴語言成為工具的人類，也受到語言的箝制，語言經驗創造許多的人類生活經驗，人類無法突破這個語言系統，原始的需要（need）使用語言追求外在的需求（demand），肯定無法無條件得到所有的需要，因此分裂（split）必然產生。人類隨著年紀增長，分裂會越見擴大，而外在的「需求」產生的欲望即是能指，因此稱為「能指的狹谷」（defile of the signifier），在這個狹谷中，意義的處所明確指出象徵界的所在。

相較於「父親的名字」的隱喻意謂能指獨立於所指，兩者的關係是偶然性。在象徵界中，人類追求不同的欲望之間，也就是能指與能指之間是屬於換喻（metonymy），即「欲望就是換喻」。以「干戈即戰爭」為例子，「干戈」為中國古代作戰的冷兵器，干是保護身體免於刀劍攻擊的盾牌，戈則是以勾擊為攻擊方式的長柄兵器，兩者皆中國古代士兵作戰常用兵器。「干戈」與「戰爭」產生連接關係，假設：

$$\frac{S1}{s1}=\frac{音響形象：戰爭}{戰爭概念}$$

$$\frac{S2}{s2}=\frac{音響形象：干戈}{干戈的概念}$$

進行換喻過程如下：

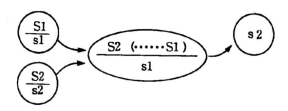

圖 12　換喻過程圖〔註41〕

〔註40〕王國芳、郭本禹：《拉岡》，頁167。
〔註41〕杜聲鋒：《拉康結構主義精神分析學》，頁80。

干戈因為是古代戰爭使用的兵器，此點與戰爭作為連結。干戈換喻為戰爭，因此 S2（音響形象：干戈）能指置放在 S1/s1 的上方，s2（干戈概念）所指被剔除，最後同為能指的 S1（音響形象：戰爭）與 S2（音響形象：干戈）並置在上方，共同擁有所指 s1（戰爭概念）。由此知道換喻是鄰近性，能指 S1（音響形象：戰爭）在換喻過程中沒有被排除，而是被保留，這樣才能使用兩個能指來共同指涉一個所指，也就是「戰爭」經過換喻之後，其本身的能指 S1（音響形象：戰爭）仍然可以指涉本來的所指 s1（戰爭概念）：

$$\frac{\text{音響形象：干戈S2}(\cdots\cdots\text{音響形象：戰爭S1})}{\text{戰爭概念s1}}$$

在「干戈即戰爭」的例子中，換喻的結果是能指與能指之間具有鄰近性、句段性、歷時性，干戈、戰爭的音響形象同時被保留。相較於此，不管是隱喻、換喻，所指容易被替換掉，如本例中的干戈概念被排除，僅僅留下戰爭的概念。拉岡依據換喻的概念，提出一個公式：

$$f(S\cdots\cdots S')S \cong S(-)s$$

圖 13　衍稱公式 [註42]

f S 為表義過程後的效應。S……S'為一連串能指間的連結；S 為能指，s 為所指；(−) 指索緒爾數學式中的隔離線（bar）；符號 ≅ 指「可以視為」。總述此公式為能指與能指的連接（亦可視為能指鏈），不會取消表義過程的內抗，隔離線會明確產生作用，新的所指不會藉此產生。以「干戈即戰爭」說明，干戈的音響形象與戰爭的音響形象連接，然而兩者能指與所指間的隔離線沒有被穿透，於是戰爭概念被保留，沒有所謂新的所指產生，因此是對意義的抵抗：

> 這就是換喻的結構，它表明是能指與能指之間的聯結，導致了可以使能指在對象關係中建立一個存在缺失的省略，同時又利用了意義的回指的價值來使能指充滿了企求得到它所支撐的缺失的欲望，放在（）之間的符號 − 在這兒表現了橫線 − 的繼續存在，在這個橫線在第一個算式中表示不可分解性，在這個不可分解性中構成了能指與所指關係中的對意義的對抗。〔註43〕

〔註42〕〔英〕狄倫‧伊凡斯（Dylan Evans），劉紀蕙、廖朝陽、黃宗慧、龔卓軍譯：《拉岡精神分析辭彙》，頁 192。

〔註43〕〔法〕拉康（Jacques-Marie-Émile Lacan），褚孝泉譯：《拉康選集》，頁 446～447。

主體對外在需求的欲望即是能指，不同的能指之間，永遠存在缺失，從需要到需求的分裂擴大，就呈現「欲望就是換喻」。每個欲望間是無意義的，包括「父親的名字」。此處需要說明，「父親的名字」以隱喻的方式中介鏡像時期嬰兒與母親的關係，然而當孩童成功學習到父親的規則、法律、秩序時，「父親的名字」本身就是能指的表現，並非互相矛盾，「這樣的父之名是一個基礎表記……基礎表記賦予主體認同，為主體命名，讓主體在符號層中取得地位」〔註44〕。語言過程的習得，代表他人眼中的「我」，透過語言作用實踐，每個人都有屬於自己的名字，這個名字是成為了聯繫世界的關係，所以「我」只是相對性質的「我」，他人眼中的「我」，沒有他人與自己來區分，就沒有我的存在。能指之間的轉換必然無法完全停止，沒有能指間相較的不同，即沒有辦法辨認價值。即是前文引述對象關係中「利用了意義的回指的價值來使能指充滿了企求得到它所支撐的缺失的欲望」的意思。

　　「能指在對象關係中建立一個存在缺失的省略」指在象徵界之中，「真實的父親卻經歷了一次『語言上的』、『象徵性的』死亡」〔註45〕：

> 父親的功能，雖然只由一個個人來代表，也集中了許多想像的和實際的關係，這些關係對於構成父親功能的象徵關係來說，或多或少的都是不足的。我們必須將父名視為這個象徵功能的承載。從遠古開始，這個功能就將父親本身與法律等同。〔註46〕

拉岡運用佛洛伊德講述「fort-da」（去——來）遊戲說明能指的存在缺失。兒童因為母親的消失，使用拋擲毛線球的遊戲來想像母親的歸來。當他拋出去的時候，發出「fort」（去）；把毛線拉回來的時候，發出「da」（來）。母親這一能指空缺的產生，兒童因應於此使用 fort、da 的符號代替，象徵化由此可見。

　　無論是母親的缺失，或者是兒童對母親的欲望對象轉移至真實父親的陽形，又或者是真實父親的死亡，進而接受「父親的名字」。從嬰兒到孩童，再到成人，主體性皆因為語言作用，把需要、需求間造成分裂（split），分裂越增越大，欲望轉移就是換喻般將能指間鄰近性追求永恆持續下去。「fort-da」遊戲不但預示「欲望就是換喻」，其在拉岡的精神分析詮釋後，有兩點關於能指指涉的事情，首先，主體必然會不斷追求能指：

〔註44〕〔英〕狄倫‧伊凡斯（Dylan Evans），劉紀蕙、廖朝陽、黃宗慧、龔卓軍譯：《拉岡精神分析辭彙》，頁201。
〔註45〕王國芳、郭本禹：《拉岡》，頁172。
〔註46〕〔法〕拉康（Jacques-Marie-Émile Lacan），褚孝泉譯：《拉康選集》，頁289。

> 他說：「人們不能不瘋狂，不瘋狂只是瘋狂的別一種形式。」這並不
> 是說，我們的文化是在創造性的主觀性之外的黑暗中前進，相反，
> 在更新象徵符號的人的交流中，主觀性從來就沒有停止過努力更新
> 象徵符號的常有的力量。〔註47〕

人類主體性從鏡像的自己，以至象徵界的「父親的名字」，能指間轉換更迭，能指間沒有意義，反證「欲望就是換喻」，主體從來都沒有停止追求能指，由此方能在他我不同間辨認主體，並且整合。鏡像時期的嬰兒如此，邁入象徵界的孩童如此，成人的世界亦如此，所有的「誤認」都是透過追求不同的能指完成，主體只會「瘋狂」永久。

再者，主體對能指追求來定義自我。就能指而言，它必須「存在缺失的省略」才能與主體建立對象關係，這也就是真實父親的死亡，嬰兒才能進入象徵界學習「父親的名字」；在「fort-da」遊戲中的母親要消失，孩童才會有拋擲、收回毛線球的動作。當追求能指的同時，前個能指將成為「存在缺失的省略」，而追求的能指對象亦是「存在缺失的省略」，主體的成長僅瘋狂異化於彼此不在場的能指對象。主體在追求能指的能指鏈上不可能得到完整的「真相」〔註48〕，欲望永遠無法停歇：

> Fort！Da！正是在其孤獨中幼兒的欲望成了別人的欲望，成了控制
> 他的另一個自我的欲望，其欲望的對象從此成了他的痛苦。
>
> 即時幼兒現在轉向一個想像的或真實的夥伴，他將看到他同樣的服
> 從於其話語的負面性，他的呼喚的功用在於使其夥伴消失；然後，
> 他會在逐出的示意中找出讓夥伴回到他的欲望的回歸的召喚。
>
> 這樣，象徵首先是表現為物件的被扼殺，而這物件的死亡構成了主
> 體中的欲望的永久化。〔註49〕

幼兒在孤獨之中，將欲望轉向別處，也就是引文中「別人的欲望」，此處非指欲望擁有者是別人的，而是幼兒的欲望呈現的對象在他人，即拋擲的毛線球。

〔註47〕〔法〕拉康（Jacques-Marie-Émile Lacan），褚孝泉譯：《拉康選集》，頁 295。

〔註48〕指涉關於欲望的真相，真相不會完全停留某種完全展演出來的狀態，而是辯證運動過程中漸漸被建構成立。與古典哲學完全對立，拉岡認為真理並不美好。每個真相都是絕對特殊性，主體的獨一無二的真理。〔英〕狄倫・伊凡斯（Dylan Evans），劉紀蕙、廖朝陽、黃宗慧、龔卓軍譯：《拉岡精神分析辭彙》，頁 362。

〔註49〕〔法〕拉康：《拉康選集》，頁 333。

這個「別人的欲望」明確控制幼兒自我的欲望，所以引文爲「成了控制他的另一個自我的欲望」。「他者的欲望」之所以成爲主體的痛苦，乃是欲望對象被主體視爲無法企及的對象，能指在象徵界中的缺失，主體的欲望才能回歸。換句話言，「欲望就是換喻」指涉能指間的轉移的無意義，正因爲透過主體的**呼喚，能指被取消，此取消導致主體明確，導致主體永遠追求不斷衍生的能指**，「誤認」永恆存在，自己或許也會以「能指」的形式處在象徵界，因爲只有相對性的「我」，能指、他者方是永恆的存在：

> 主體在象徵界中的意義，一方面是主體與他者的認識關係，另一方面在語言這一自主性的結構中主體會脫離能指鏈，而成爲飄無定所的能指，因此，主體實際上被取消或主體已「死」了。〔註50〕

三、力竭於逐的痛快——L 圖式

拉岡結合代數（algebra）、拓樸學（topology）的應用，在公元 1955 年提出 L 圖式（schema L）說明在精神分析學的論點：「潛意識是他者的話語」。L 圖式亦可以說明筆者介紹拉岡精神分析學的主體三層結構說之間的關係。L 圖式如下：

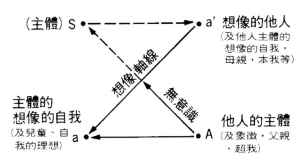

圖 6　L 圖式〔註51〕

S 爲主體，假如在鏡像階段，即是指嬰兒本身；A 爲他人的主體，即是「大他者」（Other），而大他者「指稱根本的他性（other-ness），因此它無法透過認同而被同化」〔註52〕，前文提到「父親之名」，以及在象徵界中的象徵秩序、語

〔註50〕 王國芳、郭本禹：《拉岡》，頁 175。

〔註51〕 杜聲鋒：《拉康結構主義精神分析學》，頁 115。

〔註52〕 〔英〕狄倫‧伊凡斯（Dylan Evans），劉紀蕙、廖朝陽、黃宗慧、龔卓軍譯：《拉岡精神分析辭彙》，頁 223。

言、律法、規則等能指都屬於主體永遠無法企及的絕對他者，所以具有根本的他性。

　　a'是 S 想像的他人，a'透過 S 的想像大他者（A）所成立，這個他人又稱爲「小他者」（other），「小他者是一個並不是眞正他者的他者，而是自我（ego）的反映與投射」〔註53〕；a 是主體想像的自我（ego），即是 S 以自己的想像建立的他人（a'），再以此想像的小他者想像出自我。鏡像階段的嬰兒無法確立主體，於是他看到鏡子中抱持自己的母親，以此想像出母親的形象（a'，小他者），並藉與鏡中母親的互動，認識到鏡中自己，然而鏡中自己的影像仍然是自己的想像，也就是主體的想像的自我（a）。相反的，前文提過 S、A 都可以是象徵界的能指，互爲相對性，a'也是 A 的想像的自我，a 是 A 對於 S 的想像出的他人。母親可以透過鏡中的嬰兒形象（a）看待互動關係的母親鏡中形象（a'）：

> 他人的這個形式與他的自我具有一個最要緊的關係，這個形式與他
> 人的自我是可以迭交的，所以我們把它寫作 a'。〔註54〕

由於 a'、a 都是想像關係建立而成，所以 a'a 線條稱爲「想像軸線」，此間關係總述主體都是以想像爲手段產生出他人（小他者），並依據帶有自我投射成分的小他者的眼光看待想像的自我，主體不得不降格至此想像關係，才能認識主體。就像嬰兒必須透過鏡中母親與嬰兒對視的鏡像行互動關係，嬰兒對此關係進行區別，鏡像中的嬰兒形象（想像的自我）方能帶給嬰兒接近主體，主體是必須在 a 的地方，即是想像的自我中認識自己：

> 主體在 a 點看到自己，因爲這樣它才具有一個自我。主體可能會認爲
> 這個自我就是它本身，但所有的人都聚集在這兒而無法擺脫。〔註55〕

當 S（主體）對 A（他人的主體）對話，S 無法直接傳達，而是停留至 a'a 所構成的「想像軸線」，意思是 S 將話語說給自身想像的 a'（小他者）聽，a'接收到 S 的話語，經過變形的狀態傳達給 a，也就是 S 不得不降格到 a，聽到帶有想像關係而變形的話語看待想像的自我。舉例說明，當 S 把「我是你的晚輩」的話語傳達給 A，實際上是 S 對著「A 是自己的長輩」作想像而產生出

〔註53〕〔英〕狄倫・伊凡斯（Dylan Evans），劉紀蕙、廖朝陽、黃宗慧、龔卓軍譯：
　　　　《拉岡精神分析辭彙》，頁 223。
〔註54〕杜聲鋒：《拉康結構主義精神分析學》，頁 117。
〔註55〕杜聲鋒：《拉康結構主義精神分析學》，頁 117。

的 a'說話（S 本身或許沒有意識到這個話語背後的想像基礎：「A 是自己的長輩」），a'由於自己想像產生的小他者，對著自己投射的 a'說話，當然是將「我是你的晚輩」的話語定位給 a（想像的自我）。至此，可以看到主體的異化來源於語言，主體只能透過一切的想像關係在語言當中異化：「人只是被語言俘獲，並倍受拷打的主體。」〔註 56〕。

　　A 在 a'接受到從 S 傳遞的話語，A 嘗試將 S 的部分話語回遞給 S，即是 AS 線條，稱為「語言之牆」（the wall of language），然而各自在語言之牆的兩端，A 傳給 S 的話語受到 a'a 構成的「想像軸線」干擾，無法到達 S，亦即 S 本身無法察覺。再以上述例子為例，S 將「我是你的晚輩」的話語傳給 A，其潛意識即「A 是自己的長輩」，事實亦即 S 建立這樣的想像的小他者（a'），回溯建立成想像的自我（a），可是 S 無法察覺這層潛意識，因為當 A 把 S 的潛意識話語「A 是自己的長輩」傳遞時，受到「想像軸線」阻擋，最終 S 只能從「想像軸線」回應自己的想像自我，「潛意識是他者的話語」的命題成立。S 從頭至尾的想像關係建立小他者、想像的自我之外，亦干擾語言之牆回覆的潛意識話語，潛意識便是「發話者從聽話者那兒以逆反的形式得到他自己的信息」〔註 57〕。

　　由於語言經驗代替生活經驗，人的思維可以透過語言表達出抽象的東西，同時也被語言箝制，語言的出現統整想像界的妄想功能時，人的潛意識同樣被壓抑、箝制。在拉岡看來，潛意識的嶄露必須向上述 L 圖式證明一樣，主體的潛意識必須透過外在的能指網絡中找尋，追尋不同的絕對他者，能指的變更皆會以「他人的話語」傳遞主體的潛意識。這已經不似佛洛伊德偏向於生物性的潛意識，拉岡透過結構語言學詮釋屬於他認為的潛意識。而 A 既然無法把潛意識直接傳回 S，亦如 S 無法把話語直接傳給 A。此指引 A 的訊息迴避 S，S 只能從他處（a'）聽到轉變形態的潛意識話語「A 是自己的長輩」，並且在 a 處聽到，最終無論是 a'a、AS、Aa，潛意識「A 是自己的長輩」都 S 都無從知曉。這樣的狀態，拉岡認為是根本存在的狀態：

　　以一句「你是我的妻子」，主體肯定了他是婚姻中的丈夫。

　　這就是最根本的形式，所有人類言語都由這個形式而來，而不是

〔註 56〕　王國芳、郭本禹：《拉岡》，頁 168。
〔註 57〕　〔法〕拉康（Jacques-Marie-Émile Lacan），褚孝泉譯：《拉康選集》，頁 311。

發展到這個形式。〔註58〕

此處稱之爲「不是發展到這個形式」，在拉岡的觀念看來，象徵界是語言先於主體，而不是主體發展出語言，潛意識才會散布在各個語言作用的能指之中。主體想要從想像界進入到象徵界，便要脫離想像關係 a'a，就像鏡像階段的嬰兒，自己與母親的第一次同化敲碎，認同父親的介入，方可進入象徵界；在象徵界中，「語言之牆」表置在潛意識之上，令人無法察覺，因爲語言的象徵系統產生文明，壓抑潛意識，主體間追求的能指又必然是想像關係建立，S只能在 a 的地方接受話語。

拉岡受到海德格（德語：Martin Heidegger，公元 1889～1976 年）的語言思想影響，其將言語分成「充實言詞」（full speech）、「空白言詞」（blank speech）。「充實言詞就是充滿意義的言詞。空白言詞則只有表義過程」〔註59〕。充實言詞即是接合語言的符號向度，在 L 圖式中的 AS 線條，潛意識回往的線條、能指屬於此；空白言詞與語言的想像向度有關係，在 L 圖式中的 a'a 線條。空白言詞不完全是謊言，其常常流露出眞相。當兩者的對話趨於答非所問，沒有實際的交流意義，在空白言詞之下的眞實言詞或許是對話背後的意義，爲何兩者會不斷答非所問？因爲雙方都感到心虛？還是雙方都各持己見，有自己認爲十分重要的東西？對話背後的眞實言詞在空白言詞的形式中表現出眞相。表義過程和所指亦屬於空白言詞。空白言詞時常以想像關係造成異化、不可信的形式阻擾眞實言詞。〔註60〕舉個例子說明，情侶之間的分手，其中一方說：「我不想讓彼此難堪，所以不打算說出話語傷害你」，這句話的眞實言詞是指：「彼此都處在難堪的境地，我想要讓你知道」。說話當事者可能不曾察覺眞實的潛意識，仍然以想像關係置於爲對方著想的論述框架，這即是空白言詞遮蓋眞實言詞，空白言詞沉溺在自我建立的秩序。

無論眞實言詞、空白言詞都是以建制言詞（founding speech）〔註61〕的方式產生，上述「我是你的晚輩」的例子，將眞實言詞逆反出現實：「你是我的

〔註58〕〔法〕拉康（Jacques-Marie-Émile Lacan），褚孝泉譯：《拉康選集》，頁 311。

〔註59〕〔英〕狄倫・伊凡斯（Dylan Evans），劉紀蕙、廖朝陽、黃宗慧、龔卓軍譯：《拉岡精神分析辭彙》，頁 321。

〔註60〕王國芳、郭本禹：《拉岡》，頁 61。

〔註61〕象徵界能指符號包圍主體，建置關於主體的主體、雙親、鄰居、社群等整個結構的一切。〔英〕狄倫・伊凡斯（Dylan Evans），劉紀蕙、廖朝陽、黃宗慧、龔卓軍譯：《拉岡精神分析辭彙》，頁 109。

長輩」；又如「我不想讓彼此難堪，所以不打算說出話語傷害你」的例子，空白言詞明顯阻擾眞實言詞。兩個例子都是以建制言詞的方式產生：

> 包圍著主體的建制言詞，指的是構成他、他的雙親、他的鄰居、他社群整結構的所有一切，建制言詞不只將他變成符號，更構成了他的存有。〔註62〕

因此象徵界中的語言作用，無論是空白言詞、眞實言詞都會被建制言詞構造產出，而眞實言詞不曾被察覺出，又或者空白言詞圍繞主體，干擾變形主體，這些都會發生在象徵界：

> 這就是：言語中總是主觀地包含著它的回答；所謂「如果你沒找到我，你就沒有我」的說法是驗證了這個眞理；這就是爲什麼在偏執地拒絕承認時，難言之隱是以反語的形式而出現在迫害的「解釋」之中的。

> 再說，當你因碰到了一個和你說同樣語言的人而興高采烈時，你的意思並不是說你們是在所有人的言談中相遇，而是說你們是由一種獨特的言語相連。

> 這樣我們可以看到語言和言語的關係中的內在對立。隨著語言變得越來越功能性，它就變得越來越不適合於言語，而當它變得太獨特時，它又失去了其語言的功能。〔註63〕

語言（法語：langue）指進行編碼符號的社會性設制；言語（法語：parole）爲個人具體所說的語言。〔註64〕個人的言語展示出空白言詞，也隱含眞實言詞，確實可以印證眞理。「我是你的晚輩」的例子中，隱含著他者爲長輩的眞相，潛意識中是他者爲長輩的欲望；然而許多時刻所發生的是獨立引文所說的「難言之隱是以反語的形式而出現在迫害的『解釋』之中的」。上述例子「我不想讓彼此難堪，所以不打算說出話語傷害你」爲典型寫照，因爲主體容易以爲空白言詞是眞實言詞，想像界中的想像關係去想像自我的秩序，把自己看待成客體所在。由此獨立引文第二段所說就算兩人互相言語產生關係，也會將空白言詞誤認爲眞實言詞，並不將「獨特的言語相連」視爲兩人興高采烈的原因，空白言詞的閒聊容易指涉兩人的關係，所以「我不想讓彼此難堪」

〔註62〕 杜聲鋒：《拉康結構主義精神分析學》，頁109。
〔註63〕 〔法〕拉康（Jacques-Marie-Émile Lacan），諸孝泉譯：《拉康選集》，頁311。
〔註64〕 杜聲鋒：《拉康結構主義精神分析學》，頁56。

容易掩蓋說話者的潛意識。拉岡道出語言、言語兩者的內在對立，主體的潛意識附著在象徵界的能指網絡上，隨著語言太過趨於功能性，空白言詞佔據語言，越來越不適合真實言詞般潛意識有意義的交流；反向言之，人的潛意識正是因為語言的壓抑所產生，如若沒有這些能指幫助主體對他者做客體上不在場的指涉，語言就沒有社會性設制與他者繫上聯繫的功能。

　　將空白言詞轉向真實言詞，主體必須有自覺放棄自己想像的自主性，將主體轉變為他者，不再依照自己的想像關係，看待自己為客體，超越自己的語言，並且與他者進行對話。在 L 圖式的 S（主體）被置放在四個點當中的左上角，在理論中的操作，S 充其量只是語言的玩牌和工具〔註65〕，空白言詞、真實言詞都未曾前往 S，而是傳遞 a（想像的自我）。至此，拉岡的反人道主義立場明顯，其解構主體性，視絕對他者（大他者）為潛意識準備回返的地方。

　　相較於主體在象徵界的語言作用下，追求能指的樣態近似詭譎，主體三層結構說的實在界（The Real）就難以捉摸言清。實在界獨立於想像界、象徵界之外，象徵界之所以多變詭譎，原因在於象徵界的語言秩序會有顯現與缺位的語言對立，就如空白言詞、真實言詞的狀態般，象徵界的語言符號秩序便會錯失某些事物的可能〔註66〕。象徵界與想像界會共同組構現實；實在界卻沒有任何缺位，所以無所謂遺失東西，它包括主體在象徵界所產生的焦慮、創傷和幻覺：

　　　是詞語的世界創造了事物的世界——事物原本是隨時隨地混融於所有發生過程的此時此刻之中。〔註67〕

更可以看待主體在象徵界的語言缺口中，所流失無法言說的經驗，這些經驗是早先鏡像階段的想像界般原始的東西，可以是原始欲望的需要（need）、潛意識之類被語言代替哭聲所箝制的東西，所造成主體異化之後的「剩餘物」：

　　　拉岡對實在界概念的定義不能和現實混為一談，現實是可知的，但是對拉岡所講的欲望主體來說，現實完全是一個幻想的層面。……實在界是指語言的秩序內（即象徵界內）所缺乏的，是指所有的言

〔註65〕 王國芳、郭本禹：《拉岡》，頁 180。
〔註66〕 〔英〕狄倫・伊凡斯（Dylan Evans），劉紀蕙、廖朝陽、黃宗慧、龔卓軍譯：《拉岡精神分析辭彙》，頁 268。
〔註67〕 〔英〕狄倫・伊凡斯（Dylan Evans），劉紀蕙、廖朝陽、黃宗慧、龔卓軍譯：《拉岡精神分析辭彙》，頁 268。

語中所無法徹底消除的剩餘成分。〔註68〕

因此主體的焦慮、創傷和幻覺屬於實在界，實在界不只有包括這些象徵界中能指鏈的跌落之物（the fallen），其也是指涉欲望的原因，即是促發主體欲望動機的對象，是驅力的局部對象（part-object）〔註69〕，稱之為小對形（objet-a）〔註70〕。總述小對形的指涉，即主體在象徵界行語言作用後，沒有使用價值的剩餘物，卻是構成主體的標記存在，主體因為對此熟悉、習慣，而抱持不放，所以視為主體將能指作為欲望對象的原因。換句話言，實在界會抵抗象徵界，然而必須有主體在象徵界產生異化之後而存在。

以 L 圖式說明：

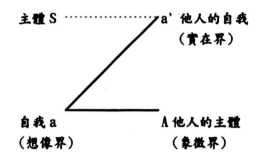

圖 14 L 圖式 2〔註71〕

a 為想像關係中的自我，屬於想像界；A 為 S（主體）所追求的大他者，以語言作用實踐，A 屬於象徵界；a'以 S 自己的想像關係建立的「他人的自我」，理應屬於想像界，為何處在實在界？原因在於 a'所構築的是「他人的自我」，意思是 S 以語言作用區分與己差別的經驗，這一差別為象徵界無法概括包容，

〔註68〕 王國芳、郭本禹：《拉岡》，頁 177。
〔註69〕 拉岡說明局部對象：「不是因為這些對象是一個完全對象的局部，而是因為它們僅局部代表製造了它們的功能」，在潛意識中，對象的快感功能被取代，但是生理的功能無法。這些被認為的「局部」是語言的表義系統決定。後指涉為主體欲望的對象，局部在聲音、視線、乳房與糞便。請參詳〔英〕狄倫·伊凡斯（Dylan Evans），劉紀蕙、廖朝陽、黃宗慧、龔卓軍譯：《拉岡精神分析辭彙》，頁 227。
〔註70〕 小對形在拉岡精神分析學之中，前期指涉能指，即是欲望的對象，屬於象徵界。後期漸漸帶有實在界的成分，為本文中的介紹。請參詳〔英〕狄倫·伊凡斯（Dylan Evans），劉紀蕙、廖朝陽、黃宗慧、龔卓軍譯：《拉岡精神分析辭彙》，頁 211。
〔註71〕 王國芳、郭本禹：《拉岡》，頁 180。

S 對於象徵界的大他者作語言秩序聯繫彼此不成，才有 a'的產生。a'儘管是 S
自己建立的差別，亦可以看成是無法包括象徵界中 A 的剩餘物，所以 a'不等
於 A，而 a'屬於實在界。

　　鏡像階段的嬰兒（S）以想像關係把與己差別的母親形象（a'）建構出來，
可是母親形象不等於象徵界中的「父親的名字」（A），嬰兒雖然靠母親形象建
立想像的自我（a），並有了初次的自我形象。這層關係被父親以「隱喻」的方
式介入，第一次同化一定會敲碎，嬰兒要轉移學習象徵秩序的語言制度，邁
入象徵界。依靠「欲望就是換喻」，不斷追求能指鏈中的能指，潛意識亦透過
能指以主體無法察覺的形式逆反給主體，空白言詞、真實言詞的形式交疊、
錯綜和往復。從能指鏈中遺落的剩餘物，沒有使用價值，卻是主體執著其中，
只為了享受其樂趣，似嬰兒想靠想像佔有母親，其遺落的剩餘物沒有實質價
值，嬰兒仍然沉溺於此，此狀態稱為「痛快」（法語：jouissance）。

　　主體為了快感而生，之後在想像界因為父親被引入，主體受到閹割，邁
入象徵秩序，快感原則隨即產生。主體因為快感原則將神經刺激量降至水平
標準，所以快感原則與禁制、律法相關，屬於象徵界。拉岡依照佛洛伊德的
精神分析所面臨的許多案例：人們不會因為過錯而改變，往往會重複錯誤，
宿命般陷溺於泥沼之中。「重複」（repetition）屬於死亡驅力，會以各種方式干
擾主體必須依靠在象徵界中的生活。拉岡將之命為「痛快」，主體被閹割進入
象徵秩序，痛快仍然有惰性，不得不逾越快感原則，沒有使用價值，卻享受
其中。逾越快感原則帶來的痛苦大於快樂，即「痛苦的快樂」〔註 72〕，痛快
另有別的樣態發生：「正是禁令本身創造了想要逾越它的欲望，因此痛快基本
上就是僭越的」〔註 73〕，不單單僅止於主體對能指的強求，也有主體想要逾
越禁令的欲望，此處與佛洛伊德的死亡驅力作連結。痛快無法被象徵界包含，
其突破象徵界的缺口，痛快屬於實在界。

　　實在界作為象徵界缺口遺漏之物，其可以是欲望標記的對象；可以是主
體間差別的事實；可以是主體在象徵界中的焦慮、創傷和幻覺；可以是逾越
禁令的痛快；可以是促發欲望對象的原因、驅力（小對形），在在指示其是不
可言喻、無法被語言定義的完整體。總述實在界是欲望的來源，它永遠都會
在場，譬如嬰兒與母親、父親的差別的事實；人與人互動時，促發欲望的原

〔註72〕〔美〕狄倫‧伊凡斯：《拉岡精神分析辭彙》，頁 152。
〔註73〕〔美〕狄倫‧伊凡斯：《拉岡精神分析辭彙》，頁 152。

因；人一直沉迷於無意義的習慣。主體與能指之間的無法言說的領域即是實在界的存在，欲望的來源永遠在場，其與象徵界不同，象徵界如「fort-da」遊戲般能指的不在場，主體才會去追求不在場的能指，意思是能指就算不在場，主體依然會追求，真實父親之死，孩童依然會追求象徵父親的秩序、語言和律法。

四、痛快奔至的真相——主體三層結構說的總結

最後以拉岡在公元 1972～1973 年將波羅米歐三環結（Borromean kont）展開想像界、象徵界、實在界的依賴關係作為本節對主體三結構說的總結，波羅米歐三環結（下文簡稱波氏結）如下：

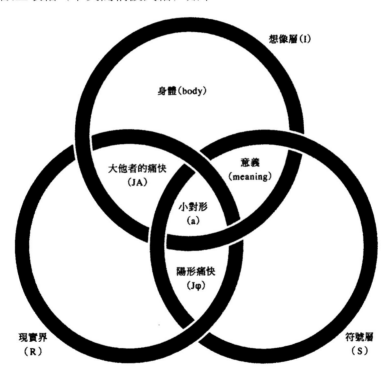

圖 15　波羅米歐三環結（Borromean kont）〔註74〕

想像界（The Imaginary order，簡稱 I）的鏡子階段理論論述嬰兒在同化間的變化，嬰兒依靠鏡中的身體（body）互動，產生自身以外，包括空間、

〔註74〕〔英〕狄倫・伊凡斯（Dylan Evans），劉紀蕙、廖朝陽、黃宗慧、龔卓軍譯：《拉岡精神分析辭彙》，頁 32。

母親的觀察，藉由觀察統整自己與母親的關係：母親與我是整體的。這個整體性可以是爲第一次同化，對於嬰兒來說是正常現象，嬰兒無法靠己身完成的事情，透過哭聲吸引母親，母親的幫助帶來嬰兒的安穩，嬰兒視母親爲己身的延伸。緣此因故，嬰兒認爲己身能滿足母親。嬰兒與母親的關係完全依靠想像關係建構，其脆弱性可想而知，當「父親之名」以隱喻的方式中介兩者，嬰兒的第一次同化破碎，「誤認」同時發生，此後「誤認」會不停的發生在主體追求能指這件事情，其構成主體的產生。嬰兒認知母親的欲望是父親的陽形，遂追求學習象徵父親的秩序、法規、文化和語言，這便是第二次同化。藉由學習成長，原本完全的想像關係轉而使用語言表達，語言代替哭聲，意義（meaning）因而產生，主體正式邁入象徵界（The Symbolic order，簡稱 S）。

主體使用先於主體存在的語言與外在能指產生聯繫，從想像界時期，主體就已經是依靠他人的眼光建構主體，在象徵界依然如此。不同的是，在象徵界中的主體不斷透過追求不在場的能指來建構主體本身。「誤認」（misrecognition）已經是必要的行爲，也由於透過追求他者的過程中，主體的潛意識從主體的話語以逆反的方式產生，任何相遇的能指與主體的建制言詞（founding speech），無論是空白言詞、充實言詞都具有潛意識的存在。「欲望就是換喻」指涉能指間的獨立性，所指無法超越隔離線。然而，儘管潛意識的存在會不停回覆給主體，主體卻被空白言詞所遮蔽，本來是使用語言（法語：langue）產生意義，最後主體個人的言語（法語：parole）被淹沒其中，主體被外在的能指網絡箝制住，這層箝制可以有佛洛伊德說的快感原則、拉岡言明的現實原則，其意義在於使主體的神經刺激量降至水平，主體才能有「還原傾向」。隨著箝制愈深，主體愈感能指的無望，也就是追求能指間的主體不安於其中。主體未在於黏扣點（法語：point de capiton），無法憑依黏扣點回溯其中，能指、所指沒有共列的面向，無法產生隱喻，能指無法跨越隔離線（bar）進入到所指。〔註75〕

主體對於禁制、箝制帶來的安穩意義就會被具有死亡驅力般的痛快（法語：jouissance）取代，把還原傾向轉變爲「重複傾向」。爲何人會不斷的犯錯？這些「錯」的產生是象徵界的能指導致，也就是律法規定這些「錯」，且犯錯

〔註75〕〔英〕狄倫・伊凡斯（Dylan Evans），劉紀蕙、廖朝陽、黃宗慧、龔卓軍譯：《拉岡精神分析辭彙》，頁 249～250。

的地方都相類似。「重複傾向」即是說明這種現象：主體爲了確認黏扣點，將強求所指進入到能指，己身方可穩固。主體不回應「爲何是錯的」的問題，其以「重複的犯錯」的行爲作爲回應，強求能指與己身結合。痛快帶給主體痛苦，卻使主體處在破除禁制、產生間性矛盾的**確立主體的愉悅**。事實上，拉岡認爲語言的產生就是要提供主體痛快的機制。語言使主體工作，其提供不會失敗的痛快，「現實只有透過語言才得以面對，而語言也就是獲得享受痛快的機制」〔註76〕。因爲是象徵父親之名的律法、文化、禁制和語言，象徵界與實在界（The Real，簡稱R）的交錯即是陽形痛快，意味主體痛快回應箝制其身的語言。

主體在象徵界與能指間的經驗差別、無法歸類於能指鏈中的東西，都屬於實在界，包括主體跨越禁制的行爲，不屬於象徵界的能指規範，陽形痛快才會位於象徵界與實在界的重疊處。值得說明的地方在於能指間的經驗不屬於現實，就算是現實，也只會是主體建構而出的現實，由此實在界不能直接等同於現實。舉例說明，在L圖式中，主體（S）追求大他者（A）的同時，主體建構出自身想出的大他者形象（a'），a'與A有明顯的差別、也與S有顯著差別，a'這層差別的形象位於實在界，不過所有的一切，都屬於主體的想像，所以實在界不能等同於現實。

想像界、象徵界和實在界的交匯處是小對形（objet-a），小對形在每個階段都有屬於的特殊位置，其代表主體在每個階段的追求，亦可以視爲在各階段永恆追求不至的存在。主體在想像界之時，小對形被視爲局部對象（part-object），想像出鏡子中的理想自我，鏡中之影可以視爲欲望對象；位在象徵界之時，即是能指鏈遺落之物，拉岡將此與「寶物」（agalma，代表光榮、裝飾、獻給神的犧牲，或是神的小雕像的希臘詞彙），其從柏拉圖（古希臘語：Πλάτων，約公元前427～前347年）《饗宴篇》擷取的詞彙，意思是隱藏在無價值的盒子中的珍貴物品，即是主體在尋中能指、他者中的欲望對象；在實在界的小對形指涉主體自我建構的現實中，其欲望對象的促發原因。痛快是驅力圍繞小對形導致產生的，其亦是可以使主體焦慮的對象，無法化約的力比多的保留處。總述小對形在三界的重要性在於表達主體在各界追求之物，

〔註76〕劉紀蕙：〈知識、眞理、愛與 *Jouissance*〉，頁7。搜尋日期：2018年09月04日，https://goo.gl/dV4Srj。

其永恆在場引導主體去追求。〔註77〕

　　想像界、象徵界和實在界透過波氏結（Borromean kont）清楚總結三者間的關係，此三者是共同存在於主體，非階段性時期。主體透過想像建立的關係為想像界；建立關係的依賴在於外在語言網絡，並透過逆反得知主體的潛意識，這是位在象徵界；能指的突破、遺落，主體想要引發死亡驅力般痛快，又或者間性的差別經驗皆是位於實在界。〔註78〕

第二節　欲離「假」面之臉──光影投合之「真」

　　瑞士心理學家卡爾・古斯塔夫・榮格（Carl Gustav Jung，公元 1875～1961 年）與著名的精神分析心理學家西格蒙德・佛洛伊德的關係密切，亦師亦友，其心理學理論深受佛洛伊德的影響。然而，榮格對於佛洛伊德偏向泛性論的精神分析理論不以為然，不只如此，榮格在自我（ego）、潛意識（unconscious）、情結（complex）和能量系統的看法有屬於自己的創見，且肯定陰影（shadow）之產生與人格面具（persona）之必要，此節梗概介紹榮格的精神分析理論。

一、遊於「潛意識」之海──浪裡「意識」浮舟

　　每個人從出生之際，便有意識的產生，嬰兒時期的意識屬於片段性，每個片段性的意識沒有由自我（ego）統一管理，僅僅是被自我分散開來，嬰兒的本能和情感偶爾喚醒它的時候方隱約表現於生命中，孩童時期亦復如是。小時候的記憶模糊不清，有時候費力回想自己幼兒時期發生的事情，不如碰巧看到幼兒時期曾經使用的器具來得有效果，原因於此。人類隨著年紀增長，意識慢慢成為統一體，自我可以明確控制，在意識範圍內的東西，自我有能力進行篩選。自我與意識的關係可以看成鏡子與房間的關係，「意識被認為比自我要寬泛的品類」〔註79〕。

　　意識是清醒狀態的場域，面對環境周圍的相對刺激，觀察記述外、內在

〔註77〕小對形（objet-a）的介紹請參詳《拉岡精神分析辭彙》。〔英〕狄倫・伊凡斯（Dylan Evans），劉紀蕙、廖朝陽、黃宗慧、龔卓軍譯：《拉岡精神分析辭彙》，頁 211 ～212。

〔註78〕欲了解「大他者的痛快」，請參詳劉紀蕙：〈知識、真理、愛與 Jouissance〉。

〔註79〕〔美〕莫瑞・史坦（Murray Stein），朱侃如譯：《榮格心靈地圖》（台北：立緒文化事業有限公司，1999 年 10 月），頁 21。

世界，意識不只人類擁有，動植物也有意識的存在。自我即位於場域的中心，其負責篩選進入意識的東西，人類感到不舒服、痛苦和不重要的事物會被自我篩汰出意識，這些被篩汰的記憶進入到人類的潛意識中。人類的自我具有反思的功能，與其他動植物具有差異：

> 其他物種也明顯的想要生存和控制它們的環境，它們有情緒與意識的跡象，同時也有意向性、真實測試、自我控制以及其他許多我們認為與自我有關的功能。但是動物在其意識中不具備這種自我反映的功能，或只有極少的成分。牠們的不是那麼自我。牠們知道自己的存在、將分別死去以及是分立個體嗎？〔註80〕

人類嬰孩時期近似這種狀態，「意識就像一個房間，圍繞著暫時停駐其中的心靈內容。意識先於自我，自我則變成它的終極中心。」〔註81〕自我可以說是決策、意志的存在。當我決定要去公園運動，自我已經做了這個決定，於是動員身體與能量去進行此事，進行途中，自我會訂定優先秩序，排除「去公園運動以外讓你分心的事情」；又或者，今天受到別的事情影響情緒，不小心遷怒周遭的朋友，事後自我進行反思，悔不當初。由此，自我的重要性在此展現，自我的決策、反思使我們能不同於動物的生存方式，相較於此，比較不受到本能的強迫性所影響。

　　人類既然沒有被遷就於強迫的本能性，那為何會有上述兩個例子中「分心的想法」、「遷怒於人」的狀態產生？原因在於自我在意識當中的能量，因為緊張、畏懼、受挫等情緒影響，被引導至潛意識之中，使得潛意識中被壓抑、篩選、不容於外在環境的東西進入至意識的領域，干擾自我意識具有理性、邏輯的思維，這些看似魔鬼、小精靈的東西，即是「情結」（complex）。情結會受到外在世界的相對刺激，進而產生連結被召喚呈現。在嚴肅的場合，卻想要噗哧一笑；歡樂的宴會上，孤獨感不禁倍增；在工作之際，內心早已飄到別的地方；想要努力處理事情，卻被內心的空虛感啃嚙……相處在不同的環境，要表現出相對應的態度，這是理性上的思維，也是正常秩序的產生，現代人的現代化生活必須具備的特質。然而，並非每件事都能稱心如意，沒來由的情緒干擾自我意識的運作。這些大大小小的情結無法完全被預測，因為它們的性質：

〔註80〕〔美〕莫瑞・史坦：《榮格心靈地圖》，頁29。
〔註81〕〔美〕莫瑞・史坦：《榮格心靈地圖》，頁23。

在以感受爲基礎的內容周圍存在著某些心理要素的組合。我把這些
心理要素的組合叫做「情結」。以感受爲基礎的內容、情結包含一個
核心要素以及大量次級聯想。核心要素包含兩個成分：第一個是被
經驗決定，並與環境有因果聯繫的因素；第二個是內在於個人的性
格，並被其性情所決定的因素。〔註82〕

以感受爲基礎的心理要素，所包圍的核心要素是情感，情感會造成「幽冥參
與」、「神秘參與」（法語：participation mystique），這個專有名詞是榮格從法國
人類學家呂西安・列維——布魯爾（法語：Lucien Levy－Bruhl，公元1857～
1939年）借用而來：

幽冥參與指的是個人意識與周遭環境之間的一種認同，沒有察覺到
個人是處在這樣的狀態中：意識與個人認同的對象神秘的合而爲
一。〔註83〕

一輛開了三十年的愛車；在沙灘上裝瓶沙子作爲紀念；運動明星的簽名球；
祖傳的家族之寶……這些皆是個人意識的情感投射，撤除情感投射，只是一
台舊車、沙子、球類、物品，對此的認同使當事者與其合而爲一，當這些東
西受到損壞，當事者會身如其物，感到非常不愉快、不舒服，甚至影響其他
生活作息，這是現代人的幽冥參與。在此需要注意的是，引文沒有提到潛意
識的關係，但實際上幽冥參與便是個人意識遭受到周遭環境的刺激，與對象
物產生聯繫，這層聯繫是個人沒有察覺的，即是潛意識當中的情結是無法明
確感知的，是情感爲主要的感受核心。

潛意識（unconscious）「是一個心理學上的邊界概念，它涵蓋所有這樣的
心理內容，或者說擁有所有不是意識的內容」〔註84〕，屬於非意識的內容。
換言之，潛意識是無法感知的，它透過經驗之後，回溯尋找其痕跡，方可發
掘它的存在。「幽冥參與」小從日常生活中對物體的情感投射，大至宗教的認
同皆屬於此類。原始部落的圖騰崇拜是幽冥參與的典型寫照，榮格曾經表示
南美洲某些印第安人明確認爲自己的部落是紅鸚鵡的後代，可是他們知道自

〔註82〕〔瑞士〕卡爾・古斯塔夫・榮格（Carl Gustav Jung），關群德譯：《心理結構
　　　　與心理動力學》（北京：國際文化出版公司，2011年5月），頁8。
〔註83〕〔美〕莫瑞・史坦：《榮格心靈地圖》，頁231。
〔註84〕〔瑞士〕卡爾・古斯塔夫・榮格（Carl Gustav Jung），儲昭華、沈學君、王世
　　　　鵬譯：《心理類型——個體心理學》（北京：國際文化出版公司，2011年5月），
　　　　頁366。

己沒有羽毛、翅膀和喙子；〔註85〕另個例子是榮格在東非埃爾貢山（Mount Elgon）與埃爾貢人發生的事情，日出的時候，埃爾貢人會在手掌心上吐口水，雙掌向上對著太陽說：「我們很高興，因為黑夜已經過去。」他們表示講述太陽的名詞 adhista 也具有上帝的意思。榮格問：「太陽是上帝嗎？」他們否定認為，並且認為這是很愚蠢的問題。然而當太陽升至高空中，榮格詢問：「太陽在天上的時候你們不認為是上帝，可是從東方剛升起時卻認為是上帝，為什麼呢？」埃爾貢人感到非常尷尬，老酋長開始解釋：「太陽剛升的時候是上帝，已經在天上的時候，並不是上帝。」〔註86〕這兩個例子都無法以自我意識的理性思維解釋，這是因為在原始初民的生活即是依靠潛意識的流動作為調整依據：

> 在原始人那裡不存在我們觀念中的主體與客體的絕對區分。外部世界發生的事情也在他內心世界裡發生，他內心世界發生的事情也在外部世界發生。〔註87〕

意識是醒覺狀態的場域，潛意識與之相反，無法清楚界定它，只能知曉它是本能性、非理性和象徵特質，這在成千上萬的精神病理經驗得知。原始初民以極具象徵的概念看待潛意識，所以他們的精神可以「物質化」，具體表現實際物體上；他們也可以把物質「精神化」，上述例子即是如此。

　　原始初民以潛意識為基礎概念看待外在世界，導致與現代人的邏輯性思維完全相反的傾向，現代人重視的理性、效率、科學、明確的特質，他們非如此了解，「留在心理中的形象不是暴風雨，不是電閃雷鳴，不是雲和雨，而是它們所喚起的情感，所引起的幻想。」〔註88〕情感是原始初民著重的地方，為了轉移潛意識的能量，不惜以複雜的儀式舉行。榮格舉澳大利亞原住民瓦坎蒂（Wangai）人為例子，瓦坎蒂人在春天的時候會舉行儀式。他們在地上挖一個洞，周圍放置灌木，讓洞穴看起來像女性的生殖器。然後男人們圍著洞跳舞，將握在手上的長矛置於身體的前方，仿效男性的陰莖。邊跳舞邊向洞穴擲出長矛，進行中需大喊：「不是洞，不是洞，是──」過程中的男人被

〔註85〕〔瑞士〕卡爾・古斯塔夫・榮格（Carl Gustav Jung）編，龔卓軍譯：《人及其象徵：榮格思想精華》（新北市：立緒文化事業有限公司，2013 年 8 月），頁 30。

〔註86〕〔瑞士〕卡爾・古斯塔夫・榮格：《心理結構與心理動力學》，頁 108。

〔註87〕〔瑞士〕卡爾・古斯塔夫・榮格：《心理結構與心理動力學》，頁 108。

〔註88〕〔瑞士〕卡爾・古斯塔夫・榮格：《心理結構與心理動力學》，頁 108。

規定不能看女人。〔註 89〕將土地所挖的洞類比為女人的生殖器，為了讓這個幻覺不受到本能的真正對象干擾，過程不可以看女人。讓土地懷孕是這個儀式的重點，類比男女交媾的過程，由此讓土地成了有一定心理價值的對象，心態上會忙於土地的事物，甚而將注意力集中在土地上，此為耕種的首要條件。相較地，現代人使用自我意識中的「意志」便能簡潔有力進行耕種，不似瓦坎蒂人依賴潛意識，藉由儀式將深層情感釋放，以盲目的暗示強壯自身的不安全感：

> 由於我們在日常經驗中必須盡可能精確地把事情陳述出來，我們因而學會了棄絕我們語言和思維中附帶的幻想成份，也因而失去了至今在原始心靈中仍留存著的一種特質……我們的生活世界中，事物已經被剝除了心理學家所稱謂的心靈認同或「神秘參與」，其實正是潛意識聯想到的光暈，為原始世界給出了多采多姿、狂野想像的向度。〔註90〕

棄絕幻想成分的現代人，榮格以感慨的口吻警惕著：

> 現代人不了解，他的「理性主義」已經把他推向可憐的心靈「陰間」。現代人讓自己從「迷性」中解脫（或者他以為他已解脫），但他也同時失去了他的精神依歸，心靈空虛到了無以復加的境地。他的道德與精神傳統已然解體，現在，他正在為這項全球性的迷失、分裂與崩潰付出代價。〔註91〕

現代人的理性擴展，從黑格爾以降的叔本華、尼采開始，將人類主體比擬超人，以強大意志替代原始思維，近似「理性的狂妄」口吻，表態上帝已死之絕對事實，其也帶來德國的災難；再以個人主體而言，後現代的瀆神文化，自我極端膨脹，我即是上帝，一切事物的仲裁者，掌控慾由此越發強烈，無視潛意識的情結干擾、提示，對於陰影完全沒有抵抗力，容易被蒙蔽其中。然而，榮格非胡亂批評現代的意志，其肯定意志所帶來的好處：

> 一切無意識的功能都具有本能的自主性，而本能總是導致衝突，或因為其強迫性，其過程不受任何影響，即使存在危及個體生命的情況。與此相對的是意識能夠讓一個人更有條理並限制自己的本能，

〔註89〕〔瑞士〕卡爾・古斯塔夫・榮格：《心理結構與心理動力學》，頁 30。
〔註90〕〔瑞士〕卡爾・古斯塔夫・榮格：《人及其象徵：榮格思想精華》，頁 96～97。
〔註91〕〔瑞士〕卡爾・古斯塔夫・榮格：《人及其象徵：榮格思想精華》，頁 37。

　　因此意識是不可或缺的。人類的意識能力使人成之爲人。〔註92〕

自我在意識場域產生的意志能幫助現代人不受到本能的強迫性，相較於現代人對性的曖昧（佛洛伊德專門研討）的問題困擾著，原始初民更受到飢餓的本能牽制。唯有提供營養來滿足生理條件的運作，是原始初民面對的重大危機，如此應驗上述瓦坎蒂人將人類交媾類比土地懷孕的儀式。況且，原始初民的複雜儀式所聚積的能量非常稀少，不若現代人的意志強烈。榮格對原始初民依賴潛意識生活的方式做結論：

　　如果自然狀態眞是理想的狀態的話，那麼原始人所過的就應該是令人
　　羨慕的生活。但是，事實決不是那樣的，因爲，除了人生中的其他憂
　　傷和困苦之外，原始人還受到迷信、恐懼以及衝動的折磨。〔註93〕

原始初民以潛意識的心靈狀態面對周遭環境，潛意識中的本能性帶給他們指引方向，情感幻想是他們標記的唯一重點，這是本能性的積極層面，其消極層面是強迫性的阻絕原始初民，所造成迷信、恐懼及衝動的折磨；現代人將情感幻想的狂野部分抽取，工業化時代加速工作效率、時數，無人能倖免於此。資本主義美其名言發展之重要，實際則是重視物質價值的功利主義，與此相悖的東西都可以予以懷疑、駁斥，所導致的後果則是不斷的解構再解構，戲謔性質的對話永無止盡，精疲力竭地盲目虛應啃噬現代人的心靈，無重量的空虛感隱藏在自大的僞裝，以物質價值做爲生活的唯一目標。榮格將原始初民、現代人對於潛意識、意識過度偏重的特質予以解析，原始初民將主體視爲委身於周遭環境的卑微與現代人佔據上帝地位的虛妄皆非理想狀態，兩者皆會造成主體的分裂。榮格從兩者分析得知的結果，即是他所強調意識與潛意識的整合，彼此的補償作用，將能量引導至平衡狀態。

　　人格面具、陰影等看似具有干擾意識的特性，實爲存在之必要，它會帶給主體成長的契機，邁向更爲成熟的「本我」型態，而意識的過度偏重會造成主體的僵化，如歌德筆下的浮士德，學習所有的知識，卻使他喪失生存的意志。本能與精神一樣，本身都具有正負極電流，重點在於兩者都是電，都一樣具有用處。各偏其一會使其中一方處在初始的狀態，然而初始狀態的一方仍然具備基礎能量等待另一方的倦怠，等待反噬另一方，因爲主體不習慣於初始狀態的一方，所以會恐懼、壓抑之，殊不知更會強化其效果，沒有受

〔註92〕〔瑞士〕卡爾・古斯塔夫・榮格：《心理結構與心理動力學》，頁147。
〔註93〕〔瑞士〕卡爾・古斯塔夫・榮格：《心理結構與心理動力學》，頁35。

到開發的初始方正是人類主體要面對的對象。以現代人而言，就是潛意識中的陰影調整，面對外在環境的人格面具的活絡程度顯然受到陰影的影響，於講述陰影之前，必須先了解榮格重視的能量系統。

二、互存之力——能量系統

榮格將能量與力比多（libido）相等，「心理能量是心理過程的強度——它構成其心理上的價值。」〔註94〕眾所皆知力比多的概念是佛洛伊德使用的專用名詞，而榮格使用力比多作為能量的所指，意義在於榮格認為這能量的素質不能完全排除生理的成分，其與佛洛伊德的概念差別：

> 榮格的目的是要創立一個能量的一般理論以及一套完整的心理學，
> 但是弗洛依德的意圖，卻是要針對有關性、（後期的）毀滅與死亡意
> 願等心理生活的扭曲與欺瞞，做更深入的探索。〔註95〕

佛洛伊德將主體壓抑的病態根源歸結於性驅力的因素，榮格認為此說將潛意識的東西看待成附加的衍生物，所以才需要「壓抑」，此並非說榮格的能量系統裡沒有壓抑現象的出現。壓抑是現代人常常會有的狀態，也會是正常狀態，只要無法與集體意識所認同的價值觀，便會自覺、不自覺將之帶到潛意識，但是壓抑只會是部分解釋，這與力比多直接連結到「性」的解釋一樣，只能是部分解釋。其能量的最大展現在於「象徵」：

> 於是我們在動物身上發現了最初的藝術本能，它為創生衝動服務，
> 而且僅限於交配的季節。這些生物機制原始的性角色，因為它們固
> 定的有機結構與功能獨立而失去。即使音樂最初源自性是無可置疑
> 的，但是如果我們要把音樂納入性的範疇中，仍然會是很差勁又沒
> 有美感的概化。那麼，類似的系統命名便會使我們把科隆的大教堂
> 分類成礦物學，因為它是石材所建。〔註96〕

音樂或許剛開始是原始初民為了吸引伴侶而產生，性成分非常濃厚。然而，隨著時間的推衍，音樂發展出屬於自己的文化意義與動機，有專門屬於自己的地位，性已經無法滲入其中，沒有絲毫的性隱喻在裡頭，如果將音樂依照佛洛伊德的泛性論視之，其中的謬誤，相信許多人都能感同身受。榮格認為

〔註94〕〔瑞士〕卡爾・古斯塔夫・榮格：《心理類型——個體心理學》，頁343。
〔註95〕〔美〕莫瑞・史坦：《榮格心靈地圖》，頁90。
〔註96〕〔美〕莫瑞・史坦：《榮格心靈地圖》，頁83。

人類具有將力比多以象徵的手法轉移至其他層面的能力，這在前述澳大利亞原住民瓦坎蒂人的例子中可以觀察出，自然狀態的性本能不可能是最佳狀態，人類永遠不滿足與此，會將多餘的力比多尋找象徵的方式，綜合出許多新的方向，以便人類爬向不同的階梯。因為求偶而產生歌唱，這是屬於自然狀態，音樂因為人類使用象徵將其導向其他的階梯，不再是原初的性成分，無法直觀地還原。

　　佛洛伊德的觀點被榮格視為因果——機械觀，這是理性主義非常喜歡的方式，其原理是 a-b-c-d，a 引起 b，b 引起 c，c 引起 d，所以 a 視引起 d 的原因，所以佛洛伊德才會把一切被壓抑的原因回溯給「性」：

> 對心理來說，因果推理正好是發展的顛倒，它把力比多與基本事實聯結起來。從理性主義的觀點看，這是值得期望的，但從心理的觀點看，這是毫無生機、令人不舒服的——儘管我們不能忘記，對很多人來說，絕對必須不能把他們的力比多與基本事實相脫離……心理就不能總是停留在這一層面，而必須繼續發展，原因就變成了實現結果的手段，變成了未來道路的象徵表達。〔註97〕

將「性」視為力比多的源頭無可厚非，「心理態度在一定程度上明顯地與對象的狀態及行為一致。這是使各種觀點能實際應用的一致。」〔註98〕因果機械觀將「性」置放到他們觀察的脈絡中確實如此，然而就如同原因是「性」那般，「性」只能是實現結果的手段，其受到轉化的象徵的化學變化，早已經無法直接以「性」為藉口。再以一例作為佛洛伊德、榮格在力比多的觀點區別，「戀母情結」在佛洛伊德的解釋下，會依照字面的意思，將其還原為與真實母親發生性關係的潛意識渴望，這便是典型的因果機械觀，因為「性」所引起的原因，所以結果理應是這樣，殊不知這個結果是相對、過渡性質，永遠沒有結果，如若硬性訂定因果，便會是佛洛伊德將「戀母情結」直接還原與真實母親的性關係。

　　「性」被視為發生的源頭，但不能視為結果的還原；榮格的能量終極觀點將「戀母情結」解釋為人類遇到生命中無法面對的挫折，壓力能讓人成長。但是當人無法承受的時候，會懷念起在母親懷抱中的嬰兒狀態，可以視為鴕鳥心態般不想負起任何責任的潛意識渴望，這也可以說明為何孩提時代的事

〔註97〕〔瑞士〕卡爾・古斯塔夫・榮格：《心理結構與心理動力學》，頁 17。
〔註98〕〔瑞士〕卡爾・古斯塔夫・榮格：《心理結構與心理動力學》，頁 16。

情，在回憶起來都比其他的生命階段都來得快樂。相對較少的環境壓力，又或者孩提時代的自己沒有太多認知了解社會的黑暗。榮格談論的「戀母情結」完全與性牽扯不上任何關係，佛洛伊德就直接與性做連結。

　　榮格對於力比多能量的解釋偏向象徵的手法，它不會寄託在永恆的物體之上，如若不然，這樣就會落到佛洛伊德解釋「戀母情結」那樣怪異，榮格對於能量的解釋：

> 當能量為現實的時候，總是被經驗為運動和力；當其為潛在的時候，總是被經驗為一種狀態或條件。當能量為現實的時候，它顯現在特定的、動能的心理現象中，如直覺、願望、期待、情感、關注以及工作能力等，這些心理現象構成了各種心理力。當其為潛在的時候，它顯現在特定的成就、可能性、才能、傾向等之中，這些東西自身就是各種不同的狀態。〔註99〕

以 a-b-c-d 為例子，完全不用考慮因果，從 a 流進能量轉移至 b、c、d；又或者 b 回流至 a；又或者 c 流向 d。榮格主要強調能量從不可能轉移可能的平衡過程，假如有產生平衡狀態，那將 a-b-c-d 換成 w-x-y-z 亦無不可。以瓦坎蒂人挖洞跳舞為例子，對於力比多的能量從性轉移到土地上，影響心理去注意土地的價值，力比多轉移到土地上之後，影響土地在心理的價值提高，透過集體行為表達土地農耕的重視，反過來規範瓦坎蒂人以農耕為主，將個人性本能的事情擱置一旁。因果機械觀點看待此例子沒有錯，性本能是源頭，但不能直觀解釋為土地像女人一樣，將力比多歸結為性驅力（儘管在土地挖洞一事是模擬女性生殖器）。從能量終極觀點來觀之，力比多已經轉化了不同的人工階梯，轉換至土地的價值，然後土地被重視，其影響之後的瓦坎蒂人的內心，當土地的重視成為一門重要的文化，那力比多就完全脫離性驅力，瓦坎蒂人的後代對土地的重視，或許不再能使用性本能來解釋之。這與音樂不能還原為性本能的道理相同，力比多已經透過象徵轉變至不同方向。因果機械觀的著重點在於發現源頭，能量終極觀的終極概念在於未來的發展，所以 a-b-c-d 可以轉換成 w-x-y-z，力比多從不可能的狀態平衡到可能的狀態是榮格能量終極觀的重點強調。〔註100〕

　　能量（力比多）的流動可以有前行（progression）與退行（regression）兩

〔註99〕　〔瑞士〕卡爾‧古斯塔夫‧榮格：《心理結構與心理動力學》，頁11。
〔註100〕　〔瑞士〕卡爾‧古斯塔夫‧榮格：《心理結構與心理動力學》，頁21～22。

種。前行指能量朝向周遭環境流動，以態度適應外在世界；退行則是能量的反向移動。能量在前行的時候，意思是人正在以某種「片面性」的態度看待接觸的人事物，片面性的態度是必要的，因為片面性就是引導人的行為方向，指涉人改變自己態度的座標。當工作環境的氛圍屬於和諧輕鬆，我依照環境給予的指示，讓能量向前行，改變我緊張的心情，以便適應當下的環境，這是積極面向：

> 在力比多前行中，對立的雙方在心理過程的並行流中結合在一起。
> 它們的合作使得這些過程穩定的規律性成為可能。如果沒有這種內
> 在的對立，這些過程就會變得片面、不合理。〔註101〕

自己的緊張不但會破壞同事間的愉悅心情，自己也會有急躁的心情，因為自己對於工作環境的既定印象是要充滿嚴肅的場所，這是自身的片面性所帶來的局限。能量前行促使我改變這樣的刻板印象，適應環境之後，片面性思維由不合理轉為合理，前行的效果即達成。可是，前行亦會造成主體的傷害。當趕時間的時候，路上看到交通事故，不得不離開現場，愛莫能助，這時候我的能量雖是前行，改變了想要駐足幫忙的想法，可是內心受到道德壓力而深感不適，這是屬於前行的消極部分。以此明瞭一點，前行不必然是完全對主體有幫助，過度前行會帶給主體傷害，人格面具由此應運出現，陰影可以視為過度前行的結果。

　　退行看似沒有前行那樣具有衝突性，能量前行使得主體得以適應環境，若雙方主體因為各自態度的片面性有差距，衝突便會爆發。退行的積極層面亦指如此，即將爆發的衝突因為退行而避免，諺語：「退一步海闊天空」最能說明此事。退行的消極層面是指：

> 強度值的消失與退行指的是同一個東西，因為，隨著對立意識強度
> 值的減少，那些不關心外在適應，因而很少或者從來沒有被有意識
> 地使用的心理過程的強度值的增長。〔註102〕

能量退行造就主體在意識方面的強度值削減，醒覺狀態下的思維減緩，能量便朝潛意識的方向運轉，自己曾經遺忘、忽略的東西也許會迸發，流進意識的場域，如若處理不當，例如壓抑、忽視，主體的脫序行為可想而知，陰影、情結肆虐著主體當下的情緒是常見的現象。其不可捉摸的性質被認為是惡

〔註101〕〔瑞士〕卡爾・古斯塔夫・榮格：《心理結構與心理動力學》，頁23。
〔註102〕〔瑞士〕卡爾・古斯塔夫・榮格：《心理結構與心理動力學》，頁24。

魔、小精靈。相反地，主體深切認知到當下正被潛意識的情結影響判斷，能相對減少傷害，心理結構能有一定的抵抗能力接受之，如疫苗的原理般主體因為發現不曾注意的東西，使自己有了新方向成長。這即是榮格認為的「前行的強度再次出現在退行的強度之中」〔註103〕，退行原來可以擁有前行的積極層面的效果，能量的退行是下次主體成長的契機。

從上述能量前行與退行的關係以及後續影響之說明，榮格的能量終極觀點能清楚明瞭，兩者皆非機械觀點的定質。如果以佛洛伊德的觀點規定之，前行、退行的後續影響被埋沒在其原因的定義裡，沒有錯的事實是需要因果機械觀點去定位前行、退行為何物？然而，這只會是發展結果的手段。榮格對於能量的前行、退行的設定都是「它只假定轉化必須是等值的，因為動力學只關心量而不試圖解釋質」〔註104〕。能量的轉移將不可能調整至可能的平衡作用，稱為「補償作用」（compensation）。

補償作用原是阿德勒（Alfred Adler，公元1870～1937年）使用，即平衡、補充之意。主體從母親機體脫離而出，器官系統的較量必然爆發，以此宣告自身的存在。主體本來的劣勢器官會顯而易見，因此原初提供一種增強的補償來確保到達更高的成就。榮格的詮釋與此不同，非劣勢情感的平衡，而是「我將它理解為一種普遍的機能調節，一種心理系統所固有的自我調節機制。」〔註105〕榮格認為補償作用在正常條件下是潛意識的，意識的可見領域、聚焦是片面性，透過自我篩選，片面性與侷限性往往是一體兩面，片面性給予主體在生活機能上的方向，可是這些方向的決定必須要放棄其他的方向，這造成被放棄的東西流向潛意識。意識的片段性越強烈，其與潛意識之間具有的張力更突顯，彼此的能量會聚積、緊張。補償作用在此發揮，如前文提到能量的前行、退行所造成平衡，強烈的衝突被避免，或者成為主體下次成長的契機，精神症患者正因為彼此的對峙過於強烈，補償作用受到干擾，無法正常進行。〔註106〕

〔註103〕〔瑞士〕卡爾‧古斯塔夫‧榮格：《心理結構與心理動力學》，頁27。
〔註104〕〔瑞士〕卡爾‧古斯塔夫‧榮格：《心理結構與心理動力學》，頁27。
〔註105〕〔瑞士〕卡爾‧古斯塔夫‧榮格：《心理類型──個體心理學》，頁320。
〔註106〕陳龍廷的學位論文《黃俊雄電視布袋戲研究（民國五十九～六十五年）》第五章第三節〈神話與原型分析〉，運用榮格心理學理論的人格面具、陰影、生機（anima），對黃俊雄布袋戲角色做分析，依照角色的敘事發展，對照專有名詞的概念作解說，進行布袋戲角色於心理學的分類，可與之第三節篇名相扣合。本論文著重心理分析的研究方向，更多層面著力於人格面具、陰影間轉換的過程，例如本節陳述能量系統的概念、前行退行、因果機械觀及能量終

三、成於此眞──「面具」之「影」

　　人格面具是主體意識面對外在環境的適應所產生，主體藉由人格面具有效隱藏潛意識中的各個情結，以及被自我篩選而出的陰影。陰影之所以是被自我排斥，多半是不合乎於社會道德觀感。值得注意的是，人格面具看似是適應外在環境而生。然而，與陰影一樣皆是違背自我主體的情結，「『人格面具』是『呈現的人』，非『眞正的人』」〔註107〕。每個人在不同的環境，因應於相對的態度。在工作場合上，講究效率至上的原則，促使自我調整態度；在公園運動的時候，身心放鬆，歡樂的唱起歌來；突發事件的來臨，自我不自覺緊張；回到家裡，與家人聊天自然處在隨心所欲的狀態。一個人在不同場合的不同態度，皆有表現出性格分裂的傾向，長時間之下，導致出習慣性的態度，在工作場合的態度自然與家庭生活的步調完全不等同，人格面具便是如此狀態下的產物，它的出現是使自我能運用習慣便利的方式面對外在的環境。因此，人格面具是每個人必然具有的。

　　人格面具能使自我適應環境，其另一個功能是屬於消極面向，即是自我主體的能量在前行、退行的錯亂；又或者潛意識中的情結受到情感刺激被激發能量時，人格面具能有最低層度似屏障保護自我。在工作崗位上盡責的人，突然聽到發生在身邊的噩耗，將投注精力扮演好當下的角色，而不是被情感帶走；面對討厭的人，不想要與其糾纏，遂皮笑肉不笑，虛應故事，想要快點結束彼此的互動關係。自我能有意識感受其將有股內在的能量爆發之前，運用人格面具的存在，間接提醒自我，使自我免於受到傷害、干擾。

　　由此可見，人格面具之必要，在於它能讓自我適應外在環境、保護自我免於受到潛意識的干擾，「人格面具是由於適應或個人便利的原因而存在的一種功能情結，它絕不能同個性相等同。」〔註108〕。人格面具是情結的一種類型，具有相當高的自主性，主體運用人格面具的同時，亦有可能被人格面具所利用，甚且相較陰影的干擾，人格面具的干擾不遑多讓。前文所述，人格

　　　極觀。另外，李健宏的學位論文亦使用假面原型、陰影原型的概念，但是屬單純作敘事情節的分類，僅於註腳陳述角色的敘事發展，無進一步探討角色的心理層面。陳龍廷：《黃俊雄電視布袋戲研究（民國五十九～六十三年）》，頁 129～133；李健宏：《霹靂布袋戲人物的原型與心理異常分析》，頁 27～32。
〔註107〕〔美〕莫瑞・史坦：《榮格心靈地圖》，頁 143。
〔註108〕〔瑞士〕榮格（C. G. Jung），吳康、丁傳林、趙善華譯：《心理類型下》（高雄：基礎文化創意有限公司，2007 年 2 月），頁 509。

面具跟陰影皆是違背主體的情結，然而自我更容易傾向於接受人格面具，往人格面具靠攏，原因在於人格面具是集體意識下，所認同的特質、價值：

> 根據社會條件和要求，社會性格一方面受社會環境的期待或職責所定向，另一方面受個人的社會目標和抱負所定向。〔註109〕

雖說是適應環境才產生人格面具，自我也可以說是認同社會價值，人格面具得以積極產生，面對外在環境的更迭，自我的人格面具因應其中，適當的追隨社會的目標：權力、金錢、國際化、成功等，認同的價值成為自我的生活目標導向，自我能因此得到社會大眾共同期許的利益價值，生活品質提高的同時，自我的幸福感增加。然而，自我過度認同人格面具的積極面向，甚至將此視為唯一「真正的人」，並非呈現多元環境下產生人格面具形式之一的視野，自我會深陷於人格面具無法自拔。資本主義的功利主義思維之下，企業家為了追求更高的利潤，透過特殊非法管道，製作黑心產品；資方壓榨勞方的工作福利，提高工作時數；商人鑽法律的漏洞，為自己保身。無不是受到社會集體意識的影響，自我接受這樣的影響，其產生的人格面具自然而然便是如此，能量過度前行的結果，人格面具主宰自我，僵化於其中。榮格認為自我應有寬大的心胸看待人格面具，人格面具是正常的行為，其帶來的積極層面有目共睹，即是能量前行的最佳路徑。然而，過度適應的弔詭亦如陰影侵略自我意識般，甚且更受其害。

　　陰影是自我主體排斥出意識的東西，可是並非陰影都屬於邪惡性質，無可否認的是陰影的確具有毀滅性質，更多的是屬於自我從出生以來被灌輸教導的思想所不認同的東西，這些不被社會時代的主流思想認同的東西是邪惡的嗎？答案當然是否定。再者，陰影之所以被認為有「毀滅性質」，難道不也是自我被主流思想定位框束的結果？以人類的本能欲望「性」為例子，性在生活之中是必備，不只是生物學意義上的繁衍子嗣，其具有產生快樂的性質。然而，我們很難向陌生人談話時，作為話題談論，這樣公開談論的行為會被視為輕浮、不潔，原因在於社會集體意識的觀念強調在公眾場合需要穩重端莊。由此可知，自我的陰影很多受到集體意識的影響，而且明確知道不是邪惡的東西，自我仍會排斥。

　　露絲・潘乃德（Ruth Benedict，原姓 Fulton，公元 1887～1948 年）的研究表示東方國家強調羞恥文化，而羞恥文化更重視人格面具，相較於西方國

〔註109〕〔瑞士〕榮格：《心理類型下》，頁 508。

家的罪惡文化，羞恥接近於原始，擁有強而有力的破壞性，被道德感排斥的
陰影引發出羞恥：

> 我們的行事若與所採用的人格面具格格不入，要不是覺得罪惡，就
> 是深感羞恥。這是對人格陰影的了解。陰影引發羞恥，是一種沒價
> 值、不清潔、被玷汙和無用的感覺⋯⋯自然已被經馬桶式訓練的自
> 我所征服。我們以不符受訓方式所做的任何事，都包括在這種羞恥
> 的經驗中。〔註110〕

緊黏人格面具不放的原因之一於此，人格面具不單單使自我的社會認同、習
慣性態度做幫助，其能避免羞恥糾纏自我主體。自我的羞恥乃因為人格面具
與社會價值不符，導致人格面具、陰影兩端錯亂。陰影的另一特色：攻擊，
會被羞恥的情緒激發，包括憎恨、忌妒等。〔註111〕

　　陰影是自我為了建構賴以生存於社會環境，必然導致排斥的產物，其相對
性成分頗多。儘管如此，自我依然認同人格面具多於陰影。如何不被陰影所困
擾？答案在於整合人格面具、陰影。前文所述，人格面具、陰影皆是違背自我
主體的情結，無口否認的是人格面具比較受到自我的歡迎，會被自我誤以為是
自我本身，尤其是非常成功的人格面具：事業經營成功的商人、受人愛戴的老
師、懂事聽話的孩子。榮格認為自我在意識上的片面性會帶來好處，其指引自
我主體方向，可是過度極端的片面性會局限自我主體的思維。極端的例子便是
德國納粹黨對於猶太人的屠殺、日本的軍國主義皆是。人格面具是社會集體意
識的理想化形式，其篩汰許多的東西，自我以此為生活行為的準則無可厚非，
人格面具本來也是自我為了習慣便利而生，可是長久的習慣所帶來僵化的侷限
必然同時而生，其為一體兩面；陰影雖為自我主體所斥，相反而言，其為自我
主體欠缺的東西，無論是曾經擁有過、從未在意識出現過。陰影可能會帶給主
體未有過的改變，這改變端看自我主體有否察覺，願意行之：

> 陰影會成為我們的敵人還是朋友，要看我們自己⋯⋯陰影跟我們必
> 得與之共處的任何人一樣，有時需要退讓，有時需要抵抗，有時則
> 要給予愛，一切視情況而定。只有當陰影被忽視或被誤解時，它才
> 會變得有敵意。〔註112〕

〔註110〕〔美〕莫瑞・史坦：《榮格心靈地圖》，頁157。
〔註111〕〔美〕莫瑞・史坦：《榮格心靈地圖》，頁157。
〔註112〕〔瑞士〕卡爾・古斯塔夫・榮格：《人及其象徵：榮格思想精華》，頁206～207。

以能量終極觀點而言，人格面具的能量過度前行造成的傷害之前，陰影的能量雖然少於人格面具，可是仍然保有固定量的能量等待，等待的時間越長，自我在潛意識的陰影情結越趨於原始保守，自我無法察覺其中；當自我受挫後，因爲長時間的忽略陰影，能量短時間內灌輸進陰影，自我無法適應，對陰影沒有免疫，所以不知所措，這些不知所措的不穩定情緒加強陰影的能量。自我驚嚇害怕之餘，如果選擇忽略、誤解，並且試圖壓抑，而不採納包容觀察的態度，陰影只會得到更多的能量來反噬自我，干擾自我的意識。

亦如能量終極觀點保持的開放性，過度前行之後導致退行的危機，自我願意面對一時無法習慣的陰影，危機也可以是轉機，能量的退行也可以擁有前行的強度。可是大部分的人無法很順利面對，因爲長期忽略自我的陰影的緣故，自我對於陰影是陌生、保守，處在最原始的狀態。試想，原始初民重視潛意識，在瓦坎蒂（Wangai）人舉行儀式時，告訴他們使用自我在意識的意志去克服，使用意志力重視土地農耕，他們定會驚慌失措，原因在於他們的意識沒有「鍛鍊」，仍保持在原始階段。反之，現代人重視效率、線性、理性的邏輯思維，不斷被訓練的部分是意識，潛意識沒有受到重視，當「理性的狂妄」造成自我能量前行的傷害，能量轉移至陰影，自我完全淹沒於其中。後現代的虛無、瀆神和嬉鬧等特質可以視爲陰影的顯現，自我把行動視爲行動的本身目的，空虛感倍增而不自知，內在潛意識的世界沒有成長，將自我倒戈於陰影，仍以爲自己是上帝，這種把己身獻給陰影仍然自以爲清楚明瞭的人，正是惡性循環於「理性的狂妄」的幻象中，只有其行爲傷害周遭的人是唯一的事實。

自我極端於人格面具、陰影兩處，也就是能量前行、退行於專門一處，皆是榮格認爲不理想的狀態，亦如過度偏向意識、潛意識任何端都是不合理的。人格面具、陰影需要透過自我的覺察，因應覺察做出相對的決定：

> 如果陰影形象包含有價值的、至關重要的力量，它們就應該化入實際經驗中，不受壓抑。這需要自我放棄它的傲慢與死板，並活現出某些看起來黑暗、實際上卻不盡然的事情。反過來，這需要一種英雄般征服激情的犧牲。〔註113〕

意識是自我的決定與否來安排，以自我中心建立的各個觀點建構了主體，自我依此與外在環境接軌，然而決定之外的片面性可能會是自我在僵化的意識

〔註113〕〔瑞士〕卡爾·古斯塔夫·榮格：《人及其象徵：榮格思想精華》，頁208。

中不想、無法察覺的，其牽涉到影響自我許多方面的改變，迫使自我賴以爲存的習慣性思維被推翻，無法預料的情形令自我害怕恐懼。想要將埋入潛意識當中的陰影解放出來，改變長時間生活的意識的東西，需要相對程度的勇氣、毅力，因爲這些被排斥的陰影是透過自我的主流思維決定，其不代表陰影的某些價值被否定，自我願意「犧牲」意識內相衝突的東西，需要英雄般征服的激情。

　　自我能順利整合人格面具、陰影，其與兩者皆會保持心理上的距離，不會過分偏於其中，被受制於其中。榮格寫給病患的信：

> 因爲邪惡而使我們得到許多良善。藉由保持安靜、不壓抑、保持注意與接受現實等實事求是的觀看，而非一味順我之見的觀看，藉由這一切作爲，使我得到非凡的知識與力量，完全不是我以前所能想像的。我總是認爲當我接受事情時，它們便在某些方面凌駕於我之上。結果我發現這根本不是眞的，只有接受它們才可能對它們採取某種態度。因此現在我願意以隨順的態度來生活，不論什麼事發生在我身上我都接受，善與惡，陽光與陰影，永遠在交替輪換著，我也以這種方式接受自己本性中的正面與負面。於是每件事物變得更加有生氣。我過去是多麼的愚蠢！我竟然迫使每件事以我認爲應該的方式進行！〔註114〕

人格面具、陰影的整合使自我面對不以爲然的事情時，先放下慣有的態度，這使得事件不再像往常那樣具有敵意，彷彿事件想要凌駕於自我主體之上。採取開放的態度面對原先固有感受的事件，自我不因此鑽牛角尖，寬闊願意嘗試的胸襟，看待出事件的許多特點。這些特點包括善與惡、陽光與陰影，面對這些不同面向的特點，自我的情緒因應而變，正、負面皆是最眞實的反應。重點在於擁有以往不曾見過的視野，得到的這些特點，有可能會保有自我心理結構的狀態下，改變自我，這些改變是鑽牛角尖時候的自我所無法預料到的！唯有放棄每件事情以自我爲中心的方式進行，方能擁有更多的感受、改變。人格面具、陰影皆是具有高度自主的情結，自我放棄敵對的態度，能量轉移於各個方向，前行、退行的優缺點也只是因果機械觀點的認識的定義，不斷流轉的能量方爲自我不被僵化於人格面具、陰影的眞理。

〔註114〕〔美〕莫瑞・史坦：《榮格心靈地圖》，頁159。

第四章　金光布袋戲角色特質

第一節　痛快言說之罪魁──藏鏡人

　　藏鏡人為黃俊雄布袋戲的反派角色，亦出現在黃俊雄之子黃立綱所屬的天地多媒體國際有限公司，拍攝的金光布袋戲系列作品中。藏鏡人的經典戲偶形象為頭戴斗笠狀頭盔，盔邊垂甲遮掩面容，加上戲偶本身戴面具的關係，欲遮掩面目，整體戲偶的感覺帶有神祕之感。金光布袋戲系列《天地風雲錄之決戰時刻》所設計的藏鏡人戲偶服飾上皆使用亮面金色，在肩膀處刻意穿戴誇張的衝天微勾墊肩。金頭盔、金面具和金甲的裝扮，使豪邁氣勢添增不少，與原來的神祕感產生強烈的衝突：

圖 16　藏鏡人戲偶〔註 2〕

〔註 2〕筆者攝於公元 2019 年台中新光三越「史豔文傳奇特展之神龍再現」。

　　藏鏡人的神祕感不只在頭盔垂甲、面具展現，角色如其名般，藏於鏡面的出離場方式，亦強化神秘感。

　　藏鏡人戲偶的形象，整體呈現狂放不羈，亮金色彩擁有強烈的存在感，可是無論盔邊垂甲、面具和出離場方式皆有鮮明的隱身形象，彷彿存在感如萬花筒般豔麗幻影，假身示人，真身無從知曉，如其身世謎團。藏鏡人的出場詩號：「順吾者生，逆吾者亡。」〔註1〕，貼切標示藏鏡人狂傲，近似目中無人的性情。與之接觸的他者存亡，完全由藏鏡人的喜怒哀樂作決定。總體而言，藏鏡人具有狂妄自大的個性，特質展現在戲偶的服裝設計、出場詩號等建構角色的一切形塑。

　　藏鏡人的敵對角色史豔文，仍然是黃俊雄布袋戲的舊角色，在《新雲州大儒俠》中擔任伸張正義的正派角色，延續至《天地風雲錄之決戰時刻》的戲偶設計為一身白衣，個性謙讓有禮，不卑不亢，其包容、修養的功力深厚，有著一顆為大眾服務的心：

圖 17　史豔文戲偶〔註3〕

藏鏡人、史豔文的形象、個性全然相反，雙方各為中原、苗疆的代表人物。史豔文身處明朝史豐洲將軍之子，本身為武林江湖的盟主，具有深遠的影響力；藏鏡人統領苗疆軍隊，使軍容盛大，擁有「苗疆戰神」之稱。雙方為各

〔註1〕《天地風雲錄之決戰時刻》，第一集。
〔註3〕筆者攝於公元2019年台中新光三越「史豔文傳奇特展之神龍再現」。

自代表方的能指（signifier）存在，皆是受人景仰的對象。在《天地風雲錄之決戰時刻》裡，藏鏡人狂妄的性格、刻意隱身的特質，將受到所指（signified）重新的詮釋，同時解釋爲何藏鏡人、史豔文的角色可以視爲純然的闇與光。

一、先天能指暴力介入的孤兒

在《天地風雲錄之決戰時刻》第十三集裡，藏鏡人被苗王、東瀛軍師赤羽信之介逼迫拿下面具，臉孔公諸於世。這一行動使得「藏鏡人」能指被鬆動，原本形象爲遮蔽面孔的藏鏡人，面具可以代表藏鏡人之所在，「苗疆戰神」的軍容肅殺已經與此結合。藏鏡人長期追求能指，讓他能在象徵界（The Symbolic order）中透過想像關係，依照現實原則定位自身的存在。面具底下的眞相是與史豔文相同面孔的事實，原來藏鏡人與史豔文是雙生子。雙生子的事實強迫藏鏡人的面具能指更改爲史豔文的面孔，引起苗王的猜忌之心，苗疆戰神瞬間成爲苗疆叛徒；史豔文本來在中原的崇高地位，深受藏鏡人賦予的形象所遷就，中原武林之眾不但沒有替史豔文辯解，甚至受到赤羽信之介的誣賴影響，群起責難：

> 武者一：什麼啊！史豔文你眞的出賣中原！
>
> 武者二：說什麼爲了中原的和平，其實一切都爲了他自己啦！眞是太可惡了！
>
> 眾人：可惡啊！眞是不可饒恕！不可饒恕啊！〔註4〕

藏鏡人、史豔文遭受非議，其背後共同指涉史家血緣的不是，中原、苗疆雙方在意之處，如赤羽信之介的誣賴：

> 中原人啊，見到這天大的騙局了嗎？史豔文跟藏鏡人，原來是親兄弟，他們兩個一正一反、一唱一和，聯手製造武林動亂，意圖染指天下，就連這一戰，也是他們的算計。〔註5〕

苗疆、武林皆是一個先於個體的社會存在，視爲象徵界的能指網絡亦無不可，而藏鏡人、史豔文各自爲因應其中的能指，依附在龐大複雜能指系統。非屬於任何關係的兩系統，血緣使所處的能指網絡連接處僵化鬆動，由於能指網路比個體能指穩固，衝突產生爲必然的事情，鬆動導致改變發生。苗疆、武林群眾本來景仰的他者、能指是要符合他們的期待，藏鏡人、史豔文爲他們期待位置的能指，尤其俠文學之中，強調公眾利益的環境氛圍。當血緣成爲彼此的聯繫，眾人對於藏

〔註4〕《天地風雲錄之決戰時刻》，第十三集。
〔註5〕《天地風雲錄之決戰時刻》，第十三集。

鏡人、史豔文的能指產生模糊錯亂。以衍稱公式說明兩者能指的關係：

$$f(S……S')S \cong S(-)s$$

圖 13　衍稱公式

代表史家血緣的所指，指涉的能指已經讓身處公眾空間領域的人們心懷不安，深怕影響公眾的利益：

$$f（史豔文……藏鏡人）S \cong S（-）史家血緣$$

圖 18　史家衍稱公式

史豔文、藏鏡人的能指，已經與身為所指的史家血緣產生密切關聯，無論兩者想要如何辯解，大眾只會自由聯想雙生子的事實，無法有新的所指產生。東瀛軍師赤羽信之介的誣賴，只是剛好道出眾人的心聲，親人血緣連帶影響公眾信任，大眾寧願相信親人之情的連結，更甚於近似陌生人關係的普同之情。每個人都是這樣過生活，明瞭其中的微妙處，也因為大眾皆是如此心態，所以專門處理公眾、不牽涉私情的功能，必須交給能仰望的能指，即明朝將軍史豐洲一脈而承，至史豔文的史家家世。現在史豔文與藏鏡人是雙生子的事實，影響了這個史家背景的公信力。

　　fS 為表義過程後的效應，本來應該是 f（史豔文…俏如來…雪山銀燕）S，眾人認為史家能指的表義過程，應是史家相承的優良傳統：忠、孝、節、義。這可反映到史豔文之子的角色名稱：俏如來本名史精忠、小空本名史仗義和雪山銀燕的本名史存孝。史豔文之子俏如來、雪山銀燕皆是武林新起之秀，可望繼承其父的武林責任，事實卻是藏鏡人能指參與，因此為 f（史豔文…藏鏡人…俏如來…雪山銀燕）S，與史家有關的能指，被武林群眾聯想的雙生子事實影響，藏鏡人的所有形象因而結合史家能指，藏鏡人亦如此被影響。

　　史豔文預知胞弟藏鏡人的出現會有怎樣的結果：武林奉獻的過去種種將功虧一簣，史家血緣為武林安定而承受龐大辛勞，隨時被扭轉成與藏鏡人裡應外合的誣賴。在藏鏡人揭開面目之後，史豔文攻擊兒子俏如來，俏如來昏迷不醒，群眾的反應：

何問天：俏如來！（俏如來昏迷倒下）史豔文，你！

牛峰：連自己的兒子也下手，難怪你與藏鏡人是雙生子。

武者一：泯滅人性的罪人，該死！喝！

　　眾武者：殺啦殺啦！〔註6〕

群起圍攻是史豔文所能預料的，眾人在心中將他跟藏鏡人歸類爲「雙生子」，史豔文攻擊俏如來的舉動，把自我的能指向藏鏡人靠攏，連帶能指底下的所指即冷血無情、奸詐狡猾等特質，史豔文選擇眾人認定的「雙生子」能指。除此之外，史豔文的切割舉動，讓身爲史家血緣代表俏如來被保留下來，盼望能成爲另個支撐武林環境的能指；於此風波之前，藏鏡人早已經被能指錯亂，所帶來的困擾迷惑，之所以會戴上面具，化身爲「藏鏡人」，不但是逃脫史家能指之外，追求自身在能指鏈下黏扣點（法語：point de capiton）的行爲，亦賦予自己與史豔文全然相反的形象。這樣的能指使他不得不追求與史豔文決戰，期盼雙方只有一個能存活。

　　在《黑白龍狼傳》的時候，藏鏡人爲了不讓史豔文早死，而且必須死在與自己的決一死戰，於是設法救史豔文；《天地風雲錄之決戰時刻》第十三集的決戰時，苗王質問藏鏡人是否眞心殺掉史豔文，藏鏡人回應：

　　苗王：回答我，你身爲苗疆戰神，眞會這樣輕易就敗在史豔文手上，
　　還是，你根本別有居心？
　　藏鏡人：任何一場戰鬥都可以作假，唯有他，沒可能！〔註7〕

藏鏡人執拗與史豔文決戰的渴望無以復加，史豔文本人無法理解爲何如此：

　　史豔文：藏鏡人，爭鬥亦需帶理由。
　　藏鏡人：哈哈哈哈，你吾相殺還需要什麼理由。〔註8〕

　　史豔文：藏鏡人，回頭是岸！
　　藏鏡人：你死，回頭就是岸！〔註9〕

藏鏡人決鬥史豔文的理由無法說明清楚，亦如史豔文無法向武林眾人說明清楚，直接選擇傷害兒子的情形。兩者皆嘗試面對自己能指束縛的擺脫，藏鏡人看似因爲身分關係，導致與敵對的史豔文戰鬥，不如爲欲擺脫能指束縛的行爲。讓藏鏡人永久追求史豔文戰鬥的一切眞相，《天地風雲錄之決戰時刻》第十七集得到闡釋。

　　第十七集中，藏鏡人與史豔文成爲群眾公敵之後，不斷被獵殺圍剿，兩

〔註6〕《天地風雲錄之決戰時刻》，第十三集。
〔註7〕《天地風雲錄之決戰時刻》，第十三集。
〔註8〕《天地風雲錄之決戰時刻》，第六集。
〔註9〕《天地風雲錄之決戰時刻》，第十二集。

人最終於九脈峰相遇，藏鏡人娓娓道出當年的真相：明朝先鋒誤判攻擊區域，導致明軍屠殺雙方共識的禁區，即彼此家屬居住的區域。這場因為誤判而受害的交趾國家屬不計其數，交趾國將軍羅天從的妻小亦在其中。羅天從以牙還牙回應明軍的做法，明軍將領史豐洲的妻子在危急之際，僅能抱走雙生子中的史豔文。羅天從得知史豐洲之子被俘獲，便執行「借刀殺人」的長程策略，藉子之手，殺害同源家族。

交趾軍回程遇到明軍，雙方激戰中，史豐洲砍掉羅天從的頭顱，失去頭顱的羅天從竟然抱著嬰兒，奔走數百里回到交趾國，因而得到「無頭將軍」的稱號。眾人皆當作懷中嬰兒為羅天從之子，於是傾眾人的關愛努力扶養嬰兒長大，將之視為另個交趾國的希望。嬰兒取名為「羅碧」，在眾人的關愛下，努力學習各種技能，希望成為像父親（羅天從）同樣厲害的人物。然而，一次的出征中，羅碧看到對方陣營有位面貌與自己相同的少年，震驚之餘，被箭所傷，當年羅天從的副將說出了真相，並且將知道真相的全部人殺死，爾後自殺，因為副將知道這是一個可以導致亡國的秘密。羅碧為了不要再看到這張令人厭惡的臉，於是戴上面具，並且不使用「羅碧」為名字，化身為「藏鏡人」。

運用拉岡的 L 圖式（schema L）分析藏鏡人如何從想像界（The Imaginary order），被羅天從以特殊「父親的名字」（Name-of-the-Father）隱喻中介至象徵界，進而與史豔文成為宿敵的使命：

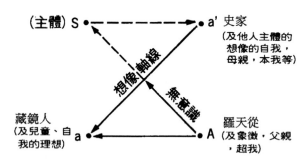

圖 19　藏鏡人、羅天從 L 圖式〔註10〕

藏鏡人本來是明朝將軍史豐洲之子，苗疆統帥羅天從為了復仇，將藏鏡人強硬介入到屬於苗疆環境的象徵界。羅天從的復仇意志強烈，即使自身慘死在史豐洲刀下，身體依然按照意志，激發本能「脅持」嬰兒時期的藏鏡人，順

〔註10〕修改自《拉康結構主義精神分析學》。杜聲鋒：《拉康結構主義精神分析學》，頁 115。

利回到苗疆。苗疆居民、軍隊的「誤認」（misrecognition），將「脅持」轉換成「保護」；把「仇人之子」視爲「羅天從之子」。誤認的過程本來指想像關係被破碎，並且重新統整出新形象，每次的誤認都可以認識、構築自我。藉由苗疆居民、軍隊誤認的事件，再次驗證拉岡強調能指獨立於所指的事實，所有的關係顛倒轉換，沒有改變的是能指「羅天從」，藏鏡人本該憎恨的對象，苗疆居民、軍隊誤認之緣故，使得藏鏡人視羅天從爲父親，接受了苗疆投注的關懷，這些皆建構藏鏡人的象徵界環境。

　　藏鏡人得知身世之後，被副將的行爲強化束縛，史豔文聽得藏鏡人的回憶敘述，兩者的對話：

> 藏鏡人：認親？哈哈哈……你叫他如何認親？你叫他如何接受一
> 個，自他有記憶以來就認定的殺父仇人？
>
> 史豔文：這……
>
> 藏鏡人：（逐漸走近史豔文）你叫他如何背棄扶養他長大的交趾國
> 民？如何背棄他自小就被賦予的使命、以及存活在這個世間的目
> 的？你叫他如何不去怨恨，爲何當初被羅天從抱走的人，不是你！
> 是他！〔註11〕

自小受到苗疆軍民的期待、關愛，藏鏡人深知自己必須是苗疆的能指，他的想像關係無法永遠浮動，現實原則逼使人位於所在的象徵界行動，就算藏鏡人知道血緣的眞相，也無法割捨具有情感意義聯繫的苗疆象徵界環境。亦因爲藏鏡人明瞭自身血緣的緣故，雖然無法、不能割捨在苗疆象徵界的位置，可是並非眞心處在其中，史家血緣聯繫的情感始終影響著他。藏鏡人的誤認有兩次，第一次爲羅天從抱走之後，被苗疆收養；第二次爲知道身世。兩次的誤認，讓藏鏡人瀕臨崩潰的境地，漂浮於象徵界的能指鏈中，苗疆軍民誤認爲羅天從愛子而付諸情感，使得藏鏡人還願意認同。然而，全部一切來源於羅天從先天的暴力介入，這層原因在藏鏡人的心頭蒙上陰影，即便想要成爲羅天從般的苗疆戰神，即 L 圖式主體（S）追求永遠的大他者（A），主體追求能指的位置就算非常接近，也只是接近而已，非本身能指，而藏鏡人確實在苗疆有一番作爲，被尊稱爲「苗疆戰神」。不過，他就是無法與羅天從等將領心繫情感於苗疆，這層想像界特殊的「父親的名字」中介，痛苦其身：

〔註11〕《天地風雲錄之決戰時刻》，第十七集。

$$父之名\ (\frac{A}{陽形})$$

圖20　父格代稱 2〔註12〕

「父親的名字」以隱喻的方式介入孩童成長時期的想像界，孩童被閹割後，打破自身的僵化形象，進行重新統整的動作，構造自身於象徵界的黏扣點。此處的「父之名」為羅天從，「陽形」即羅天從所屬的苗疆政治、文化、經濟、秩序、律法等一切象徵界的能指網絡，藏鏡人特殊的際遇，導致他必須於此定位，前述表達這些必須定位的原因，在此不贅述。

　　總述藏鏡人在二次誤認後，面臨的困境在於，他必須接受位處苗疆象徵界的定位，這些定位有軍民的期待、關懷和羅天從般的聲譽，可是知曉身世的藏鏡人，無法真心追求大他者（A），也就是羅天從；另一方面，藏鏡人知道羅天從先於己的「父親的名字」特殊介入而困惑難解，他還是無法割捨對苗疆的情感聯繫，即便不符合自身血緣的能指網絡，仍然是必須依賴而活的地方，再次印證需要依附現實原則的想像關係，方可成立的象徵界特質。藏鏡人自身的形象被戲劇性的誤認，以及追求不明確的大他者所綁縛，他的痛苦為沒有一個可以放心所置的黏扣點，不屬於任何一方的存在之事實，造就執著於追求另個「想像的他人」（a'）史豔文的對決，此行為暫緩藏鏡人擾人的黏扣點問題。

二、痛快強求定位的自戕者

　　羅天從造成的陽形束縛，藏鏡人屈居於此，追求大他者不成之憾，轉向「想像的他人」（a'）明朝的史家勢力，最顯著的目標為史豔文。藏鏡人這層行為穩定自身的黏扣點，自己順利避開身世之擾，逼使主體成為藏鏡人：

> 為了不再看到這個令人痛苦萬分的面容，他決定戴上冰冷的面罩、隱入
> 黑暗，不再使用羅碧這個名字，取而代之，便是藏鏡人的名號。〔註13〕

藏鏡人之所以成為藏鏡人，不使用苗疆象徵界給予的名字羅碧，隱含不完全妥協於羅天從強加介入的誤認；以面具遮掩象徵史家血緣的面孔，用意為斷

〔註12〕〔英〕狄倫・伊凡斯（Dylan Evans），劉紀蕙、廖朝陽、黃宗慧、龔卓軍譯：《拉岡精神分析辭彙》，頁 231。
〔註13〕《天地風雲錄之決戰時刻》，第十七集。

絕史家關係。藏鏡人決定輔佐苗疆，取得「苗疆戰神」的黏扣點，而針對史豔文進行攻擊討伐，意在突破陽形束縛，進行「陽形痛快」（法語：jouissance）。需要說明的地方是，前文提到藏鏡人屈居於苗疆象徵界環境，苗疆的敵對方為明朝，明朝武林聯盟的盟主史豔文即具體對象，既然藏鏡人對抗史豔文的舉動，與苗疆的目標共同為一，為何仍然是陽形痛快？此更顯藏鏡人的特殊之處，雖然位居苗疆象徵界環境，自身卻擁有史家血脈的事實，他追求強制突破的陽形痛快是針對賦予生命，象徵史家血脈的父親（陽形）。與其說藏鏡人攻擊明朝政權，不如說聚焦因導致不可逆之傷的史家，奔竄自我毀壞的痛快，使盡怨懟之情發洩在史家勢力，甚且縮小目標為雙生子長兄史豔文。藏鏡人越攻擊史豔文，不但擁有史家血脈被毀滅的痛快，位於苗疆的權力、地位攀緣至上。

　　「jouissance 就是思想，思想本身就是 jouissance」〔註14〕，痛快屬於重複傾向，人被死亡驅力逼使邁向毀滅，相較現實原則的還原傾向，痛快沒有快樂可言。然而人類仍然執著於痛快，原因為強求自身位處象徵界的黏扣點。藏鏡人避諱象徵界、身世之問題，直接進行痛快之行為，強制定位己身為「藏鏡人」。「而藏鏡人生存的唯一目標，就是親手殺了你，史豔文！」〔註15〕藏鏡人透過重複的對抗血脈（父親）的行為，誕出定位主體的愉悅。對藏鏡人而言，快樂來自於毀壞他者，建立主體的行為，不斷針鋒史豔文的決戰，藏鏡人越有明確的目標立足世上，此目標即是痛快行為的本身，並非追求的能指。史豔文、藏鏡人這對雙生子猶如一道鏡面的鏡影，藏鏡人經歷了不可逆的誤認之後，引發處處否決史豔文的行為，不論布袋戲偶的風格相異，各自的行為更是相差許多。

　　兩人被公眾圍剿，史豔文對他人採取能忍則忍的態度，抱持眾人誤解實為情非得已，自身被追殺的過程中，多次放走追殺者；藏鏡人全然相反，追殺者對藏鏡人來說，被定義為背叛者，直接格殺勿論。〔註16〕史豔文以他者為重，攻擊俏如來的行為，亦是希望俏如來不要被武林群眾誤會，希望俏如來能為武林盡己所能。藏鏡人因為特殊的二次誤認，世界對他而言，皆可以是背叛者，最常自豪「萬惡的罪魁藏鏡人」，更是對先於己的象徵界的昭告。

〔註14〕劉紀蕙：〈知識、真理、愛與 *Jouissance*〉，頁 5。
〔註15〕《天地風雲錄之決戰時刻》，第十七集。
〔註16〕《天地風雲錄之決戰時刻》，第十三集～第十五集。

藏鏡人必須以己爲中心，否則將要面臨崩潰，也是對史豔文進行陽形痛快的原因。面對群眾，藏鏡人只會冷血殺戮，否則痛快不行，乃毀於己。另外，值得注意史豔文、藏鏡人的異處爲各自武功展現，兩者身上擁有史家的血脈，繼承了純陽金剛體。史豔文順著優勢，習練成名絕招「純陽掌」；藏鏡人逆轉筋脈，強行橫練純陰邪功，險些斷送性命。總述史豔文、藏鏡人的差異完全是互爲極端，視爲藏鏡人對於自身擁有史家血脈之對抗的最佳寫照，藉由與能指極端差別的追求，藏鏡人把自己「戕殺」，主體性的生存問題直指痛快行爲，唯有這樣藏鏡人才能復活於世。拉岡言：「它只有在能指的遊戲中以死亡的方式進入體系之中。然而隨著能指的遊戲讓它指稱了，它就成爲了眞正的主體。」〔註17〕

圖19 L圖式a'a線條爲想像軸線，藏鏡人（a）透過史豔文（a'）降格定位自己。《天地風雲錄之決戰時刻》第十七集史豔文知曉藏鏡人的身分，想要了解、幫助藏鏡人，皆被嚴厲的拒絕，藏鏡人視史豔文的舉動爲憐憫、同情自己。除此之外，藏鏡人時常扭曲史豔文的言行舉止。《天地風雲錄之決戰時刻》第一集炎魔幻十郎公然挑撥史豔文、藏鏡人的結盟關係：

> 炎魔幻十郎：任何極端在吾面前皆是笑話，只是，（手指史豔文）你在躊躇什麼？哦，聽說這軀體是你的兒子，莫非你是不敢大義滅親的僞君子，或是想送敵人同亡？（手指藏鏡人）
>
> 藏鏡人：是嗎？史豔文？
>
> 史豔文：不可中計，他想個個擊破。
>
> 藏鏡人：哈哈哈，著急辯解，是代表你心虛嗎？啊——〔註18〕

又如《天地風雲錄之決戰時刻》第六集：

> 史豔文：史某非是逃避，此事關乎多少人命，教人如何不以大局爲重。
>
> 藏鏡人：哈哈哈，好一句大局爲重啊，史豔文。〔註19〕

藏鏡人逮到時機都會質疑史豔文的言論。炎魔幻十郎戲謔史豔文爲了解救自己的兒子，才甘願跟藏鏡人合作對付他，暗指史豔文不會全力擊敗炎魔幻十郎；史豔文希望藏鏡人放下明朝、苗疆，以及各自的恩怨（儘管史豔文不知

〔註17〕〔法〕拉康（Jacques-Marie-Émile Lacan），褚孝泉譯：《拉康選集》，頁485。
〔註18〕《天地風雲錄之決戰時刻》，第一集。
〔註19〕《天地風雲錄之決戰時刻》，第六集。

道究竟是什麼恩怨？），共同面對現階段的敵人炎魔幻十郎，藏鏡人冷嘲熱諷一番。藏鏡人為了使自己能有明確的生存目標，而刻意針對小他者（a'、想像的他人），a'a線條既然是想像軸線，位屬於想像界，這些想像而生的依憑關係是空白言詞（blank speech），空白言詞指涉著純粹的表義過程。換句而言，藏鏡人使用想像關係表義史豔文的言行舉止之用意，並非兩者應對進退表面所示，藏鏡人不是真心認為史豔文是滿口謊言的偽君子，扭曲史豔文的空白言詞意在建制言詞（founding speech），建立身為藏鏡人角色，使他能間接聯繫自身為史家血脈的事實，與史豔文差距區別越大，藏鏡人的生存目標可以越鞏固。

藏鏡人的痛快令己身能繼續存活象徵界，確實依靠對史豔文的空白言詞，產生建立主體性的愉悅快樂，終究有能指是藏鏡人自身可以掌握的，自身不是史家的誰，亦不是苗疆的羅碧，只有「藏鏡人」、「苗疆戰神」是屬於自己的。然而，藏鏡人深刻感受這份由己而生的自私，尋找存活的價值來自毀滅小他者（a'、想像的他人）的想法，他知道史豔文的感情為真；他無奈於自身只能透過傷害史豔文來生存；他放不下苗疆的養育之恩，擺盪在史家的生育之情。生存意義的問題從來沒有解決，藏鏡人逃避之，選擇情感痛快來建立主體性，當痛快消逝，留給藏鏡人的是被自身擴大的生存難題。只要藏鏡人執著於自身主體性、困頓於能指永恆追求，循環是不會停歇。最終，藏鏡人仍會繼續選擇痛快，以便暫時忘卻生命給予自身的難題。

史豔文、藏鏡人被圍剿至九脈峰相遇，藏鏡人對史豔文訴說自身的經歷，以及對於史家血脈的怨恨、命運安排的反控後，藏鏡人要求史豔文對戰：

> 史豔文：啊……我已經知道你是我的親兄弟，我怎麼有可能再對你
> 動手？更何況，豔文虧欠你太多，如果時間願回頭，我希望被抓走
> 的人是我，我願意為你承擔一切的痛苦！
> 藏鏡人：藏鏡人不需要任何人的憐憫與同情！尤其是你史豔文！
> 史豔文：我不是憐憫、不是同情……
> 藏鏡人：夠了！收起你的虛偽，時間不能回頭，一切也不可能重來！
> 史豔文：我不想這樣。
> 藏鏡人：這世間，本來就有很多無奈之事，珍惜上天賜給你的一切
> 吧！
> 史豔文：藏鏡人！

> 藏鏡人：全力的一掌，了結所有的情仇，定下命運的終點！
>
> 史豔文：我……藏鏡人……我……
>
> 藏鏡人：哈哈哈！你所感受的無奈，不及藏鏡人的萬分之一啊！
>
> （藏鏡人運氣）
>
> 史豔文：我不能體會你一生所忍受的無奈，我也無法挽回命運所賜
> 的一切，我只知道你是我的胞弟，如今……這若是你認為唯一能解
> 決之法，那、這也是我最後能為你做的事情。
>
> （史豔文運氣）
>
> 史豔文：來吧！
>
> 藏鏡人：不應該啊！〔註20〕

雙方各自全力運功對掌，準備決一死戰時，藏鏡人的內心想法：「史豔文，今生欠你的，還你了。但願，不要有來世。」〔註21〕終末，在對掌時刻，藏鏡人放下手掌，讓史豔文能在自己胸膛上，印下結束生命的一擊。藏鏡人的內心所思，以及對自身命運感到痛苦怨恨的言行舉止，筆者認為這是藏鏡人最後能給史豔文的唯一回報。

藏鏡人的誕生，不但有先於己的史家血脈、苗疆象徵界環境的中介為契機，對史豔文無理可循的執著為關鍵，「而藏鏡人生存的唯一目標，就是親手殺了你，史豔文！」〔註22〕史豔文無奈於此，愧對史豔文受牽連的藏鏡人亦如此。如果自身僅血脈相連的關係，就可以對代表史家血脈的史豔文攻擊，豈不是重蹈當年羅天從的先天暴力般無理取鬧？是的，藏鏡人知道所有的行為都是荒謬的，他執行荒謬的行為是為了痛快，強硬定位己身的黏扣點，所以選擇死在史豔文的掌下。藏鏡人願意如此，非但回報史豔文，甚且了結這荒謬於世的存在。

藏鏡人棄掌受死的行為，筆者認為更值得注意的地方是，這會是藏鏡人的又一痛快呈現，前述對史豔文的執著是陽形痛快，此陽形是指涉史家血脈，而這次的痛快亦屬於陽形痛快，也就是要脫離陽形束縛的行為。這次藏鏡人想要脫離、對抗的陽形，即讓自己介入苗疆象徵界環境的羅天從。藉由史豔文之掌，否定羅天從強制賦予藏鏡人象徵界的行徑。這種痛快與先前相同，

〔註20〕 《天地風雲錄之決戰時刻》，第十七集。
〔註21〕 《天地風雲錄之決戰時刻》，第十七集。
〔註22〕 《天地風雲錄之決戰時刻》，第十七集。

強力追求的能指只是行為的本身，藏鏡人再次以行為本身作為能指定位，解脫於死亡，痛快於死亡。

史豔文發現藏鏡人的赴死之心，當下點穴讓藏鏡人昏迷，史豔文決定替身穿戴藏鏡人的服飾，假扮成藏鏡人：

> 我恨我不能做一個盡責的父親，我恨我不能改變過去，我恨我自己是史豔文。如同你一樣，我也只是活在別人的期待之下，眾人的眼光之中。這世間戰火不斷，誰能稱正？又能定誰為邪？就像你我一樣，正邪，只不過在那一線之間。命運所造成的遺憾，我們只能承受，而人生，就由我們自己決定！〔註23〕

史豔文的內心獨白表達了藏鏡人與己只是身處在相對立場，才導致這樣框架下的正邪兩方，兩者都處在各自的象徵界，皆擁有各自的無奈。史豔文假扮藏鏡人之後，甘願為藏鏡人赴死，引開追殺圍剿的苗軍。從這點看出史豔文與藏鏡人個性思維根本不同之處，兩位身處鏡面的極端，史豔文全然不以追求能指為其所要，即便是能指，也會是包括藏鏡人在內的全天下人民福祉為主。至於是否為史豔文痛快的抉擇，筆者認為可以是，只不過史豔文更重視他人；藏鏡人因為己身的兩次誤認所致之苦，其選擇兩次的痛快之舉，將所承受的痛苦，運用強制的手段對抗無法更改之事實，這造就他狂傲的性格，狂傲的情感外放使藏鏡人的行為覆蓋了一切，面臨的問題是屬於最根本的想像界，所以他一直處理己身對於黏扣點定位的錯亂，選擇的方法就是痛快，不做他想，僅僅在面臨史豔文的決戰時，有一絲絲愧對，自己重蹈羅天從之舉。

史豔文與藏鏡人互換衣裝，兩者的能指鬆動，從鏡面兩端交錯，也許是這樣的緣故，史豔文更能擁有藏鏡人的狂傲性格，不讓其他人識破，便需要認真進入能指角色，這種種的建制言詞，無論是史豔文的空白言詞、真實言詞，都會漸漸影響主體，潛意識以逆反的言語表現。史豔文長久以來為他人著想的行為舉止，導致思維優先考慮者非自己，透過能指互換，史豔文成為了藏鏡人，間接影響己身的僵化形象；藏鏡人原本的痛快之舉被史豔文阻止，潛意識中的狂野力量被強制退行，亦如史豔文成藏鏡人般，藏鏡人本身的能指鬆動，本來性格狂傲是為了有一口氣對抗命運乖舛，所有的權力、地位、本領和存在皆因狂傲而起，這使他執著於固定形象，僵化於敵視史豔文，透

〔註23〕《天地風雲錄之決戰時刻》，第十七集。

過能指互換，藏鏡人又再次進行誤認。

三、執著感情想像的佔有者

　　《天地風雲錄之決戰時刻》第十八集，變裝為史豔文的藏鏡人遇到鄉野樵夫，藏鏡人被樵夫請進屋內招待，藏鏡人此刻知道史豔文對待任何人都是真心至情。先前的他，即便知道史豔文的為人，因為強迫己身追求能指之故，選擇無條件質疑扭曲，潛意識竄流於意識中。藏鏡人體驗觀察他人對待史豔文的行為，對照己身追求能指，所建立的人脈背叛自己，冷暖之情，唯有自知。這一鬆動能指的旨趣為，藏鏡人知曉史豔文的困難之處在於象徵界的問題，不若自己的想像界之無奈，史豔文無奈於象徵界看待他成為能指之事實，亦如曾經的藏鏡人追求史豔文，所以史豔文必須作出非常人的決定，這也導致史豔文的兒子們，對父親都有明顯的焦慮，不只是父親的光環，犧牲自己的行為更令兒子們無法認同，藏鏡人亦無法認同。

　　史豔文為了封印魔世，將次子小空丟入魔世，旁觀的藏鏡人看到一幕幕史豔文之子的爭執場面，藏鏡人無法苟同史豔文這種犧牲的行為。藏鏡人再次斥責史豔文的思維：「我不認同這種做法。史豔文，我只有一個女兒，不能相聚，已是痛徹心扉。為何你，卻能對你的兒子如此的殘忍？」〔註24〕。藏鏡人的改變有史豔文交換能指的關係，亦與女兒憶無心有重要的關聯，藏鏡人為痛快而生，為痛快而死，在痛快之間的溫情感召，便是憶無心。《天地風雲錄之九龍變》第十七集，假扮史豔文的藏鏡人阻止網中人攻打靈界，因故使得憶無心昏倒，藏鏡人摟在著自己的女兒在懷中：

> 史豔文：（上前抱住）無心，你怎麼樣了？幸好只是精力散盡，暫時的昏厥，為她運功調氣，喝──〈想不到，第一次抱著你，竟然是在這樣的狀況之下，無心，原諒我，原諒為父現在不能與你相認，必須讓你獨自一人，承受這些武林風波，你可知為父，有多想好好保護著你嗎？也許，這是上蒼給我的恩賜，即使只有短短的時間也就足夠，就讓我……就讓我這樣好好抱著你吧。〉〔註25〕

藏鏡人因為女兒的出現，不在以思考想像界的問題為首要；與史豔文互換能指，使藏鏡人知曉史豔文在象徵界的問題，原來己身是如此干擾小他者能

〔註24〕《天地風雲錄之九龍變》，第二十集。
〔註25〕《天地風雲錄之九龍變》，第十七集。

指。形象的流動促使藏鏡人有不同的參考向度，願意放下執著於史家的怨恨，將所有精神投注在身旁的女兒。藏鏡人走了這一遭，深刻體悟強制追求能指，因而消耗生命的虛無感，此刻的藏鏡人唯有女兒憶無心能令自己值得投注感情。《天地風雲錄之九龍變》第二十四集，憶無心被苗王捉去當人質，逼迫假扮史豔文的藏鏡人交出九龍天書，看到愛女憶無心受苦，藏鏡人忍不住感嘆：

> （握緊拳頭）爲什麼？爲什麼？難道，是我滿手的血腥，所以報應在我的女兒的身上？難道，是我罪惡滔天，所以一家苦難？難道所有命運的捉弄，都是我咎由自取？天，你眞要絕我之路？天，你眞要逼吾於死途？天啊，你敢與吾爲敵！你們要藏鏡人，我就給你們藏鏡人！萬惡的罪魁，藏鏡人啦！〔註26〕

面對環境的無力感，藏鏡人又會退回至想像界造成的問題，再次將難以抗拒的劫難看待如史家血脈、羅天從劫子般必然存在之傷，於是藏鏡人又恢復熟悉的角色「藏鏡人」，再度以自豪的「萬惡的罪魁」抗衡天命。

　　每當藏鏡人自卑於身世，便會再度以藏鏡人面具之姿狂傲展現。這層展現誘發藏鏡人對命運的怨懟，再次進入想像界的問題層次。事實上，每當女兒憶無心有難的時候，藏鏡人的情緒連結會快速串起，「萬惡的罪魁」又會是他最熟悉最安全的黏扣點，即便藏鏡人放下對史豔文的仇恨，如果有另一能指讓藏鏡人追求不順遂，藏鏡人必然回歸因扭曲史豔文而生的藏鏡人。將身世認同擺盪不定的無法掌握之感，潛意識（unconscious）般挪移至面對問題時，無法順利解決的缺憾情緒，尤其是更爲巨大的、無法掌握的人生命題，藏鏡人會想要隱身於黑暗中，而自身長期追求史豔文的黏扣點，順理成此刻的建制言詞：

> 藏鏡人：如果可以，我眞的不想要放手！你會被西劍流所擒，就是因爲你是我的女兒。身爲藏鏡人的女兒，對你……只是一種不幸。藏鏡人是萬惡的罪魁，一生爲惡無數、樹敵無數。你是這麼純眞，我不敢去想，如果你知道你的父母是什麼樣子的人，你會……
> 憶無心：所以，你就忍心讓我繼續做一名孤兒？
> 藏鏡人：你也看到了，當中原人知道你是我的女兒之後，他們是怎樣的態度。我，已經是一個失職的父親，我怎能讓你因我收人指責！

〔註26〕《天地風雲錄之九龍變》，第二十四集。

怎能讓你背負我的罪孽呢！

憶無心：這就是，你隱瞞我的身世的原因嗎？要不是後來發生的那些事情，你是不是一輩子，都不會跟我相認？

藏鏡人：就算我永遠只能躲在暗處偷看你，甚至無法陪伴在你的身邊，只要你能過得幸福快樂，我就無憾了。

憶無心：阿爹！〔註27〕

藏鏡人對女兒憶無心流露的情感，筆者知悉一件事情，藏鏡人從發現真相之時，因為不屬於任何方的邊緣人，對自身的存在感到疑惑不解，甚且自卑於世，這種否定主體性的人，為了能順利過著像正常人的生活，便會把情感激發而出，使情感凝著於面具上，藏鏡人的面具、狂傲性格即是如此產生。能量前行（progression）、退行（regression）的錯亂，藉由人格面具（persona）屏障自身，讓人格面具漸次吞噬自我（ego），吞噬的過程為痛快的捷徑，藏鏡人被人格面具情結趨於痛快的吞噬，苗疆的權力、地位、本領和存在就越發穩固，原因在於人格面具具有集體意識期待的成分，史豔文的能指如此，藏鏡人的能指亦如此。

人格面具吞噬的結果，即是陰影（shadow）的那方始終保持最原始的階段，能量持續儲蓄，等待藏鏡人的意識受挫後，能量退行成為陰影反噬的力量來源。與史豔文在九脈峰坦承身世，可以視為藏鏡人內心陰影的出現，陰影帶給了彼此的諒解，兄弟之情無法如意識認為的那樣可以輕易斬斷，這是「前行的強度再次出現在退行的強度之中」〔註28〕

藏鏡人的面具可以說是他引以生存的唯一關鍵，人格面具情結的其中功能就是能最低限度保護當事者的心理結構。藏鏡人在《天地風雲錄之決戰時刻》前期，人格面具的依託作用，使得他能保持自我，不受到身世關係所擾，盡情對所有先天暴力所致的怨懟、思念血緣的牽絆，以及不堪所處象徵環境的情仇聯繫，赴死般成為「藏鏡」之人。趨向穩定的人格面具走引，藏鏡人個性鮮明異常，生存哲理更是貫徹行為：「順吾者生，逆吾者亡。」以此建置言詞的他，把處在象徵領域的自己，成功活出自認為的主體性。

撤離面具所引發的陰影，讓藏鏡人有機會稍釋前嫌，有成長的契機在裡頭，但付出的代價是「藏鏡人」必須死亡。凶狠果決的苗疆將領形象，隨著

〔註27〕 《天地風雲錄之九龍變》，第二十五集。

〔註28〕 〔瑞士〕卡爾‧古斯塔夫‧榮格：《心理結構與心理動力學》，頁27。

藏鏡人掀開面具後，藏鏡人沒有任何屏障在其中，只能是一位保護女兒的普通父親。持續糾結於引發而出的身世、親情之生存問題，每次的回應都處在抱怨、力有未逮的狀態。自從面具被撤之後的藏鏡人，建置言詞便是：「不應該啊！」「吾命，由吾不由天啦！」等位在被動宣示的立場。從《天地風雲錄之決戰時刻》至《天地風雲錄之劍影魔蹤》的藏鏡人不斷依附他人，依附過程中亦質疑過所面對的事物，其中最重視的地方是友情、親情：女兒被擄、史豔文犧牲子女換來武林和平，以及聽到摯友千雪孤鳴被親生兄長苗王利用為死士，憤而挺身相救。

　　人格面具的能量退行至潛意識方面，藏鏡人感受到前所未有的感情羈絆。人與人相處的社會關係，藏鏡人有更深切的體會，心甘情願為此付出代價，並且漸漸以真誠的心對待史豔文。然而，潛意識能量湧現至意識領域的代價，便是幽冥參與（法語：participation mystique）的顯現，許多事情都不自覺與己結合為一，他人的狀態會嚴重影響自己的心理結構而不自知，無法做出客觀理性的判斷。藏鏡人面對女兒憶無心：

> 史豔文（實際是藏鏡人）：請你帶著憶無心退隱，並好好保護她。不要再涉入武林。
>
> 黑龍：這…為什麼突然要我們退隱呢？
>
> 史豔文：江湖險惡，本就不適合你們。炎魔雖除，但時局未穩。你們太過善良，在武林中易被人利用。不如遠離是非之所，才能安然。
>
> 〔註29〕

自身的成長經歷是痛苦難耐，付出許多難以言說的必經之痛，無法真心追求象徵界的能指，反倒需要時時刻刻提醒自身非屬於任何一方，藏鏡人的游移不定狀態，導致自身的疲累和堅強。疲憊於生存的強大壓力，使得自身只能是生物生存般殘酷抹殺情感；唯有堅強的執行痛快，以行動作為最終能呈現藏鏡人的手段。這樣的藏鏡人以誤認歷程為基底，回溯看待憶無心的天真，會產生過多的類化、投射，全然忽略憶無心的心思，憶無心的好友黑龍的錯愕質疑，正好是藏鏡人能有機會回答自認為的武林江湖，無法躲避的武林江湖，希望憶無心能退隱。

　　幽冥參與的特徵在於當事者視自身情感為對方的情感等值，當事者感知對方的心理狀態而起伏，由此將個人建構的種種特質投射於對方的一言一

〔註29〕　《天地風雲錄之九龍變》，第三集。

行，甚而因為對方的行為、環境於當事者看來是危險，當事者強迫式偽溝通的命令之姿，實際是當事者說與自己聽而無法自覺，潛意識的滲透參與影響當事者。事實發生合乎所料，對結果分析更會流於自身宣洩的藉口：

> 史豔文：（握緊拳頭）為什麼？為什麼？難道，是我滿手的血腥，所以報應在我的女兒的身上？難道，是我罪惡滔天，所以一家苦難？難道所有命運的捉弄，都是我咎由自取？天，你真要絕我之路？天，你真要逼吾於死途？天啊，你敢與吾為敵！你們要藏鏡人，我就給你們藏鏡人！萬惡的罪魁，藏鏡人啦！〔註30〕

事件脈絡而論，憶無心被擒是藏鏡人的關係，苗王視憶無心為爭奪九龍天書的一枚棋子，理應憶無心的性命安危足夠威脅藏鏡人。因果機械觀點的意義定位佔了藏鏡人的理解成分，a-b-c-d 的原理運作下，將 a 歸類於事件的源頭，憶無心被藏鏡人不自覺歸納為 b-c-d 的項目，所以憶無心的種種行為都可能牽涉到自己的行為。這樣的思緒運作，憶無心可能被藏鏡人機械化，許多個體必須嘗試的有機形式都只能框架在單因論述，憶無心持續猶在藏鏡人的幽冥參與，只可以是永遠的天真，而藏鏡人必須要永遠維持憶無心的天真。

藏鏡人在父親角色的擔當時間裡，曾經提點憶無心為了追尋身世謎團，導致渴求永遠不存在之親情的心情：

> 史豔文（實際是藏鏡人）：（走到憶無心面前）無心，你要了解，原生的家庭，有時候並不是你所期望的美滿，你雖然自出世，就失去了親生父母，幸得仁慈正氣的靈界，將你教養成一個懂事又善良的孩子，靈尊，你的師兄們，甚至你身邊那麼多的前輩和知己以及你的堂兄弟，還有……還有你伯父我，相信都是可以填滿你親情上的缺陷，陪你一同完成未來的人生。〔註31〕

親情非一定需要具體血緣關係，才能成立、感受親情的擁有，撫養己身成人的靈界各位長輩都是憶無心的家人。然而，憶無心面對的困處與藏鏡人般追求原屬於在世親情缺乏的定位。藏鏡人自己在想像界、象徵界的生存定位，早已經讓自己否定，痛快成為唯一選項；憶無心深知撫養自己的長輩，他們的養育之情恩同再造，可是內心對出生在世的契機源的追尋亦相當重要，唯有追尋匱乏存在的答案，才能滿足原始的需要（need）。每個人都有屬於自己

〔註30〕《天地風雲錄之九龍變》，第二十四集。
〔註31〕《天地風雲錄之九龍變》，第十八集。

的追求，能量終極觀的重要性闡釋便在此處，藏鏡人知曉憶無心的原始需要，憶無心亦接受藏鏡人彈性的勸告，雙方的勸勉關係有助於最大程度的替代經驗，將至的問題代價雙方都需要有默契，給予對方自由承受的默契。憶無心的選擇是自由選擇，藏鏡人的幽冥參與卻掩蓋彼此成長的真理。

　　潛意識能量將人格面具摧毀，藏鏡人覺知親情的重要，過度將人格面具視為主體的藏鏡人，終於受到長期壓抑的原始陰影吞噬而無法免疫，無法做出英雄激情般犧牲自己的主見，將能量達至平衡。每個人都有屬於自身的能量系統，憶無心被擒的原因，或許是藏鏡人的社會地位所帶來的連帶結果，但是將女兒的選擇簡單歸類於自身的建置言詞，也就是擁有史家血緣的苗疆將領就應該遭受自責，身為藏鏡人之子女亦如此。陰影的影響持續作用於藏鏡人身上，壓抑情感的冰冷生存方法，使得現在的藏鏡人過度重視情感。《天地風雲錄之九龍變》裡，藏鏡人亦沒有察覺需要尊重好友千雪孤鳴的意願，強行介入爭奪九龍天書的行動，導致誤殺苗王。藏鏡人的陰影是從孩童時代就欠缺的關於原生父母渴求的感情，成人狀態的藏鏡人將原始需要轉變為與他人連結的情感需求，因為這樣的緣故，藏鏡人無法、亦無能理性，陰影肆虐是他自身導致，將所有重視之人聯繫在己的因果機械觀，即陰影呈現原始階段的特徵。由此從《天地風雲錄之九龍變》至《金光御九界之墨世佛劫》脫下人格面具的這段時期，藏鏡人的主體性是脆弱易更動的性質：一位將女兒帶至身旁照顧的父親為各方勢力低頭；一位為了朋友兩肋插刀的感情之人，遭受無情的欺騙。

四、擺脫面具屏障的重蹈者

　　藏鏡人的人格面具時期，將痛快執行至小他者史豔文身上，追求強而有力的黏扣點；失去人格面具後的藏鏡人，潛意識中充滿對親情的渴望。藏鏡人儘管享受親情帶來的溫暖，貌似以自身的行動為象徵界的語言，訴說他亦是有情之人，可是種種的跡象卻導致他更加漂泊不定。榮格的能量終極觀點視角，明確清晰藏鏡人扞格於幽冥參與，造成自己過度執行原始初民般潛意識能量決策眾多事情，憶無心間接被機械化綁縛。藏鏡人對待憶無心的心態，關係到主體對待永遠無法追求可至的大他者形象：

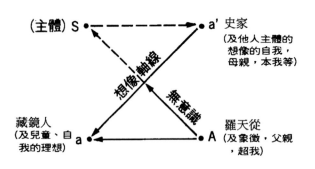

圖 19　藏鏡人、羅天從 L 圖式〔註 32〕

圖 19 的 L 圖式裡，藏鏡人（S）需要痛快於小他者史家（a'），具體目標即是史豔文，藏鏡人可以藉此對原生史家血緣、羅天從做雙重痛快，「藏鏡人」因此誕出在苗疆象徵界中，這在前文進行詳細清晰的論述。藏鏡人脫下人格面具後的潛意識是情感的追求，此層關係亦無法真正脫離象徵界。大他者羅天從（A）象徵著藏鏡人想要位於對方的勢力範圍，欲將其視爲唯一的「家」，藏鏡人無法真心企及的缺位他者。羅天從除象徵著能指網絡外，更隱晦指向對親情渴求的欲望，羅天從先天暴力介入藏鏡人的想像界的原因，就是失去家人的痛苦，痛苦達至神經水平之上的極端狀態，促使羅天從將復仇轉爲實際的行動。

　　藏鏡人看似使用雙重痛快否定羅天從的強勢行爲，然而最終仍然回歸至羅天從追求親情的欲望，這層位在象徵界的語言之牆（AS），藏鏡人使用想像關係（a'a）將之斬斷，因而瘋狂鎖定史豔文。大他者（A）卻以隱藏潛返的方式滲入主體（S）的欲望，因此語言之牆（AS）被想像關係（a'a）截斷後，使用虛線的方式指向主體（S）。真實情況是藏鏡人仍然執行追求羅天從的親情欲望而無法自覺，因此「潛意識是他者的話語」，藏鏡人的潛意識，透過外在能指網路的交互作用模塑成形，羅天從追求親情的欲望，空白缺位等待藏鏡人填補。在這層定義上，藏鏡人對憶無心的種種行爲，轉換成另一大他者：羅天從、憶無心等都象徵背後對親情託付的渴望，前者是以復仇形式給予，後者是以被給予來促發藏鏡人的追求。

　　「欲望就是換喻」般永無止盡的追求能指，主體認爲的意識行爲裡，被

〔註 32〕 修改自《拉康結構主義精神分析學》。杜聲鋒：《拉康結構主義精神分析學》，
　　　　　頁 115。

不自知的大他者佔有的潛意識影響多少，如何影響等真正主宰主體的生存問題，藏鏡人如實呈現：

> 言語的消失表現在言談的陳詞老調中，在這種陳詞老調中，主體不是在說話而是被說了：我們可在其中看到以僵硬形式出現的無意識的象徵符號。〔註33〕

藏鏡人認為的專屬於自己意識決策的行為，包括照顧憶無心、拯救好友千雪孤鳴等主體「說話」的象徵表現，實際是「被說」了。被大他者佔有的潛意識言說出藏鏡人的親情渴望，主體確確實實再次跌落至被動次要的想像地位，藏鏡人只是去填補早已經缺位的空白，潛意識以主體的感受碰觸事物，達至追求能指的欲望源頭。然而，欲望源頭是先於主體存在的象徵界構築而成，它已經顯現在主體的行為中，潛意識只是主體為了認識他者而假設的介體：

> 事實上是真理在他的嘴裡拋開了假面，但是這只是為了使心智戴上一個更有欺騙性的假面：只不過是策略的詭辯，只不過是誘餌的邏輯，只是為了迷人的滑稽。精神總是在別處。〔註34〕

藏鏡人丟棄人格面具後，體驗感情關係來實證屬於自己的真理，得知於心的感受更具有欺騙性的假面，大他者潛隱在多數具體對象中作用：羅天從建構的親情關係、憶無心渴望父愛等。藏鏡人在這張更具欺騙性的人性假面下，更深入執著於能指追求，「而是他的欲望在其中異化了的某個客體的挫折。這欲望越是發展，對於主體來說快樂的異化就越深入。」〔註35〕藏鏡人對待憶無心的種種行為，反映渴求史家血脈的深層欲望，將女兒視為藏鏡人本身歷程成長的經驗論述塑形。

　　藏鏡人以往在江湖的成長越是凶險，憶無心的成長越不能遭受劫難；藏鏡人對人性齷齪展現睥睨蔑視，憶無心的行為越趨天真無邪；藏鏡人詭計多端，消滅敵人冷血無情，憶無心便是慈悲寬容。這對父女的生長歷程、個性和處事態度差異如此極大！原因在於藏鏡人凝視大他者化身的憶無心的舉動，將欲望使身為象徵界的客體（憶無心）異化了。對於藏鏡人而言，大他者作用在憶無心身上，憶無心被藏鏡人的凝視影響其身，不自覺塑造出符合

〔註33〕〔法〕拉康（Jacques-Marie-Émile Lacan），褚孝泉譯：《拉康選集》，頁291。
〔註34〕〔法〕拉康（Jacques-Marie-Émile Lacan），褚孝泉譯：《拉康選集》，頁281。
〔註35〕〔法〕拉康（Jacques-Marie-Émile Lacan），褚孝泉譯：《拉康選集》，頁259。

藏鏡人需求的形象。藏鏡人隨著這層欲望發展，自己將自己異化越遠，卻感到無限的快樂。持續漂泊不定的藏鏡人，甚至被利用爲工具在所不倒，「精神總是在別處」，爲了憶無心而被利用，荒謬感本身不荒謬，藏鏡人將其視爲獨有的父女情感而珍重，一起製造苦難的甜蜜，情感方爲至深。

　　與女兒產生的情感是大他者對待主體的作用，他者永遠佔有潛意識的地位，主體僅僅是工具般機械運作。然而，操作機械運作的大他者永遠存在於象徵界，主體非主體自身擁有，才能支撐起超越主體感受的行爲能力。人們使用扳手鎖緊螺絲，不斷操作數萬次後，繼續運用至毀壞結果。扳手的自由意識是他者所擁有（人們），物盡其用般發揮最大的工具性價值，儘管扳手最終毀壞。藏鏡人即是大他者的扳手，因爲大他者而甘心身處困境，遭受非人能耐的苦痛，可是也因爲他無法擁有自己，才得以持續存活至象徵界。《天地風雲錄之劍影魔蹤》第二集，藏鏡人遭受前所未有的困境，爲了拯救千雪孤鳴，而被北競王逼至跌落萬丈深淵，藏鏡人重傷無法行動，千雪孤鳴僅呼息而無意識：

> 藏鏡人：（爬上岸）我……沒死，呃……（吐血）傷勢……比我想的還嚴重，我不能放棄，我要報仇，替狼主報仇，呃……
>
> 〔復仇的意志，成就苗疆戰神的信念，但傷疲的身軀，卻早已不堪。〕
>
> 藏鏡人：（與狼主躺在岸上）高不見天，荒峽之地，哈哈哈……這就是藏鏡人的葬身之處嗎？萬惡的罪魁，要死在這個不見天日的地方，這眞是最好的結局啊，哈哈哈……（望向狼主）不求同生，但求同死，今日，眞要應驗這句話了，千雪，來生，我們……再做兄弟。
>
> （藏鏡人閉眼，卻看到無心，憶無心：爹親。）
>
> 藏鏡人：啊，無心，呃……呃……不行，我還不能死，無心還在等我，我還不能死，千雪，我要將你帶回去，我一定要替你報仇。〔註36〕

回憶起憶無心的身影，無法動彈的藏鏡人重新擁有生存的意念，硬是背著千雪孤鳴尋找無望的出口，這層主體追求大他者的複雜關係，隨著地門出現，重構兩人間的語言之牆（the wall of language），藏鏡人的人格面具再次穿戴。

　　地門爲金光布袋戲虛構的地方勢力，屬於佛國世界的其中一門，其背後思想以佛家思想爲基底：夢幻泡影的虛像，人們執著癡念生活，因果關係（此

〔註36〕《天地風雲錄之劍影魔蹤》，第二集。

非榮格的因果機械觀）牽繫的彼此，爲彼此受累。創造地門的最初三十六位高僧捨去軀體，將意識統造合一，至後加入行列的高僧共計一百八位。他們的出現旨在創造平安喜樂的和平世界，驅策手段以「無我梵音」洗去眾生記憶、消除因果關係，藉此完成無殺伐的佛國。

　　一百八位高僧組成的集體意識名爲「大智慧」，藏鏡人背著千雪孤鳴殘喘前行，與大智慧相遇在深淵中，大智慧拯救瀕臨死亡的千雪孤鳴的條件，便是藏鏡人投身地門，遺忘世間：

　　神秘人：無論你怎樣選擇，這個世界，再也沒有藏鏡人這個人，不是死，就是無法離開這個地方，永遠，永遠……

　　藏鏡人：這……

　　神秘人：做下決定。

　　藏鏡人：這個世界，再無藏鏡人。

　　〔踏進地門，再世爲人，但過往種種，如刀刻痕，怎放得了，怎捨得下。〕

　　（藏鏡人回憶起過往，憶無心、狼主、史豔文等人）

　　藏鏡人：〈無心，等我，總有一天，父親一定會再回到你的身邊，一定。〉我，答應你！（服下藥丸）〔註37〕

藏鏡人被地門此舉洗去位於象徵界的黏扣點，大他者化身的具體對象暫時離開藏鏡人的意識。更甚者，地門洗去眾人記憶的作法，可以視爲打破語言之牆，長久以來人們建構賴以生存的意識，其排斥所有無法接受的思想、情感，這些背離之物流入潛意識領域，流入的造成原因爲主體與他者互動，產生連串情感交互作用所成。藏鏡人因爲他者羅天從強力介入想像界，將本身對親情渴望無解的憤怒，放諸於史豔文，透過大他者反向回應的「潛意識是他者的話語」被虛線帶回；女兒憶無心的身世尋覓，召喚藏鏡人被羅天從久置內心的親情想像，爲此不疲於犧牲生命。有了他者，就有了潛意識；有了空缺，就有了填補；有了關係，就有了記憶；有了消隱，就有了顯現。

　　現在，地門毀壞藏鏡人的語言之牆，重新給予表置在潛意識之上的語言之牆，賦予藏鏡人新的他者、空缺、關係和消隱。藏鏡人的新的他者便是愚痴的眾生，並且擁有四大天護的職位。隨著職位的承擔，藏鏡人早期的人格面具特色越發明顯，長期行爲定位了自己，儘管已經被洗去記憶，但也同時

〔註37〕《天地風雲錄之劍影魔蹤》，第三集。

洗去阻礙自己擁有人格面具的他者關係，即追求親情渴望的想像：

　　藏鏡人：村內，留有刀痕。

　　銀娥：這麼和平喜樂的生活，爲什麼有人想要爲非作歹。

　　藏鏡人：弱肉強食，本是殘酷。

　　銀娥：所以大智慧才要我們救助眾生。

　　千雪孤鳴：聖戰，不只是爲了救助眾生，也是爲了保護地門，保護
　　我們的平安喜樂。

　　藏鏡人：嗯。〔註38〕

無牽絆的藏鏡人只要對地門負責勢力的安全，這也洗練出原本可以成爲藏鏡人的重要信念：「弱肉強食，本是殘酷」。原本爲了要忽略想像界裡，生存問題的痛快行爲，長期執行的緣由，加上女兒憶無心出現而壓制的關係，能量被長期儲備在「弱肉強食」的信念，經過地門賦予新的天護關係，藏鏡人記憶起痛快行爲的生存形式。地門消隱藏鏡人對待史家血脈的複雜情緒，藏鏡人能越顯現自身存在的意象：

　　千雪孤鳴：看到眼睛都直了是怎樣，七巧還只是孩子。

　　藏鏡人：我也希望，能有這麼可愛的女兒。

　　千雪孤鳴：要就自己去生一個，別常肖想別人的，是講你一把年紀
　　了，也應該找一個對象了。

　　藏鏡人：我討厭娶老婆。

　　千雪孤鳴：爲什麼啊？

　　藏鏡人：就是感覺厭惡，但我想要有一個女兒。〔註39〕

　　千雪孤鳴：聽你這句話，你根本就是期待有事情會發生嘛。好戰分
　　子是不適合擁有家庭的。

　　藏鏡人：我就說我沒在欣羨你。〔註40〕

消隱複雜的生存問題，留下了如何生存的形式，也就是痛快果決；血緣誤植象徵界之說在地門被模糊，僅存藏鏡人單純的愛護子女天性，沒有自身缺位的經歷而進行過多投射。藏鏡人洗練出能指鏈的跌落之物小對形（objet-a），

〔註38〕《金光御九界墨武俠鋒》，第二十五集。

〔註39〕《金光御九界墨武俠鋒》，第二十四集。

〔註40〕《金光御九界墨武俠鋒》，第二十八集。

小對形為主體經過象徵界裡，換喻般追求能指後，產生區別於現實世界、無法被象徵界能指利用的在場化身，這個化身是欲望對象，其處在想像界、象徵界與實在界。相對於能指的不在場促發主體的追求，小對形是主體想要追求不在場能指的欲望，小對形是永遠在場作用的。

　　每個人的小對形皆是主體追求能指過程中，無心召喚的產物，它無法被言說，甚至主體自己亦不曉得小對形的內容意義來自之處，但是小對形能帶來主體辨別自身的標記，主體之所以是主體的安穩標記。嬰孩時期留存的奇怪習慣可以說明小對形的特質，小時候手被燙傷，馬上捏耳垂的動作被主體聯繫，可能在主體之後的生活中，遇到其他事情會不自覺的捏耳垂，主體自身沒有再被燙傷，卻仍然執行這個動作，無法說明為何這樣，只知道撫摸耳垂會令主體感到心安。小對形在象徵界中被視為無價值的跌落之物，能指消失，主體卻執著留存的物品。

　　藏鏡人被地門消隱能指，重鑄記憶執行新的關係，早期人格面具時期產生的小對形被保留，痛快行事、護衛弱勢的小對形永遠在場運作支撐藏鏡人。前述扳手例子譬喻，即扳手被用來鎖螺絲的使用方式（小對形）被保留下來，他者能指不存在亦無妨。隨著地門崩塌，眾人的記憶被恢復，藏鏡人再度帶上人格面具，化身為「天地不容客」。從地門劫難回歸，藏鏡人對於大他者追求的重新定義，選擇熟悉的小對形繼續存活，包括面具的重現、痛快舉止等特色。「天地不容客」的化名宣誓自己僅是自己痛快之對象：

　　　　踏烽火，折兵鋒，正邪無用；斬敵顱，殺魍魎，天地不容。

天地不容客存在的目的，只有藏鏡人以前追求能指，所塑造的小對形：面具、痛快，「正邪」兩方不再受到他的依託，因為天地不容客能了解女兒憶無心是獨立成長個體，再以女兒為生活重心而奔波，只會呈現出自身淹沒在能指網絡之中：

　　　　天地不容客：既稱天地不容，何來親人？

　　　　史豔文：無心尚在昏迷，壯士不願意等無心醒來，親自向你道謝嗎？

　　　　天地不容客：不用了，她有你照顧就好（離開）〔註41〕

象徵界的聯繫被自身斬斷，天地不容客不在乎自己的身世錯置，戴上無人認出的面具，行使於需要幫助的對象，天地皆是他的容身之處，不容者僅象徵界中被他追尋斬殺之任意行徑，近似痛快處決，可能能指是指涉任何的正邪，

〔註41〕《金光御九界之墨邪錄》，第十四集。

但是天地不容客僅認可自身的小對形:「面具」、「痛快」。

藏鏡人持續行爲至此,延續地門後的模糊能指,不特定指涉象徵界的單一目標,其擁有屬於建立在不設限基礎上的自由。戴上面具的意義已經非早期面具的屏障功能,在於主動宣誓本身不容天地,放任令自己穩定的小對形存活。最終呈現「戴上面具——脫下面具——戴上面具」、「痛快行事——猶疑利用——痛快行事」的敘事過程,終程回歸如原點初衷般性格。大他者的作用是否仍然存在於象徵界,繼續作用於藏鏡人,答案是肯定的:

> 最後,我相信,我將瘋狂的因果扔進那個存在的不可測知的決定中,
> 在這個決定中他懂了或誤認了他的解放;他在那個命運的陷阱中,
> 這個陷阱在他沒有征服的自由上欺騙了他。我這樣做只是陳述我們
> 的變化的法則,就像那個古老的格言所説的那樣:願你長成你現在
> 這個樣子。〔註42〕

現實變化掩蓋了主體瘋狂行事的因果,鑲嵌在命運的陷阱裡,陷阱裡的自由欺騙主體的征服舉動。藏鏡人把人格面具脫下的重建,一切都是藏鏡人想要體驗平凡普遍的感情,他成功了,最終拋棄了。痛快於追求能指,期間轉換能指爲大他者作用的親情想像,將己身擁有的部分消隱,藏鏡人不斷追求自身的定位價值,種種變化遮掩住他的行爲,實際與最初的執著痛快無異。現階段的天地不容客以爲擁有自由,可是實際卻不曾有過,否則,怎樣需要將能指指涉於「踏烽火,折兵鋒」、「斬敵顱,殺魍魎」。大他者永遠存在,有他者之凝視,主體才擁有變化法則中的自我,誤以爲「自己可以長成現在這個樣子」的自我。

第二節　佛誓不斷斷——俏如來

俏如來本名史精忠,爲雲州大儒俠史豔文之子,被江湖中人稱爲「俏如來」,初登場於黃俊雄布袋戲《雲州四傑傳》,原名史獻忠。俏如來因爲父親史豔文著想天下蒼生安危,進而「拋家棄子」的作爲,產生愧疚之心,伴隨這份愧疚感遁入佛門的俏如來,在《黑白龍狼傳》時期以還俗形象登場。人物性情方面,父親史豔文對於天下蒼生的憐憫之心,俏如來承繼之,亦有相同捨己爲人的犧牲覺悟,由於曾經身在佛門的關係,待人處事增持慈悲心懷:

〔註42〕〔法〕拉康(Jacques-Marie-Émile Lacan),褚孝泉譯:《拉康選集》,頁183。

圖21　俏如來戲偶〔註43〕

一襲白裟加身，雪白長髮開散垂落，時而英姿煥發，時而半遮鬱鬱，襯托出眉間具有佛像象徵的點丹「白毫」，堅毅凝重的莊嚴妙相，手持佛珠思慮紅塵的少年，便是史豔文之子俏如來史精忠。

一、殘存對抗意志的犧牲者

自小缺位的父親在武林江湖締造傳奇的光芒刺眼，加上慈悲為懷的個性使然，無法藉由否定象徵界（The Symbolic order）的所指（signified），任由所指衍稱毀壞鞏固的史家能指。與其他兄弟相比，俏如來雖然行事作風近似史豔文，可是抹殺自我認同的懷疑，讓俏如來對史家宿命的矛盾感，趨向隱晦難解。二弟小空史仗義經過父親先天暴力的犧牲，以象徵界的大他者為隱喻中介，構築穩定能指（signifier）系統後，以叛逆之姿，化身為戮世摩羅，行徑似叔父藏鏡人般衝擊史家血緣能指；三弟雪山銀燕史存孝看盡父親違背天倫的弒子行徑，痛苦走上分道揚鑣的修煉之路，期盼以自身武藝能力提升，行使自己認同的信念。

俏如來、小空及雪山銀燕面對史豔文的處境，如同藏鏡人般矛盾難堪。藏鏡人追求的是根本性存活命題，即位於想像界所導致一體雙面的鏡像叩問，如果被先天強迫中介的對象更動，誰為史豔文？誰為藏鏡人？俏如來、小空及雪山銀燕亦追求小他者史豔文，不同的地方為象徵界能指、所指轉換

〔註43〕筆者攝於公元2019年台中新光三越「史豔文傳奇特展之神龍再現」。

錯亂所發生的質疑。象徵社會的武林秩序，以史家為單一能指系統，而史豔文更是眾多武林俠客所指（signified）意欲強求安穩象徵界能指系統的重要目標。武林秩序最為重要，每個居民、俠客的所有關係者皆必須獲得安全，史豔文為武林領袖，理應可以犧牲史家來換得多數者的安危。事實卻也如此，而無法擁有父親超群能力的子女們，將起先因為認同孺慕，投射在父親的效仿情感斂回。無法認同父親作法的同時，看到能指系統由於父親而安定的事實，己身的無能、對他者的質疑兩相矛盾之下，小空、雪山銀燕都以穩固自我主體的做法離家出走，唯有俏如來選擇迫己接納。

　　迫己接納者何止俏如來一人，史豔文早就是鮮明出色的典範，枵腹從眾的英雄，選擇將自己工具化，疲痺原本擁有的想像關係，無痛快突破箝制、束縛自己的能指系統。史豔文的主體所指，確確實實被象徵界的眾多能指閹割，沒有主體的自己可以很堅強，因為他自己即是能指，任何人可以依托的能指。這種不可能性的能指，史豔文自己無能解釋，將這無法解釋的無能感繼續移挪至維持社會秩序：

> 當在宇宙宏構的碎裂中混入了語言的混亂並加之以自相矛盾的命令時，如果在語言的循環使之集中於他一身的干擾和跳動中欲望不能保存他的部分的話，那麼生活著的人就會在奴役和偉業中滅亡。〔註44〕

毀滅於偉業的史豔文只能受到武林群眾所指們的奴役，俏如來無法擁有史豔文卓越的能力（武功、社交、統籌、經驗……），儘管如此，他仍嘗試將己剝奪，學習史豔文一貫多數者為依據的效益思維，自我剝奪導致混亂渾沌，更多質疑浪潮淹沒了俏如來。史豔文之所以是史豔文，就是能有效的維持能指系統的秩序，作法受到家人、自己的否定，油然所生的無奈感，可以被武林群眾安穩所帶來的能指穩固（成就）掩飾。史豔文自己的不幸換來大眾的幸福這件事情上，史豔文是同意如此，並以此為動力持續至殘破不堪。

　　俏如來運用相同作法的結果不如史豔文那般，因為無法擁有相同的能力，自己是能指以供應眾武林群俠所指的需求（demand），將情感壓抑最低點，眾人非但不領情，反而詆毀俏如來。史豔文可以無奈無能於家庭角色的扮演，本身已經成為武林眾人的黏扣點（法語：point de capiton），身為穩固的黏扣點，史豔文不會遭遇俏如來的艱困命題，即能指、所指並失的流浪者。小空、雪山銀燕的出走流浪皆不若俏如來飄盪，他們向外尋找符合自己的隱喻

〔註44〕〔法〕拉康（Jacques-Marie-Émile Lacan），褚孝泉譯：《拉康選集》，頁290。

（metaphor），透過誤認能指的衝突來改變所指，小空、雪山銀燕的內在價值信念非受到剝奪，有其依據進行改變。俏如來承繼史豔文的做法，卻永遠無法了解、認同父親，因為沒有黏扣點的成功來帶動、誤認自我的價值。唯成功者只有延續無能無奈之感，並擴大至本身存在，兼之俏如來的慈悲胸懷，不忍質詢史豔文的種種行為，史豔文再次犧牲兒子。史豔文在象徵界洗鍊而出的剩餘物小對形（objet-a），即是「犧牲自我」的工具：

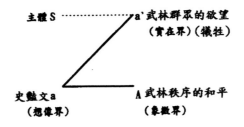

圖 22　史豔文、武林群眾的欲望 L 圖式〔註45〕

　　圖 22 揭示史豔文的小對形如何產生。A 為龐大象徵系統的大他者，包括律法、武力、金錢、名聲和正義等構成武林社會的種種要素，史豔文處在象徵界的能指系統裡，盡己所能維持武林秩序的和平。武林社會的和平是抽象的精神象徵，永遠無法得到的能指。拉岡認為主體經過父親之名（Name-of-the-Father）中介至象徵界追求大他者（Other），主體將大他者追求轉介至周遭身邊的具體非我介體小他者（other），也是嬰兒在想像界（The Imaginary order）裡的第一次同化（first assimilation）。嬰兒由於天生不可逆的匱乏而哭泣，母親（小他者）滿足其需要（need），嬰兒不自覺視母親為同體，母親的需求自己是可以滿足的，因為母親只有理會自己的可能，嬰兒無法辨別母親的理會是因為自己的哭泣，還是對自己有欲望。然而，最終母親的欲望在父親那裡，嬰兒誤認後，選擇父親的陽形學習象徵界的能指系統：

$$\frac{父之名}{母親的欲望} \cdot \frac{母親的欲望}{主體所表項} \longrightarrow 父之名\left(\frac{A}{陽形}\right)$$

圖 11　父格代稱〔註46〕

〔註45〕修改自《拉岡》。王國芳、郭本禹：《拉岡》，頁 180。

〔註46〕〔英〕狄倫・伊凡斯（Dylan Evans），劉紀蕙、廖朝陽、黃宗慧、龔卓軍譯：《拉岡精神分析辭彙》，頁 231。

雖然母親的欲望被約分成父之名，主體在象徵界只能學習父之名才能存活，可是嬰兒會將第一次同化脆裂後，所產生的差別經驗視爲專屬自己的東西，這東西即是能指系統無法涵蓋的剩餘之物小對形。小對形是永遠在場的欲望泉源，不受到象徵界的價值性評估，主體卻獨抱窮理於其中，重複的痛快（法語：jouissance）之行遂產生，所以小他者位於實在界（The Real），不是純粹想像關係的想像界，也不是能指網絡構成的象徵界。

史豔文無法追求的大他者，關於一個武林秩序的和平神話，他只能轉而追求a'武林群眾的欲望（小他者），如主體在象徵界挫敗後，溫習重複的專屬經驗，因爲這樣容易擁有。小他者武林群眾的欲望是「犧牲」少數性命，換得公眾安全。史豔文將其視爲專屬於自己的經驗，小對形等同於「犧牲」，武林群眾犧牲史家，史豔文透過犧牲自己，降格成爲稱職的史豔文。透過重複犧牲自我，才能感受到成爲史豔文的安全感，這也是只有他能成爲史豔文的原因。兒子是屬於史家人的一份子，理應對於武林眾人的公義有所覺悟，他不可以也不能處理兒子們的所指。小空、雪山銀燕選擇出走，俏如來既然留下擔當史豔文的助手，犧牲兒子的所指，在史豔文心中的潛意識裡，不若大眾的幸福來得重要，至少，身爲史家的代表史豔文可以以空洞的精神典範，牽引俏如來前行。

俏如來能指、所指並失期間，史豔文的小對形「犧牲」弔詭呈現包圍、滲透狀態。當俏如來選擇幫助父親，武林群眾對史家理應的「犧牲」沒有少過。俏如來的想像主體非史豔文那般，自然不會將「犧牲」當成不需言語辯駁的小對形，更何況犧牲也是種能力，俏如來不備有能力進行犧牲，而被強行操作之，結果將是邁向永恆自戕：

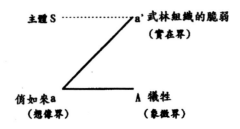

圖 23　俏如來、武林組織的脆弱 L 圖式〔註47〕

〔註47〕修改自《拉岡》。王國芳、郭本禹：《拉岡》，頁 180。

史豔文的小對形「犧牲」漸漸成為俏如來看待武林秩序和平的唯一手段，以俏如來而言，兩者或許已經等於同體，都屬於自己無法有能力觸碰的大他者（A）。筆者認為，此處位於大他者的「犧牲」，不等同於史豔文的小對形「犧牲」，史豔文的小對形乃是因為對武林秩序和平的極致追求不成，轉至自我選擇容納武林群眾不明言的欲望。對多數人都有利益的欲望，少數人當然最好是越少越好，既然武林群眾都在象徵界的能指系統存活，主體遭受遇害的情況不可能等同於沒有。因此，所謂的「現實考量」被武林群眾更迭為「考量現實」，一齣武林群眾負責「考量」，史豔文負責承擔「現實」的荒謬劇。這齣「犧牲」的荒謬劇是史豔文己身有意識追求小他者的歸途，史豔文擁有「犧牲」小對形，才是自身認可的史豔文。

　　俏如來遁入佛門的原因即史豔文的犧牲作為，無法認同父親執意犧牲史家，可是武林秩序的的確確躲過浩劫。史豔文親手將小空丟入魔世，作為西劍流封印之術的引導器，讓魔世、靈界之間的裂縫填補起來。面對雪山銀燕怒氣質問所有人，俏如來的回應：

　　雪山銀燕：我反對！為什麼要犧牲二哥，我就不相信沒有其他的方法！

　　梁皇無忌：剩下四天的時間，這麼短的時間之內，我們並沒有其他的方法。

　　史豔文（實際是藏鏡人）：那就戰吧！天下哪有什麼戰不勝的強敵？不需要犧牲自己的親人。魔世要來侵略，那就戰到他敗亡潰逃，不敢再犯為止。

　　雪山銀燕：對！魔世算什麼，還沒有面世的危機，誰說就打不下來？

　　俏如來：唉。

　　雪山銀燕：大哥，你講話啊。

　　俏如來：一切……讓父親決定。〔註48〕

無更妥當做法的選擇，俏如來只能無奈遵照史豔文的小對形。「犧牲」在此是位於大他者立場，俏如來不願作此選擇，如他無奈感嘆的心情寫照，是經過俏如來自身的意識所感，他同感於雪山銀燕的憤怒原因。然而，大他者看似主體追求不至的彼方，卻以潛返的方式包圍、滲透至主體，史豔文的小對形便是如此。俏如來的潛意識（A）承繼史豔文的小對形，「潛意識是他者的話

〔註48〕《天地風雲錄之九龍變》，第二十集。

語」，被他者框架束縛的潛意識，主體意識奮力一搏、小心翼翼地對抗，反向助長潛意識的能量，吞噬主體只會是時間早晚的問題。

　　意識、潛意識的激烈矛盾，俏如來對於「犧牲」之命題呈現衝突狀態，不得不執行內心極度拒絕的「犧牲」，痛苦於其中：

> 俏如來：（喃喃自語）我是領導者……我要做出正確的判斷。我必須去救眾人……
>
> 〔犧牲，又是犧牲。自己到底有什麼價值，值得別人為自己這樣犧牲？如山勢般的沉重壓逼而來，一次又一次。心，痛了。身，疲了。淚，再也留不住了。〕〔註49〕

俏如來的能指、所指在此混亂般隱喻所有犧牲的命題。史豔文的小對形是武林群眾給予的欲望，他「選擇」通過這樣形式來做到自認為的武林秩序的和平。史豔文長久習慣性的選擇是根據自身的經驗篩汰，具有意識層面理性思維的意義，才具有效率地選擇史家人為犧牲品的行為。但，俏如來誤認犧牲是唯一的手段，一來在於史豔文的作法，所導致的豐碩結果說服（儘管意識層面的難堪不解），二來是潛意識被史豔文的小對形逆反成就，俏如來自身的潛意識即認同犧牲的可行性。隱喻的過程：

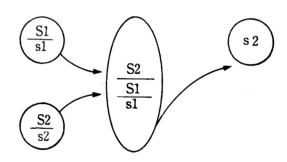

（提示：在語言學和拉康的思想中，"S"大寫總是表示能指，小寫"s"表示所指）

圖8　隱喻過程圖〔註50〕

誤認的結果便是「犧牲是武林秩序的和平」：

〔註49〕《天地風雲錄之劍影魔蹤》，第十五集。
〔註50〕杜聲鋒：《拉康結構主義精神分析學》，頁77。

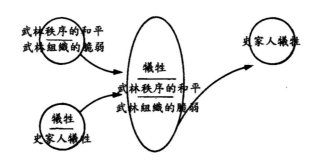

圖 24　「犧牲是武林秩序的和平」隱喻圖〔註 51〕

矛盾所致的能指、所指混亂之連結，使得俏如來將史豔文的小對形作更改，「犧牲」在俏如來的詮釋下，首先想到的是「武林秩序的和平」唯一管道，史家人犧牲僅屬次要。換言之，和平是數次的犧牲所構築的話，功成骨枯的殘忍現實是俏如來無法接受，也無能接受。這樣的情形使得俏如來相較史豔文，增添了慈悲色彩：

> 白狼：過剩的慈悲也是一種罪惡，因為這種無意義的慈悲正是縱犯惡行的元兇。
>
> 俏如來：〈過剩的慈悲，是縱犯惡行的元兇？〉〔註 52〕

父親果斷殘忍於自家人，兒子以慈悲心包容天下人作為平衡對抗，俏如來由於父親的非常行為，以犧牲史家人為武林秩序和平的手段（俏如來誤認），他倍感恐懼，於是產生「任何的犧牲總是要避免」〔註 53〕的天真想法，這種無法使用象徵界能指系統的成熟技巧，反倒運用想像界的純粹想像關係的退化作用，正是俏如來持續抹殺主體的結果。俏如來只需要比此時多迫使自己認同史豔文的小對形，隨後的任何彼時都可能幾近瘋狂狀態，退回想像界的想像關係成為僅有的對抗手段，對抗無法說服己存的軟弱手段。

　　不願犧牲任何人的俏如來，尋找不出有別於史豔文小對形的能指架構，妄想運用想像關係，促成一切對外武林群眾所指的躁動。彼此皆會被主體間衝突的裂縫吞噬，如進入黑洞般，主體間認為的溝通只是邁向死寂：

> 俏如來：屠殺中原人，對你們西劍流到底有何意義？

〔註 51〕　修改自《拉康結構主義精神分析學》。杜聲鋒：《拉康結構主義精神分析學》，頁 77。

〔註 52〕　《天地風雲錄之決戰時刻》，第八集。

〔註 53〕　《天地風雲錄之九龍變》，第二十一集。

衣川紫：喔，美男子生氣了，殺戮、勝利，就是西劍流生存的意義。

俏如來：這種毫無意義的信仰，就能泯滅良知嗎？

衣川紫：這，才顯得你清聖嘛。啊——

俏如來：惡言誑語。聖印‧蓮焰！〔註54〕

俏如來：道長，你也是修行者，請勿將自以為是的正義建築在他人的悲傷之上。

三清道長：俏如來，枉費你入空門修行，情緒還是這樣暴躁，話又說回頭，小空是你的二弟，你與你的父親同樣沒講話的立場。〔註55〕

俏如來：這真是你的想法嗎？當初俏如來所熟識的是獨立，有主見善良的鳳蝶，她不可能坐視有人害死天允山上的群俠，也不可能讓人追殺劍無極而毫不動容。

鳳蝶：如果這句話是出自銀燕或者劍無極之口，也許我不會怎麼驚異，是你太不了解我，還是自認太了解我？

俏如來：鳳姑娘。

鳳蝶：你希望用你的正義，提醒我離開照顧我、養育我，教育我的主人嗎？〔註56〕

俏如來運用唯一的疲軟手段看待象徵界的眾多能指，無論是質問、勸說和反詰，皆駐足於刪除現實原則的特點。需要他者同理自認為真理般的同理，殊不知想像界自我的產生，從開始就是處在匱缺狀態，嬰兒也是透過誤認他者（母親）的落差後，破碎鏡像才真正擁有主體，然而仍然是偽主體。俏如來自小被灌輸的知識是他者所提供，各個他者的知識亦是龐大的能指網絡提供。既然如此，他者會有必要認同俏如來的知識？答案顯然肯定否定皆可以，這顯示他者否定主體的知識是有可能的，且有可能佔多數。鳳蝶回應俏如來即是如此，將俏如來認識、建構的鳳蝶鏡像破碎，反問「是你太不了解我，還是自認太了解我？」。了解、不了解鳳蝶非主體間關係的重要處，而是俏如來的想像語言從主體送至他者鳳蝶之時，鳳蝶即便被俏如來了解無疑（假設

〔註54〕《天地風雲錄之決戰時刻》，第一集。

〔註55〕《天地風雲錄之決戰時刻》，第三集。

〔註56〕《天地風雲錄之九龍變》，第十八集。

真正意義的了解），鳳蝶亦擁有想像關係看待俏如來的了解，鳳蝶會被自身的想像關係蒙蔽俏如來碰觸的真實面相。

很多時候，他者拒絕相信對方的原因，是不敢相信對方比自己更了解自己，且這份了解是建立在自己不曾、無法及無從思慮處為基礎，即是對己如黑洞般無從處了解、怎樣了解的深層恐懼。這份恐懼只會在潛意識處滲透、影響主體意識，作用主體給予對方否定的回應。〔註 57〕位於潛意識之物，主體當然無從察覺，鳳蝶的回應可能會是即此。然，即便如此的蒙蔽，俏如來只會信以為真，無真即無依託，無法給予自己想像關係的黏扣點，俏如來將迷茫在想像迷宮裡，直至偏執狀態。想像關係的複雜層度足以干擾、混亂主體自以為的真實而了無痕跡。

他者將刻意顛倒主體的想像語言，而非前段鳳蝶在意識層面認真對待俏如來的樣子，主體將陷入語言中被拷打的狀態，成為富有趣味的掙扎連鎖反應，他者是很樂意觀賞。衣川紫、三清道長玩味扭曲俏如來的一廂情願，建制言詞（founding speech）擾亂俏如來單純的表義過程，雙方對話於無意義的能指鏈，你一言我一語述說換喻般堅強頑固的純粹表記，他者根本非意願想像關係於俏如來的言語。無論主體遇到鳳蝶願意與之對話的他者，或衣川紫、三清道長等無視主體想像言詞的他者，俏如來持有為了抗衡史豔文的小對形，退至想像界的僅存能力，進行意欲溝通的行為。實際的結果皆一致：**主體運用想像關係強迫介入他者的想像界，卻提供「欲望就是換喻」般反向指標，他者非此選擇的未願無果關係。**

「犧牲」在俏如來詮釋下，命定成為武林秩序和平的同體，俏如來痛苦於不願的無解，孩童天真的想像關係與史豔文的小對形形成強烈對比，處理武林危難的能力亦對比強烈。前段論述想像關係複雜層度足夠淹沒主體，建基於俏如來與外在能指無意義溝通的連結，既浮動又易於更迭，史豔文容納他者所指的犧牲作法，自然更有效率於武林秩序的和平。因此，圖 24「犧牲是武林秩序的和平」隱喻圖裡，武林秩序的和平被俏如來所指為武林組織的脆弱。犧牲式和平的反語，不正是和平需要依靠犧牲；主體間想像關係如換喻，能指獨立於所指的反轉，凡事皆以無意義作為意義的註腳。俏如來以犧牲、想像關係形塑的武林組織，和平被武林群眾詮釋得相當虛弱，不只是俏如來非願碰觸犧牲，而又尋找不出另個專屬的關於武林秩序和平可能的緣故。

〔註57〕參考本書第三章第一節「我是你的晚輩」例子說明。

武林群眾眾聚而成的組織與俏如來相同般際遇，皆被史豔文的小對形作用成不得不寵溺其中的孩童，史豔文犧牲自身的一切所帶來的武林和平，既效率且不容質疑，任何質疑犧牲史家的人掙脫不出絲毫可能，俏如來如此，武林組織何嘗不是如此。沒有範式提供給享有速食便利式和平慣了的武林組織學習，學習如何對抗象徵界能指系統的劫難，劫難隱微欲出的樣態，史豔文便跑出來犧牲，幾近連動閉鎖反應鏈的劫難解決方程式，抹滅武林群眾僅存的所指欲望。武林群眾本來抱持著僥倖心態，希望史豔文少數犧牲換得和平，或許成功而來的和平，會引起武林群眾或大或小不等的愧疚感，可是在重複幾次「演練」公式後，武林群眾喪失強力尋找史豔文之外黏扣點的能力，亦無感於劫難前後主體主動填補意義的所指成立。這場劫難到底是如何發生的？影響哪些層面？預防的方法是否有效於阻止？這些連串對劫難能指賦予所指意義的行動，武林群眾在史豔文小對形作用下，根本無法、無從執行。《天地風雲錄之九龍變》史豔文犧牲小空的舉動，武林組織即便知道如此，無意義參與能指心態是可以想見的，想見之成立乃建基於史豔文的確效率犧牲的事實。

俏如來為了抵抗犧牲，本能式想像關係來提供武林群眾所指的參與，雖然是脆弱狼狽，武林組織欲為本能式想像關係的些微機會嘗試，都被史豔文的小對形拔除。沒有所指參與的小對形只會是堅強鞏固，「除了能指優先，還是能指優先」〔註 58〕。享有速食式和平的武林組織，本身即無意義，脆弱程度不遑俏如來徬徨的想像關係，甚至過猶不及。俏如來曾經待過的武林組織天部、中興百武會及尚同會皆歷經覆滅。圖 24「犧牲是武林秩序的和平」隱喻圖裡，俏如來將「犧牲」雙重詮釋轉化「武林組織的脆弱」，史豔文連續犧牲後的武林組織，仍然脆弱異常，好像俏如來自身一樣。「武林組織的脆弱」的事實一直都是與俏如來深有關係的命題，史豔文的犧牲命題是武林群眾的欲望所生，亦反過來僵化、固定武林群眾對和平能指的所指想像；俏如來承接此特質的武林組織，脆弱的現實不斷考驗俏如來的想像關係。

二、等待兼愛尚同的無能者

武林組織、俏如來因為史豔文小對形皆脆弱虛化，雙方卻在彼此的想像

〔註58〕 〔英〕狄倫・伊凡斯（Dylan Evans），劉紀蕙、廖朝陽、黃宗慧、龔卓軍譯：《拉岡精神分析辭彙》，頁 249。

關係上，堅固穩定降格看待對方。圖23 L圖式裡，犧牲（A）位於主體（S）對面的大他者處，此處爲象徵界能指系統，一個被史豔文的小對形定型的能指牢籠，犧牲即爲全部。俏如來奠基於史豔文小對形的能指系統上，雙重詮釋爲武林組織的脆弱（a'），每每發生的犧牲即是武林組織脆弱的深化，武林組織脆弱現實讓大他者犧牲（A）能指系統的穩固。位於小他者的武林組織的脆弱、大他者的犧牲皆是俏如來意識層面無法所知的事情。唯一把握者，僅由小他者看待主體的想像的自我（a'a），武林組織越見脆弱，受到依託的史家成員自然無法堅強至哪裡，俏如來如此看待自己，將武林組織脆弱的責任歸於己身的舉動，來自於其無法把握的大他者；小他者、大他者爲無法把握者，小他者武林組織的脆弱屬於實在界，是關於主體能存在象徵界唯一證明的剩餘價值物，能指鏈跌落的小對形。俏如來將長期影響自己至深的武林組織的脆弱轉化至己身，形成令自己感到安穩的小對形，罪己式空洞主體所指的自我懲罰行徑，讓他透過重複悔恨行動的本身（Sa'）來展示自己的價值，便是名爲「無能」的小對形。

　　俏如來的小對形「無能」有明顯責己的意味，將武林組織的脆弱責怪於己的無能所致，無能於沒有史豔文處理武林危機的能力，無能於沒有史豔文果斷犧牲自己的能力，無能於無法有效關係武林組織的能力。鳳蝶受傷、雲十方的死亡、憶無心被擄、史豔文成爲武林公敵、何問天之死、宮本總司替俏如來背負罵名……危機處理不佳的俏如來，讓自身的小對形作用於己，方可得到些微緩解。促成俏如來的小對形順利發生的因素，除了武林組織脆弱殘酷之事實，使其不得不責己無能外，還有一關鍵心態的參與，即俏如來將武林組織的責任歸於己的心態。與自身無關的能指系統，何必有所指牽連？必定是將武林組織視爲與己同體的所指，才甘心榮辱與共。此心態爲主體（S）的潛意識是他者話語般由史豔文的小對形（A）無意間折射出的過程（AS）。俏如來對犧牲發生感到無奈，盡力避免卻未如願所導致的責己無能，亦屬於前述史豔文的小對形僵化武林組織所指欲望，終究只能任其固定能指的情形相同，或者說固定了能指依託者不只有武林組織，俏如來被史豔文的小對形固定成犧牲的範式。

　　供給於武林秩序和平的範式，俏如來不自覺陷入犧牲史家即是和平的詮釋話語。史豔文使用史家能指得到能指系統的和平，使用方式則是犧牲，俏如來陷入了史豔文設想的「和平必須使用史家能指」的大他者中，雖然有意

識將使用方式更動爲想像關係。俏如來自認爲的想像關係可以對抗犧牲，然而卻還是步入自身必須優先使用於其他武林群眾，才能擁有武林秩序和平的弔詭設定。俏如來將己使用於能指系統未果，小對形「無能」日漸成形定位，主體越責備自己無能更改武林組織的脆弱（Sa'），越陷入犧牲背後所蘊藏的深層意義，無論犧牲、想像關係，史家血脈就是必須被使用的難堪境地（AS）。小對形運作（Sa'）、潛意識爲他者話語（AS）皆主體無法知覺的過程，所以在 L 圖式裡皆虛線過程。主體僅瞭解小他者如何看待自己的形象，俏如來受到武林組織脆弱的影響下，將己之能力否決，卻無法知曉另外的兩股力量推動俏如來進入折射繁碎的鏡像地獄。

主體遷就於小他者、大他者的他性，墮落至自身的小對形甚少有生還光曙，樣態慘烈難以區別如雪山銀燕、小空對待主體、他者般，採行二元對立的跡象。僅漂浮在想像關係作徒勞式參與，做實己身重複悔恨的安慰。主體刪除主體，仍依靠幻象使自身相信、擁有走出有別於史豔文小對形的痛苦感覺。扎實芒刺的痛苦感主體甘心承擔，只要沒有犧牲發生，一切值得萬份，殊不知主體正被言說、續寫「犧牲」的發生學。有位隱身、遊走於象徵界能指世界的他者看重俏如來的非常（此處容筆者在後文闡述），自願參與屬於俏如來的鏡像地獄，他即是墨家鉅子默蒼離。手持銅鏡，除了與少數人互有活動（對話、戰鬥）之外的時間，默蒼離幾乎持布拭鏡，銅鏡反射象徵界能指系統的各主體間，所指、能指交涉複雜的關係。這關係包括俏如來的現況、墨家九算的蠢動，以及自己過去、未來種種的可能。

墨家在中國先秦思想佔有一席之地，其學派重要的價值性在於抵抗同時間象徵儒家墮落之大環境趨勢，更成就秦國後期政權制度的完備。〔註59〕「墨家之義」可能是當時工匠、屠夫等非得利階層的墨者在乎之事，行爲之所成的評判價值不容許別人給予，自身集結對抗艱苦環境的渴望，即墨者行爲的充分動機。〔註60〕在金光布袋戲中，墨家鉅子默蒼離初登場於《天地風雲錄之決戰時刻》，墨家漸次成爲敘事發展主軸則是從《金光御九界之墨武俠鋒》到《金光御九界之墨邪錄》。在劇數、敘事設定方面，金光布袋戲非常著重墨家的塑造。金光布袋戲的墨家所謂「墨家之義」，乃是未雨綢繆於「誅魔」，

〔註59〕 何炳棣：〈國史上的「大事因緣」解謎──從重建秦墨史實入手〉，收入氏著：《何炳棣思想制度史論》（台灣：聯經出版公司，2013 年），頁 379～381。
〔註60〕 胡又天：〈墨家消亡之謎的解答〉（《金光布袋戲研究》第一期，2016 年），頁 122。

對魔界侵犯的預設：

> 冥醫：這是始帝為了預防未來魔世入侵的一項準備。融合陰陽術與
> 咒術，立大誓願，血咒傳承，是對抗魔世的最強的兵器。
>
> 史豔文：什麼是渡世大願？
>
> 冥醫：起大願菩提，止戈息武。誅魔不誅人。誅魔之利啊，只有在
> 對付魔族的時候才能發揮出最大的功效。〔註61〕

將誅魔此所指之事，定位於墨家存在象徵界的能指定錨，為此承載超越個別
主體生命限期的時間，欲幾近永恆時間而極限撐持：

> 史豔文：就為了一個不可知的威脅？為了一個未必會出現的敵人？
>
> 如此傳承兩千年，卻是無用武之地。〔註62〕

主體在象徵界能指系統為了特定能指的需求，進行為期不短的「堅持」，「堅持」似大他者般透過第三者凝視主體，時間長度隨主體意識層面行事而增長，無法意識之時仍有動能前移，主體與目標間存在著永遠無法縮減的時間幅度。「堅持」使主體的心態發生變質，目標非目標，「堅持」而產生的疲痺、屈辱、疼痛及悲傷在永恆之路上愈層疊，主體目視前方未來理想，身感增至己身承載情緒之重，終於主體消亡在記憶、感應種種因堅持而生的情緒，未來目標依舊在前方。

　　墨者知切個別主體追求永恆不至的能指，會過分消耗己身的想像關係，精神、肉體衰敗於結果是可以想見的，甚且「墨家之義」的意念可能由於衰敗而無法傳承。採納團體共有能指目標的方式誅魔，目標依舊，團體內主體間的想像關係有一消亡，沒關係，個別消亡之空無，促使曾經聯繫的關係其他者受到牽引，以此將主體無法接受終邁向空無的挫敗感覆蓋。「革命尚未成功，同志仍須努力」的想像關係是消亡主體留下的幻見（**8◇a**），此正是團體追求的精髓，牽引其他存活的主體間的想像關係，激發出痛快（法語：jouissance）之情。

　　痛快箝破能指系統的束縛，亡靈猶有在世陪伴、鼓勵存活墨者繼續在永恆之路「堅持」。「堅持」與前仍是同樣狀態，皆使主體心態變質，皆使主體遺忘目標存在，只著重情緒的彌留。非同處在於痛快奠基而成的堅持，透過燃燒團體裡的個別主體，引燃除此外的主體們，燃點輪流扮演，終身扮演一

〔註61〕　《天地風雲錄之劍影魔蹤》，第二十集。
〔註62〕　《天地風雲錄之劍影魔蹤》，第二十集。

次。墨家運用團體共燃的方式，窮逐「墨家之義」，蒐羅、磨平個別能指為此方式的意義，精煉緊密關係近似一體成形的能指系統。

　　系統構築之要，首先目標的願景廣度、深度需要能容納個別主體的願景，個體不敢、無法追求的目標，團體的憑依能分責、共責，並以監督性質的鼓勵，促發個體蔑視思考肉體生存死亡的庸俗問題；其次，「一視同仁」的同模塑造，將個體的風格化思想打磨，放棄個體在象徵界的需要追求，團體的需要成就個體參與的價值，彼此同甘共苦的集體經驗講求一致性，藉此打造同體手足；最後，前次兩點條件是為了將系統的執行層面發揮最大功效，即替換性篩汰。之所以要具有目標、同造思想經驗，同體價值穩固使得個體是重要的，也是不重要的。重要在於目標需要個體全力支撐，己身以赴的想像情感是個體肯定目標願景的做法；不重要在於個體的變異不能影響團體，他只能以缺位的方式激發其他者的痛快，如果變異而執行非墨家理想的行動，阻礙「墨家之義」闡發，系統運作的低功率會不利於共體成形。

　　墨家為了誅魔而精煉打造所就的能指系統，選擇潛藏在象徵界能指系統裡運行，金光布袋戲裡的「墨家十傑」〔註63〕皆變化能指身分遊走九界。隱沒象徵界伺機等待魔界侵害危機的墨者，與中原武林組織百武會立身在象徵界的作法顯著非同，除敵明我暗的優勢處理策略外，深層涵義即在：

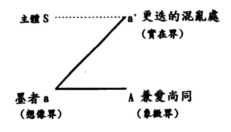

圖25　墨者、更迭的混亂處 L 圖式〔註64〕

金光布袋戲的墨家設定精神，取自中國先秦墨家精神：「兼愛」〔註65〕。《墨子‧兼愛上》：「若使天下兼相愛，愛人若愛其身。」〔註66〕解釋兼愛精神

〔註63〕《金光御九界之墨武俠鋒》，第二十集。
〔註64〕修改自《拉岡》。王國芳、郭本禹：《拉岡》，頁180。
〔註65〕《金光御九界之墨武俠鋒》，第十九集。
〔註66〕〔戰國〕墨子，吳毓江校注：《墨子校注》（台北：廣文書局有限公司，1978年），上，卷四。

的精要。任何在象徵界的主體間衝突的一切緣由，皆是不具備足夠等同的愛所導致，主體間彼此分別他我，他我雙方的成立，提供主體選擇性給予、分配相對性質的愛。量質間的差別性被主體們凝視、較量，欲望由斷裂處刺激主體。爲了克服生存問題、欲望承載等象徵界能指考驗，行不擇手段、暴力欺凌之能事，衝突、混亂等破裂秩序平衡的狀態遂影響象徵界的能指系統。解決由彼此差別選擇性質的愛，而導致衝突的問題，方法即模糊彼此相對性，塑造同等的絕對性，愛別人像愛自己一樣的道理，推論擴及至所有象徵界。國家不安、君臣不和、父子不孝、兄弟不恭、鄰民不親等失衡的相處狀態，即不願像愛自己般愛他人，雙方皆以自己爲重心。如果互爲主體，甚至同體的話，衝突就不會存在。然而，大眾同體的絕對關係，必須依據規矩、條則進行收斂，否則，個體的風格化、個人化之產生，所謂他我分別現象再現。

規矩條件的成立即金光布袋戲墨家的另一精神：「尚同」，亦取自中國先秦墨家的思想，《墨子・尚同上》：「所連收天下之百姓不尚同其上者也」〔註67〕上位者訂立的規矩條件是爲了收緊不同意見的百姓。墨家的政治綱領來自於上位者的統一，將下位者的非同統整爲一，藉此提供主體間互爲主體的兼愛者，適當且有空間實施的舞台，朝向國家層級的願景目標，彼此的兼愛精神透過政治體系能有效操作。金光布袋戲的墨者主體（S）追求的大他者是兼愛（A）精神，前述兼愛精神的道理而論，墨者應該想方設法於讓武林秩序達到兼愛，兼愛具體的執行方法有二：一者是「配合他者同體」，一者是「他者配合同體」。

「配合他者同體」的方法是比較容易執行，所謂「山不轉路轉」主體配合客體變化的積極態度正是此理。可是，過度執行此法會造成主體消融於追逐能指們，自身視爲工具被他者使用，主體所指的定位無意義化，史豔文如此；他者因爲主體的主動配合受惠，不容他者所指介入絲毫間隙的惰性引誘，僵化主體同時，他者亦然，甚且主體的改變所致危機，他者沒能思維的代入黏扣點，俏如來如此。「他者配合同體」爲墨家執行兼愛的具體方法，供應能指給他者仰望、追求，他者主動配合能指。有別於前者「配合他者同體」導致他者僵化的弊端，他者主動追求能指的擴大參與，主體是相對輕鬆卻不易執行，他者有何理由讓主體以逸待勞？答案在於「想像關係」。提供武林群眾

〔註67〕〔戰國〕墨子，吳毓江校注：《墨子校注》，上，卷三。

想像關係運作的出口，換言之，讓大眾的想像關係承載被賦予「能者多勞」等符合欲望的黏扣點，他者自然願意配合同體，甚至超越象徵界能指價值定義的追求情緒，即是痛快依附。無論「配合他者同體」，亦「他者配合同體」，都需要「尚同」的能指，前者有史豔文、俏如來，後者墨家尚同之能指為「更迭的混亂處」（a'）。

兼愛同體於世界的任何能指系統，墨者為了這樣的理想情操，絕無法像史豔文、俏如來般光明固定在能指系統，供他者做連動歷程的情緒出口。因為墨者的能指固定之同時，亦代表僵化之始，能指系統的複雜變化預料難測，意想不到的未知處廣闊於墨者個別主體，昨是今非足以讓墨家固定能指的價值煙消雲散，「弱者轉強，敗者成王」的歷史蜿蜒處令人措手不及，墨者明瞭。隱沒能指的另一原因，言說者被言說，主體運用想像關係的語言勸說他者，實際是主體因應他者無果的挫敗現實言說主體，主體越勸說，他者狀況越蔑視，俏如來即此。墨者言明「兼愛」精神，武林群眾重蹈想像關係作祟，重新賦予「兼愛」另一所指來扭曲精神回應墨者。武林群眾的意識層面即便沒有明確拒絕，潛意識層面易在墨者行動上詮釋。非同於己的他者理念明確展現至主體眼前，主體本身的先入為主之價值觀依據同時刻進行交互活動，互動過程的落差而引起的負面情緒，主體意識層面禮讓他者，潛意識層面容納負面情緒。所謂「負面」的情緒是大範圍涵蓋的品項，其中包括挫敗、憤怒、悲傷、懷疑等有別於主體天生樂於投入的情緒。

由此隱藏能指的論調而至，尚同的能指不太可能是墨者本身，墨者巧妙在「更迭的混亂處」牽涉大眾普遍心理的環境趨勢上，進行讓大眾去配合兼愛的理想。環境趨勢可以是一場戰爭、一起事件等足夠大眾不自覺運用想像關係的能指。墨者隨著環境趨勢做不同的變化，扮演起可以推波助瀾的智者、擔當重任的俠客、蒐集情報的特工等各色能指，目的即牽引眾人到前往「兼愛」的軌道。如何激發出眾人超越象徵界的痛快情緒，墨者無不絞盡心力在這方面。既然激發痛快情緒成為墨者掌握眾人被「尚同」，進而前往「兼愛」的關鍵處，隱藏、更改不同的能指，出沒在「更迭的混亂處」（a'）裡的能力就是墨者的本領之一。**另一本領是墨者不會重視痛快情緒的內容，而是重視痛快情緒的呈現形式，如何呈現是有效率的。**憤慨情緒的激發方式很多種，肢體暴力、語言霸凌、捉弄欺瞞、折磨凌辱等執行層面，為了使得對象的情緒達至預想的憤慨，將對象有關係的其他人施以殺戮手段。聽起來駭人聽聞

的內容（痛快情緒的內容），但在無視目標，或者過度重視於目標的主體視角裡，手段極端至不容許絲毫空間彈性的想像關係（痛快情緒的呈現形式）才值得主體吸引、執行。無視目標者，藏鏡人如此，所以痛快追求史豔文；重視目標者，墨者如此，不擇手段於激發眾人痛快情緒（Sa，），以利他者主動配合向同，達到兼愛。

　　所以為此，與主體被父親之名，以隱喻中介到象徵界能指系統有密切關係（SA），前述墨家團體的理想「墨家之義」、「兼愛」等龐大開闊，個別主體滄海一粟般渺小，團體燃燒方式進行，亦力有未逮而感覺到時間幅度帶來的歷史重量。每代墨者肩負此前難以計數的墨者們熾熱的眼光、希望，沉重擔當的責任是墨者們進入到象徵界墨者團體的能指系統後，漸至滄桑哀戚的原因。人性矛盾交錯難解，隨意搭乘想像關係於對象，就為了讓自身位處有利狀態，生態如此的象徵界能指系統，何時才是兼愛的理想世界。端看史豔文、俏如來等所指被掏空消亡，眾多武林群眾愚昧麻木，利用史家得到個別主體的安穩，愚昧者如此；被利用來對付史家的個別主體，麻木者如此。當墨者認為人性醜陋如斯，這份滄桑哀戚的情懷轉化為冷眼否決人性的處決者，默蒼離成為此態。

三、偽亡無言的篩汰者

　　手中銅鏡僅唯一還能看待的事物，默蒼離洞悉人性，些微力量都不屑給予使用想像語言聯繫的武林群眾，自身不願因為「言說而被言說」。常言：「愚蠢的氣息」、「用思考代替發問」。即可以視為對史豔文、俏如來的作法否認，默蒼離是在金光布袋戲裡，身為重要角色卻沒有自唸詩號的特點：

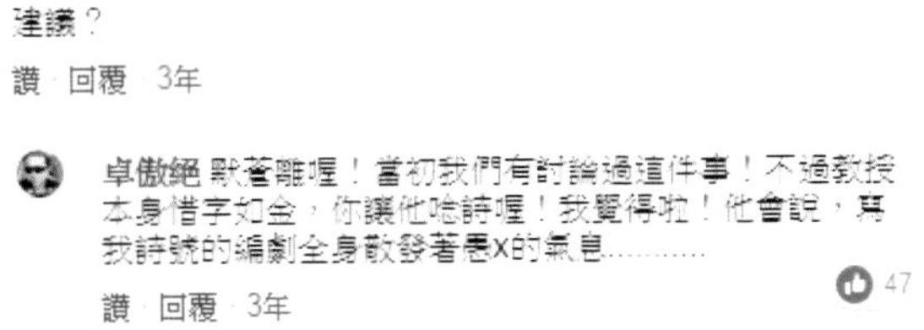

蕭竣輿 請問編劇大人：你覺得默蒼離的詩號要怎麼寫？有什麼建議？

讚　回覆　3年

卓傲絕 默蒼離喔！當初我們有討論過這件事！不過教授本身惜字如金，你讓他唸詩喔！我覺得啦！他會說，其我詩號的編劇全身散發著愚X的氣息………

讚　回覆　3年　　　47

圖 26　默蒼離詩號釋疑〔註68〕

〔註68〕〈墨武俠鋒第 23 集官方集中討論帖〉，《金光布袋戲官方 facebook》，搜尋日期：2018 年 04 月 22 日，https://goo.gl/JVrJoX。

編劇以沒有自唸詩號來顯現默蒼離角色的心理範式，墨家對墨者己身要求的初衷：潛藏、更動能指為主要墨者執行作法，由此而生的心理預設建基在幻化無窮的歷史進程，謹慎於象徵界想像關係的能指扣合，只在更迭的混亂處做關鍵顯影、推波。重要的目標達成前的干擾是必要排除，痛快內容為排除的範疇項目，排除動機可以是效果不彰的檢視，可以是難以掌握個體痛快內容的負荷，也可以是灰心疲懶於人性的昏聵……等。墨者僅需要記得如何使用痛快形式，來刺激主體們主動於想像關係的共同參與，積極配合墨者暗中計畫的兼愛大道。

歷史幽暗隱微處顯現、作用，能指更動對墨者而言，是理所當然的事情，不同的能指系統顯現不同能指身分，事成後沒入原初樣態，繼續遊走於下個低窪處為止。己身非但是流動性的黏扣點，對他對己皆是，亦是**偽大他者**的行為。引動個別主體為大他者的永恆他性做建設而個別主體不自知，個別主體自認為的想像關係、痛快情緒，僅大他者作祟個別主體付出精力。墨者不讓個別主體知切墨者身分，其永遠是大他者，因為當墨者能指進入象徵界時候，以死亡姿態進行象徵界活動，墨者受到象徵界的眾多能指質疑，每個質疑折射出多重的能指指認，這些指認都是真正的能指，潛意識本來就是他者的話語。墨者在扮演多重能指間，以疑問主動牽引個別主體的指認，墨者本身即大他者：

> 從這個主體的存在的問題開始，可以發展到它在世界內部與客體的關係，以及世界的存在的問題，因為在其轄域之外這個存在也能成為問題。〔註69〕

墨者被墨家之義、兼愛隱喻中介至象徵界後，墨者扮演多重能指角色的潛藏特性，自身主體存在的問題即發生。到底墨者真正的身分是什麼？默蒼離的真實姓名是什麼？策天鳳？默龍君？神奕子？盜才生？默蒼離本身即是默蒼離自身虛構的另一能指：「默蒼離確實無人知曉，不足掛齒，隨時可以拋棄的名字。」〔註70〕默蒼離的多重身分是主體的存在最根本的問題，他設立這個問題為能指，象徵界的個別主體們與之產生的關係，攸關乎個別主體對他性依賴的追求。同時，默蒼離的潛意識亦有賴於這些個別主體對能指的指認，這是默蒼離仍為偽大他者的原因之一，真實的大他者會在象徵界以他性激發

〔註69〕〔法〕拉康（Jacques-Marie-Émile Lacan），褚孝泉譯：《拉康選集》，頁483。
〔註70〕《天地風雲錄之九龍變》，第二十五集。

個別主體的小對形，做換喻般永恆追求的欲望顯現，而沒有所謂真實主體建立。每次身分的死亡皆重生的契機，抹殺己身存在於象徵界的能指身分，以個別主體對默蒼離的身分質疑的問題為能指鏈中，恆存的能指點。默蒼離能干涉的能指系統外，他所遺留的每個身分能指都會成為「問題」昭告天下，供眾多個別主體質疑、瞻仰，激發痛快情緒。

　　默蒼離身為偽大他者的另一原因是，他仍有屬於自己的小對形。小對形是主體進入到象徵界的能指系統後，被能指拋棄的無價值物、剩餘之物，可是主體卻必須執著其中。小對形的存在超越了象徵界而達到主體專屬的實在界，主體在象徵界中特有的經驗為小對形，無人可以模仿、學習。墨者團體在 L 圖式中展現潛藏、扮演能指，運用他人的想像關係引發痛快情緒，位於小他者（a'）地方的「更迭的混亂處」預示墨者的獨特經驗，每次的混亂都會是墨者又一身分能指的顯現，小對形名為「**替換性篩汰能指**」。墨者的小對形形成如此的原因複雜，難以單一論述，即筆者前述的種種。其一，墨者團體為了塑造足夠能量傳承墨家之義的方法，將團內成員同體再造，絕對性的處置地位有效率於替補因意外消亡的缺位墨者，由此每個墨者都可以等同於彼此，這樣的團體運行模式足夠啟發墨者的小對形。

　　其二，「重視痛快情緒的呈現形式」的價值觀基底，就是建立在替換性篩汰能指的小對形上。如前所述，如何激發系統之外，個別主體的痛快情緒是墨者的專業能力，墨者講求有效率的向同。更迭的混亂處暗中犧牲少數個別主體，可以讓群眾主動配合同體；其三，墨者在象徵界的多重身分建立。每個能指的死亡都有利於再次重新面對不同的能指系統，也因為知道有下次能指的依賴，墨者在每次的能指扮演中，極盡瘋狂之能事進行方法論的執行。「非真實的自己」心態作祟，所以可以毫無保留執行手段，如何計算個別主體產生痛快？如何盡興於己？如何達到向同？種種存在於潛意識的情結盡情釋放，因為終究死亡，終究再生。小對形「替換性篩汰能指」是墨家十傑所共**同擁有的專屬經驗，默蒼離則是唯一知曉小對形運作於己，終將邁入為了成就偽大他者，而步上沒有旁觀者凝視己身的差別主體框架的不自由體。**

　　他性之所以對主體重要，不但僅因為主體對先天不可逆之缺（想像界）的召喚、依賴而已，由他性比較、區辨出的差異更是自我成為主體的關鍵所在。自我進入到象徵界之後，不需要被第三者凝視的缺位能指定位，乍看之下相當自由。然而，意謂自我位於漂浮的不被承認狀態。這種狀態的自我無

法從他者反射出自己的種種能指，更沒有誤認（misrecognition）的造成而做出專屬經驗。墨者成為偽大他者的代價是，永遠以旁觀者姿態運作象徵界的眾能指，無旁觀者凝視身為旁觀者的自己，自身與任何能指的關係幾乎於無，沒有想像關係承認的自我，與幽靈無異：

> 如果一個人認為自己是國王的話他就是個瘋子，那麼一個國王認為
>
> 自己是國王的話，他同樣也是個瘋子。〔註71〕

普通之人認為自己是主宰一切的國王，眾人會以為是瘋子。一位國王說自己是國王為何是瘋子呢？原因在於，「國王」的職位是屬於象徵界能指系統的其中缺位能指，這位身為國王的人只是剛好誕生於此，接受被眾人承認的國王職位，妄想將此職位於己做結合的人不也是瘋子。被承認的想像關係雖混亂複雜，然而沒有想像關係成就的象徵界能指系統，主體禁錮在想像界罷了。這與落難至荒島上，發現寶藏的無奈情形相同。事實上，象徵界的人們都與認為自己是國王的國王相同般瘋子，「人們不能不瘋狂，不瘋狂只是瘋狂的別一種形式。」〔註72〕主體位在象徵界就是要瘋狂尋找黏扣點，那怕只是一文不值的職缺，給予自己厭倦的工作也好，利用手段定位自己身為職位的能指，總好過渾渾噩噩之人。不瘋狂的表現狀態是因為找尋到黏扣點後的穩定，穩定的表現狀態卻也是人們瘋狂追求而來。

　　默蒼離等墨者以象徵界的想像關係為執行手段，自身不可能與之聯繫；旁視能指系統裡愚蠢行為，卻沒人旁視自己的非凡；揹著斜線的主體（8）以死亡姿態獲得能指的注意，誰也不是自己所指依附痛快對象；自由於篩汰能指為傲，不自由於理解痛快情緒內容而辨別何謂自己。墨者們不若眾人愚蠢，所以無法痛快；不若眾人瘋狂，所以無法自由。默蒼離等墨者的心病即此：

> 默蒼離：我的病自一開始就是不治之症，醫不好了。
>
> 冥醫：是醫不好還是不想醫？〔註73〕

墨者由想像界踏入象徵界後，墨家為了「墨家之義」的傳承不歇，期間產生的小對形墨者把持不放，如傳承意志般成為各自的安穩能指記號。可是，小對形之所以被視為剩餘的原因，即象徵界不被承認之物，難以普遍心理承受的物品，墨者清高之姿的代價便是被小對形反向作用。捉弄象徵界除己外的

〔註71〕〔法〕拉康（Jacques-Marie-Émile Lacan），褚孝泉譯：《拉康選集》，頁176。
〔註72〕〔法〕拉康（Jacques-Marie-Émile Lacan），褚孝泉譯：《拉康選集》，頁295。
〔註73〕《天地風雲錄之九龍變》，第九集。

能指，僞大他者被大他者捉弄，清高之人亦脫離不了普世情感爲基底的情感依附，由此默蒼離的「病」皆墨者共有。墨家十傑各自找尋緩解病狀的做法，默蒼離選擇尋找具有繼承者資質的俏如來。

墨家執行僞大他者的方法作用於象徵界的原因：提供大眾利用想像關係執行痛快來箝破能指系統，**如何將由感而發的痛快迸發、順應、強化至能指系統的裝置，即僞大他者。**既言裝置，便是有「工具」運作之意味，本身行計算有效率的痛快形式。俏如來的小對形無能將武林組織視爲與己同態，以及妄用想像關係勸說武林人士的做法，完全與「由他者配合同體」的墨者行爲背道而馳，結果亦是。對默蒼離而言，俏如來的思維涵蓋太多沒必要的所指，導致身爲能指的自己被武林組織的所指佔有。《天地風雲錄之決戰時刻》史豔文爲了免於史家血脈被武林人士重新賦予新的所指，也就是藏鏡人爲胞弟的事實，影響史家血脈的其他成員的所指。〔註74〕史豔文果決向俏如來攻擊，俏如來醒覺的想法反映爲所指所擾的多情：

> 俏如來：〈追至此地，依然不見何幫主的踪跡，未知他是否已尋得父親的下落？父親大人，你千萬要平安無事啊。父親受人陷害，我該如何替他洗清冤屈？現在的我，到底該怎樣做才好？〉啊……俏如來，爲什麼你就是想不到一個好辦法呢？〔註75〕

避免所指的隨意依附情形發生而自我斷絕，史豔文的心意被俏如來的想像關係重新賦予所指，此舉與武林人士無異。史家能指提供於武林人士依附一直以來是重要責任，能指轉換的決心已經擁有，並將傳承之意施以果決之法，俏如來的想像關係成立與武林人士相同的原因爲，依靠「史豔文」能指的想像關係，將理應是覺悟之子的俏如來，成爲想像界與母親同體的孩童。孩童無法客觀看待象徵界的能指變化，需要母親爲介體進行誤認，這完全是刪除掉現實原則。史豔文作爲武林人士的能指是相當傑出，他成就武林秩序的和平，成爲武林人士的世界，俏如來找尋不出如何離開這世界的途徑。潛意識是史豔文爲武林人士能指佔據，他性佔據意識外的作祟之舉，如實反映在俏如來思考洗清史豔文被所指賦予的危機，即被武林人士指摘的冤屈，希冀冤屈洗盡回歸崗位，至於武林安危的客觀環境變異等現實原則，孩童已經不在乎。

〔註74〕參見本書第四章第一節。
〔註75〕《天地風雲錄之決戰時刻》，第十四集。

　　默蒼離依據現實原則運行史豔文認為的想像關係，詰問俏如來一廂情願於自己的想像關係：

> 神秘智者：我聽聞，史豔文惡罪滔天、窮凶惡極，純陽功體天下無匹，他在天允山打你一掌，為什麼你沒死？
>
> 俏如來：家父並無意傷我，他是為了保護我，所以未出殺手。
>
> 神秘智者：你還沒回答我，為什麼你沒死？
>
> 俏如來：嗯？父親打我一掌，是希望能與我劃清界線，讓我保持有用之身，繼續為武林盡心盡力。
>
> 神秘智者：最後問你一次，你到底為什麼還沒死？
>
> 俏如來：因為……（恍然大悟）啊！原來……！（轉身前行，忽而回身）〔註76〕

三問方式是默蒼離漸次抽離俏如來為己所指干擾的能指重建，默蒼離提供可以思考的獨立能指，這獨立的能指當然會受到不同主體所給予的所指建立，「見仁見智」的眾多所指群是俏如來首要必須受到的訓練項目，即**削弱純粹想像關係的所指**。每次的重複問題棒喝俏如來的自戀，戀於習慣將己身的想像關係附著他人，待第三問的啓示觸發，俏如來終於知曉「那是史家人的責任」〔註77〕，主動承擔武林盟主之位。

　　「削弱純粹想像關係的所指」為邁向偽大他者系統的第一步驟，主體在乎的重要事情、感受，他者說不定視為棄屣。原因在於隱喻過程般能指獨立存在，所指則是供主體隨意賦予。主體的想像關係纏繞上非己的想像關係，彼此都受到語言之牆的隔閡，此間的複雜層度如前述俏如來、鳳蝶的對話，表面語言否認對方的同時，潛意識是遭受對方佔有。成就一個穩固不催的能指，放棄、隱藏過多的關於自己所見所思，非阻礙他者的想像關係運作，使主體不會疲軟於此。「削弱純粹想像關係的所指」不但讓主體有彈性空間於他者的想像關係，更重要的是，自身成為外在能指鏈的能指之一，可以更有效能於利用他者為己所使用。這是所有墨者最擅長的能力，他者的想像關係順利運作在主體之上，願意積極配合、煽動是合理的。這不代表主體自身的所指被完全消滅，隱藏至能指網絡下的所指依然存在。俏如來覺醒後的承擔，將獵殺父親的計畫付諸執行，徹底受到各方武林人士的想像關係佔據，可是

〔註76〕 《天地風雲錄之決戰時刻》，第十四集。
〔註77〕 《天地風雲錄之決戰時刻》，第十四集。

保留一手的後路讓父親存活，即展現此理。

　　俏如來受到默蒼離的考驗、啓發，準備將己身獻給成爲僞大他者的決心，使自己找尋除了史豔文小對形之外的世界：

> 俏如來：任何的事情都有他的原因，嗯。〈蒼離前輩爲何答應我一個願望？那是因爲我通過了三個考驗，但是他爲何要給我考驗的機會？因爲我是史豔文的兒子……絕對不是這個原因。他給我三個考驗，第一個考驗是對父親那一掌的提點。第二個考驗是那三粒藥丸的用法。第三個考驗，第三個考驗又是什麼……〉啊，我明白了！
>
> 〔註78〕

俏如來不再因爲是史豔文之子，來斷定他者以此來審視自己，同理亦不會只願史豔文成爲能指不可，現實原則漸次修正俏如來的純粹想像快感。三個考驗如同默蒼離三問之法同理，考驗俏如來是否順利在眾多的所指群裡，尋找最靠近默蒼離能指的眞相。第一個考驗是史豔文攻擊親人之舉，斷絕過多所指牽涉，被斷絕之對象亦要考慮此點，行陌生之能指的初始，重新被所指賦予意義，即前述「削弱純粹想像關係的所指」；第二個考驗是三粒藥丸的使用時機，三粒藥丸的功效是「白色的吃了能活；黑色的吃了會死；紅的吃了以後，是不死不活」〔註79〕，功效奇特異常，如果使用時機錯誤，將會導致生命消逝，施藥者以他者的性命爲考量，又不失審愼度時的思維，即「調度生死的一視同仁」；第三個考驗是俏如來的依賴他性關卡，永遠需要他者的幫忙，是無法成爲僞大他者，冥醫的間接引誘，誘導俏如來往歧路回歸起點，繼續存活在史豔文的小對形，俏如來了解此舉的反向目的「承載僞大他者的發願」。

四、斷修惡盡的墨者

　　「削弱純粹想像關係的所指」、「調度生死的一視同仁」、「承載僞大他者的發願」是俏如來成爲僞大他者的進程步驟。「削弱純粹想像關係的所指」爲前述默蒼離三問俏如來，涵蓋啓發是成爲接受他者想像關係運作的能指，有效能於使用自己的所指在能指網絡的覆蓋之下。俏如來弒父救父的原理運作得益於成爲武林能指鏈的一員重要能指，史豔文本身也是執行此法的箇中翹

〔註78〕　《天地風雲錄之九龍變》，第六集。
〔註79〕　《天地風雲錄之決戰時刻》，第十六集。

楚。然而，史豔文的小對形爲何如此讓子女們有所抗拒？原因即是如此。順應他者的想像關係能利用他者，此爲有優勢，過度順應他者的想像關係會造就主體自身的淹沒。由此「**調度生死的一視同仁**」的重要性質是進程的第二步驟，攸關主體如何調節他者提供想像關係的節流閥。避免過度順應他者的想像關係，主體被淹沒雖然是此步驟的潛在危機，更重要的地方是避免失去象徵界能指間變化的客觀流動觀察，被蒙蔽於利用爲己效力的能指，而順應他者想像關係的能指鏈中。換言之，有效率於一視同仁的第二步驟，能在更迭的混亂處中，製造武林眾人的痛快依附目標，讓武林眾人不知覺依附，運籌帷幄於他者的想像關係，使他者盡心盡力其中，這同樣需要第一步驟相當程度放下自我的想像關係。

《天地風雲錄之九龍變》俏如來、雪山銀燕及劍無極面對師父宮本總司死亡，皆是運用自己的想像關係主導、臆測，甚至剝奪宮本總司死後留下的能指，爲己所用，讓自己痛快於其中。默蒼離重複逼迫俏如來回思宮本總司、任飄渺決鬥場景：

> 默蒼離：你說得不夠詳細，細細回想，再說一次。
>
> 俏如來：是。戰局是這樣，在不悔峰上……
>
> 默蒼離：我聽得不夠詳細，細細回想，再說一次。
>
> 俏如來：是。
>
> 默蒼離：回想清楚，再說一次。
>
> 俏如來：（額冒冷汗）是。
>
> 默蒼離：再講。回想清楚，再講！
>
> 俏如來：是！
>
> 默蒼離：不夠，再講！
>
> 俏如來：是！
>
> 默蒼離：不夠！再講！
>
> 俏如來：（嘴角滲血）是！
>
> 默蒼離：不夠！再講！
>
> 冥醫：蒼離啊，別再問了。
>
> 默蒼離：再說一次，宮本總司是怎樣死的？
>
> 俏如來：師尊他……他……
>
> （雙膝跪倒，嘔出大灘鮮血）

冥醫：啊，俏如來！冷靜，調息。（扎針導氣）

俏如來：哈哈哈，師尊他……死了！他死了！啊呵呵呵呵！

（雙拳不斷槌地）

〔壓抑的情感，難再隱藏，滴滴血淚落入塵土。難忘的關懷、提攜，
猶然在耳，然而斯人已遠，終不可聚也。〕

默蒼離：你悲傷的時間夠了，現在你可以說你的來意了。〔註80〕

殘忍逼問俏如來的天真想像，己之位在想像界的想像關係疲累崩潰，強力削落所指爲己痛快而剝奪他者能指，默蒼離從第一步驟「削弱純粹想像關係的所指」再次提醒俏如來因爲小對形作用，所導致一廂情願的自然反射。包括不自覺與武林組織同體的弊病，他者強大所以自身強大，他者衰弱所以自身衰弱……僞大他者必須以高標準的旁觀者視角看待象徵界的一切運作，外化與他者的情感是默蒼離不斷透過第一步驟訓練俏如來，想像關係運作的他者只是自以爲是的鏡像，主體唯有打破（外化）幻影，才有往象徵界踏出一步的可能性，以自身能指死亡進入象徵界，主體才能反射出邁向他者真相的機會。想像關係被逼至疲倦的俏如來，體悟到師父宮本總司臨死的意志，而非俏如來剛開始畏死的情緒，也因爲知道師傅留下劍法的用意，雪山銀燕、劍無極的戰鬥能力提升，形成日後有助於對抗苗疆的契機。

　　第一步驟拿捏失準很容易影響第二步驟「調度生死的一視同仁」有效能利用他者想像關係，製造他者飛蛾撲火的痛快。此意謂第一步驟的多情的質與量，將衝突第二步驟關於兼愛的議題，當想像關係凌駕一切之時，象徵界運作會與主體的認同呈現相反狀態。史豔文要親手將二兒子小空當作引導器，棄置在魔世通道。俏如來對此的態度是扞格游移，對抗史豔文小對形未果，想要無人犧牲皆大歡喜的結果，默蒼離稱之爲「僞善」〔註81〕。僞善即想像界的幻想，如孩童眼中只有母親般，甚至將母親視爲與己同體，包含無法面對殘酷現實能指的限制，自身逐漸被消融在不切實際建立而起的過度包容。僞大他者凝視象徵界的視角，即「死在靈界大戰的群俠，就沒有兄弟姊妹親人嗎？」〔註82〕自私於己的想像關係作用，不如意的痛快運作是重複鞭笞自己的行徑，看似令人動容，實際是自己做給自己的台階罷了。

〔註80〕　《天地風雲錄之九龍變》，第十一集。

〔註81〕　《天地風雲錄之九龍變》，第二十一集。

〔註82〕　《天地風雲錄之九龍變》，第二十一集。

　　默蒼離回應象徵著兼愛精神的經典語句：「一視同仁的不忍，同時也一視同仁的捨得」〔註83〕：

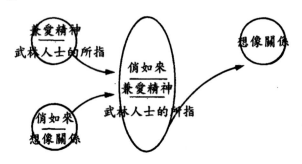

圖27　「俏如來被他者所指填補」隱喻圖〔註84〕

　　如果主體真的為武林人士著想，請賜死自己的想像關係，依據象徵界的能指變動執行因時制宜的思維，自身的所指會不自覺賦予「殘忍」的意義，然，僅此而已。「除了能指優先，還是能指優先」〔註85〕是偽大他者第二步驟的生存法則，已經死亡的自己不可能再次死亡，這樣任何的變化都只會是他者希冀呈現的能指。優勢在於前述利用他者，又可以使自己不再像史豔文疲倦不堪。最重要的是，主體將愛分散給他者，不留半點於己的死亡之姿，完全脫離象徵界眾多能指系統的想像關係，同時又可以完全參與其中。任何的所指意義賦予都是白費，僅剩下「一視同仁的不忍，同時也一視同仁的捨得」的能指依據，調度任何能指於己所用。空洞所指的主體將以空洞承載調度過程中，任何被不忍、捨得所作用而離開象徵界的他者們，主體以此成為任何他者隱喻中介的能指，屹立不搖的能指。

　　與史豔文的小對形不同處，在於第二步驟能讓自身不用疲於奔命，前提是自己必須冷靜戕殺自己的想像關係，成功之後的主體，更能有廣闊的視角觀察他者的想像關係。《天地風雲錄之九龍變》默蒼離將俏如來的計策否決，並且回應：

　　　　默蒼離：抵達戰場之後，救出獨眼龍等人。然後派人前往苗疆，答

〔註83〕《天地風雲錄之九龍變》，第二十一集。
〔註84〕修改自《拉康結構主義精神分析學》。杜聲鋒：《拉康結構主義精神分析學》，頁77。
〔註85〕〔英〕狄倫·伊凡斯（Dylan Evans），劉紀蕙、廖朝陽、黃宗慧、龔卓軍譯：《拉岡精神分析辭彙》，頁249。

應苗王以交出藏鏡人換苗疆出兵，苗王必趁機而來。同一時間，僞
造一本假的九龍天書，在苗疆抵達之前，發動第一次進攻，將天書
失落在裡面。然後極力掩飾，自告奮勇，要自軍親手誅殺網中人，
苗王必然懷疑。再無意中，洩露給苗王知情，九龍天書落在網中人
手中。俏如來，你說，再來會怎麼樣？

俏如來：苗王要奪九龍天書，必然全力進攻。百武會群俠，可以以
逸待勞，安穩撤退。徒兒……完全沒想到這層！（流汗）〔註86〕

俏如來的失誤仍然是犯了與武林組織不自覺同體的毛病，爲了降低百武會的
嚴重損害，如實告知伸出援手的敵對勢力苗王，讓苗王有機可趁。雖然知道
苗王的把柄是尋找九龍天書，有利用默蒼離送來的空白書本爲誘餌成功斷
後，保住群俠的安危。百武會、空白書本兩個能指被俏如來自己的想像關係
作用，在靈界大戰的能指變化間無法發揮至巔峰。默蒼離的計策可以了解第
二步驟「調度生死的一視同仁」高效能運用能指的特質。首先，既然知道苗
王的伸援背後，有意尋找九龍天書的動機，利用此點便是關鍵。依照苗王的
想像關係線索，誘以處心積慮殺之而快的藏鏡人出兵，再以中原武林人士欲
取回僞造的九龍天書而佯攻第三勢力魔世，來強烈激化苗王的想像關係。僞
九龍天書遺留在交戰處，苗王必然全力以赴攻擊魔世兵隊，最終百武會的實
力只有俏如來自己知道，可以坐山觀虎鬥。執行過程將藏鏡人爲籌碼，在俏
如來眼裡，連一絲念頭都沒有產生，潛意識害怕動心起念於利用他人，便是
背叛世俗所教導人情義理，俏如來在第一步驟、第二步驟間的起起伏伏，反
映了沒有勇氣承受象徵界的能指變化，而牽扯出衝擊主體的矛盾。於是，默
蒼離將己設成局，迫使俏如來不得不接受矛盾的終極殺陣。

　　默蒼離以矛盾的舉止爲開場，從俏如來手中奪取權力，成爲武林盟主。
命令俏如來前往葬骨嶺，而非天擎峽主持百武會對抗魔世的人，是默蒼離；
任由百武會遭受攻擊，指責俏如來失職的人，也是默蒼離。俏如來對矛盾的
現象感至懷疑，得到的答案是：「那你該更好好學習，如何取得權力」〔註87〕
僞大他者的權力便是參與眾人的想像關係，爲了製造痛快而參與眾人的想像
關係，即便不想取得權力也只能是因時制宜的表象。俏如來從以前習於把決
定權交予史豔文，雪山銀燕質問他關於小空犧牲的意見，爲了卸責只好讓父

〔註86〕《天地風雲錄之九龍變》，第十九集。
〔註87〕《天地風雲錄之劍影魔蹤》，第十三集。

親決定。不選擇即是一種選擇，選擇坐視象徵界能指間變化衝擊吞噬一切，不選擇的人在事後哀嘆命運爲何如此云云。俏如來看到最敬佩、親愛的師尊連續的矛盾行爲：擁有修補鎮魔龍柱的圖，卻「坐視」小空被犧牲；設下易攻的防線來換取百武會慘勝。默蒼離之前以口頭言語提供能指，讓俏如來思考回應，此番以行爲的矛盾促使俏如來觀察能指變化的可能，包括他最敬愛的師尊也是能指變化的可能。

　　師尊利用眾群俠想要成爲英雄，卻又想要損失近乎零的想像關係，給予能快速恢復傷口的亡命水滿足眾俠，眾俠如默蒼離計算苗王的想像關係般激化自身的情緒，願意擴大、加入對抗魔世的行列。每次師尊出乎意料的舉止都使俏如來不再感覺親近，甚且對照北競王送來的書《羽國誌異》，驚覺師尊與書中行徑越來越像，彷彿可以透過書中的事件預測師尊的行爲。俏如來將《羽國誌異》結尾無情無義的戰爭連結至默蒼離，懷疑問：

> 俏如來：師尊，你……去過羽國嗎？
>
> 默蒼離：這與戰事無關。〔註88〕

俏如來痛苦於這份懷疑，因爲默蒼離的好友冥醫曾經說過：

> 冥醫：我只有一件事情能對你說，你一定要記住，絕對要記住！
>
> 俏如來：啊！
>
> 冥醫：無論發生了什麼事情，無論情況是怎樣，你一定要相信你的師尊，一定要相信他，一直到最後，你都要相信他，俏如來啊，拜託你了。（鞠躬）
>
> 俏如來：前輩，你……你這是做什麼？俏如來明白了，俏如來一定會相信師尊，啊。〔註89〕

冥醫希望俏如來要相信默蒼離的教導，然而默蒼離不再透過言語論述僞大他者該有的思維，只有俏如來看到默蒼離矛盾的舉止，加上《羽國誌異》的交叉對照，俏如來不得不懷疑。「懷疑」正是默蒼離想方設法激化俏如來的想像關係所導致，這即冥醫要俏如來相信的東西。俏如來沒有把藏鏡人當作籌碼思考，即是潛意識被人情義理的他性所佔據，默蒼離將行爲舉止徹底背離此他性，所有的能指鏈被默蒼離綑綁、束縛住俏如來，使得俏如來產生懷疑此舉。懷疑所謂潛意識受到他者反射的道理，懷疑之舉讓俏如來爲了中原武林

〔註88〕《天地風雲錄之劍影魔蹤》，第十一集。
〔註89〕《天地風雲錄之劍影魔蹤》，第九集。

人士的安危，不得不以旁觀者的僞大他者姿態凝視默蒼離。**默蒼離亦將自己降格爲小他者，任由小對形「替換性篩汰能指」吞噬自己，把俏如來強行推上僞大他者，即是邁向僞大他者的第三步驟「承載僞大他者的發願」。**

　　懷疑潛意識的固有情理是默蒼離的主要目的，俏如來確實產生懷疑，並且以散播《羽國誌異》來護衛自己。默蒼離以更激烈的手段，將同樣身爲變化可能的自己再次矛盾，透過單純化自己的能指來執行。墨者之所以能利用他者的想像關係於更迭的混亂處，注重痛快形式的呈現，即是能指的流動性。當墨者主體的能指固定，就意謂著痛快形式產生的源頭被發掘，小他者特性由此而生。成爲象徵界能指系統矚目的非我介體，默蒼離將己綁在武林人士的想像關係上，並且利用建置言詞（founding speech）塑造自己是「成爲英雄而甘願犧牲他人」的墨者，遭致罵名：俏如來被默蒼離更激烈的手段洗禮，天擎峽、葬骨嶺的疲於奔命，眾群俠、獨眼龍因爲沒有堅強的能指依托，所造就瀕臨死亡的情況。默蒼離獨自一人於血色琉璃樹面對魔世首領帝鬼，仍然繼續建置言詞：

　　　　默蒼離：所有的人都死了，所有的人都會死。俏如來死在天擎峽。
　　　　你率領的主力魔軍，會死在葬骨嶺。而你，會死在這裡。我，默蒼
　　　　離，將成爲消滅魔世的英雄，成爲中原的最後領導者！墨家，終於
　　　　不會被歷史沉沒！〔註90〕

如此決絕的扮演英雄，可以視爲默蒼離降格至小他者的痛快，無人旁視的僞大他者，無差別經驗即無主體，讓墨家不被歷史沉沒的言語亦可能是默蒼離長期爲僞大他者的潛意識願景，言語、行爲論述關於己身的存在主體，終於讓默蒼離執行。這是一種決心，決心於俏如來存活後，將懷疑激化、進程爲殺戮，徹底作爲僞大他者而斬殺潛意識中的人情義理，最代表者即現階段的師尊默蒼離自己；決心於如己所言，自己必然再次承受被捨、不忍作用的所指鞭笞。

　　最終，俏如來領悟冥醫要己相信的東西，即默蒼離無怨無悔教導的「僞大他者」精神：

　　　　俏如來：冥醫前輩要我相信你，永遠相信你。師尊要我懷疑所有的
　　　　人，包括懷疑師尊你自己。這份相信，這份懷疑，都誘使我走向今
　　　　天這個結果。〔註91〕

〔註90〕《天地風雲錄之劍影魔蹤》，第十四集。
〔註91〕《天地風雲錄之劍影魔蹤》，第十五集。

爲了讓俏如來確確實實執行弑師的決心，默蒼離將己降格爲小他者，任由痛快於犧牲、更換能指，甘心被小對形吞噬。包括俏如來散播的《羽國誌異》也是默蒼離假借北競王名義所給予，一切的對照即成就俏如來把潛意識的所有所指清空。此沒有任何屬於自己所指的空，在未來用以繼承墨者來塡補不忍、捨得所帶來的他者所指。俏如來行弑師殺父之舉，以此成爲眞眞正正的僞大他者，無所指的能指堅固無匹。更可以此舉衡量自己曾經的天眞、善良不在：

> 俏如來：……一個連師尊也能殺的人，你認爲你這粗淺的言語，還能動搖我什麼？……〔註92〕

悖逆倫理是懷疑所導致最終的結果，被人情義理束縛、不自覺與武林人士同體的特點，被默蒼離徹底清理。俏如來至此思維的念頭皆有弑師殺父的依據，在此水平之下皆是可以思考利用的關係，默蒼離運用自己的小對形彌補俏如來小對形的不足，做到眞眞正正客觀全面的僞大他者。甚且是比以往墨家鉅子更趨完美的僞大他者。

墨者將痛快由計算公式精密產出於更迭的混亂處，默蒼離設局俏如來進行最終的第三步驟，依然計算己身的痛快形式。默蒼離必須這樣做，如同其他墨者各自固定能指在不同的能指系統一樣，即前述墨者所面臨的問題，僞大他者的絕對旁觀視角看似自由，卻永遠深陷大眾忽視的主體經驗，構陷成不自由體。墨者的潛意識與常人無異，他者透過誤認的行爲進行辨認自我，墨者永遠不知道自我，痛苦於此。這層因素的參與，導致默蒼離走向如此局面，繼續計算痛快形式的產出，把自己加入反應項扮演起小他者。因此，墨者無法擁有差別經驗進行主體辨認，僅捉住他們的小對形「替換性篩汰能指」進行痛快，如此延伸下去的盡頭，只有僞大他者崩潰之局。

痛快形式的計算是來自於主體知道人類的痛快內容，體驗人生的生離死別。象徵界的各個武林人士雖然擁有心思機巧去製造痛快形式，可是他們仍然受到主體生離死別的參與，而不得不體會人生的經驗，這些被主體關係而發生的經驗亦影響主體，主體也永遠知曉自己的定位處。殺人犯受到母親的感化、丈夫勸說欲跳樓輕身的妻子、老師教導中輟生等皆是如此。墨者的不被承認的能指樣態，以及與眾人一樣具有不可缺的他性，導致他們即便想要痛快的內容也永遠無法擁有，沒有主體差別經驗的構成，遑論痛快即思想的

〔註92〕《天地風雲錄之劍影魔蹤》，第十九集。

道理，沒有被主體執著的痛快情感怎知道生離死別的經驗呢？之所以被象徵界不容的原因，正在於痛快標記一個人的思想。墨者成為偽大他者的姿態，讓他們漸漸失去痛快內容的感知，而痛快形式的計算最終亦失準，成為空殼的主體被一視同仁下，捨棄掉的他者之所指填補，久了亦麻木不堪。沒有痛快內容提供依據的墨者，無法再計算痛快形式，**偽大他者系統是必然成為「替換性篩汰能指」般被篩汰，毀壞的裝置終究被遺棄**。每個偽大他者都會有使用年限，「墨家十傑」僅默蒼離知道自己的處境，他透徹這一切，包括己身的結局，所以默蒼離在還能計算的時候，把握最熟悉自己情感的自己，設局提供俏如來箝破殺害。

俏如來能被默蒼離選為偽大他者的繼承人，原因不單單是身為史家血脈的能指，而是俏如來被史豔文小對形牽引出的小對形「無能」。是的，筆者前述俏如來由於自己的小對形所引發的缺陷等等，在默蒼離眼中不值得斟酌，他考量的地方在於俏如來的小對形「無能」。默蒼離無法同理人心，漸漸失去有利於痛快形式的揣測，其偽大他者系統終崩潰於掌握人性，導致只能使用極端的作法成形。默蒼離常常針對天的豪語：「天！還不是吾的對手」〔註93〕，僅無法再臆測人類痛快情感，所付諸投射在計策闕漏處的蔑視情緒；默蒼離的過往即是一頁頁慘烈的歷史能指遺留。了解自身的特性，刻意選擇俏如來小對形「無能」引發的後悔情緒當作監督機制，監督墨家鉅子的誅魔系統。俏如來的小對形標註著個人的能指，以自身的想像關係去要求象徵界的能指們，默蒼離的三個考驗修正俏如來的思維模式。俏如來擁有本身的想像關係，使用想像關係嘗試對人性的揣摩，甚且能更順利的運用偽大他者的思維，用己身的痛快牽引起眾人的痛快情緒。痛快內容的依賴能有效能算計痛快形式的呈現，不似默蒼離在計策闕漏處的投射情形，俏如來不用一直針對天，他的闕漏處將因為對人性的透徹了解，更能指引中原武林人士的痛快情緒填補闕漏處：

> 俏如來：因為歷史無法回頭，我們無法證明沒改變會更好。所以對贊同的群眾而言，只要改變就必然是正確。否則，他們就必須接受自己，是讓天下動蕩的原因。
>
> 赤羽信之介：我講錯了，你與你的父親截然不同。我開始對教育你的人感到興趣了。抱著這樣想法的你，為什麼還能有著救世的胸懷？

〔註93〕《天地風雲錄之九龍變》，第三十三集。

俏如來：赤羽先生是認為俏如來對人性失望？

赤羽信之介：難道不是嗎？

俏如來：其實人都有脆弱的一面，為什麼不能給予包容呢？正因我們自己也同樣脆弱，同樣會犯錯，才更需要互相扶持。赤羽先生，你不也扶持了俏如來的脆弱。〔註94〕

榮格的因果機械觀點論之，俏如來過分糾結於人性對事物反映的種種源頭，與身為墨者的默蒼離完全相反。默蒼離將自身能量放置在可以隨處流動的各個能指上，執行能量終極觀，每個能指都會是起始、結局。然而，榮格亦強調能量的移動並非處在流動狀態就是可行的，過度流動的結果會迫使主體想要尋找出口爆發陰影（shadow）的能量，默蒼離不在乎人只在乎天即是如此。

俏如來從小看到史豔文犧牲家人的行為，自責而遁入佛門；雲十分、莫前塵、何問天、藏鏡人、宮本總司、獨眼龍等前輩願意犧牲自己來保護俏如來，俏如來內疚於此，血淚不止。俏如來的能量轉移永遠只在象徵界的能指間，痛苦程度異於常人，糾結於因果機械觀點的種種人性導致因素，讓他永遠知曉痛快內容。默蒼離不願找第二個默蒼離接替自己：「如果要做第二個他，沒人會比他自己做得更好了。」〔註95〕，而是尋找笨拙、囚禁於因果機械觀的俏如來。俏如來能活在痛快內容裡，執行有效算計痛快形式的產生。默蒼離知道一件事情，即俏如來會是一個非常完美、永無期限，卻痛苦於因果機械觀的偉大他者裝置：

紅塵輪迴眾生顧，因果循環有定數，放下屠刀難成佛，願墜三途滅千魔。〔註96〕

《觀音玄義》云：「闡提斷修善盡，但性善在；佛斷修惡盡，但性惡在」〔註97〕未成佛的眾生擁有善良、光明的一面，卻質疑於此。武林人士的想像關係無賴於史豔文、俏如來等，自己毀掉繼續立身於象徵界能指系統的想像關係作用，斷盡修善；俏如來善良天真，願意相信眾生，可是他了解象徵界的種種惡事，性惡之質的存在，不是為了為惡，所以斷盡修惡。相反的，俏如來了解眾生的為惡思維，能墜入三途利用他者的惡性，成就一切武林秩序的和

〔註94〕《金光御九界之墨武俠鋒》，第十七集。

〔註95〕《天地風雲錄之劍影魔蹤》，第十九集。

〔註96〕《天地風雲錄之劍影魔蹤》，第十五集。

〔註97〕〔隋〕智顗：《觀音玄義》（台灣：中華電子佛典協會，1970年），頁9。

平，終爲「佛殺如來」〔註98〕。

第三節　蔑視能指之矛盾──玄之玄

　　「墨家十傑，一枝獨秀」〔註99〕序位排行第七的墨家智者玄之玄，爲黃立綱時期金光布袋戲的原創人物，初登場於《天地風雲錄之魔戮血戰》第二十四集。身爲影形族使然，象徵界追求權利的欲望非常強烈，相較墨家九算的其他成員，玄之玄更敢於執行內心所算計的任何激化痛快形式的方法。影形族爲金光布袋戲創立的族群勢力，族內成員甫出生，便接受「親手割捨了原生的面皮」〔註100〕，武功易骨神典更可以「隨時可以變化形體，男女老幼，完全不可捉摸。」〔註101〕。主體藉由族內自戕所指，爲缺位而存在的價值，象徵界的各方能指系統非常需要這種空缺所指的能指，影形族也因此賣出成員，來解決土地貧瘠導致的生存問題。

　　主體的面容爲他者而存在，生存的技能依然是模仿他者形體，這樣聽命外在能指形式的族群，出現一位百年難得奇才，玄之玄。奇才之能卻付諸於成爲他者替代體，承受他者欲望運作的失格。失格的效果難以預測，象徵界的能指系統變化的轉折點，影形參與其中，面臨的危機可能使影形本身消亡。付出的所有代價，影形承受；事後功勞等價值，歸入他者策略的啟動條件。影形僅如此的人生，如前述不斷強調墨家十傑面臨的差別經驗問題般，影形只是「有影沒形」〔註102〕。

　　族內天才的能力再傑出，僅僅是成就他者榮耀的犧牲品，且無法辨認主體的差別經驗的虛無之路，初生之犢無法理解，也不想理解。天生如此缺位的玄之玄性格暴躁是可以預料，急切使主體能指立於陽光底下的渴望，讓他帶有比「墨家之義」更原生的堅持目標。難以跨越時間幅度的堅持，對於象徵界的能指們不擇手段的運用僅屬基本，只要在遊走九界叩問主體是否自由的恆途前行，一切都不可有價值信仰的連結，這樣才能達致最後目標。由此，

〔註98〕　《金光御九界之墨世佛劫》第五集的標題。此集俏如來絕殺玄之玄。俏如來的配音、動作語言一改往常壓抑、哀嘆的謙恭調性，極盡暴力美學呈現戲偶武打場面的可能性。
〔註99〕　《金光御九界之墨武俠鋒》，第二十集。
〔註100〕　《天地風雲錄之魔戮血戰》，第九集。
〔註101〕　《金光御九界之墨武俠鋒》，第四集。
〔註102〕　《金光御九界之墨武俠鋒》，第十四集。

玄之玄個性理應暴躁，對人的關係理應冷淡，對信仰理應蔑視，執行手段理
應考量效率，身分理應多變……。

　　「玄之玄」之名取自《道德經》：「玄之又玄，眾妙之門」，隱有捉摸不定、
莫測高深的意味。「玄」字甲骨文爲染布絲結，「玄之玄」爲重複進行染布動
作之行爲：絲結纏繞絲結，難以清楚箇中他者；顏色渲染顏色，覆蓋滋味無
法純粹。「玄之玄」角色名，總謂經過無法計數的人生歷程，無法分別主體的
可行性，甚且主體自身爲了習慣性變化而變化，變化多端至此，主體性亦反
向束縛在手腕行事〔註103〕：

圖28　玄之玄戲偶〔註104〕

　　戲偶化身稚齡兒童樣態，臉龐有吹彈可破的嬰兒肥肌膚，圓滾的大眼睛
似使人放下心防，頂著幾與臉大的茶壺頭飾，茶壺之精巧與孩童在乎的心性
相同，別具有天眞玩味。然而，戲偶設計與前述玄之玄的身世、個性和心態
呈現完全衝突狀態。玄之玄與其名般不明所以，乍看無機巧實爲機關算盡；
足智多謀卻不掩暴躁性格；爲了影形族變革挺身，終結於他人的計策試驗。

〔註103〕關於玄之玄角色名字的解析爲學者胡又天的說法。胡又天：〈金光布袋戲的進
　　　　化版墨家〉《金光布袋戲研究》第一期，2016年），頁162～163。
〔註104〕玄之玄立牌。筆者攝於公元2018年台南新光三越「史豔文傳奇特展之神龍再
　　　　現」。

玄之玄的種種衝突矛盾顯影如此，即**心理能量失衡之人格面具**（persona）。

一、成就面具之影的形構者

影形以幻化各種能指作為生存的價值，透過自戕達到幻化成真的自由，此自由性被象徵界的能指變化所利用，代替能指參與具有危險性質的行為活動，性命亦必須放置次位，以能指角色的痛快機會作為影形情緒痛快的發揮，才是優秀的影形。主體皆必須以他性為依據，進行誤認來產生主體認同，個性、思維之養成是如此這樣的產物，但僅此是充分條件。真正的必要條件是「主體痛快箝破能指的欲望」來穩固小對形，心理過程的經歷、強度是造就一切的基底。

藏鏡人沒有經歷追求史豔文的痛快行為，焉能得知親子之情；俏如來不藉由史豔文小對形牽引，怎能同理武林組織的脆弱。成為主體的可能即痛快之所為，再經由自認為沒有被他者影響的對象做誤認，主體之成為主體的過程複雜難分。影形欲代替主體能指參與計策階段的任務，「扮演」之真攸關邁向成功的因素。影形殘害自我面皮的行為，與俏如來弒師殺父有相同的意味，自我成為父親之名（Name-of-the-Father）般斬斷一切想像界不切實際的需要（need）。影形的原始需要受到土地貧瘠不事生產的現實原則干預，為族內生存獻祭個別主體的主體性，原生面皮消亡等於決絕告別任何他性依賴的機會，無後路提供惰性引誘的主體，能專心一志於進入扮演他者能指。隨心所欲以作為他者來承接影形行各種情緒，鍵入他者提供的痛快機會。影形已經無法有「弄假」的間隙，「成真」於他者能指是唯一心理能量流淌的路徑。

完美成真於他者能指的手段是影形的驕傲，同為影形族的月荒涼兄弟〔註105〕被族內長老賣給苗疆皇室，擔任王族親衛職位。為了成功進入落難皇儲蒼狼的痛快：

> 叉玀：怎樣了？
>
> 蒼狼：沒事。
>
> 叉玀：你怎會傷得這麼嚴重？
>
> 蒼狼：沒什麼。
>
> 叉玀：你一直隱於暗處，既沒受命任務亦無出戰，撼天闕雖有傷你，

〔註105〕賣命於苗疆的月荒涼兄弟為影形族，本文所敘為其中之一，無法分別年齡長幼的人物設定，筆者仍以月荒涼兄弟指稱。

但也不至於……啊……（回憶撼天闕毆打蒼狼）那個時候，王子受到的傷，你……難道你是自己……

蒼狼：不必大驚小怪，這是我對於身為影形的自我要求，而最完美的擬裝。就是讓自己徹底成為對方。

叉獶：你瘋了，竟然在戕伐自己的身體之後，還感覺驕傲。

蒼狼：親手割捨了原生的面皮，影形，只是別人，再無自己。一如你以鴉羽族為傲，影形之傲，便是在轉換之時，能為對方自主犧牲到什麼程度。

叉獶：我實在無法認同這種變態的想法跟病態的心理。是講也算了，你自己歡喜就好，反正與我無干。只要能順利瞞過撼天闕，你想要怎樣做，就怎樣做吧，我會完全配合。無論如何，一定要撐到王子回來。

蒼狼：這我知道，你不用一直強調。

叉獶：那就別再與撼天闕起衝突了。〔註106〕

苗疆皇儲蒼狼執著於強化自己的能力（武力、智力），為了對篡位奪權的祖王叔北競王進行復仇，甘願臣服於昔日罪犯撼天闕之下。蒼狼的皇叔撼天闕，另位被構陷、奪愛、篡位成為階下囚的皇叔，對於蒼狼之父懷恨在心，階下囚的慘況即是昔日苗王所賜。蒼狼之恚恨如此深重，撼天闕之怒火足以滔天。兩者在一皇權劫難相遇，蒼狼承受撼天闕無處洩怒的殘暴行徑。前苗王國葬當日，蒼狼鐵鍊嵌體，以身為轡，成為駕座拖拉撼天闕乘坐的骨椅，並親手毀壞前任苗王的屍體，甘願終生背負不孝之罪，也不願接受仇敵北競王主持的國葬。誓言奪回皇權的復仇之心，戴上鬼面遮蓋愧對父王的恥辱，蒼狼的意志堅若磐石，心智被迫快速成長，憂慮苗疆滅國的重責，使得蒼狼面對只想要玉石俱焚的撼天闕，格外衝突。沉冤「罪海七惡牢」三十年的前任苗疆大王子，重獲自由的契機非罪責洗刷，而是仇人之子的請託，存在於世的復仇對象皆早先逝去，對戀人的回憶越深，痛苦難以自拔。無任何能指與己聯繫，「憾天無道」的撼天闕滿腔情感只好針對現有的苗疆，半壁江山皆是透過自己的征伐建立，毀壞屬己之物來回報當初構陷自己的複雜皇室關係。

死亡已久的影形扮演他者來復活己身，然而他們無法只有「扮演」才能活回主體，而是必須「成真」他者，把握僅此終生的黏扣點來進行復活。影

〔註106〕《天地風雲錄之魔戮血戰》，第九集。

形族中介自己的族人進入到特殊的能指系統，**他們的律法、成就即是以他者的所指為自己的現實原則**。成真的現實原則凝著影形牢固，他們可以遺忘曾經原生所指被割捨的不安，月荒涼兄弟由此心理環境而成就真真實實的蒼狼。月荒涼兄弟「成真」蒼狼的程度是檢視己身是否減輕痛苦的程度，不惜深究蒼狼的性格頂撞撼天關，甘冒生命危險而無悔。蒼狼的王族親衛又儸無法理解月荒涼兄弟，僅希望不要再與撼天關發生衝突，可是蒼狼、撼天關如此複雜亦敵亦友亦親亦仇的關係怎可能是輕易的推卻所模擬。月荒涼兄弟的視角不在乎是否被識破，而是「讓自己徹底成為對方」，成真的現實哪裡需要虛假的勘驗。蒼狼守護苗疆的重責，導致對撼天關的質疑，月荒涼兄弟必須察覺，進而成為自己的思維。衝突之於蒼狼是必然存在般發生，月荒涼兄弟循跡發生的存在點，然後承接於此。**他在乎的驕傲為成真他者意識的人格面具，影形本身就是人格面具**，己身無法擁有主體性的缺位而導致追求他性的欲望，嫁接到象徵界能指承認的意識，影形的差別經驗由此得位。

　　人格面具是自我主體為了方便對應當下時間、空間等環境需要所產生的情結（complex），可以讓自我意識層面減少過多的心理能量耗損，又或者是屏障自我意識、潛意識（unconscious）中的心理結構。由此可知，人格面具是自我在面對多變的環境，而發生的自然現象，它會使自我順利與外在接觸人事物構成關係的情結。自我因應外在他人集體意識建構環境的關係連結，人格面具絕對不等於自我，而是屬於情結的原因即此。周遭生活中，所有的職業形象都是屬於人格面具：老師為傳授知識、啟發思維者，形象之給予是知性、邏輯的特質；商人為利益收穫者，形象之給予是精敏於建立廣闊的人脈；士兵富有捍衛國家的責任，形象之給予是強悍、鞏固的忠誠鐵面。老師、商人和士兵因為職業環境的性質差異，被環境、人們期待塑造成相對特質集中單一的現象，可是這絕非自我的所有意識層面。榮格言自我的心理能量流動的必要性，如果停滯於人格面具過久，自我會被人格面具吞噬、破壞心理結構而不自知，這可以解釋所有職業人員都必須擁有一定比例的休息時間，供自我進行心理能量的不同轉換。

　　「國家領導者」這副面具能被自我擁有、戴上，相對反映普遍人民集體意識的期望，自我為國家政事、軍事和外交做最多量質的付出犧牲，然而國家領導者的安危不能是付出犧牲的品項，國家領導者之生死等同於國家之安危。落難皇儲蒼狼擁有這副人格面具，並以此作為存活的依據，其中含有皇

族人員等同國家興盛、前任苗王的血脈傳承、對篡位的北競王復仇等因素，使得殘酷的現實無法逼迫蒼狼脫下人格面具。前述所言，人格面具是自我配合集體意識所發生的自然現象，蒼狼承繼此前的集體意識，人格面具於現在的自我僅提供屏障功能，蒼狼不得不把持人格面相，否則將走向失敗者的後續特質：儒弱、害怕、放棄等。相對於蒼狼的祖王叔北競王是國家領導者，人格面具於他是合理、方便，因此北競王的人身安危由王族親衛負責。蒼狼與現實相悖的強硬做法，身邊的王族親衛一一犧牲，人格面具的不適最終導致失格，他的人身安危即將吞噬自我，蒼狼必須適時脫下人格面具於此。終生賣給皇室的影形族親衛月荒涼兄弟在失格處成為人格面具，沒有面容的他渴望擁有差別經驗來肯定己身，即便是他者的差別經驗亦無妨，甚且將他者的差別經驗完美嵌合在他者位於象徵界的現實原則，己身原來有「成真」之性質，擁有無法被勘破之性質，此性質即人格面具。

「有影無形」的月荒涼兄弟將顯像形體成為人格面具，人格面具是生活進程發生的自然現象，而且涵有潛意識層面的情結，位在潛意識層面的情結很難短時間內出現，月荒涼兄弟透過自戕手段製造與蒼狼相同的傷口，非叉獴認為的表面層面。原始初民使用潛意識為基礎看待外在世界，自然災害所帶來的恐懼情感，為生存於大自然裡念茲在茲的重要地方，原始初民重視的恐懼情感成為特殊經驗，以此認識大自然環境的不適合生存地方，進而產生敬畏、崇拜的神祇。這與現代人意識層面的科學思維相異，意識層面重視理性、邏輯和解釋，面對大自然災害的態度，現代人深度了解構成的前後因素，使用意志在心理能量的簡潔轉換。喚起情感是潛意識認識外在世界的方式，意識則是謹慎思維解釋外在世界。

痛覺牽引的情感記憶是月荒涼兄弟在意處，痛覺會造成各種情緒的引發，無由來喚起一切潛意識的情結：可能是對於想像界生存的不公平問題，影形就必須接受先天生存的殘缺而任人魚肉，月荒涼兄弟憤怒於此；可能沒有屬於自己差別經驗的主體性，終生存活於陰影不受包容，月荒涼兄弟自卑於此；可能這一切都是幻覺，自己只是作夢般荒謬依照他人欲望作承載，月荒涼兄弟哀嘆於此……潛意識的種種情結無須自我理性看待，月荒涼兄弟的痛覺把心理能量激流於潛意識層面。無形之時，月荒涼兄弟以物之姿，接受自我的潛意識為媒介，幽冥參與（法語：participation mystique）蒼狼的潛意識層面。幽冥參與原指自我意識情感受到環境引起的潛意識情感影響，不自覺

投射情感於對象上，進行神秘的認同合體。〔註107〕月荒涼兄弟藉有潛意識層面的能量竄流自我，「同是天涯淪落人」的前因後果非在意處，落難皇儲的憤怒、自卑和哀嘆等情感，月荒涼兄弟要徹底擁有，潛意識的情結能量飽滿層度的多寡，代表己身是他者的可能性愈大。有形之際，月荒涼兄弟以落難皇儲姿態為傲，因為影形可以真真實實擁有差別經驗的主體性何等幸運。月荒涼兄弟從來沒有想過被戳破的危機，無虛假怎樣能戳破，蒼狼對撼天關的種種不理性情感的潛意識層面，又玀無法理解，月荒涼兄弟用幽冥參與理解，所以病態、變態。

蒼狼的人格面具失格處，月荒涼兄弟頂替之，這副面具穩固了苗疆象徵界的正統皇權。隨著苗疆內戰時間拖延，篡位得權的北競王亦迷失於人格面具，急迫將蒼狼位在象徵界能指系統的落難皇儲能指抹滅，蒼狼面臨自我消亡危機，月荒涼兄弟再次適時，且無懼於成就此張人格面具：

　　蒼狼：你……你是月荒涼。你什麼時候來的？

　　月荒涼：月荒涼始終跟隨在王子的身邊。

　　蒼狼：你在，那你為什麼不出手幫助冽風濤他們呢？

　　月荒涼：我是影形，有影無形，存於無形，為影而活。身為最後的
　　王族親衛，我的任務與冽風濤他們不同，我的用處只有一個。（拿刀
　　砍傷自己）

　　蒼狼：你在做什麼？（月荒涼繼續製造傷口）住手，快住手啊！我
　　不值得你這樣做。你自由了！我放你自由，快住手啊！

　　月荒涼：（繼續製造傷口）王子，月荒涼無悔，王族親衛無悔。〔註108〕

蒼狼質疑月荒涼兄弟為何沒有幫助其他的王族親衛，質疑的基本意識層面觀念與又玀相同，皆認為位在潛意識的人格面具情結是容易更替，其實不然。人格面具既然是情結，自我想要操控是相當有難度。要沉浸在親友逝去的友人不要過度悲傷，可能性微乎其微；我們都知道日常生活中遇到正在憤怒之人，避其鋒頭而非勸其理性，原因就在於潛意識的能量已經使當事人的自我迷失。月荒涼兄弟位在陰影處的長期時間，皆奉獻給蒼狼的潛意識情結，複製傷口、自居落難皇儲等手段亦是將心理能量留置潛意識，他必須成真於蒼狼的人格面具，將己身化身為現實才能不被他者懷疑。

〔註107〕參考本書第三章第二節。
〔註108〕《天地風雲錄之魔戮血戰》，第二十二集。

人格面具之難以控制的特性，在月荒涼兄弟這位影形族高手身上驗證。亦難以控制的特性，月荒涼兄弟必須盡可能無限制的接納蒼狼的意識、潛意識層面，而不是選擇性的擷取自認為的部分，因為所有的自認為的部分僅是意識層面作祟。當自我受到多樣的難關考驗，潛意識的情結影響自我意識的理性邏輯，害怕、悲哀、憤怒等情感是意識層面所複製不成，尤其是落難皇儲的殘酷現實，考驗情境只會更多、刁鑽。由此，蒼狼喜好如何，月荒涼兄弟就必須如何；蒼狼質問撼天關，月荒涼兄弟就必須質問；蒼狼為了國家而不立於危難，月荒涼兄弟就必須避難。月荒涼兄弟成真到此地步，責任僅非普遍的王族親衛般護衛蒼狼，代替蒼狼的人格面具在象徵界能指系統消亡才是重責之一。只有月荒涼兄弟有資格參與此項活動，因為受小他者承認的差別經驗，即是蒼狼的人格面具，月荒涼兄弟消亡，小他者承認蒼狼消亡。

二、位處時間之獄的自由者

榮格的能量系統以科學精神的物理概念進行論述，等值原則、守恆原則解釋了心理能量的特質。等值原則說明心理能量在某方面消耗使用，相同消耗量的心理能量從其他地方以相同形式或別種形式產生。論述的基礎在於心理能量必須遵守恆原則，心理能量的總體量永遠不會更動，增加、減少的部分依據等值原則做總量的守恆。此前論述人格面具時，不斷重複提起心理能量的作用，心理能量即自我在環境中接觸人事物，進而對待接觸對象的心理過程。心理過程強度值大，自我的心理能量成正比攀升。月荒涼兄弟將等值、守恆的心理能量激流於潛意識層面，複製傷口的痛覺使月荒涼兄弟停止思考一切事件的前因後果，心理過程由於痛覺參與而改道，他認為有心理價值之處是成就蒼狼的人格面具，藉由潛意識的情結被心理能量飽和，竄流至意識層面感同身受蒼狼的自我，人格面具方此穩固。

蒼狼目睹月荒涼兄弟自殘肉體的行為，驚訝的同時持續對月荒涼兄弟說：「你自由了！我放你自由，快住手啊！」主體遷就他者的能指做相應的非己思維，執行他者思維導演的行為模式，象徵界能指系統的眾多普遍人的視角而言，影形族沒有主體性，即便影形擁有主體性的存在，一言一行皆是不自由的人格面具表現。連同為影形族的玄之玄都為之感到憤恨不平，選擇以自身能力對抗整個象徵界能指系統，辯證出專屬自我的差別經驗，執行自身認為的自由精神。實際上，筆者認為月荒涼兄弟已經是自由的人格面具，自

由與否的依據，關乎自我的能量系統原理：

> 我們知道，能理論不僅承認強度因素，還承認廣度因素，而後者實
> 際上是純粹能概念的必要補充。它將純粹強度概念和量的（例如與
> 光強相對的光量）概念聯結在一起。「能量的量的因素或廣度因素，
> 是附屬於一種結構的，並且，只有帶著前一結構的部分才能轉移到
> 另一種結構之中」因此，廣度因素顯示了呈現在某個給定現象的任
> 一時刻的能量的動態量。〔註109〕

心理能量遵守等值原則、守恆原則，心理能量強度擁有相當程度的飽和，會
開始進行廣度橫移，廣度的展現不必然會完全延續前時刻的內容結構，甚且
發展出新的方向供給自我的心理能量移動。榮格闡釋戀母情結的原理即是心
理能量廣度的發展，自我因為外在環境嚴苛而深受挫折，讓自我回想到幼童
時期，待在母親懷抱的無壓力狀態。解釋之所成與佛洛伊德的言論相悖〔註
110〕，我們隨著年齡增長，重視的事物、價值觀亦隨之更動，此前在乎的物品
可能讓自我感覺百無聊賴，改變之關鍵即是心理能量廣度所導致，而我們也
確實無法繼續喜愛孩童時期的使用物，這一切的現象皆是自我尋求心理能量
平衡的原理。

　　榮格重視心理能量的廣度轉化，因為可以「朝向文化建構、意象創造」〔註
111〕，自我永遠不會只滿足於相同的地方，好奇在他處進行心理能量的轉移，
促使文化、習俗的發展，任何心理能量重視的物體都不會是替代品。心理能
量為了達到平衡狀態，而做轉化的廣度探索，即榮格所言的終極能量觀：

> 終極——能量觀把事實系列看作：a-b-c 是實現能量轉化的手段，這
> 裡的能無原因的 a 從這種不可能的狀態均衡的流向 b-c 兩種狀態，
> 從而最終流向 d 這種可能的狀態。在這裡，因果的影響完全被拋棄
> 了，因為這被考慮的只是效果的強度。如果強度是同一的，我們就
> 可以用 w-x-y-z 來代替 a-b-c-d。〔註112〕

月荒涼兄弟的事實系列是「割下面皮——成為蒼狼的人格面具——死亡」，象
徵界的殘酷現實已經束縛住自我的先天條件，月荒涼兄弟選擇終極能量觀的
心理能量轉移，殘酷、錯誤的發生確實就事實層面，讓影形族難堪困頓，可

〔註109〕〔瑞士〕卡爾・古斯塔夫・榮格：《心理結構與心理動力學》，頁 14。
〔註110〕參考本書第三章第二節。
〔註111〕〔美〕莫瑞・史坦：《榮格心靈地圖》，頁 107。
〔註112〕〔瑞士〕卡爾・古斯塔夫・榮格：《心理結構與心理動力學》，頁 22。

是月荒涼兄弟把極度不平衡的心理能量轉趨平衡狀態。**事實系列的每個經驗材料對月荒涼兄弟而言，皆是把握心理能量轉移的品項，在此行為背後的價值觀念是自由的態度。**適度將自我意識層面的價值觀念放下，長期僵化在自我設限的見地會被無法控制的潛意識情感帶來流動性質的成長。自我一味將心理能量聚積在過去的事件，非此不可的執念或許會帶動自我繼續前行，以此執念延伸的道路是自我唯一之路。然而，這也證明所有延伸所遇見所感觸的事物僅是執念的替代物，不如執念原物來得重要，與終極能量觀相對的因果機械觀由此便是。

佛洛伊德的泛性論即人類所有的活動背後基礎歸因於性，佛洛伊德提出的昇華作用為明顯此例。運用人類性慾本能的動力，專注於社會認可的行為、活動而得到認同，進而昇華人類的性慾，所以性是所有人類行為的歸因。過於執拗於源頭歸因，衝突只會更加激烈，「移情走向機械的觀點，出神則走向能量的觀點」〔註113〕。事實系列的源頭 a 導致自我產生創傷，由此而生的能量碰撞般擊中 b，最終自我在 b 得到價值觀念的影響，導致自我向 c 發展。每個事實系列的品項都是自我在乎的重點，心理能量在此不屈就固定處，所以「出神」會是能量觀的理想狀態。月荒涼兄弟即是如此，前述事實系列「割下面皮——成為蒼狼的人格面具——死亡」，原因所致的動能重視平衡狀態，a-b-c 換成 w-y-z 亦可，月荒涼兄弟將事實系列成為「無主體性——擁有主體性的可能——主體成立」。割下面皮是影形族的痛，月荒涼兄弟當然有可能怨恨過這樣的先天創傷，將創傷主體性反向解釋為成就各種他者的可能性，月荒涼兄弟成功將心理能量導向蒼狼的人格面具，追求過程中的實踐有利於月荒涼兄弟的心理結構穩定，最終擁有差別經驗的主體性質。

月荒涼兄弟擁有他者的差別經驗之事實，或許在許多人眼裡是虛假、不自由，蒼狼、叉玀的態度正是反映普遍者的視角，可是拉岡念茲在茲的永恆他性完完全全解構主體性的可能。人之生命的起始就是永恆追求缺位的他者，自我主體只是透過誤認來追求黏扣點，誤認的發生以及性質都建立在不可能之真，所以自我主體的生命各階段改變價值觀，實屬正常現象，包括潛意識層面皆是他者長期給予價值觀念所建構，亦必須透過他者的言語才能適

〔註113〕英譯為「Empathy leads to the mechanistic view, abstraction to the energic view.」，單詞「empathy」有同情之意；「abstraction」則有抽象化之意。《榮格心靈地圖》翻譯為：「同情導致機械的觀點，而抽象則導致能量的觀點」，頁92。〔瑞士〕卡爾·古斯塔夫·榮格：《心理結構與心理動力學》，頁4。

時提供自我主體察覺己身的潛意識,「潛意識是他者的話語」。此前提下,月荒涼兄弟與前述拉岡曾言的「一個國王認為自己是國王」般常人狀態有何不同呢?常人認為的主體不過是象徵界的缺位剛好被佔有,如此成就的主體是無法計數的小他者折射而出,實為談不上建構可言。月荒涼兄弟更能體現自由的精神,專注每樣事物所帶來的心理能量,讓自我呈現平衡狀態是其一,試想自我整天為了不同事物的抉擇而猶豫不決,心理能量前行(progression)、退行(regression)頻率過繁,又或者以極端形式呈現,自我自由之可能是低微的。其二是每項事實系列被自我重視的結果是真實體驗當下,自我與對象物的關係會以回饋形式,幫助自我做心理結構的改變,此後的思維將不同於此前,心理能量廣度轉化會整合出成熟的心靈。

　　荒謬的殘酷事實讓月荒涼兄弟體悟到他性的永恆追求,既然他性無法消滅的既定事實被察覺,月荒涼兄弟把心理能量放置如何「讓自己徹底成為對方」的人格面具構成。構成蒼狼的人格面具的過程,月荒涼兄弟的心理結構更加堅定,也由於把心理能量無悔於激流到潛意識層面,月荒涼兄弟身為影形族的異於常人特性,衍生出孤寂的情緒,被落難皇儲同樣不尋常的事實系列陪伴。不同的自我位於不同的事實系列,藉由終極能量觀「出神」的抽象化而交集,「出神」之意指適度將心理能量轉移至意識層面之外,非持續凝聚發生己身過去的種種緣由,離去具體事件所開展的心理能量不自覺、好奇在非己形式。自我因為意識層面以外的潛意識層面得到收穫,使自我更樂意發展事項系列。自我在事項系列的延續下,心理能量持續流動、轉化,月荒涼兄弟當然是自由狀態。月荒涼由此犧牲、死亡而得到心理能量平衡的自由狀態,蒼狼、又玀無法曉得,甚至俏如來亦是因果機械觀的實踐者,成長經歷終會讓他們了解終極能量觀的自由狀態。

　　月荒涼兄弟的心理能量自由流轉,他成就蒼狼的人格面具而犧牲,以此展開自由的命題:史豔文以武林群眾的欲望作為小他者追求,「犧牲」是標記主體的小對形;俏如來的師父宮本總司承托武林眾人的想像關係,言明自己是放走仇敵西劍流的肇事者,代替俏如來成為武林群眾情感怒放的能指;宮本總司與天下第一劍任飄渺的終極對決中,思量終生武功可能因為主體消亡而消亡,不惜以死為代價留招在岩壁。史豔文、宮本總司是月荒涼般自由狀態的人物嗎?筆者認為是肯定的:

　　　　劍無極:我學得了劍,卻成不了心,因為我……

宮本總司：忘不了放不下。

劍無極：我曾經放不下仇，如今我忘不了情。我曾經思考為何無極劍法中沒無情。後來，我明白了，因為這世上根本不存在無情之人。

宮本總司：仇是情，義是情，俠亦是情。

劍無極：有了情，所以有所局限。但也因有了情，所以無所局限。

宮本總司：人無法無情，所以必須取捨。愛恨是取捨，情仇是取捨，生殺是取捨。取捨之後不該有悔。心若不堅，無法決斷，萬般該悔。

劍無極：心若堅定，決斷之前，已得無悔。

宮本總司：劍之極意，不求勝敗，不懼生死，劍出無悔。

劍無極：一生回首，劍行有情，吾心無悔。

宮本總司／劍無極：無愧於情，終得無悔。〔註114〕

心理能量流轉自由的前提必須是「無悔」，事實系列的每個品項所至，皆使自我專注其中，不行因果機械觀回溯源頭、他方。自我的取捨如若堅定，重視每份情感在心理過程的位置，偏頗之行為自我知道代價而願意承受，史豔文、宮本總司自由看待每個事實系列的品項。他性之情感為自我的天性，因為受到創傷而妄想抹滅，或者拒絕感受、過度體驗情感只會讓自我走向因果機械觀的衝突，「移情走向機械的觀點」。源頭導致的創傷對自我是痛苦難忘的，痛苦之所生乃源於主體排斥拒絕，繼之排斥拒絕的態度，而不甘於此的報復式發展有望主體成長。主體延伸而終的道路永遠鋪成源頭做機械行走，源頭成了唯一的真理，其他的人事物替代昇華，邁向預料得到的機械人生。

宮本總司認為「無心之劍，是為死物」〔註115〕，劍代表武林人士的事實系列，如果劍之所成只遵循背後的單一信念，信念愈堅定自我痛苦加成，劍只不過是信念的替代品、昇華物，自我的心理結構不穩定，且永遠無法成長。劍應該是在自我生命各時期的發展，行不同價值信仰的轉移，看待練劍可以是純粹喜愛劍，可以是路見不平，可以是以武會友…自我心理能量流轉順利，劍之秉持可望長久，因為透過劍，自我有情體會事實系列的每個品項，終至「但也因有了情，所以無所局限」。死物之所成是自我執著單一信仰，認為此理貫通象徵世界的能指系統，當象徵界的能指發生變化，無法適應變遷的單一價值觀，讓自我痛苦不堪，而陷入永恆的孤獨狀態，天下第一劍任飄渺即

〔註114〕《金光御九界之東皇戰影》，第四十集。

〔註115〕《金光御九界之東皇戰影》，第四十集。

如此的可憐人物。劍技追求極限的任飄渺亦發展成象徵界的顯著能指，可是旁人只會仰望、同情他，絕無法感同身受、認同他的孤獨狀態，任飄渺的每次勝利僅是陷入另個絕望孤寂的狀態，宿命般耗損心理能量的淒慘狀態可想而知。

　　智計、武功皆達到巔峰的任飄渺敗完宮本總司後，尋找到認可的敵手，也就是讓俏如來成為偽大他者系統的墨家鉅子默蒼離，得到的回應是：「然而方向不同」〔註116〕。筆者曾論述默蒼離是「沒有旁觀者凝視己身的差別主體框架的不自由體」〔註117〕，且俏如來從《羽國誌異》的內容能清晰預測默蒼離的激烈行事，此論述、事實皆與筆者言月荒涼、史豔文和宮本總司的自由狀態扞格不入，這是否直指默蒼離在象徵界裡，心理能量處於不自由狀態呢？事實不然，**默蒼離深刻理解自由狀態之於自我主體，是與大他者位置的非己式思維，激化矛盾的不自由感密切相關：**

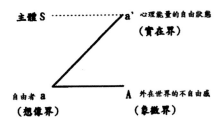

圖 29　自由者、心理能量的自由狀態 L 圖式〔註118〕

主體位於象徵界的能指系統生活，龐大的能指缺位提供主體的追求、定位，先於己的眾多能指網絡，以潛藏的形式存在主體接觸到的外在世界。無法被主體發現的他性，讓主體自認為依靠自己能力獲得能指，藏鏡人追求憶無心而讓自身異化步調迅速深入，俏如來使用想像關係的手法亦屬如此。沒有發現的他性成了主體甘之如飴的殉道對象，主體在參與殉道對象的同時，由此降格為自由者而心安理得。處在實在界的殉道對象（a'）沒有戳破他性的存在特質，讓主體自覺專屬的經驗過程，心理能量的平衡流淌有終極能量觀認為的安穩特性，主體的心理結構強化鞏固於 a'a 追求過程。藏鏡人、俏如來透過追求小他者的過程中異化己身，可是他們的心理結構處在安穩狀態，因為追

〔註116〕《天地風雲錄之九龍變》，第二十五集。
〔註117〕參考本書本章第二節。
〔註118〕修改自《拉岡》。王國芳、郭本禹：《拉岡》，頁180。

求小他者所帶來的小對形，主體熟悉於此，心理結構理所當然穩固。心理狀態的穩固來自於主體熟悉而導致，熟悉於心理能量的自由流動，儘管他性為引誘主體行自由流動心理能量的來源，在主體的差別經驗定義具有價值性後，主體是自由者的事實即底定。月荒涼兄弟成就蒼狼的人格面具而心安理得，心理能量轉換順暢於平衡即將到來的事實系列品項，心理結構堅強於此。

主體在象徵界中必須活在非屬於己身的時間敘事線，為了自己的信念貫徹於外在能指網絡，時而順利時而挫敗的現象，足夠提供主體進行追求黏扣點的停頓、反思，時間幅度將主體與達成目標兩者隔閡，又或者是達到目標的同時，即將又是時間幅度帶給主體無法停止的漫漫路途。主體生活在被限制的時間裡，即便投入事情的主體忘掉時間之存在，事情本身亦受到時間限制而必須以結束的結果讓主體夢碎，流沙從指縫洩出的無力感是主體受到他性牽引展現異化後，空耗生命時間的滄桑厚度，主體無論在乎與否，時間永遠配合他性侵凌主體繼續異化。人由此不得不重視時間，然我們都知道重視一樣事物就代表主體有相當機會被束縛、僵化，想要抽離熟悉之事物（甘願被束縛、僵化的自我重視）是痛苦難忍，這會使得主體大驚小怪於荒謬處。實際上，荒謬處是被主體不習慣當下而發現，發現不代表先於主體的時間內不存在。

重視一物的原因來自於主體被先天否定，時間促成主體成熟而至死亡，主體間無法因為依憑實力而延長時間使用量，如何付出能力於追求能指鏈來定位黏扣點，終將以死亡定義主體的黃粱一夢。重視時間敘事對於主體的正當性，讓主體得益於在象徵界熟悉使用時間，甚且以時間為主體接觸外在事物的座標，用來建立處理事情的先後次序。時間不只如此的運用，擴大論及至整個文化建立在歷史時間，這樣的形式讓主體能有機會聯繫先賢遺留至現在主體環境的情感，主體擁有強烈的歸屬感；國家被支撐的各層面由時間幅度演變，經濟、外交、教育、內政和軍事等層面有賴於時間做對照變更，主體身受時間建立的各層面而滿足。可以說時間成功讓人類獲得熟悉的感覺，人類只能生活在荒謬處建立產生的熟悉，此荒謬是時間為何能主宰人類的一切。

當然龐大的命題會導致人類的挫敗，所以需要以反向做法建立屬於人類的自覺，無法解謎時間建構的敘事，就安穩活在時間主宰的世界是普遍的心理範式（心理能量的自由狀態即此），安穩、熟悉感讓普遍的人類主體不自覺遺忘活在時間主宰的世界，也可說是心理能量廣度轉移提供人類主體做多重

選擇、發展。大他者處（A）的「外在世界的不自由感」即是人類主體容易陷入事實系列的動力概念限制，即因果機械觀。重視時間的荒謬已經被遺忘，可是由此產生以時間敘事爲基礎態度的因果機械觀束縛、僵化主體，束縛、僵化主體的理由在於人類主體遺忘時間主宰而承受時間主宰的多重作用，時間不容許主體打破線性進程的侵凌性，容易使主體後悔當初的行爲、決定和想法，釀造的當下時刻之事實一定是當初主體的不適宜決策。時間這種無法打破線性進程的侵凌性亦強迫提供主體不得不踏入的選項（一個讓主體欲望因爲永遠無法得到他性的缺位，而反覆無常的選項），主體即便當初在適當的時機行正確的行爲，事後因爲得知過去發生到現在時刻的各個事實系列品項而不滿足，精益求精的態度激化追求他性的欲望，讓此刻的主體不自覺在當初自己的身上滲透否定的成分，不自由感即是如此發生。

　　事實系列 a-b-c-d 的 a 品項是主體執著的不自由感，這份不自由感來自他性透過時間主宰的事實而放大，不得不生活在時間敘事的人類主體，用力於象徵界追求永恆缺位的他性，人類主體如夏蟲般無法了解不自由感的冷冽無情。當然不用明瞭大他者的主體亦可以得到心理能量的自由狀態，夏蟲無須了解冰寒也可以活得心理結構穩固，普遍的大眾不會將觸寒作爲志業，否則主體自惑主體本身所帶來的挫敗足以消亡於象徵界（本身質疑主體性的主體仍然是受到時間的線性主宰和他性的缺位追求所困擾）。月荒涼兄弟是不視大他者的夏蟲；默蒼離是觸及不自由感而消亡的夏蟲；玄之玄擁有影形族的生存背景，讓他被迫意識到面臨此命題，卻不甘心像默蒼離透徹不自由感而作罷（意識到不自由感的命題不代表玄之玄有能力、意願透徹不自由感）。甚且擁有異常經驗的關係，玄之玄自認隨意號令、玩弄能指的上帝視角能有別於武林眾人的愚鈍，由此所感的自由狀態令玄之玄享有心理能量平衡的效果，然而短暫安穩的心理結構時不時被一直意識到的大他者捉弄，玄之玄終究爲了像普遍人投入事件來忘卻時間，反而導致過度的心理能量流竄，而成爲吞噬自我主體的人格面具。

三、逼迫自由狀態的悖逆者

　　俏如來對墨家九算中的欲星移傳達默蒼離關於墨家的想法：「師尊希望墨家永遠沉埋」〔註119〕，並直言墨家九算如果欲光大墨家，必是摧毀墨家的第

〔註119〕《金光御九界之墨武俠鋒》，第二十七集。

一步。〔註120〕默蒼離這樣的論述是肯定的，雖然「墨家之義」給予墨者堅定的價值信仰、規範，認爲建立起各個層面相對應的適當措施，就足以彌補組織邁向腐敗。然，默蒼離看待的地方是，心理能量的自由狀態有三個階段的循環，主體爲了不重蹈外在世界的不自由感，而不自覺逼迫自身陷入三個階段的自由狀態進程循環，平衡心理能量的結果，是武林眾人的生命劫難：

> 人的自由都存在於一個三角關係之中，構成這三角的一是他以死亡的威脅迫使他人放棄自己的欲望而去享受奴役的果實，一是他爲了那些給予人類生命以價值的理由而自願的犧牲生命，一是被征服者的自殺性的捨棄，從而剝奪了主人的勝利，使他處於非人的孤獨中。
> 〔註121〕

筆者將自由狀態的三角關係繪製成圖：

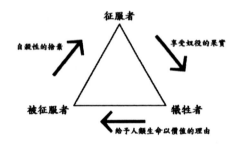

圖30　犧牲者、被征服者、征服者三個階段的自由狀態

圖30正三角形的三個角分別是征服者、犧牲者、被征服者，三者皆是心理能量處在平衡的自由狀態，可是在象徵界能指系統達到自由狀態的手段，三者各自擁有專屬的思維運作。右下角的犧牲者給予被征服者價值的理由，並且通過自身自願犧牲生命的激烈手段達到心理能量的自由狀態。犧牲者自身與被征服者同樣立處在象徵界被壓迫的一方，象徵界的能指變遷可能來自於征服者的關係，亦可能純粹是不以、不能追求象徵界能指爲主體欲望對象的手段，導致能指變遷所產生的壓力讓犧牲者、被征服者無法適應。犧牲者既然與被征服者一樣，皆受到象徵界能指變遷的壓力而陷入困境，犧牲者選擇自願犧牲生命作爲心理能量平衡的手段，自由狀態來自於重視事實系列品項的體驗。每個事實系列的品項被犧牲者的心理能量強

〔註120〕《金光御九界之墨武俠鋒》，第二十七集。
〔註121〕〔法〕拉康（Jacques-Marie-Émile Lacan），諸孝泉譯：《拉康選集》，頁334。

化，強化的原因在於想像界、象徵界的非順遂，讓犧牲者透視自身處在的環境本來就非按照己意運作，包括征服者看似成功於象徵界的行為，只是剛好順應象徵界的缺位能指。

透視人只不過是他性的奴隸，所處環境僅他性構造的非我思維，如果犧牲者將此視為心理能量的依附重點，繼續困擾己身於無力更改的象徵界，心理能量無法達到自由狀態。於是，犧牲者選擇不以追求象徵界能指作為心理能量重視的品項，自身以死亡之姿成為能指提供他者賦予所指，是犧牲者心理能量之所以是自由狀態的原因。「提供他者生命的價值」、「自身成為能指」兩件事情是犧牲者在象徵界的心理能量順遂流淌的具體行為，象徵界環境的無法適應、無從改變，**犧牲者透過自己思維成為能適應、改變的契機，自己是能指目標來刺激他者改變所指的代稱第一公式**〔註122〕。月荒涼兄弟為先天殘缺的影形族，讓他們理應對主體性產生革命式行為，可是他們知道龐大的象徵界許多能指關係牽連束縛，以及影形族本身的族內生存問題，他們無力更改複雜的關係結構，選擇另種方式表達影形族的主體性展現，即成為蒼狼的人格面具成立。成功於人格面具的月荒涼兄弟，令象徵界的他者謹記他們的主體性價值。生於東瀛西劍流勢力的宮本總司，內心認同史豔文等史家對武林的付出、犧牲，這層矛盾讓宮本總司糾結痛苦其中，同袍、戀人的情感牽連成為宮本總司終身的痛，來自於果決斬斷而不捨的痛。象徵界非己意的關係束縛，宮本總司清明於他性作祟，主體不得不被他性作祟的難堪。宮本總司選擇終極能量觀的自由狀態，重視周遭的人事物，作為主體能繼續發展成熟心靈、穩固心理結構的己身思維。無奈於象徵界的外在能指世界，宮本總司對於自己能夠掌握、付出之處，以成為能改變他者的能指。宮本總司無悔於任何自己的決定，與任飄渺對招臨死前，將劍招「一劍無悔」留在岩壁的想法先於主體消亡，宮本總司選擇死亡的姿態為結果，因為無悔於讓重視的他者擁有改變的契機，宮本總司心理能量的自由狀態如此。

墨家本身誅魔系統止戈流劍陣傳承的鉅子制度，即是犧牲者具體行為「提供他者生命的價值」、「自身成為能指」的典型範例：

史豔文：那血之禁印又是什麼？

冥醫：止戈劍印，一脈單傳，殺師血繼！〔註123〕

〔註122〕參考本書第三章第一節。

〔註123〕《天地風雲錄之劍影魔蹤》，第二十集。

「始帝爲了預防未來魔世入侵的一項準備」〔註124〕是墨家的止戈流劍陣產生的契機，魔世的侵犯足以成爲征服者般讓象徵界的他者倍感生存壓力，於是魔世成爲始帝的假想能指對象，墨家成就此設想。止戈流劍陣僅墨家鉅子持有，如欲傳承他者就必須有作爲犧牲者的覺悟。劍陣之必須傳承的深層涵義在於魔世無法消滅，象徵界擁有征服者位置的魔世，墨者知道無法做根本性質的更動，他們的心理能量選擇投注在劍陣傳承，永恆在世的劍陣賦予象徵界他者生存得到保證的生命價值，而鉅子的心理能量流淌至事實系列的品項，其中之品項是必須有殘酷抉擇傳承止戈流劍陣的穩定性質。止戈流劍陣的強大武力不容許多方擁有爲原因之一；其次是難以生產的多重條件；最後，弒師機制的誕生強迫墨家鉅子必須爲處犧牲者位置，將心理能量不遺餘力於重視他者生存安全的事實系列品項。因爲重視他者生存安全，所以墨家鉅子的性命爲其次；因爲重視他者生存安全，所以更謹愼選擇止戈流劍陣的持有者。身處犧牲者的墨家鉅子因爲心理能量在乎象徵界的他者生存安全，心甘情願消亡於象徵界來作爲下任犧牲者的到位，墨家鉅子的心理能量得到自由狀態，默蒼離選擇俏如來爲繼承者的同時，心理結構相當穩固且心理能量平衡。

墨家九算除了默蒼離外，所有人皆是被征服者。犧牲者與被征服者在象徵界受到征服者的能指變遷影響而感到不適應：犧牲者的心理能量轉移至給予他者生命價值，因爲這樣的給予他者能指的舉動，多少含有犧牲者的思維、意志，只要有他者接觸到犧牲者的能指，犧牲者在象徵界的所指受到些許連結的可能，即是犧牲者對抗征服者的有用手段，墨家鉅子甘願被殺的原因之一是眾多他者生存安全，就代表魔世的對抗者的在場；被征服者不若犧牲者自願以死亡之姿，成爲他者可以參與的能指，被征服者與征服者一樣都在乎象徵界的能指變遷，而且對掌握他者能指有極大的興趣，只是他們在象徵界的複雜能指系統裡處在弱勢、敗亡的一方。由此可知，象徵界的眾多他者裡：征服者成功掌握他者能指；犧牲者轉向以死亡爲代價，用迂迴的方式讓心理能量順利流淌在其他地方；被征服者以直接態度抗衡征服者。被征服者處在弱勢的一方，不代表不行掌握他者能指，墨家九算各個潛伏在九界勢力，伺機在更迭的混亂處計算痛快的形式〔註125〕，中苗鱗經過被征服者的計算運作，確實簽定和平條約。〔註126〕墨家九算是被征服者的最關鍵原因是犧牲者

〔註124〕《天地風雲錄之劍影魔蹤》，第二十集。
〔註125〕參考本書本章第二節。
〔註126〕《金光御九界之墨武俠鋒》，第二集。

必然進程的下個階段，即墨家九算不甘於墨家早期犧牲者將心理能量流淌在他方而自願犧牲的態度。

犧牲者進程邁向被征服者是必然的結果，進程的時間非個別主體生命所足夠遞嬗，至少需要單獨的個別主體生命時間以上作為前進的幅度。關係在於個別主體很難在短時間內改變內心的價值觀念，主體習慣如何形式作為心理能量平衡的手段，與主體的生命歷程、價值觀念有很密切的聯繫。犧牲者不追求象徵界外在能指為心理平衡的手段，在於他們親身經歷廣大於己的能指變遷，月荒涼兄弟、宮本總司、初期墨者無不是受到殘酷兩難的能指變遷，主體的心理能量參與過常人所無法透過心理過程了解的情境，知道持續消磨心理能量在無法更改的能指變遷，他們不可能擁有自由狀態。轉而行征服者、被征服者視角中自欺欺人式自由狀態的行為，將己身成為可改變他者的契機。犧牲者的行為所帶來的自由狀態是隱晦難解，月荒涼兄弟、宮本總司、初期墨者受到多數人的否定即可證明，難以理解的地方是「提供他者生命的價值」、「自身成為能指」的具體行為。

犧牲者心理能量的強度來自於無法克服的外在他性，他們將廣度轉化為奉獻己身成就他人的具體行為，此行為讓追求象徵界的外在能指作為心理能量平衡手段的征服者、被征服者否定。試想沒有相同經歷的主體被賦予奉獻己身的任務，心理能量會有所平衡嗎？前述月荒涼兄弟為了成就蒼狼的人格面具，以痛快箭破能指的欲望來穩固小對形，心理過程的經歷是讓月荒涼兄弟得以心理能量轉化的關鍵。無法有心理過程做誤認來得知象徵界的不可更迭性質，主體是無法把心理能量做廣度的轉化。反論，主體的具體行為被要求如此，必然心理能量僵化無法平衡，對犧牲者做出質疑：

　　玄之玄：兩千年來，墨家為歷史付出的這麼多，卻被沉埋，這又何
　　曾公平？

　　俏如來：為歷史付出的是墨家先烈，不是師叔你們。你們只是墨家
　　歷史的一部分，不能代表整個墨家。

　　玄之玄：如果九算不能代表墨家，那誰能？你的師尊嗎？改變，總
　　是要有人做起，兩千年的隱姓埋名，夠久了，你的師尊，大有顛覆
　　天下的能力，他可以掌握整個天下，但是他放棄了，就是因為他不
　　肯接受自己的天命，才會被天命所背棄！

　　俏如來：那你認為師尊的天命是什麼？

　　玄之玄：讓墨家重見光明，取得權力──〔註127〕

玄之玄一眾墨家九算質疑初期墨者在更迭的混亂處暗中執行「平衡歷史的力量」〔註128〕的作法，實屬正常的現象。墨家九算眾人的內心矛盾來自於承載初期墨者心理能量廣度轉化的結果，來做為他們幽冥參與，所導致心理能量無法平衡。初期墨者面對殘酷現實考驗的心理過程，轉化為暗中執行墨家之義，可是延續兩千年的象徵界能指系統無法提供墨家九算類似的現實考驗。根據前文所述自我皆會將心理能量行廣度轉化，對於墨家九算承接初期墨者暗中之舉，實際是等於墨家九算心理能量的強度來源，他們憤恨自己空有顛覆世俗、號令能指的才能，卻只能行暗中之舉。沒有類似的心理過程作為轉化的階梯，墨家九算將憤恨所導致的潛意識層面能量飽滿，行幽冥參與與初期墨者作非理性的情感交流。初期墨者把生命全部投注在建立墨家組織，以及感受象徵界的殘酷無情，有無多餘的心理能量行駛於更動能指留待商榷。墨家九算幽冥參與初期墨者的心理過程，可視為墨家九算專屬的心理能量廣度轉化，廣度轉化初期墨者心理能量的轉化結果，他們認為初期墨者的辛勞一定要讓象徵界的他者知道。初期墨者強調的暗中之舉，墨家九算質疑、更動，「揭開沉埋的歷史，墨家終於要再度回到太陽之下，重新引導歷史的軌跡」〔註129〕。儘管俏如來嘗試幫助墨家九算抽離幽冥參與，道出事實：「為歷史付出的是墨家先烈，不是師叔你們。」已經進入幽冥參與的墨家九算無法回頭，繼續行被征服者在象徵界追求能指的做法。

　　墨家九算身為被征服者，向犧牲者做出具體的質疑行為即圍剿墨家鉅子，圍剿默蒼離失敗後的墨家九算，持續向犧牲者俏如來挑戰，甚且作為約定的競賽局面，誰先殺死俏如來即為新任的墨家鉅子。墨家單脈傳承的止戈流劍陣的弒師機制原為墨家鉅子位處犧牲者，監督己身、保證持有者是否堅守為他者生存安全著想的優良品質，所產生的最佳機制，亦是「提供他者生命的價值」、「自身成為能指」最顯明的典範。兩千年後的墨家九算解構初期墨者的用心，以追逐能指為心理能量平衡的手段，將隱有犧牲者思想心血的止戈流劍陣作為贏者的擁有物，弒師機制正好給予被征服者墨家九算增添戕害墨家鉅子競賽的娛樂效果。

〔註127〕《天地風雲錄之魔戮血戰》，第三十四集。
〔註128〕《天地風雲錄之魔戮血戰》，第三十四集。
〔註129〕《天地風雲錄之魔戮血戰》，第三十三集。

　　被征服者邁向征服者的進程是墨家九算的心理能量可以轉化平衡的方法，與犧牲者同樣位處能指變遷的劣勢，被征服者不可能選擇犧牲者同樣的作法，沒有類似的心理過程就沒有自我認為心理能量流淌的可能。被征服者使用追逐能指來回應征服者的壓迫，擁有兩千年時間傳承的墨家認為的征服者，早非魔世侵犯人間的危難，而是轉變為更難翻轉的沉重力量，即墨家九算幽冥參與初期墨者的情緒，並受到大他者單程的敘事時間放大他性欲望的不自由感，做心理能量強度增強的對象——世俗名聲。墨家九算「**必須有一個墨家中人成為英雄**」〔註130〕**的渴望，讓他們把世俗小他者的認同做為征服者。**墨家九算成立的征服者的原因來自於差別經驗的建立與否〔註131〕，爭取墨家鉅子位置的行為，可以視為墨者藉由「尚同」〔註132〕建立起差別經驗的第一步，他們不甘立於無人識曉的陰暗處。

　　象徵界的敗者態度，墨家九算承認之。當他們汲汲營營於展現墨者的能耐，此行為已經否定犧牲者立場的墨家延續的初衷。然而，「小他者的認同」作為抗衡對象豈容易行之，非具體非單因的征服者讓墨家九算疲於奔命，他們追求世俗名聲且發揚墨家的路途艱辛難行。過程中，亦有幾位墨家九算質疑因為抽象而漸往終極能量觀的自己，不在乎痛快內容的心理能量流淌，是墨家九算對征服者的對抗手段，犧牲無辜他者導致心理能量凝滯，墨家九算沉肩的壓力顯然如初期墨者對抗魔世般舉步維艱。被征服者追求能指所帶來的壓力，逼迫被征服者的心理能量往更極端的方向發展：「被征服者的自殺性的捨棄，從而剝奪了主人的勝利」，唯有如此，被征服者的心理能量方為自由狀態。墨家九算甘願讓他性欲望作為追求能指的基礎態度，追求能指的同時，受到他性的異化而感到痛快。欲立於他者承認的英雄經驗，墨家九算這樣的欲望逼使自己恣意妄為於象徵界，抽象化他者的痛快內容來達到被承認的能指。

　　同時，受到內心譴責的墨家九算感到矛盾懷疑，這樣的紛擾皆是征服者「小他者的認同」的勝利，只要墨家九算無法揚名於象徵界，小他者就會遺忘墨者，並頌揚其他的英雄。最終，痛苦非常的墨家九算無奈於選擇「自殺性的捨棄」作為隔靴搔癢式反擊，既然墨家九算受征服者「小他者的認同」困擾至懷疑自我的心理結構，選擇玉石俱焚的做法來抵制征服者的蠻橫。墨

〔註130〕《金光御九界之墨武俠鋒》，第一集。
〔註131〕參考本書本章第二節。
〔註132〕參考本書本章第二節提到墨家「尚同」的概念。

家九算生存在象徵界即必要接受征服者的侵凌，被征服者無法克服又不甘心臣服的複雜心態作祟，心理能量強度因著被征服者的複雜心態激化至極限。潛意識的情感滲透入意識層面的理性思維，被征服者認爲征服者在世的唯一樂趣是拷打己身，那死亡的被征服者意謂著征服者無法拷打而失去樂趣，因此「自殺性的捨棄」成爲被征服者心理能量邁向平衡的方法。

止戈流劍陣單脈相傳的弒師機制，非僅是墨家九算叛逆犧牲者的反諷，重新定義犧牲者具有甘願消亡於象徵界思維的能指象徵──弒師行爲，可以視爲墨家九算面對征服者的龐大壓力，所行的自殺性捨棄。想像界中介到象徵界的墨家九算遺留初期墨者的犧牲者思維，初期墨者的種種認知構成墨家九算的父親之名（Name-of-the-Father），他們學習犧牲者思維並承認其價值性。初期墨者希冀暗中之舉作爲平衡歷史的力量，即實實在在反映出犧牲者思維，墨家九算位在象徵界的能指，由所指構成的意義以犧牲者思維爲基礎。墨家鉅子選擇繼承者的決心，成就他者而犧牲自己的行爲，其主動性質被墨家九算翻轉爲被征服者欲望競逐失敗所抒發心理能量的窗口，同樣的傳承機制已經被被征服者扭轉定義。由此形式競逐墨家鉅子之位的墨家九算，具有被征服者的自殺性捨棄意義。爲小他者生存安全做犧牲的價值對象，被征服者視小他者爲征服者，並且自殺綁縛己身的犧牲者思維，宣告小他者無法再受惠於墨家的暗中之舉，除非認同對象爲被征服者墨家九算。**此威脅性質的小他者認同是墨家九算現階段普遍的心理狀態，可視爲被征服者有別於犧牲者的特質。**

前文曾述玄之玄敢於將內心的痛快形式付諸行動，亦是墨家九算中最熱衷於自殺性的捨棄，即競逐墨家鉅子之位。非其他的墨家九算心理能量較平衡之緣故，才讓玄之玄以奇特姿態競逐於象徵界，關鍵是玄之玄很熟悉被征服者自殺性的捨棄的心理能量平衡手段。玄之玄與其他墨者不同處在於影形族身世，所提前帶來的殘酷考驗，族內的生存方式不容其他所指參與，強硬割下面皮來成就他者的人格面具。不似月荒涼兄弟甘願犧牲者自居，玄之玄回應強迫自己成爲犧牲者的族內長老「你只是恐懼改變」〔註133〕，玄之玄的心理能量從被征服者的立場，進行自殺性的捨棄，即百年難見天才捨棄作爲影形族的象徵「骨痕」。每位影形族的成員修練族內武功易骨神典，以此做爲生存於象徵界的技能。修練易骨神典會使修練者「身上都會留下三道的折痕」

〔註133〕《金光御九界之墨武俠鋒》，第十四集。

〔註134〕，此為骨痕。影形族的成員由想像界至象徵界的父親之名，為影形族教導成員對於象徵界的態度，族內長老希冀成員安分守己於扮演他者的人格面具，因為這樣的生存技能被視為秘密，也就是影形族得以生存於象徵界的價值性。人格面具之所成有賴於族內武功易骨神典的修練，骨痕必然是每位影形族成員唯一可以聯繫彼此身分的象徵，這份聯繫被玄之玄的強大才能衝擊：

> 赤羽信之介：易骨神典是改變骨骼結構，所有影形若修練易骨神典，都有骨痕。玄之玄雖然歹毒，仍是天縱之才，如果有例外，此人必是其一。他不一定有骨痕，而若無骨痕，就可以肯定他是真正的玄之玄。〔註135〕

迫使骨骼結構進行變化，由此產生難以抹滅、避免的骨痕，每位影形族的成員無不是如此，可是玄之玄才能之高，竟然沒有骨痕跡象。骨痕造成的原因是修練者非常人對待所成，可以視為修練者傷殘的證明。影形族成員的資質普遍都會遺留殘缺痕跡，玄之玄憑藉己身所能，克服武功帶給主體傷殘的可能，這份非同於其他影形族成員的證明，即是骨痕消失的乾淨軀體。「這個世上，哪來安分的天才」〔註136〕玄之玄非普遍影形族的資質，注定他不得不捨棄影形族的傳統態度。無骨痕，證明玄之玄的才能；無骨痕，玄之玄無法真心同理影形族成員庸俗之資所帶來甘願安分守己的心態。**自殺性的捨棄並非只有主體選擇，才能達到的自由狀態，常態偏偏是如此：主體不得不陷入自殺性的捨棄的先天設定，事後驚醒位在象徵界的己身是如此難以卒睹，然後憤怒父親之名帶給己身的一切，同時主體的心理能量通往自由狀態的可能。**

玄之玄被割去面皮、成就他者的人格面具之時，與普遍的影形族成員無異，身懷天賦的玄之玄隨年齡增長，越體悟習以為常的族內傳統是有違象徵界的眾多他者，且天縱才能的具體呈現是如此輕易，多數影形族的骨痕象徵沒有出現在自身上。自殺性的捨棄讓玄之玄更加激化懷疑族內的一切，他沒有骨痕的枷鎖亦無感於守住影形族秘密的必要性、封閉性，甚且沒有骨痕的乾淨軀體理應追求常人所擁有的主體性，非成就他者人格面具之類自欺欺人的犧牲者立場。此樣的被征服者立場，玄之玄陷入「使他處於非人的孤獨中」，族內長老無法理解玄之玄的心態，視為叛逆之舉；年輕一輩的影形族成員也

〔註134〕《金光御九界之墨武俠鋒》，第十五集。
〔註135〕《金光御九界之墨世佛劫》，第五集。
〔註136〕《金光御九界之墨武俠鋒》，第十四集。

無法同理玄之玄想要將影形族立於陽光下的渴望，玄之玄成為能指讓年輕影形族成為死士。玄之玄自殺性的捨棄現有主體概念的影形族價值觀，在影形族內成為能指提供定義，與犧牲者將己身成為能指的行為幾乎同模，可是犧牲者不會陷入非人的孤獨。相反而論，犧牲者的理念很可能受到他者的認同了解而同理，原因在於犧牲者給予人生命的價值的舉動，隱含犧牲者在象徵界的價值觀，儘管犧牲者死亡，無法繼續作此舉動，先前接觸的他者有絲毫改變契機，犧牲者心滿意足。

四、成形誅墨之影的魔者

捨棄影形族象徵的玄之玄，除了影形族內的能指外，象徵界的能指皆能激發玄之玄投注全力去獲得。黑洞般無法填平的欲望是玄之玄自殺性捨棄後，心理能量達到自由狀態的發展方向，沒有影形族的規矩束縛，又急需要象徵界的能指作為心理能量重新流動的對象：

> 俏如來：師尊不希望墨家浮現在世上，更不願墨家掌握權力。
>
> 玄之玄：身為墨家鉅子，卻不希望光大墨家！
>
> 俏如來：因為師尊太了解權力的可怕。
>
> 玄之玄：愚夫被權力掌控，智者掌控權力。
>
> 俏如來：你們不相信權力會使人腐化嗎？就算你們真能掌握九界，讓墨家光大，讓墨家掌握權力，即便你們都有統御權力的智慧，百十年後，後世的墨者，是否也能把持，不被權力腐化？
>
> 玄之玄：兩千年來，墨家為歷史付出的這麼多，卻被沉埋，這又何
> 　曾公平？〔註137〕

墨家浮世只不過是讓影形族立於陽光下的手段，光耀影形族只不過是被他者理解自身擁有不世才能的手段，玄之玄就是要演繹出先天殘缺也能如願成功的勵志人生。除了自己以外，全部的能指皆是手段，反正已死之人何須顧忌象徵界的他者關係。玄之玄更感於追求能指，更感於殺害墨家鉅子，更感於玩弄手段。原因無他，追求能指以辨別主體性，殺害墨家鉅子以宣告對小他者的不滿，玩弄手段以展現自身才能。參與象徵界的能指變遷的權力欲望，玄之玄樂在其中，叛逆影形族的傳統精神來感受以往小他者視為稀鬆平常的所作所為。

〔註137〕《天地風雲錄之魔戮血戰》，第三十四集。

另一權力欲望的展現為玄之玄的武功，影形族內僅易骨神典算得上高超的技能，其餘流傳的典籍皆是中下乘武功，於是以智慧為傲的玄之玄將其「改造成為超越原典的上乘武學」〔註138〕。玄之玄武功招式之前必然直呼「墨改」：

> 玄之玄：墨改・碧潭映月。
>
> 錦煙霞：嗯，古岳派的劍法。
>
> 玄之玄：很接近了。
>
> 錦煙霞：你動了什麼手腳？
>
> 玄之玄：很在意嗎？
>
> 錦煙霞：不對，不是古岳派的劍法。〔註139〕

筆者認同「墨改」之「改」為玄之玄改革墨家的心志的說法〔註140〕，在此需要補充的地方是「改」亦有玄之玄權力欲望的因素在裡頭，自信己身的才能讓他創造出個人風格濃烈的武功，青出於藍的挑釁之意味，更符合筆者所言被征服者的心態。一無所有（自殺性的捨棄）的被征服者欲擁有所有的能指，玄之玄武功之雜，被斥責「狡猾多變」〔註141〕。欲擁有的能指之一即墨家鉅子之位，現任墨家鉅子俏如來熟知玄之玄對權力欲望的執著，推捧玄之玄為武林盟主。此舉當然是俏如來對玄之玄下的挑戰書，誰能提前找尋情報間諜組織黑瞳來破壞彼此計策，即為贏家。〔註142〕然而，更重要的是玄之玄由暗地行事的被征服者進程為玩弄能指的征服者。俏如來是否這樣認為非筆者重點，**征服者立場的玄之玄仍然運用墨家小對形「替換性篩汰能指」在象徵界，不適應的自由狀態讓玄之玄終究只是人格面具被他者利用**，這是筆者著意的地方。

征服者相較犧牲者、被征服者是最難達到心理能量的自由狀態，迷茫於象徵界的任何能指都為己所使用，與能指相聯繫的可能性也近乎偶然般難以自我克制。犧牲者、被征服者在想像界被偶然性質的父親之名中介至象徵界，等待他們在象徵界的是連串父親之名，導致主體不適應的反感，所以他們可以使用一生的時間將心理能量投注在用以克服反感的層面。藏鏡人厭惡血脈於史家聯繫，憤恨羅天從強力介入想像界，於是在象徵界的大部分時間，都在追逐自認為的目標史豔文；俏如來生活在父親史豔文耀眼燦爛的作為之

〔註138〕《金光御九界之墨武俠鋒》，第十四集。
〔註139〕《金光御九界之墨武俠鋒》，第六集。
〔註140〕胡又天：〈金光布袋戲的進化版墨家〉，頁161。
〔註141〕《金光御九界之墨武俠鋒》，第十一集。
〔註142〕胡又天：〈金光布袋戲的進化版墨家〉，頁160。

下，質疑史豔文小對形而另行他法，便是選擇拜默蒼離爲師。兩者無法自我抉擇的偶然性已經發生於想像界，該面對的延續道路遠遠在象徵界等待，征服者不然。

征服者的出現當然原因複雜，他們擅長號令能指，使能指「使他人放棄自己的欲望」，征服者以此享受奴役他人的樂趣。心理能量由奴役而得到自由狀態，可是奴役他人的動機如何，征服者並不全然都理解，因爲帶給征服者之所以成爲征服者的契機，有可能是沒有衝突的偶然性。沒有衝突的偶然性與其他兩者犧牲者、被征服者的偶然性更難以捉摸，他性也更是純粹。差別經驗的養成有賴於與己非同的特質，如果特質皆是順遂於己的偶然性，主體只會認爲所有行爲皆來自於己身的決定，而不了解深層異化的結果。〔註 143〕征服者在想像界的誤認不理想，位於象徵界無明顯延續的道路等待他，發展可能性非常大，但與各個能指接觸的動機即偶然性質多於犧牲者、被征服者。想像界的征服者如筆者所言爲此類型，又剛好在象徵界的能指系統裡，擁有相當大的契機號令能指，樂趣的自由狀態即雙面刃。征服者定拿著雙面刃而不甘放棄，否則征服者即沒有所謂的自由狀態，無誤認的主體僅能強行同化他者，如想像界嬰兒認爲母親應該將生活目標放在自身一樣，無法理解、無法想像母親有其他生活目標的可能。

玄之玄被俏如來推上武林盟主之位，從被征服者進程爲征服者，在想像界的強烈衝突、矛盾非筆者前段論述的征服者類型，然而玄之玄卻異曲同工的產生征服者偶然性質的號令能指行爲。已經自殺過的玄之玄即意謂捨棄父親之名，重新在象徵界進行誤認，這樣的作爲與征服者何異，甚且玄之玄的自殺性捨棄有強烈的意識層面決定（儘管是無法選擇的天縱資質，斷裂影形族的認同爲己身決定），激化征服者號令能指的欲望更加強烈。同樣的無所顧忌心態，玄之玄擁有影形族、墨家的背景，更帶有報復、征服的情感在裡頭，非普遍征服者更廣的可能性。玄之玄自從捨棄影形族的傳統，陷入的孤獨無人理解，加入墨家亦是「從一個黑暗躲入另一個黑暗」〔註 144〕，一輩子可能都認爲自殺性的捨棄來拒絕小他者的認同：因此他參加出走影形族，加入黑瞳情報組織，憑藉能力成爲黑瞳之首；他競逐墨家鉅子，否定犧牲者立場的墨家初衷。這兩項自殺性的捨棄讓玄之玄感受到身爲被征服者仍然具有價值

〔註 143〕「認爲自己是國王的國王是瘋子」爲此例。參考本書本章第二節。
〔註 144〕《金光御九界之墨武俠鋒》，第十四集。

性，然而他也知道在征服者「小他者的認同」面前，何其渺小不堪。現在，玄之玄終於能立於陽光下，以武林盟主姿態受到小他者的認同，他欣喜若狂於此，但也擔驚受怕於此，因為被征服者時期的玄之玄行自殺性的捨棄是無法被小他者認同，正是要拒絕敵對方征服者，玄之玄才會做出與征服者所認為的價值性相悖之行為。

　　主體的建立仍然擺脫不了潛意識的情感，痛快所產生的小對形跟隨主體存活至象徵界，玄之玄雖然自戕父親之名，並意外成為征服者的事實，多少都會使他顧忌在被征服者時期的種種行為。可是，筆者曾言犧牲者、被征服者及征服者三者皆需要主體終生時間完成，玄之玄的進程迅速，亦造就將被征服者時期成立主體的心態、小對形帶入征服者時期。**凡是皆為成就主體性的手段、「替換性篩汰能指」**〔註145〕**小對形是跟隨主體至征服者的熟悉心態，與號令能指為心理能量自由狀態的行使方式，具有極高的重疊性質，玄之玄從號令能指轉向至玩弄能指的極端形式繼承為征服者後，唯一讓心理能量呈現自由狀態的方式。**

　　被征服者時期利用影形族成為他者人格面具的專長，成功加入並獲得情報組織黑瞳首領職位，武林盟主玄之玄欲針對的能指即此。情報組織黑瞳「只要有好的價錢，靈魂也可以論斤秤兩」〔註146〕組織內的鐵律僅以金錢利益為憑，這是玄之玄成為征服者前所不曾顧慮之處，為了成就主體性的目標而不擇手段。不僅如此，與偏離墨家初衷的光明立論，同樣呼應玄之玄如何暢快於被征服者立場的一切手段：

　　玄之玄：黑瞳眾所皆知，是一群出賣親友的內奸所組成，原來我在師侄的眼中是這種人。

　　俏如來：那是黑瞳的宗旨，不是師叔的宗旨。

　　玄之玄：耐人尋味的講法。

　　俏如來：賣國求榮，是黑瞳吸收成員時，所提出的規則與報償，然而師叔的目的，是要彰顯墨家，進而光大墨學。為了這個目標，必須不擇手段，混入各方勢力，這也是墨家一貫的作風。

　　玄之玄：用這種方式，豈不是敗壞墨家的名聲？〔註147〕

〔註145〕參考本書本章第二節。
〔註146〕《天地風雲錄之魔戮血戰》，第二十七集。
〔註147〕《天地風雲錄之魔戮血戰》，第三十三集。

墨家九算執意立於光明的目標，促使被征服者立場扭轉犧牲者精神象徵的弒師機制，隨著墨家九算異化初期墨家爲己任，旨在打破種種藩籬。異化程度深淺與否，具體行爲行對照之能事便可知曉，而玄之玄好弄能指的行事作風，與手段化接觸過的人事物密切相關。黑瞳、墨家雖在暗中間接影響象徵界的許多事情，方法、思維有極大的差別，玄之玄悖逆初期墨家的規矩，投入以利益爲準繩的黑瞳，亦視爲行過自殺性的捨棄之結果。玄之玄視角內的墨家之義不無重要，重要之處不是犧牲者立場（或許玄之玄看準墨家即將偏離初衷，方才加入），而是有可能成爲征服者預先設想的能指彰顯之路。畢竟初期墨家所言之道理是如此動人，武林眾人必然希冀這種爲民服務的能指出現。位在陰暗處的兩個組織都附有各自不同的作用，玄之玄成爲征服者後，必然欲除黑瞳組織而後快。

由墨家小對形「替換性篩汰能指」發展至玩弄能指的征服者玄之玄，經典之舉乃是掌握魔氣，此舉爲追求能指的欲望最具代表性行爲。玄之玄自殺後所展現的能指追求欲望，並非無動機可循，相反的建構主體性是唯一鞏固的動機，所以只要是玄之玄認爲可以利用的事物，他都欲佔有全部具有效率的手段。剛好，影形族留給玄之玄的易骨神典如虎添翼，黑瞳之首、掌握魔氣的兩個能指爲玄之玄有利於計算痛快形式的工具。征服者玄之玄成功棄置黑瞳情報組織，掌握魔氣卻是玄之玄一生中難以棄置的最佳工具：

> 俏如來：現今的墨家所要的，只是一個操弄亂世的局。至於過程，大概會如同過往的墨家，只存在消失的歷史之中。過去已無痕跡，現在同樣不能直接浮上檯面。在這種狀況之下，用什麼身份入局才是最適當、最有效率的做法？師叔，相信你應該知道這個答案。〔註148〕

> 俏如來：魔世的威脅越大，群眾仰望英雄的期望就越大，當局面陷入最爲絕望危急的時候，墨家就能趁勢而起、擊退魔世、重返光明，進而取代諸流百家，成爲眾人眼中的救世之學。〔註149〕

更迭的混亂處成爲平衡歷史力量的能指是初期墨者的犧牲者心態，玄之玄這一輩的墨家九算明瞭沒有混亂即沒有象徵界能指的可能，運用在墨家學會的技能製造混亂，提供墨者成爲英雄的可能。玄之玄從墨家學會的高明技巧，

〔註148〕《天地風雲錄之魔戮血戰》，第三十三集。
〔註149〕《天地風雲錄之魔戮血戰》，第三十三集。

並同樣具有扭轉意味的主動學習掌握魔氣，此能指一掌握，便如藏鏡人揭面成爲公敵般迅速激發眾人的想像關係。利用魔氣製造混亂，並收攏武林眾人爲己所用的手段，玄之玄以此使心理能量作爲自由狀態的流淌。掌握魔氣，玄之玄順利幫助天門處理魔染事件，替日後奪取天門勢力埋下伏筆；掌握魔氣，玄之玄誣陷俏如來爲魔染帶原者；**掌握魔氣，玄之玄成爲武林眾人集體意識的對抗面，成爲一張魔之人格面具。**

人格面具即集體意識的完全展現，征服者玄之玄將魔氣作爲武林眾人想像關係投注的混亂處，由己製造的混亂必須以假亂眞，又或者是「成眞」。月荒涼兄弟的例子明顯展示影形族非同常人的能耐，玄之玄的能力有目共睹，成眞於魔氣作爲武林眾人視線關注處。玄之玄只重視主體性，此外的人事物僅手段罷了。反話論之，被挑選的工具的重要性大過一切，無論是否悖逆建構其身所教導的精神，黑瞳與墨家兩性質之遠，仍然可以並存在玄之玄的生存哲學。不被挑選中的東西，僅是隨處丟棄之物，這與墨家九算叛逆初期墨者的舉止相關，即**威脅性質的小他者認同。**玄之玄位在被征服者時期的對抗方即是小他者的認同，把小他者的認同視爲征服者，玄之玄不做犧牲者犧牲自我的蠢事，如果小他者無法有利益於玄之玄，或者不爲己所用，消亡亦無不可。玄之玄創立的武林組織尚同會爲明顯例子，對待其中的武歛君，說明了小他者僅玄之玄建構主體性的參考而已：

> 玄之玄：其實我非常能明白你的心情，你是郭箏的好友至交。當初郭箏加入百武會，你沒隨同。默蒼離清空三百里的時候，你爲了救出郭箏失陷的家人而進入三百里內的地界，卻受困遭到重傷。在療養的期間錯過了之後的大戰，因此你對郭箏始終保持著極深的愧疚。你個性耿直，善惡分明，知曉郭箏背叛後，讓你更加愧疚，這讓你痛恨魔兵，也遷怒俏如來。這就是我對你委以重任的理由，你這種人，太好利用。
>
> 武歛君：啊？你講什麼！
>
> 玄之玄：其實我要殺雞儆猴，只要幾句話就能輕易撥弄你這種人，讓你以爲自己是爲了大義，爲了武林和平，爲了尚同會的秩序，抱著滿足的虛榮心去自盡，但是今日，**我的心情惡劣，所以決定讓你抱著悔恨而死！**（粗體爲筆者所註）是，俏如來的指證沒錯，我就是黑瞳之首，輔佐戮世摩羅殺害無數中原俠客的眞兇。這段日子，

> 多謝你的幫助了
>
> 武斂君：喝啊——
>
> 〔原來自己只是一顆棋子，原來自己只是為虎作倀，武斂君紅了眼，
>
> 狂了心，豁命撲殺！〕〔註150〕

利用武斂君對好友的愧歉、俏如來的憤怒，玄之玄明瞭武林眾人被戲弄之容易，他們的想像關係是很好的籌碼，玄之玄根本不屑一顧，默蒼離曾經斥責：「你是凡人仰望的天才，你要習慣他們的角度」〔註151〕並戲稱玄之玄的提議如金絲雀之聲，無法當真。原因在於既然如此蔑視武林眾人，為何又擺脫不了武林眾人的承認與否。這層矛盾，玄之玄這樣凡人級別的天才無法明瞭，在遺棄武林眾人之時，玄之玄與武林眾人般容易被激起想像關係。武斂君反對一直以來信為圭臬的玄之玄的原因，即是觸及玄之玄最強調的生存信仰，即威脅性的小他者認同。玄之玄高度要求武林其他的幫會必須加入尚同會，尚同會才給予安全的保證。儘管武斂君的質疑已經提點玄之玄創會的初衷：「兼愛尚同」，可是墨家僅玄之玄成為主體性的手段之一，為民服務的犧牲者言語僅玄之玄成為征服者的花言巧語。武斂君剛好牴觸玄之玄在墨家（非初期墨家）養成的價值觀念：威脅性的小他者認同。對待武斂君的行為本身亦有如此精神，無法接受玄之玄給予的觀念，玩弄武斂君僅剛好而已。

武林眾人絕對不比掌握魔氣重要，因為只要有混亂處，武林眾人蜂擁而至的盲目，剛好供給自己娛樂調劑身心。此心態的玄之玄成真於魔之人格面具而不自知，加上他偏好於玩弄能指的征服者習慣，執行由暗轉明的墨家小對形「替換性篩汰能指」，終於反噬自身。墨家小對形的產生本來即是生存在暗處行為，帶至象徵界被小他者看待之處執行，名符其實成為能指鏈的剩餘之物。構成其他墨家九算陷害的能指缺位，墨家九算之一的鳳后聯合雁王，製造玄之玄曾經口頭威脅海境的國家級災難，並嫁禍於玄之玄。作為被征服者的技能，玄之玄是天縱之才，可是作為征服者，位處被征服者時期引來的心理能量自由狀態的方式所影響。失敗於此的玄之玄，心甘情願「我知曉這是老五的陷阱」〔註152〕，也要追殺犧牲者俏如來：

> 俏如來：唉……啊……你……你是人嗎，是墨，還是……魔！

〔註150〕《金光御九界之墨武俠鋒》，第二十三集。

〔註151〕《金光御九界之墨武俠鋒》，第十四集。

〔註152〕《金光御九界之墨世佛劫》，第四集。

> 玄之玄：（衣上突然因出大片血跡）啊……怎會！為什麼止戈流能傷
> 我！怎……怎有可能？！
> 俏如來：你問過俏如來，為什麼當日忘師叔翻臉我會選擇保你，
> 這……就是原因！（嘔紅）
> 玄之玄：血紋……魔瘟……
> 俏如來：當時你為了嫁禍於我，屢次吸收血紋魔瘟，雖然你能抵禦
> 魔瘟，但魔氣已經，在你的身上生根了。
> 玄之玄：我是人，不是魔！我是人，不是魔啊！
> 俏如來：魔氣、魔心，是人還是魔，怎樣分別？唉啊……雖然……
> 雖然止戈流不能在你身上全功，但也已經有足夠的威力，能殺你！
> 玄之玄：啊……一心誅魔的墨家，太荒謬了，這太荒謬了！我不相
> 信，我不相信……！〔註153〕

玄之玄身處征服者有太多能指提供自己抉擇，人、墨、魔立於眼前，最終卻成為墨家止戈流劍陣針對的魔之身分。主體性建立的目標仍然被時間幅度橫互隔閡，**追求目標的魔之手段浸淫之久，讓玄之玄無法拒絕潛意識層面最習慣成真的角色**，這包含心理能量自由狀態的方式、被征服者到征服者調整心理能量產生的不適應：月荒涼兄弟使用製造傷口、情緒來成真蒼狼的人格面具；玄之玄以長時間激起小他者的想像關係，認真製造混亂處來為己所用的方式，成真魔之人格面具，兩者的人格面具皆無虛假勘破：

> 通過這個迂迴，欲望的直接的獨特性重新征服了它不可言喻的形
> 式，在否認中重新取得其最後的勝利。〔註154〕

被征服者的自殺性的捨棄來自於不堪其擾，紛亂之源是欲望附身對象，透過自戕行為，讓征服者沒有得到競賽的可能，無競賽即無輸贏。然而，征服者根本無視被征服者的舉動，他性永遠不會因為主體的消亡而不作用，主體卻誤以為讓他性沒有競賽參與，就是對他性行最佳的報復。

　　玄之玄一生都在挑戰、悖逆影形族的傳統精神，無法選擇的自殺性的捨棄，骨痕之消亡讓玄之玄的心理能量擁有自由狀態。玄之玄認為征服者應該服從被征服者的蔑視，武林眾人應該要正視身為影形族成功的可能。然而，正因為不堪其擾才自殺，此更突顯欲望的強大，他性的純粹。玄之玄欲拒絕

〔註153〕《金光御九界之墨世佛劫》，第四集。
〔註154〕〔法〕拉康（Jacques-Marie-Émile Lacan），褚孝泉譯：《拉康選集》，頁334。

影形族成為象徵界他者在能指失格處，扮演他者策略的啓動條件。最終，卻使得「小他者的認同」的欲望做最後勝利。玄之玄成為俏如來啓動止戈流劍陣的條件；亦構成其他墨家九算繼續殘害、奪得墨家鉅子的策略條件。玄之玄無法如影隨形魔族，以一生時間實踐影形族的技能，成為魔之人格面具，重蹈闡發其自身所言的反語：「一心誅魔的墨家，太荒謬了」〔註155〕，玄之玄乃是一心誅墨的魔家，立影成形於象徵界的魔家。

〔註155〕《金光御九界之墨世佛劫》，第五集。

第五章　結　論

　　本章分爲兩個部分總述本論文的學術成果，前者整合前四章的論述，後者省思本論文不足之處及未來研究發展的可能性。

第一節　藏鏡人、俏如來、玄之玄的心理分析

　　排戲先生顯現於臺灣布袋戲發展史上，其影響布袋戲主演走向敘事文本自編自導的創作模式，不再依靠改編中國明清章回小說來維持敘事文本的高折舊率。觀衆反應的程度爲即興創作的金光戲，其敘事文本可以視爲布袋戲主演、臺灣觀衆的集體創作，此影響布袋戲的敘事文本容易接受到雙方的生活經驗、時代氛圍。黃俊雄將自己創造的「六合」角色，融入黃海岱的史炎雲角色，或者依照各行各業的現實情況，創造相對應的布袋戲角色，這些爲布袋戲主演的生活經驗；史豔文的悲苦形象與當時戒嚴的政治氛圍攸關，觀衆喜愛遇到艱困，卻能「忍」而不屈不撓的精神象徵——史豔文，臺灣大時代氛圍的表徵，顯現在史豔文角色。

　　雲州大儒俠史豔文的精神被具體化爲「忍」，所爲行事的代表即犧牲自我，此爲黃海岱先生取材中國清代章回小說《野叟曝言》攸關。由《野叟曝言》政治背景爲君主專權走出的布袋戲角色史豔文，君臣關係重於個人生存的事實，生存只爲家天下的社稷而奔命。「君要臣死，臣不得不死」道盡主體性抹滅的悲涼，悲涼來自於己身必須僵化，作爲他者的使用工具。更深層的悲涼爲另一，君權立於前的龐大建構制度，唯有如此方能是社稷生存的現狀下，君主被設定不能否認的存在。建構制度合理化的精神價值，生成、鞏固

史豔文的存在，故史豔文能融洽於盛世，盡心盡力成爲工具爲傲，主體性依附於君權的史豔文相當滿足。然而，當精神價值被眾人背棄（甚至君主本身），史豔文即便痛苦，卻無法指責象徵精神價值的君主，無主體性自覺而渾然不知錯於何方的史豔文，筆者認爲比主體性抹滅的悲涼更爲深層鬱抑。

無主體性自覺的史豔文，戒嚴時期觀眾感受至悲戚形象，陳龍廷認爲與當時民眾同爲處境（被當政者限制言論）相關，筆者甚爲認同。然而，當政者爲何審查通過此類電視布袋戲的劇本？難道無法體認民眾？原因是與當政者需求一致，前述史豔文無法指責君主同類狀態，戲中史豔文的負面情緒被轉往奸臣等反派角色，原來是君主被奸佞蒙蔽雙眼，非君主罪己，筆者認爲更深層的悲涼即此。無法責難的君主，將其過錯轉嫁（戲外編劇）於奸臣，或者君權外的江湖，史豔文僅不斷忍耐犧牲，無法眞眞正正切入此君主專權的罪過輪迴，這是史豔文從明顯君主專權的劍俠戲（因爲參照中國明清章回小說）轉爲個人特色強烈的金光戲，敘事環境由朝廷優游於江湖的過渡期。史豔文亦因爲無有成功扭轉一切的膽識，日後被霹靂布袋戲角色素還眞取代。

君權外的江湖作爲史豔文的反派對象，被戒嚴時期的當政者有效利用，具有強烈影射之意的藏鏡人應運而生。黃俊雄創立藏鏡人一角，藏於幕後的萬惡罪魁，隨著攬惡於一身的藏鏡人被觀眾聚焦，君主（戲內戲外）化身爲遙遠的抽象概念，僅有在場的莫非王臣，綁縛於反共抗俄。總論，史豔文「忍」之精神的誕生，必須有無主體性自覺，悲戚形象才能更加純粹、動容；被轉嫁罪惡的藏鏡人，必然是萬惡罪魁，這樣史豔文永遠無法有卸下重任的一天，因爲罪魁不在此。純然正、邪角色的二元對立模式是，黃俊雄觀察時空脈絡，並標註著臺灣戒嚴時期風氣的布袋戲。

解嚴後的史豔文永遠立於罪惡輪迴外，闡釋悲戚的人生命運，觀眾確實無感於二元對立，霹靂布袋戲角色素還眞運籌帷幄，由百年前示現神蹟。言論自由蓬勃發展的現實，急切從傳統忠孝節義精神掙脫符咒，另闢專屬的言論，論述自我本身看待事物的運轉，史豔文忍讓於己的處世原則，曾幾何時於昨是今非的工業化劇烈脈動退位。神魔奇幻武俠戲齣的霹靂布袋戲立素還眞爲宣示精神，武林和平的最終目的爲要，手段爭議性供人日後談資。以前，史豔文如何無奈於大環境，慨嘆自我命運悲舛，受人情世故縛首；素還眞必然以極端姿態翻盤，尤以人情世故爲針對項，因爲他本來就是神仙。

與之敵對的歐陽上智敗亡，素還眞卻借刀殺人，將同爲觀眾喜愛的正派

角色崎路人結束生命。霹靂布袋戲擅長以極端情節，吸引觀眾熱議，與時逢解嚴的言論自由大膽相關，例如亂倫。吳明德認為霹靂布袋戲具有神話思維，筆者引申為宗教思維的神魔奇幻武俠戲齣，這包括霹靂布袋戲的敘事文本運行。具象的神性作為推動敘事情節的霹靂布袋戲，1990 年代從個人英雄主義，提升至組織智鬥，組織下的人物以大膽行事為顯著特色，無現實原則存在的世界最為大膽，道教文化滲透的霹靂布袋戲，**從無主體性自覺轉向為主體性物件化**。

霹靂布袋戲角色業途靈、蔭屍人曾因為移動式神聖空間一頁書的血改變主體性，素還真更被夢中人、莫召奴視為非相同平凡人類。本論文視霹靂布袋戲角色棄天帝為人格天，霹靂布袋戲將敘事重點轉交於非人類的人格天，藉由棄天帝厭倦否定世間，化神為魔，殺伐神州的情節，證明霹靂布袋戲屬於神魔奇幻武俠戲齣。

一、藏鏡人的心理分析

金光布袋戲將消失於霹靂布袋戲敘事文本的史豔文復活，悲戚形象依舊，主體性自覺仍無，是位枵腹從眾的儒俠，傳統忠孝節義精神的楷模。金光布袋戲非複製父輩的無主體性自覺，亦非霹靂布袋戲將主體性物件化，走向快節奏的神性敘事。金光布袋戲拓展出人類心理為基礎，劇集時間為角色成長時間的主體性建構。

原本是黃俊雄時期被影射之政治因素，面具、鏡子僅遮掩行蹤，令正派武林人士無所適從，「藏鏡於追逐迫害史豔文」成為黃俊雄電視布袋戲的標誌性情節，其象徵長期居於幕後的邪惡者，「藏鏡人」亦指涉幕後策畫者的生活用語。金光布袋戲以親情缺位的召喚，解釋「藏鏡於追逐迫害史豔文」，先天之誤而導致各為中苗的重要代表，且藏鏡人非僅是借刀殺人策略的犧牲品，更因認賊作父的巧合被藏鏡人知曉，二次誤認（misrecognition）下的藏鏡人，從一開始以親情缺位於想像界（The Imaginary order）的姿態，追逐史豔文。

非黃俊雄時期胸懷惡念的藏鏡人形象，金光布袋戲的藏鏡人是個困惑的孤兒，透過尋找能指（signifier）構成的象徵界（The Symbolic order）的黏扣點（法語：point de capiton），即身分、情感的定位，強力追求小他者（other）史豔文。怨懟先天命運侵凌的藏鏡人，名言：「吾命由吾不由天」實際無法躲避天之安排，正因為怨懟母親緊急下，被抱走的嬰孩不是自己，而是史豔文！

藏鏡人不想看到象徵史家血脈的臉孔，其戴上面具，化身爲藏鏡人。由躲避轉爲追逐史豔文，性格、服飾、武功、口白等能指，皆展現與史豔文能指反向極端，感念苗疆居民不若強烈中苗勢力介入的養育，藏鏡人代表苗疆，矛頭指向史豔文。

被父親之名（Name-of-the-Father）羅天從帶至象徵界的藏鏡人，痛快（法語：jouissance）爲唯一掌握之項，擾人的身分認同被痛快取代，箝破語言構成的全部，史豔文爲被針對的項目首選，因爲隱有靠攏想像界的原生血脈之意。史豔文同爲困惑，持續的解釋皆被藏鏡人扭曲語意，藏鏡人的空白言詞（blank speech）正是爲了建置其爲藏鏡人的身分定位，以痛快爲手段強力把所指（signified）結合能指，期間的脆弱受到人格面具（persona）的屏障，而陰影（shadow）處在原始狀態，等待藏鏡人的解語。爾後，求全對決的藏鏡人，棄掌受死的決絕心態，再度進行第二次痛快，藏鏡人從頭至尾知曉一件事情：己身與羅天從般惡意針對史豔文。爲了確定己身的身分定位，瘋狂攻擊不相識的對象，此舉與先天暴力介入的羅天從有何差異？

史豔文知曉藏鏡人的死意堅決，點穴藏鏡人於棄掌之際，交換身分代替彼此的命運，願以藏鏡人的能指，坦然赴死。藏鏡人被迫與史豔文能指更換，傳統藏鏡人純然的反派角色，執迷於鏡中自我者終破碎，一直被壓抑的接受史豔文之念，從陰影處活絡而起，前往再次成長的可能。知曉史豔文無主體性自覺的所指，藏鏡人非甘願繼續扮演對方能指，原因無他：史豔文於黃海岱時期，流傳的忍讓、犧牲自我的精神，在此刻得到金光布袋戲的回應。黃立綱的金光布袋戲藉黃俊雄創立的扁平人物藏鏡人，重新鑄造關於犧牲自我的反語。

實際上，假扮史豔文的藏鏡人，剛開始是迷茫狀態，一切被強置於史豔文犧牲的解套，但是如前所述，藏鏡人對親情缺位的關係，史豔文留下的遺書，提及母親希望失散多年的兒子歸途，藏鏡人遂感受史豔文的所指。扮演之舉漸次失敗，非史豔文曾經表態藏鏡人以「史羅碧」之名，歸途於中原武林，而是藏鏡人的女兒憶無心。**與女兒憶無心離散的情緒，對照史豔文願意犧牲子女的行爲，不可思議於史豔文的傳統犧牲精神**，宣告己身的追逐終止。人格面具、陰影破碎的藏鏡人，得到此前非同感覺的成長經驗，但是心理能量過度前行，即大他者親情的缺位悄悄於憶無心作用。擁有特殊專屬經歷的小對形（objet-a）痛快、面具，藏鏡人選擇遺棄，無任何屏障的結果，便是放

任無法免疫的陰影肆虐。

相較於史豔文的親情永遠在場，親情缺位的可憐者藏鏡人不斷緊迫所有的關係，導致憶無心無法成長、救好友而被他者利用。最終，地門洗盡藏鏡人的語言之牆（the wall of language），重置特殊的小對形：面具、痛快。藏鏡人再次戴上人格面具，回歸狂傲的痛快者天地不容客，卻也指明一件事：「精神在他方」。拉岡認為嬰兒出生後即異化，永恆的存在匱乏等待誤認不盡的他性，人格面具、陰影亦如榮格認同人類心理結構必須並置，任何方面的過度皆失衡。天地不容客重啟面具不無如此，視天地異樣為能指對象，無有擺脫的機會，故金光布袋戲的藏鏡人方屬於人類心理流動的樣態。

二、俏如來的心理分析

金光布袋戲應對父輩角色史豔文的過程，不僅止於揭開藏鏡人的身分，著力描摹承繼史家血脈的子女心理狀態，以及各自面對史豔文偉大的犧牲精神，引發連動的心理變化，皆可證明黃俊雄時期布袋戲角色精神流傳至今的遞變。史豔文的子女中，因著父親之名強力介入嬰孩，以犧牲自我的精神中介至武林社會，幾乎採取直接明瞭的心態正視：次子小空先天患有巨骨症，特殊體質能承擔關鍵時刻的磨難，史豔文以父親之名選擇犧牲小空。史豔文永遠責疚於己卻無濟於脫離不斷犧牲史家的命運，小空終成修羅國度帝尊，叛逆姿態圍剿中原；么子雪山銀燕自覺無相同能力拯救武林，卻無甚認同父親的犧牲作為，唯有視己為私心的普通人，蒙頭於單純追求武功力量，希冀拯救史家血脈為己任，不願犧牲任何史家血脈。

於此之中，史豔文的長子俏如來的心理狀態特殊異常，亦金光布袋戲的一個假設：**史豔文的忠孝節義精神，自貶主體性的犧牲行為，挪至非君主專權的敘事背景，而是九界世界觀的龐大敘事環境裡，如何再以單一個人的犧牲來拯救世界？**此亦金光布袋戲立俏如來為第一男主角的關鍵，提供另一有別於犧牲自我的範式。

當犧牲自我的精神，如同君主專權需要民眾進入忠孝節義的框架般，由戒嚴時期一代一代傳承至今，過程中必然有漸層改變，正派角色不可能永遠值得肯定，反派角色非一定是無解釋之惡。霹靂布袋戲由個人英雄主義的崇拜，轉換至組織群鬥，可視為武林非只是轉嫁君主罪惡的江湖，而是江湖中人皆有成為英雄的可能，心理程度的複雜更甚之前，素還真的取代不也是宣

告犧牲自我的傳統精神，不再適用解嚴後的民眾。然而，金光布袋戲並非採取霹靂布袋戲直率切割的形式，這與霹靂布袋戲爲神魔奇幻武俠戲齣攸關。金光布袋戲之所以是歷史奇幻武俠戲齣，正是琢磨人類心理漸次變化的過程，即俏如來如何從傳統的犧牲精神，慢慢化爲專屬於己，處理象徵界的一套思維模式。

　　沒有選擇離家出走的孝子，史豔文的犧牲精神如同標竿，以身教傳達史家與武林相繫的情調。受到利益的眾多武林人士，被史豔文的犧牲精神餵養成痴兒，因爲只要有災難發生，史豔文的連串犧牲方程式開啓，化災難於無，如此效率極佳的流程，捨他其誰？然而，史豔文的犧牲精神等於奪去眾多武林人士的想像關係，包括俏如來爲其中。穩固的犧牲少數精神，強制架空個人的心理流動，武林人士惰性不願思考，俏如來急於掙脫卻徒勞。江湖於黃海岱時期，天朝中原思維下的大眾，絕對不可能有俏如來的徒勞悲哀，生死掌握於一人的無主體性自覺，史豔文沿襲此法拯救武林。

　　不堪使用家天下概念的金光布袋戲九界，非常重視描述武林人士的癡呆易煽動，視角聚焦非國泰民安的君主，而是如同繼承忠孝節義般漸漸營造君主視角與群眾視角的扞格。在金光布袋戲裡，同時擁有史豔文的犧牲精神，以及俏如來主體性自覺的衝突，藉此衝突展現金光布袋戲的歷史奇幻武俠戲齣。透過俏如來的觀點，武林秩序的和平等同於武林組織的脆弱，因爲能指表層的和平，用單一個體（史家血脈）換取，實際非關武林組織動勞，無實質參與危機的武林組織脆弱不堪，當無犧牲史家血脈的狀況，武林組織隨即消滅。相同的犧牲精神，史豔文僅注視史家血脈，來換取武林和平；俏如來無奈於透徹己身與武林組織同樣脆弱，卻無法改變。

　　甚難改變在於俏如來與武林人士相同，集體潛意識下服膺於傳統道德精神，明顯例子即俏如來不曾思量利用叔父藏鏡人，引誘苗王出兵。潛意識（unconscious）仍然有傳統倫理的俏如來，即便澄澈史豔文的做法是無法眞正拯救武林，因爲武林被繫於家天下個人無主體性自覺的癡呆。俏如來被框架於相同處境，無法尋找絲毫他法的可能，默認史豔文犧牲小空的舉動即是如此無奈。墨家鉅子默蒼離等墨者之流，隱藏於能指網絡中，專門製造混亂處提供武林人士的痛快情緒遷移，計算每個他性爲基底的痛快形式，使武林人士主動配合墨者同體。

　　爲了幫助潛意識承載傳統道德精神的俏如來，默蒼離將己降格爲小他

者，逼迫俏如來弒師。無差別經驗的不自由感終因可以痛快順流他性，默蒼離如同計算小他者的痛快形式一樣，扛著被一視同仁而犧牲的武林人士，決定付出成為英雄的代價。主體性建立的啟蒙處是，生死權利解放至個人主體決定，其實不只是俏如來被強迫建構主體性，欲成為英雄而被欺騙喝下亡命水的眾俠士，皆必須為己行事付出代價。長時間被集體潛意識包覆的眾俠士，惰性依從史豔文犧牲精神的生死決定，儘管史豔文沒有意識集權力於一身，但是不斷透過犧牲自我，使武林俠士必須依附其身的無主體性自覺，默蒼離在此強力警醒眾人（雖然只有俏如來獨醒）。黃海岱傳承的史豔文精神，無主體性自覺早已經吸引霹靂布袋戲處理，宗教思維的神魔奇幻武俠戲齣，以道教文化神化每個角色皆是英雄，無細膩營構英雄的慘烈心理變化，偏向快節奏的神性敘事帶過。金光布袋戲承接史豔文的犧牲精神，於前述衝突處開啟適合人類心理變化的戲齣。

　　俏如來成功弒師，由傳統道德精神完全過渡為個人主體性建立，而史豔文家天下的集中眾人所指，不適合現今黃立綱金光布袋戲的九界江湖；同樣默蒼離等墨者玩弄能指，激起眾人痛快情緒的極端行為，也不適合榮格講述的心理狀態。默蒼離之死，反向證明俏如來的多情（傳統道德精神）必須依存，僅需要適切理解他者有同樣與己的心理結構，非史豔文認為非犧牲自己不可，即便犧牲他者亦無妨，他者同樣具有選擇死亡的權利。俏如來未重蹈默蒼離的能量終極觀，選擇與剛從史豔文犧牲精神裡啟蒙的眾俠士為伍，因果循環不同他者的主體性建立，而金光布袋戲確實成功建立專屬於戲齣精神的角色。

三、玄之玄的心理分析

　　由史豔文犧牲精神的框架中重新賦予武林人士生死權利，生與死之間的逐夢人自由成就專屬的經驗而幸福。金光布袋戲九界中，卻有支只能依照他者的所指為現實原則的族群，其一生用來寫照：齊頭式公平社會裡，每次誤認並成功統整心理結構時，似往夢想靠攏些微，實則步伐無力舉量，凝神定焦於朦朧光暈不知是否夢想抑或是孤絕的方向，對為了前進因而遇見的難關，已經萌生撞梁穿牆的荒謬想法。夢想的光暈僅渺小至探照闖關的燭火，混淆於先有夢想而有關卡，還是關卡的重現僅標示夢想的不可能？否則至今為何仍在關卡？主體性容許自己掌握的同時，無人解釋為何被降臨在難堪的

境地，明瞭換作「誕於有利生存的設身處地」也不會爲此自擾，亦能一派爲天下著想的雍容大度。主體性發展事態使得自我無法依此責怪任何人，他者存活於有利之方，擁有其主體性；面對更弱勢者，像有利者不做他想般，無法真心於人溺己溺。主體性的建立必須自覺客觀環境的給付代價，每位主體都有爲己而活之權利，而必須付出慘烈代價方有主體性者，明理故真心無法責怪他人，卻落得舉步維艱於自身夢想的悲涼。

史豔文擁有犧牲精神，令武林人士倚重；藏鏡人親情缺位而多情，捍衛關乎於己的親情友情；俏如來承繼史家血脈的名聲，環境塑形慈悲性格的孝子，深得墨家鉅子默蒼離器重，終爲天下蒼生探詢專屬的處世基調。玄之玄呢？出生在難以理解的影形族，生存於貧脊土壤的先天弱勢，族內成員割去面皮，修練本族至高武功易骨神典，原來最高能力是扮演他者，替他者承受他人生命中的危難，只爲了高價售出金錢來幫助族群生存。族內天才玄之玄應能售出影形族史上最高價格，成爲影形族內的典範，然而，處在先天極度弱勢的玄之玄，積極撰寫屬於自己的勵志故事，且成功以英雄之姿留名於世。

史豔文的無主體性自覺象徵戒嚴時期當政者凌駕一切的悲涼，金光布袋戲角色藏鏡人、俏如來與其探討、對話、激辯，甚而建立主體性，人類心理發展絕對是漸進式爬引，過程相當沉重。探討玄之玄角色則必須完全以心理分析著手，身在名聲、地位、利益沒有因爲主體性建立而舒緩的社會，相反地，生存於眾多他者皆有自由之姿追尋專屬經驗的狀態中，偏偏無專屬經驗（割去面皮）提供自己自由。眾人皆理所當然，循跡於己前的眾多道路，或者借鏡前人所爲，並創造新氣象（即前述降臨有利生存環境的大眾），玄之玄的悲涼來自於除己之外的合理，偏偏自己知曉大眾合理的原因，即有權利爲己而活。試想，他者爲己而活，選擇購買影形族成員，理所當然至不曾察覺潛在的光怪陸離，無察覺即無沉重，玄之玄憎恨無知的眾多武林人士，爲何輕易就能達至自己耗費半輩子方能踏穩的階段。

理解玄之玄心理如此過程變化，對照於金光布袋戲敘事文本中變態的行爲，能順理成章且深層挖掘金光布袋戲角色的複雜程度。玄之玄仇視象徵界普遍的小他者，其本身立於被征服者立場，他不屑於早期墨者、默蒼離、俏如來等犧牲者立場。玄之玄與墨家師兄弟共同嘲諷早期墨者具有堅定傳承意志的象徵──止戈流劍陣，防止魔世入侵而預設的劍陣，需要每代鉅子被犧牲來慎選繼承者的品質。墨家九算共識俏如來的生死，以此競爭此劍陣，此

為被征服者通往自由的可能，即自殺性的捨棄。被征服者墨家九算的敵視方，正是征服者威脅性質的小他者，尤其玄之玄蔚為在乎，自然與影形族的背景攸關。

象徵界裡的征服者令被征服者恐懼擔憂，被征服者的心理結構已經扭曲至無以復加，被征服者為了解決不堪其擾的狀態，天真相信自殺可以斷絕征服者玩弄的機會，被征服者因此陷入無人理解的孤絕，然而征服者不就是轉移作用對象，繼續堅定的存在。玄之玄更敢於計算痛快的形式，時常以自殺性的捨棄來換取自由，因為被其仇視的征服者巨量之關係：影形族時期的玄之玄為族內天才，修練易骨神典卻無骨痕，象徵不閉塞於影形族的條規；成為墨家門徒，卻共謀殺害墨家鉅子，翻玩止戈流劍陣的傳承機制；欲接近修羅帝尊而成為黑瞳情報團體首領，事後與中原武林圍剿黑瞳成員；創立中原武林組織尚同會，竟喜怒無常間羞辱殺害忠於己的武歛君。玄之玄的自殺性捨棄多至如此，骨痕、劍陣、黑瞳、武歛君皆是玄之玄處在被征服者欲心理能量通往自由，所行的自殺性捨棄。

為何被征服者玄之玄一直重複自殺性的捨棄，才能得到自認為的心理能量自由？自殺性的捨棄可以視重複傾向的痛快行為之一。痛快令自我陷入象徵界的能指網絡裡，無法對混亂的發展情況抽絲剝繭。常見後續是，自我本身加劇混亂程度，痛快行為趨於極端。痛快對於藏鏡人而言，執行在象徵界裡的定位，親情缺位的想像界問題，將藏鏡人推向追逐與「情」相關的一切，史豔文、憶無心、千雪孤鳴等親情友情。然而，藏鏡人的痛快不是自殺性捨棄，永恆他性的缺位回饋至情感，藏鏡人僅於瞬息萬變的關係裡，恆持說服自己擁有專屬經驗，能與史豔文同樣在傳統敘事設定上的理想狀態：家庭倫理。

玄之玄喜愛自殺性的捨棄作為痛快行為，除了前述特殊的影形族背景，不容許像普遍人追尋相同經驗，導致自卑因而對拋棄對象施加惡意的復仇之外，他是建立主體性的過程中，不斷拆解不斷建立，再拆解再建立重複形式至自暴自棄的孩童。挫敗而後的情緒漪瀾被「不做他想」的毀滅想法推波成浪，算策過度的空虛感需要於實切順性的反應彌補。

玄之玄當然有思考過自殺性捨棄的風險，但即便預知後果的玄之玄，依然會堅持自殺，如同積木堆成城堡途中歪斜，孩童直接揮掌推倒，改變難成的焦躁，以及對為什麼城堡沒有如理想那樣順利感到憤怒。此外，亦隱有重頭來過的心態，孩童願意重新試試看，玄之玄呢？玄之玄的確於自殺性捨棄

後，都有一翻新氣象，可是時間允許玄之玄幾個重頭來過？為何他人能順利於此，他卻必須透過自殺性捨棄來拔除負態，不斷輪迴於自殺性捨棄的始末點，易容所能控制每個階段的起迄，始末點重臨次數多到無實感，玄之玄的陰暗程度可想而知。故，自殺性捨棄帶給玄之玄的心理能量自由（自卑而復仇、重新建立自己），更多的是人格面具、陰影的失衡，以及孤獨終生於象徵史豔文傳統犧牲精神的英雄形象迷思。史豔文的堅強來自於無主體性自覺，造就純粹的能指立於象徵界，君臣專權的家天下下生長，史豔文無自覺追逐自己的主體性，玄之玄與常人相同般欲建立主體性，建置過程的心理變化，方本論文研究歷史奇幻武俠戲齣之證明。

多次自殺帶給玄之玄無人理解的孤獨，甚至玄之玄不曉得何為人格面具下的主體？征服者為威脅性質的小他者，以他性悄悄回饋身上，玄之玄仍然是回歸主體性建立困難的影形族（否則一直自殺），變幻無常的黑瞳個性如同玄之玄為了製造混亂，以身試魔的大膽舉止，最終成為止戈流劍陣啟動條件——魔之人格面具，指明玄之玄心理能量於潛意識下的陰影深層。值得慶信的是，玄之玄停留最後一個自殺性的階段，即位於中原武林組織尚同會的盟主，因為已經無命繼續自殺的他，以英雄之姿亡於俏如來之手。金光布袋戲角色玄之玄可以視為從史豔文犧牲精神的無主體性自覺，以至藏鏡人、俏如來等辯證主體性建立的過程後，專門探討心理能量失衡極端的角色。

第二節　研究侷限與未來展望

臺灣布袋戲發展至今，從電視布袋戲戲齣之後，普遍以此等同布袋戲的定向。固然，電視布袋戲戲齣的變革，拍攝鏡頭、場面調度、剪接節奏……等「電影語言」，以及電腦動畫特效的加持，臺灣布袋戲戲齣的「泛金光化」呈現明確的發展路徑。劍俠戲時期的戲院模式，布袋戲主演、排戲先生視觀眾反應的程度，做直接性調整，而觀眾亦非常投入臨場的參與感，這部分是許多布袋戲學者津津樂道之處，視為臺灣這塊土地具有生命力的象徵。可能，電視布袋戲戲齣的表演形式，顛覆以往戲院內的這份熱情，布袋戲學者對霹靂布袋戲以降，只要是透過拍攝鏡頭呈現布袋戲演出，並將布袋戲從民間藝術，轉變為商業性質濃厚的布袋戲影視公司，皆直接定調黃俊雄同類的布袋戲表演模式，並直言依靠拍攝鏡頭、電腦動畫特效等形式，容易失去早期布袋戲戲偶的表演技巧。

　　另布袋戲學者憂心的地方是，電視布袋戲以後的布袋戲口白，由華語寫作劇本〔註 1〕，在轉換爲臺語配音的「華語式臺語」〔註 2〕，以至公元 2019 年 1 月 23 日發行多人配音臺語的霹靂布袋戲近作《霹靂英雄戰紀之刀說異數》，失去布袋戲口白的獨特藝術，皆是電視布袋戲後的普遍現象。臺語〔註 3〕有八聲調、鼻音（鼻化音）、促音（入聲）、變調的語言特色，加上文白音〔註 4〕、

〔註 1〕華語創作的劇本，用詞、語法是漢字轉換爲臺語，相較母語是臺語的早期布袋戲主演的自然呈現，容易出現訛誤。以文言音、日常用語交相運用爲例子，《新五爪金鷹一生傳》角色五爪金鷹的名言：「我是哪會遮爾仔老～先覺，我家己嘛不知，總講 1 句，這嘛是恨命莫怨天。」江怡亭：《隆興閣掌中劇團《新五爪金鷹一生傳》研究》，頁 104。漢字書寫容易訛誤爲：「我爲何那會這麼的老仙覺，我自己也不知道，總說一句這也是恨命莫怨天」如此書寫無法明瞭，不精確的漢字書寫是第一句爲日常生活口語的關係（末句是文言音音韻系統，故書寫無誤），日常生活常用的白話音無法用漢字概略揣摩，需要更精確的漢字書寫，或許這也是布袋戲學者認爲「華語式臺語」的擔憂地方，直接書寫華語，之後配音臺語的方式，導致臺語的日常使用語法被忽略，進而臺語的語感被錯落，甚至無法理解日常生活對話的白話音、語法。

〔註 2〕陳龍廷：《臺灣布袋戲的口頭文學研究》（國立成功大學台灣文學研究所博士論文，2006 年），頁 163。江怡亭：《隆興閣掌中劇團《新五爪金鷹一生傳》研究》，頁 180。

〔註 3〕此指臺灣多數住民福佬人的母語。許極燉編著：《臺灣話詞語典》（臺南：臺南市文化局，2017 年 10 月），頁 1。

〔註 4〕臺語的白話音和文言音兩種音韻系統特別發達，白話音自公元 3～4 世紀至今有 1700～1800 年，而文言音則是唐末五代成立，主要目的是爲了讀儒家典籍四書五經或千字文等，字音在白話音的基礎上，模仿唐朝首都長安的標準音形成的。如文言的「大學之道」讀〔tai hak tsi to〕，不能讀成白話音〔tua oh tsi to〕，白話音由於是日常生活的口語（oral speech），僅口述傳承，書寫方面使用文言文（standard speech）的結果，許多的口語音找不到正確的漢字，口語白話音的常用詞約 2~3 成沒適切的漢字。許極燉編著：《臺灣話詞語典》，頁 9～15、40。劍俠戲之前的戲齣，常常改編中國明清章回小說，許多用詞直接使用漢字文言音，因爲文言音韻系統的建立，每個漢字必有音，所以能成立，甚至也會運用文音、日常用語的多寡來表現大花、小花、小生、小旦、公末角色，形成文白混雜的現象。陳龍廷：《臺灣布袋戲的口頭文學研究》，頁 151。例如同爲表達抱歉的意思，小生有可能直言漢字「對不住」的文音〔tuì-put-tsū〕，小花（丑）可能是口語「歹勢」〔pháinn-sè〕：每個漢字皆有文言音，但白話音不一定都有漢字，又臺語的擬態詞和象聲詞皆發達，這些成爲自編自導、臨場發揮，僅綱目對照的金光戲的臺語特色，即白話音、日常用語的自然呈現，而在人物的名號、武功名、慣用詞，多使用文言音。文言音、白話音使用的多寡亦可以呈現布袋戲主演的風格，例如黃俊雄偏向文言音的口頭表演風格，新世界掌中劇團陳俊然（公元 1933～1997 年）使用較多的白話音語彙。陳龍廷：《臺灣布袋戲的口頭文學研究》，頁 152。

海口腔〔註5〕（泉州腔）／內埔腔（漳州腔），變化程度相當豐富。布袋戲以戲偶爲表演呈現的方式，角色情緒必須借助其他方面烘托，從早期後場戲曲，以至現今著重敍事發展皆如此，不變的是口白爲表現角色情感的關鍵，因此布袋戲主演會在語言方面突顯特色。例如促音（入聲）更加急促有力、鼻音更顯黏膩不清；或者臺語連續變調的方式〔註6〕不按照常理；又或者藉由改變口形、節奏、音量、共鳴部位，來模擬大花、小花、小生、小旦、公末的五音，而更強調運用鼻、唇、齒、舌、喉和丹田的控制，此爲「布袋戲腔」〔註7〕。多人配音臺語的《霹靂英雄戰紀之刀說異數》正是模糊「布袋戲腔」，邁向仿眞的作品。

　　「布袋戲腔」轉爲「人戲」〔註8〕的口白，筆者視此現象爲臺灣布袋戲發展從準戲曲風格（quasi-opera style）轉爲敍事風格（narrative style）〔註9〕的延續。早期布袋戲以後場樂曲作爲呈現特色，諸如南管、北管、潮調等，而李天祿模仿京劇的後場、戲齣，被稱爲「外江布袋戲」，皆無法與敍事風格爲重的劍俠戲、金光戲、電視布袋戲匹敵，原因不外乎王嵩山認爲民俗技藝與「實用」密切相關，即布袋戲主演爲了生存的問題。時至霹靂布袋戲、金光布袋戲的口白，早期布袋戲流傳的說書模式、文白夾雜、對偶文句等漸漸被現代華語取代，準戲曲風格的布袋戲（南管、北管、潮調）留有不少戲曲唱腔的「布袋戲腔」〔註10〕，淡出布袋戲歷史是有可能成行。然而，不擅長抒

〔註5〕 「腔」爲口語化的土音。許極燉編著：《臺灣話詞語典》，頁40。

〔註6〕 臺語音節連續時，除末尾音節維持本調，其他音節皆會改變聲調，此爲變調。變調的基本原則是 1→7→3→2→1、5→7、4→8。許極燉編著：《臺灣話詞語典》，頁52。有時候音節變調會改變意思，布袋戲主演會不按照變調原則，以顯特殊。

〔註7〕 吳明德：《臺灣布袋戲表演藝術之美》，頁369。

〔註8〕 吳明德：《臺灣布袋戲表演藝術之美》，頁369。

〔註9〕 陳龍廷提出的創見，本書第二章第一節介紹。

〔註10〕 潮調布袋戲兩大特點：一唱眾和，主唱引領一句後，其他樂師會跟著一起唱和；原來文句外，加入表音無義的聲詞，常使用〔a〕、〔e〕。陳龍廷：《臺灣布袋戲發展史》，頁50～52。北管布袋戲有類似現象，搭配北管樂曲做特殊身段，同樣隨著樂曲唱和數句，然節奏快而有力。兩個特點亦類似出現在金光戲，第一點爲主演問話，眾演師齊聲回應，或者演師畫外音與布袋戲角色做戲謔玩笑等互動，又或演師們複述主演剛說完的語句末尾，強調重點、渲染氛圍的效果；第二點則是會在表達情緒激昂時候，適時加入〔a〕、〔e〕，並拉長音。金光戲前的這些類似現象，筆者認爲隱有準戲曲風格戲齣的特色，也因此影響所謂有別於日常對話模式的「布袋戲腔」之成形。多用聲詞、拖腔

情方式的布袋戲，武戲有操偶技巧為審美對象，文戲有特殊的布袋戲腔為審美對象，如果武戲、文戲皆選擇發展至動畫後製、人戲口白的仿真樣子，作為木偶劇的特殊性被減少，將面臨的挑戰除了第一章第一節解析仿真所帶來審美經驗的問題外，敘事情節更無法忽視〔註11〕。

　　筆者引前述操偶技巧、口白為觀察項目，確實，電視布袋戲許多為人詬病之處，脫離不了這些原因。然而，電視布袋戲非完全是單一，毫無活潑的刻板戲齣，面對全世界的商業競爭，霹靂布袋戲、金光布袋戲在嚴苛的環境裡，為了生存、理想，做了許多的改變。事實上，霹靂國際多媒體董事長黃強華在《霹靂英雄戰紀之刀說異數》特映會上表示：「希望《刀說異數》能夠為霹靂這麼龐大的 IP，創造一個容易了解探索的入口，培育更多的霹靂道友。」〔註12〕IP（Intellectual Property）為智慧財產權，即保護原創方的創造、生產、與商業化的相關產業，也包括不具形體和文化。〔註13〕各領域的 IP 向外衍伸多方面的領域做改編，會帶來相當可觀的商業利益。〔註14〕霹靂布袋戲的確是擁有龐大的 IP，跨足電影、音樂劇、動漫、音樂、遊戲等，而翻拍經典劇集的《霹靂英雄戰紀之刀說異數》，也是 IP 再利用的好處之一，能降低成本，金光布袋戲同樣屬於重視智慧財產權的文化產業。然而，能夠創造商機的關

為潮調布袋戲的特色。財團法人中華民俗藝術基金會主編、呂鍾寬：〈論台灣偶戲音樂中的 tio^5-tiau^3〉，《台灣布袋戲與傳統文化創意產業研討會論文集》（宜蘭：國立傳統藝術中心，2005 年 10 月），頁64。但是，多用聲詞、拖腔兩者非敘事風格戲齣（古冊戲、劍俠戲、金光戲）表演的必要元素，僅為強化表演風格，霹靂布袋戲以後的金光布袋戲已經沒有此類風格。

〔註11〕《霹靂英雄戰紀之刀說異數》為霹靂布袋戲翻拍 1988 年 09 月發行的《霹靂異數》。霹靂布袋戲以電影規格，花費 2.5 億傾力製作，每集投入 600 萬經費，著重娛樂效果，戲偶精美、拍攝技術、後製特效皆有重大突破，並由經典劇集《霹靂異數》的敘事文本擔任此次拍攝的切入點。霹靂布袋戲 YouTube 官方頻道更釋出〈霹靂英雄戰紀之刀說異數【重啟篇】〉，影片分別剪輯早期影像畫面，與現今技術翻拍的畫面做對比，無論是霹靂布袋戲製作動機、行銷策略，以及放入國語配音、多人合配臺語選項的舉動，皆清楚表示著重敘事風格。〈看過的都跪了！霹靂布袋戲砸 2.5 億重拍 30 年前老劇，經典畫面今昔對比超驚艷！〉，搜尋日期：2019 年 02 月 11 日，https://reurl.cc/NGvoq。

〔註12〕〈《霹靂英雄戰紀之刀說異數》特映會現場直擊〉，《霹靂布袋戲 YouTube 官方頻道》，搜尋日期：2019 年 02 月 14 日，https://reurl.cc/9Vpna。

〔註13〕劉時泳；劉懿瑾；劉蕙華；莊修田：〈霹靂布袋戲之文化產業研究〉，頁 173。

〔註14〕公元 2018 年文化部亦鼓勵國內文創業者拓展國際商機，以「Fresh Taiwan」台灣原創館形象，參加上海、香港、日本的授權展，推銷臺灣原創角色進入國際授權展。〈文化新聞〉，搜尋日期：2019 年 02 月 13 日，https://reurl.cc/V8j36

鍵必須回歸原點：具有一定品質的作品。以戲劇而言，故事本身是否足夠吸引消費者產生共鳴，所以劇本必須非常重視。唯有理想的劇本，角色被消費者認同、喜愛，才能引起授權後的龐大增值。

　　此前提下，金光戲之前的角色飽滿程度、敘事模式、聲光效果等絕對無法滿足文化產業的需求，於是霹靂布袋戲、金光布袋戲邁向拍攝劇本的電視劇發展，藉由戲偶精緻、高規格拍攝、複雜的敘事內容、角色貼近消費者的情感、後製特效，拓展出神魔奇幻武俠戲齣、歷史奇幻武俠戲齣。當然，市場主導發展方向的關係，選擇性跨離臺灣傳統布袋戲的表演元素，也是想而預見。例如配音方面，多人配音的臺語可能是臺語學習斷層，或者是布袋戲腔的口白培養時間漫長，皆導致使用人戲口白取代，然而如果市場導向為重，便會出現華語配音的選擇，此舉霹靂布袋戲早有先例。〔註 15〕這些改變帶來越來越多臺灣民眾的肯定，如果真的沒有研究價值，為何能生存至今？這即是本論文藉由金光布袋戲角色特質的研究，對照霹靂布袋戲的戲齣內涵，並盡力做到客觀的戲齣定位，其背後的動機之一。當然，布袋戲學界亦有許多已經針對霹靂布袋戲，做研究的學術論文，且質、量有一定程度的建立，本論文受到這些論文的教導，獲益良多。

　　霹靂布袋戲、金光布袋戲也許至今公元 2019 年，有相當程度的質、量，方能受到學術上的戲齣定位；也許是許多布袋戲學者所處的時間關係，限制

〔註15〕筆者認為布袋戲是木偶戲種的關係，以人操演、配音的技術仍然是布袋戲足夠吸引人的地方，原因是消費者會欣賞以假亂真、異於常態的「技術」，此技術構成布袋戲的特殊性質，即操偶、布袋戲腔口白。電視布袋戲後的戲齣以劇本為底，電影拍攝進行創作，因此發展出敘事內容合乎消費者需求，以及具備一定程度的電影拍攝技術、動畫後製（消費者觀影經驗豐富，審美的基本門檻提升）。「操偶」、「布袋戲腔口白」、「劇本」、「拍攝後製」四項目會是霹靂布袋戲、金光布袋戲發展的重點，其中一項消失，剩下的項目可能會受到嚴苛挑戰，因為能提供消費者審美的項目愈少，消費者要求愈高。四項目中以劇本為重，也是文化產業的核心，理想的劇本能吸引消費者的情感共鳴，認同劇中角色，授權產值方能提升。其次是操偶，雖然電視布袋戲後的消費者偏重觀劇，戲偶次之（原因是帶狀性戲劇，比傳統布袋戲的敘事更龐大複雜，觀影幾百集的長度，一定會減弱審美戲偶本身的操作，傳統布袋戲則相反），但戲偶的操作消失，尤其是能展現操偶複雜度的武戲，消費者首先懷疑與真人演員的戲劇有什麼差別，如果差別僅戲偶的精緻華美，很容易習慣視覺上的驚豔，假如與真人無異，又回到第一章第一節強調誤信仿真而失敗的例子，必須要有其他劇種無法替代的特殊性，才能讓消費者感受到正在觀看布袋戲。

住觀察研究文本的質、量，故無法定調；也許是戲劇爲帶狀性，永無結局的關係，論文難以掌握、觀察，這些都可能是本論文的不足之處。「審美疲勞」是霹靂布袋戲、金光布袋戲最大的挑戰，霹靂布袋戲的神魔奇幻武俠戲齣即是如此，而臺灣布袋戲的特色——單人口白，影響至電視布袋戲的單人配音，其必須負荷十年爲計算單位的布袋戲劇集，聲線容易受傷，且觀眾亦「審美疲勞」。金光布袋戲開拓新戲齣「歷史奇幻武俠戲」戲齣，得到臺灣民眾的肯定，本論文爲肯定聲音之一。然而，不代表能避免「審美疲勞」的挑戰，這點上，金光布袋戲採用廣闊的世界觀九界爲敘事設定，並細心營構人物的心理特質，所以能相當程度克服帶狀性戲劇的缺陷，加上回歸「操偶技巧」的武戲，令金光布袋戲接受挑戰上，增強實力。

帶狀性戲劇爲本論文不足之處所在，確切明說，即是無法眞正定位戲齣特色，僅暫時定調。 帶狀性戲劇的特質，促成霹靂布袋戲、金光布袋戲爲了克服「審美疲勞」，行各種形式、內容上的變革。霹靂布袋戲邁入 30 週年，至公元 2017 年發行《霹靂天命之戰禍邪神》止，超過 2000 集。〔註16〕劇集數量如此龐大的霹靂布袋戲，敘事設定、敘事情節、表演形式，以及口白配音，皆會受到品質的挑戰。金光布袋戲雖然有前述的利器，可是帶狀性戲劇的缺陷「審美疲勞」亦等同霹靂布袋戲〔註17〕，希望各自都能尋找發展的方向，由衷祝福。

本論文一再肯定金光布袋戲「操偶技巧」的展現，並直言是布袋戲戲劇種類的特色，亦有可能是第二處不足之處。此理如前述劍俠戲的劇院模式，也是陳龍廷研究臺灣布袋戲的心得：勿貴古薄今。臺灣布袋戲的金光戲戲齣便曾經是貴古風氣下的犧牲品，布袋戲成爲少數學者審美的品味，忽略大眾爲何喜愛臺灣布袋戲的「泛金光化」。因此，時間限制住的任何者，筆者僅就當下的各個地方，行最客觀的觀察，肯定「操偶技巧」重於電腦動畫特效，然不可忽視視覺因素的層面。霹靂布袋戲的神魔奇幻武俠戲齣的疲勞，促使

〔註16〕《霹靂布袋戲官方 facebook》，搜尋日期：2018 年 11 月 05 日，https://reurl.cc/Q7gNM。

〔註17〕金光布袋戲於 2019 年 05 月 01 日發行《金光御九界之戰血天道》，集數由每週發片更改爲兩週，且《金光御九界之戰血天道》製播結束後，將採取完整時間製作電視劇，完成約八成進度，便以整套影集販售。兩週發片、整季影集的銷售方式，皆明瞭金光布袋戲欲提升影視品質的決定。〈金光布袋戲明年 7 月暫時停播〉，《中時電子報》，搜尋日期：2019 年 05 月 12 日，https://reurl.cc/EDboa。

其與「科幻」、「動畫」結合，尤其是後者「日本動畫」（日語：アニメ；英語：Anime）。

霹靂布袋戲於公元 2016 年與日本知名動畫劇本作家虛淵玄合作，推出 13 集劇集作品《Thunderbolt Fantasy 東離劍遊紀》，配音方面亦多數由黃文擇之子黃滙峰擔任〔註 18〕，備受喜愛日本動畫、布袋戲戲迷的肯定。筆者肯定這方面的付出，如黃俊雄的實驗性布袋戲電影相同般，跨出布袋戲表演內容、形式的改變。可是，霹靂布袋戲的霹靂系列劇集，是否會受到日本動畫領域的審美態度，影響霹靂布袋戲趨向戲偶華美、武戲為電腦特效為主要的表演形式，更甚邁向此途，而觀眾亦可能接受此變革。如果如此，可能留待布袋戲學界的學者做這方面的視察，而本論文認為「操偶技巧」為重的布袋戲劇種的特殊處，僅此為肯定金光布袋戲拓展出歷史奇幻武俠戲戲齣的論點，學術成果微小，卻堅定。

最後，本論文的不足處為理論上的實踐，完整複雜的系統性假設，被筆者以此認為理論的本質，具有邏輯性連接，故一定有某方面的假設來完成系統。理論之所成，非行艱澀難解之論說，而是提供研討文本的思維途徑。在此為前提，文本為首要對象，理論的完善是用來啟發學者，針對研究文本做創發性結果的建立。非僅是為了理論呈現，將文本套在其內，甚至為了解釋理論而誤解文本。本論文建基於拉岡、榮格在心理學方面的理論，論述金光布袋戲角色特質，嘗試做深層的創發，甚至末節玄之玄角色的心理研究，將兩者理論總述於研究玄之玄的心理，筆者受此獲益。然而，拉岡之理論難解，榮格的理論龐大深淵，加上筆者外語能力受到限制，以及寫作時間的壓力，筆者盡可能掌握兩者理論的精要，如有論述有誤，還請海涵，感謝願意閱讀的每位讀者。

〔註 18〕 〈【東離劍遊紀】父子傳承篇〉，《霹靂布袋戲 YouTube 官方頻道》，搜尋日期：2018 年 11 月 05 日，https://reurl.cc/5oQVv。

參考書目

一、影音文本

1. 《黑白龍狼傳》（公元 2009 年 08 月 08 日～2010 年 03 月），研究的影音版本為新動國際多媒體有限公司發行，共 26 集，13 片數位多功能影音光碟（DVD，之後以此簡稱），片長約 1248 分。

2. 《天地風雲錄之決戰時刻》（公元 2012 年 06 月 27 日～2012 年 10 月 31 日），研究的影音版本為崗華影視傳播股份有限公司發行，共 20 集，20 片 DVD，片長約 1200 分。

3. 《天地風雲錄之九龍變》（公元 2012 年 12 月 05 日～2013 年 07 月 31 日），研究的影音版本為崗華影視傳播股份有限公司發行，共 36 集，18 片 DVD，片長約 2160 分。

4. 《天地風雲錄之劍影魔蹤》（公元 2013 年 08 月 28 日～2014 年 01 月 01 日），研究的影音版本為崗華影視傳播股份有限公司發行，共 20 集，10 片 DVD，片長約 1200 分。

5. 《天地風雲錄之魔戮血戰》（公元 2014 年 01 月 15 日～2014 年 08 月 20 日），研究的影音版本為金光多媒體國際有限公司發行，共 34 集，24 片 DVD，片長 2460 分。

6. 《金光御九界之墨武俠鋒》（公元 2014 年 09 月 03 日～2015 年 04 月 08 日），研究的影音版本為金光多媒體國際有限公司發行，共 32 集，32 片 DVD，片長約 2880 分。

7. 《金光御九界之墨世佛劫》（公元 2015 年 04 月 22 日～2015 年 11 月 25 日），研究的影音版本為金光多媒體國際有限公司發行，共 32 集，32 片 DVD，片長約 2880 分。

8. 《金光御九界之墨邪錄》（公元 2015 年 12 月 16 日～2016 年 05 月 11

日），研究的影音版本為金光多媒體國際有限公司發行，共 22 集、22 片 DVD，片長約 1760 分。

二、古籍

1. 〔戰國〕墨子，吳毓江校注：《墨子校注》（台北：廣文書局有限公司，1978 年）。

2. 郭靄春編著：《黃帝內經靈樞校注語譯》（天津：天津科學技術出版社，1989 年 4 月）。

3. 〔晉〕葛洪：《抱朴子內篇校釋》（台北：里仁書局，1981 年 12 月）。

4. 〔隋〕智顗：《觀音玄義》（台灣：中華電子佛典協會，1970 年）。

5. 〔清〕桃花館主：《繡像六十回三續七劍十三俠》（《古本小說集成》，上海：古籍社，1990 年）。

三、專書及專書論著

（一）中文專著

1. 王國芳、郭本禹：《拉岡》（台北：生智文化事業有限公司，1997 年）。

2. 尤雅姿：《中國敘事理論與實際批評》（臺北：臺灣學生書局，2017 年 11 月）。

3. 中央研究院臺灣史研究推動委員會主編、瞿海源著：〈解嚴、宗教自由、與宗教發展〉，《威權體制的變遷：解嚴後的臺灣》（臺北：中央研究院臺灣史研究所籌備處，2001 年 01 月）。

4. 石光生、王淳美：《屏東布袋戲的流派與藝術》（宜蘭：國立傳統藝術中心，2007 年 5 月）。

5. 李亦園：〈台灣民間宗教的現代趨勢〉，《宗教與神話論集》（台北：立緒文化，1998 年 1 月）。

6. 李豐楙：《憂與遊：六朝隋唐遊仙詩論集》（臺北：臺灣學生書局，1996 年）。

7. 何炳棣：〈國史上的「大事因緣」解謎——從重建秦墨史實入手〉，收入氏著：《何炳棣思想制度史論》（台灣：聯經出版公司，2013 年）。

8. 杜聲鋒：《拉康結構主義精神分析學》（台北：遠流出版事業股份有限公司，1988 年）。

9. 林安寧主編：《「雲州大儒俠——史艷文」圖鑑典藏特集》（台北：遠流出版，1999 年 8 月）。

10. 林保淳：《俠客行——傳統文化中的任俠思維》（新北：暖暖書屋，2013 年 9 月）。

11. 胡亞敏：《敘事學》（湖北省：華中師範大學出版社，2008 年）。

12. 財團法人中華民俗藝術基金會主編、呂錘寬：〈論台灣偶戲音樂中的 tio5-tiau3〉，《台灣布袋戲與傳統文化創意產業研討會論文集》（宜蘭：國立傳統藝術中心，2005 年 10 月）。

13. 財團法人中華民俗藝術基金會主編、施忠賢：〈從史的角度描繪電視布袋戲的關鍵轉變——由十大事件談起〉，《台灣布袋戲與傳統文化創意產業研討會論文集》（宜蘭：國立傳統藝術中心，2005 年 10 月）。

14. 財團法人中華民俗藝術基金會主編、洪盟凱：〈大步邁向後現代文化——霹靂劫之闇城血印〉，《台灣布袋戲與傳統文化創意產業研討會論文集》（宜蘭：國立傳統藝術中心，2005 年 10 月）。

15. 財團法人中華民俗藝術基金會主編、陳龍廷：〈文化產業與創意結合的一種典範——解讀早期的霹靂布袋戲〉，《台灣布袋戲與傳統文化創意產業研討會論文集》（宜蘭：國立傳統藝術中心，2005 年 10 月）。

16. 財團法人中華民俗藝術基金會主編、吳明德：〈霹靂布袋戲劇本營構初探——以《霹靂異數之龍圖霸業》爲例〉，《台灣布袋戲與傳統文化創意產業研討會論文集》（宜蘭：國立傳統藝術中心，2005 年 10 月）。

17. 許極燉編著：《臺灣話詞語典》（臺南：臺南市文化局，2017 年 10 月）。

18. 張一兵：《不可能的存在之眞——拉岡哲學映射》（台北：秀威資訊，2015 年 11 月）

19. 陳龍廷：《臺灣布袋戲發展史》（台北：前衛出版社，2007 年 2 月）。

20. 陳龍廷：《聽布袋戲：一個臺灣口頭文學研究》（高雄：春暉出版社，2008 年 1 月）。

21. 陳龍廷：《發現布袋戲：文化生態・表演文本・方法論》（高雄：春暉出版社，2010 年 2 月）。

22. 吳明德：《臺灣布袋戲表演藝術之美》（臺北：臺灣學生書局，2005 年 7 月）。

23. 孫英春：《大眾文化：全球傳播的範式》（北京：中國傳媒大學出版社，2005 年 9 月）。

24. 張溪南：《黃海岱及其布袋戲劇本研究》（臺北：臺灣學生書局，2004 年 2 月）。

25. 淡江大學中文系主編、林保淳著：〈從遊俠、少俠、劍俠到義俠〉，《俠與中國文化》（臺北：臺灣學生書局，1993 年 4 月）。

26. 淡江大學中文系主編、周慶華著：〈俠的神話性與社會功能〉，《俠與中國文化》（臺北：臺灣學生書局，1993 年 4 月）。

27. 淡江大學中文系主編、龔鵬程著：〈論清代的俠義小說〉，《俠與中國文化》（臺北：臺灣學生書局，1993 年 4 月）。

28. 國立臺北大學中國語文學系主編、杜保瑞著：〈中國哲學的宇宙論思維〉，《第三屆中國文哲之當代詮釋國際學術研討會論文集》（臺北：臺北大學中國語文學系，2007 年）。

29. 葉洪生、林保淳：《臺灣武俠小說發展史》（台北：遠流出版，2005 年 8 月）。

30. 勞思光：《新編中國哲學史（二）》（臺北：三民書局，1980 年）。

31. 黃強華：《霹靂造型達人書》（台北：霹靂新潮社，2007 年 3 月）。

32. 黃東陽：《唐五代記異小說的文化闡釋》（臺北：秀威資訊，2007 年 3 月）。

33. 黃東陽：《世俗的神聖：古典小說中的宗教及文化論述》（臺北：臺灣學生書局，2011 年）。

34. 趙毅衡編：《符號學文學論文集》（天津：百花文藝出版社，2004 年）。

（二）外文譯著

1. 〔瑞士〕卡爾・古斯塔夫・榮格（Carl Gustav Jung），關群德譯：《心理結構與心理動力學》（北京：國際文化出版公司，2011 年 5 月）。

2. 〔瑞士〕卡爾・古斯塔夫・榮格（Carl Gustav Jung），儲昭華、沈學君、王世鵬譯：《心理類型——個體心理學》（北京：國際文化出版公司，2011 年 5 月）。

3. 〔瑞士〕卡爾・古斯塔夫・榮格（Carl Gustav Jung）編，龔卓軍譯：《人及其象徵：榮格思想精華》（新北市：立緒文化事業有限公司，2013 年 8 月）。

4. 〔瑞士〕榮格（C. G. Jung），吳康、丁傳林、趙善華譯：《心理類型下》（高雄：基礎文化創意有限公司，2007 年 2 月）。

5. 〔英〕狄倫・伊凡斯（Dylan Evans），劉紀蕙、廖朝陽、黃宗慧、龔卓軍譯：《拉岡精神分析辭彙》（台北：巨流圖書公司，2009 年 10 月）。

6. 〔法〕拉康（Jacques-Marie-Émile Lacan），褚孝泉譯：《拉康選集》（中國上海：上海三聯書店，2001 年 1 月）。

7. 〔美〕莫瑞・史坦（Murray Stein），朱侃如譯：《榮格心靈地圖》（台北：立緒文化事業有限公司，1999 年 10 月）。

四、期刊論文

1. 江武昌：〈台灣布袋戲簡史〉（《民俗曲藝》第 67・68 期，1990 年 10 月）。

2. 林茂賢：〈台灣布袋戲劇目〉（《民俗曲藝》第 67・68 期，1990 年 10 月）。

3. 林保淳：〈成人的童話世界——武俠小說的「本體論」〉（《政大中文學報》第九期，2008 年 06 月）。

4. 胡又天：〈墨家在現代創作中的復活〉（《金光布袋戲研究》第一期，2016

年 8 月）。

5. 陳德興：〈「精氣」概念在《黃帝內經》形神結構中的理論意義〉（《哲學與文化》45 卷 7 期，2018 年 07 月）。

6. 陳龍廷：〈電視布袋戲演出年表〉（《民俗曲藝》第 67‧68 期，1990 年 10 月）。

7. 陳龍廷：〈電視布袋戲的發展與變遷〉（《民俗曲藝》第 67‧68 期，1990 年 10 月）。

8. 陳龍廷：〈布袋戲人物的政治詮釋——從史豔文到素還真〉（《臺灣風物》四十九卷第四期，1999 年 12 月）。

9. 陳龍廷，〈臺灣布袋戲研究的方法論〉，（《民俗曲藝》第 142 期，2003 年 12 月）。

10. 陳龍廷：〈台灣布袋戲的白話意識及語言融合〉（《臺灣風物》五十六卷第二期，2006 年 06 月）。

11. 陳龍廷：〈電視布袋戲與政治：1980 年代一齣另類的反共抗俄劇〉（《民俗曲藝》第 164 期，2009 年 06 月）。

12. 陳龍廷：〈布袋戲的敘事模式及其可能性〉（《台灣文學研究學報》第十二期，2011 年 04 月）。

13. 吳明德：〈開創布袋戲新紀元——論「霹靂布袋戲」的藝術成就〉（《中國工商學報》第二十一期，1999 年 10 月）。

14. 劉時泳；劉懿瑾；劉蕙華；莊修田：〈霹靂布袋戲之文化產業研究〉（《聯大學報》六卷第二期，2009 年 12 月）。

15. 羅陵：〈編劇漫談——所謂魔道〉（《異度邪錄特刊》，2014 年 02 月）。

五、學位論文

1. 王珮蓉：《傳承與創新：黃立綱「天地風雲錄」系列之研究》（國立中正大學台灣文學與創意應用研究所碩士論文，2017 年）。

2. 江怡亭：《隆興閣掌中劇團《新五爪金鷹一生傳》研究》（國立成功大學台灣文學系碩博士班碩士論文，2013 年）。

3. 李健宏：《霹靂布袋戲人物的原型與心理異常分析》（逢甲大學中國文學所碩士論文，2012 年）。

4. 洪盟凱：《從史豔文到素還真：霹靂布袋戲之文化變貌》（輔仁大學大眾傳播學研究所碩士論文，2002 年）。

5. 陳龍廷：《黃俊雄電視布袋戲研究（民國五十九～六十三年）》（中國文化大學藝術研究所碩士論文，1991 年）。

6. 陳龍廷：《臺灣布袋戲的口頭文學研究》（國立成功大學台灣文學研究所

博士論文，2006 年）。

7. 謝佩螢：《台灣布袋戲之武俠敘事風格研究──以洲派媒體布袋戲為例》（暨南大學中國語文學系碩士論文，2005 年）。

六、網路資料

1. 〈【一鏡到底】宿命是一雙看不見的手──布袋戲大師黃俊雄專訪之四〉，搜尋日期：2018 年 08 月 02 日，https://goo.gl/uoQo5L。

2. 〈《金光御九界之墨武俠鋒》先行版預告〉，《金光布袋戲 YouTube 官方頻道》，搜尋日期：2018 年 08 月 07 日，https://goo.gl/4heLjx。

3. 《金光布袋戲官方 facebook》，搜尋日期：2018 年 10 月 26 日，https://goo.gl/1NHdd8。

4. 〈《霹靂驚濤》搶先看〉，《霹靂布袋戲 YouTube 官方頻道》，搜尋日期：2018 年 08 月 08 日，https://goo.gl/BBsZgg。

5. 〈傳承百年文化、曾被禁台語「布袋戲大師」黃文擇嘆：台語說得好的，全台灣不超過 200 個！〉，《風傳媒》，搜尋日期：2018 年 08 月 21 日，https://goo.gl/6MSBY3。

6. 〈素還真〉，《霹靂網》，搜尋日期：2018 年 08 月 22 日，http://drama.pili.com.tw/role/su/。

7. 〈霹靂皇朝之龍城聖影〉，《霹靂網》，搜尋日期：2018 年 09 月 02 日，http://drama.pili.com.tw/pili/longcheng/。

8. 〈霹靂神州 III 之天罪〉，《霹靂網》，搜尋日期：2018 年 09 月 02 日，http://drama.pili.com.tw/pili/shenzhou3/。

9. 〈神州 3 片頭「天罪」‧片尾「英雄路」〉，《貓筆生蓮-Luoling.cat》，搜尋日期：2018 年 11 月 02 日，http://seifar.pixnet.net/blog。

10. 〈例談白描手法〉，《中國論文網》，搜尋日期：2018 年 08 月 23 日，https://goo.gl/afx759。

11. 〈大俠直播之紹男總監來投客〉，《金光布袋戲官方 facebook》，搜尋日期：2018 年 09 月 02 日，https://goo.gl/7JLqP3。

12. 〈金光歷史脈絡〉，搜尋日期：2018 年 09 月 02 日，https://goo.gl/XubYpn。

13. 〈墨武俠鋒第 23 集官方集中討論帖〉，《金光布袋戲官方 facebook》，搜尋日期：2018 年 04 月 22 日，https://goo.gl/JVrJoX。

14. 〈看過的都跪了！霹靂布袋戲砸 2.5 億重拍 30 年前老劇，經典畫面今昔對比超驚艷！〉，《風傳媒》，搜尋日期：2019 年 02 月 11 日，https://reurl.cc/NGvoq。

15. 〈《霹靂英雄戰紀之刀說異數》特映會現場直擊〉，《霹靂布袋戲 YouTube 官方頻道》，搜尋日期：2019 年 02 月 14 日，https://reurl.cc/9Vpna。

16. 〈文化新聞〉，搜尋日期：2019 年 02 月 13 日，https://reurl.cc/V8j36。

17. 《霹靂布袋戲官方 facebook》，搜尋日期：2018 年 11 月 05 日，https://reurl.cc/Q7gNM。

18. 〈金光布袋戲明年 7 月暫時停播〉，《中時電子報》，搜尋日期：2019 年 05 月 12 日，https://reurl.cc/EDboa。

19. 〈【東離劍遊紀】父子傳承篇〉，《霹靂布袋戲 YouTube 官方頻道》，搜尋日期：2018 年 11 月 05 日，https://reurl.cc/5oQVv。

20. 劉紀蕙：〈知識、真理、愛與 Jouissance〉。搜尋日期：2018 年 09 月 04 日，https://goo.gl/dV4Srj。